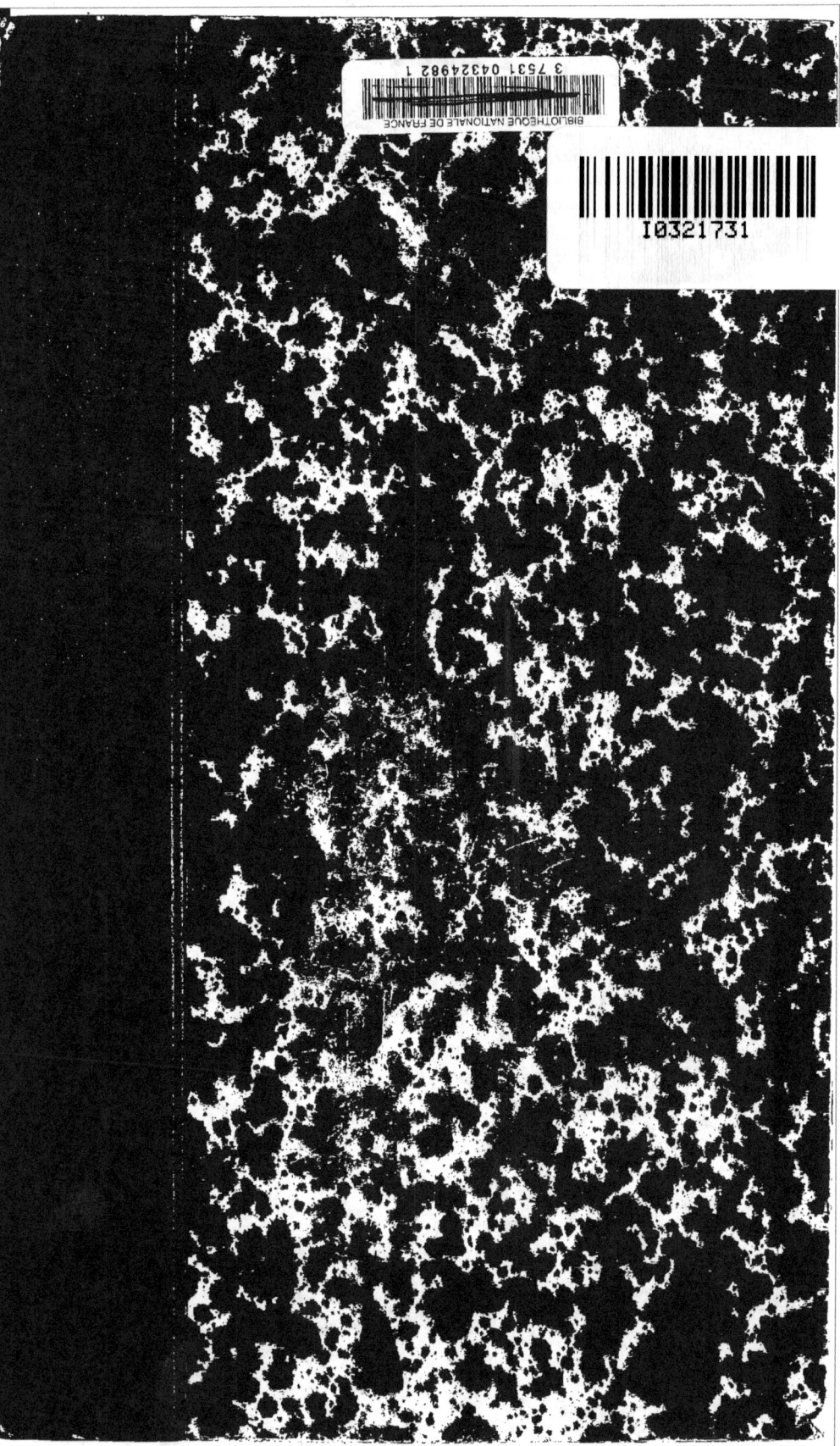

LA Guerre DE 1870-71

ÉTUDE

SUR LA

CAMPAGNE DU GÉNÉRAL BOURBAKI

DANS L'EST

II

La marche sur Vesoul. — Villersexel.

PARIS
LIBRAIRIE MILITAIRE R. CHAPELOT ET Cie
IMPRIMEURS-ÉDITEURS
30, Rue et Passage Dauphine, 30

—

1908

Tous droits réservés.

LA

GUERRE DE 1870-71

ÉTUDE

SUR LA

CAMPAGNE DU GÉNÉRAL BOURBAKI

DANS L'EST

PARIS. — IMPRIMERIE R. CHAPELOT ET Cⁱᵉ, 2, RUE CHRISTINE.

LA Guerre

DE

1870-71

ÉTUDE

SUR LA

CAMPAGNE DU GÉNÉRAL BOURBAKI

DANS L'EST

II

La marche sur Vesoul. — Villersexel.

PARIS

LIBRAIRIE MILITAIRE R. CHAPELOT ET Cⁱᵉ

IMPRIMEURS-ÉDITEURS

30, Rue et Passage Dauphine, 30

—

1908

Tous droits réservés.

Journée du 2 Janvier.

On a vu que l'armée, se déclarant prêt à expédier le 15ᵉ corps au point que choisirait le général Bourbaki, M. de Freycinet avait indiqué la petite station de Clerval. Il ne semble pas que le commandant de l'Armée de l'Est ait élevé d'objections contre ce choix, qui devait avoir de si fâcheuses conséquences. Toutefois, on paraît s'être rendu compte dès ce moment que la totalité des éléments du 15ᵉ corps ne pourrait débarquer en ce point si défavorable.

Le 2 janvier, à 6 h. 15 du matin, M. de Serres télégraphiait, en effet, qu' « après s'être longuement entretenu avec le général Borel », on s'était arrêté à la conclusion suivante, « avec laquelle le général est complètement d'accord », et qui constituait un moyen terme. On dirigerait l'artillerie et la cavalerie sur Besançon, « l'infanterie étant portée, suivant les circonstances des quatre jours prochains, soit au-dessus, vers Clerval, soit sur l'Ognon, rive droite, au droit des routes de Gray et de Vesoul. De telle sorte que le 15ᵉ corps se trouverait ainsi à distance d'une étape, à partir de chacune des parties de notre armée, droite, centre, gauche, si l'ennemi nous attend dans Vesoul, ce qui ne me paraît pas encore établi. » Le pont de Dijon ne devant être rétabli que le 4, les premiers trains pourraient arriver le même jour au soir à Besançon. On demandait à échelonner les points d'embarquement à

Vierzon, Autun et Bourges, et à recevoir tout d'abord une division constituée, qui pût être jetée sur Gray, tandis que l'autre serait déjà à Besançon. La réserve d'artillerie devrait être embarquée immédiatement après la première division.

Peu après, d'ailleurs, M. Audibert devait signaler les inconvénients qu'il y aurait à débarquer à Clerval (1).

N° 6. — Reçu votre dépêche de cette nuit.

Le pont sur le canal à Dijon ne pourra être rétabli que mercredi. Par conséquent il y aura forcément arrêt en route des trains devant partir mardi à destination des lignes de Clerval ou de Gray, à moins qu'on ne leur fasse faire l'énorme détour de Mâcon, Bourg, Lons-le-Saunier, sur des lignes à fortes pentes où on ne peut faire un service actif. Si le départ était retardé d'un jour il n'y aurait plus de difficultés de ce côté.

Il y a un pont coupé aux abords de Gray, on s'occupe de le réparer, mais impossible de fixer l'époque à laquelle les trains pourront aller jusqu'à Gray.

Veuillez noter que la gare de Clerval est des plus restreintes et manque absolument de quais pour le déchargement d'artillerie et de cavalerie. Si le transport est dirigé sur ce point, il faut s'attendre à des mécomptes considérables comme temps.

La situation est d'ailleurs la même pour toutes les gares intermédiaires des lignes de Belfort et de Gray, sauf Dôle et Besançon.

E. AUDIBERT.

Soit que M. de Freycinet ait tenu compte de cet avertissement, soit que ses réflexions personnelles lui eussent montré le danger qu'il y avait à diriger tout le 15ᵉ corps sur Clerval, toujours est-il, qu'allant plus loin que M. de Serres, il décida de diriger la totalité du 15ᵉ corps, non plus sur Clerval, mais sur Besançon. Les trois dépêches suivantes et celle de M. Audibert, qu'on lira plus loin, sont formelles sur ce point.

---

(1) Guerre, Bordeaux, Clermont, 2 janvier 1871, 10 h. 25 matin.

Reçu votre dépêche (1) de ce matin 6 h. 25. Le commandant en chef du 15ᵉ corps est Martineau des Chenez. Les divisionnaires sont : 1ʳᵉ division, général Durrieu ; 2ᵉ division, Rébillard ; 3ᵉ division, Peytavin.

Il demeure entendu, d'après nos diverses dépêches et notamment votre dernière :

1° Que je fais expédier et débarquer tout le 15ᵉ corps, infanterie, cavalerie, artillerie et matériel, à Besançon.

2° Que je procéderai par divisions intégrales successives, la réserve d'artillerie suivant immédiatement la 1ʳᵉ division.

3° Que les départs commenceront demain matin, 3 courant, à 6 heures.

4° Que vous laisserez la compagnie transiter les trains à sa guise, sur telle section qui lui plaira, et que vous ne lui prescrirez pas une ligne de préférence à une autre. Jugez s'il est plus avantageux que la compagnie agisse comme elle l'entendra.

5° Que vous expédiez David à Vierzon surveiller l'embarquement.

6° Que si vous le pouviez, sans nuire au reste des opérations, vous surveillerez en partie le débarquement à Besançon, mais sans donner aucun ordre aux agents et vous bornant à les stimuler de votre présence.

DE FREYCINET.

P.-S. A l'instant M. David, m'arrive ici et je l'expédie à Vierzon.

N° 7 (2). — La destination des troupes transportées à partir de demain matin est Besançon, et non Clerval ; prière de prendre vos dispositions en conséquence.

N° 8. — La compagnie d'Orléans (3) m'informe que, d'après le rapport de votre compagnie, la gare de Saincaize paraît être toujours encombrée, et, qu'en conséquence, les trains

---

(1) Guerre à de Serres, Dijon, 2 janvier 1871, 10 h. 50 matin (faire suivre).

(2) Ministre Guerre à Directeur chemin de fer P.-L.-M., Clermont-Ferrand, de Bordeaux, 12 janvier 1871, 12 heures soir.

(3) Guerre Bordeaux, à Directeur Compagnie P.-L.-M., Clermont-Ferrand, de Bordeaux, 2 janvier 1871, 2 heures soir.

militaires, qui commenceront leur mouvement de Vierzon sur votre réseau à partir de demain matin, pourraient subir dans la dite gare des stationnements considérables. Je ne me fais l'écho de ces plaintes que pour le bon ordre, car il est bien évident que, prévenu comme vous l'êtes depuis samedi, vous aurez pris toutes vos mesures pour aider les voies de Saincaize, de manière à assurer la continuation non interrompue de la circulation des trains publics et du transport extraordinaire que nous avons demandé. Je vous confirme ma dépêche de ce matin, vous annonçant que la destination définitive des trains sera Besançon, et non Clerval. Prière de m'en accuser réception.

DE FREYCINET.

N° 9. — Reçu votre dépêche (1) indiquant Besançon et non Clerval comme destination des trains et celle exprimant des craintes sur l'encombrement de la gare de Saincaize.

Instructions données sur le premier point et mesures déjà prises pour le second, autant que le permet l'énorme quantité de wagons que l'administration de la Guerre a laissé accumuler dans cette région. Il faudra seulement qu'Orléans enlève à fur et à mesure le matériel vide que nous avons à lui livrer à Saincaize. Pour faciliter les passages, j'ai donné ordre de suspendre, à partir de ce soir, le service public entre Saint-Germain-des-Fossés et Nevers.

C'est dans le parcours au delà de Chagny que les retards seront inévitables, le passage sur le pont du canal à Dijon ne pouvant avoir lieu que mercredi.

E. AUDIBERT.

En même temps, le général Martineau était prévenu de ces dispositions par une dépêche datée de 11 h. 50 du matin (2).

Mais, à la même heure, le commandant du 15° corps signalait l'impossibilité matérielle qu'il y avait à effectuer le transport en 48 heures, et déclarait, d'accord avec

---

(1) Guerre Bordeaux (voir dépêche n° 7). Clermont, 2 janvier 1871, 3 heures soir.
(2) Archives de la Guerre.

M. de la Taille, que neuf jours au moins seraient nécessaires (1). A cela le ministre répondit que les voitures seraient transportées après les troupes (2) et donna des ordres sévères pour la surveillance à exercer au moment des embarquements. Toutefois, à l'annonce que les effectifs à transporter étaient bien plus forts que ce qu'il avait pensé, M. de Freycinet dut décider que les mouvements commenceraient seulement le 4 janvier, à 6 heures du matin (3).

N° 10. — En conséquence de votre dépêche (4) de ce matin 11 h. 55, qui me parvient à l'instant, je prescris de retarder

---

(1) *Général Martineau à Guerre, Bordeaux.*
Urgence. Bordeaux, de Vierzon, 2 janvier, 10 h. 25 matin. Reçu 2 h. 25 soir.

Je donne ordres pour commencer embarquement des troupes demain à 6 heures. Toutefois je crois remplir un devoir, en même temps que dégager ma responsabilité, en vous disant toute la vérité : il est matériellement impossible de faire en deux jours le transport que vous prescrivez. M. de La Taille est d'accord avec moi. Vous avez été mal renseigné sur le transport du 15ᵉ corps en octobre; il n'y a eu d'embarqué qu'une division et demie, l'artillerie et une partie de la cavalerie. Le reste des troupes avec les convois a marché par terre. Il a fallu quatre jours et demi pour faire l'embarquement. Aujourd'hui l'effectif de mes troupes d'infanterie, augmenté du chiffre de l'artillerie, de la cavalerie et des services divers, est de 43,000 hommes et 7,500 chevaux. Les convois me représentent 1,200 voitures et 1,500 chevaux au moins. En utilisant simultanément les gares de Vierzon, de Mehun et de Bourges, M. de La Taille ne pense pas mettre moins de 9 jours pour l'embarquement; en supposant qu'il puisse se procurer tout le matériel nécessaire. Il y aurait avantage à faire faire le trajet par terre à partie des corps et aux convois. — Je demande cette mesure spécialement pour le parc d'artillerie en ce moment à Bourges.

Général MARTINEAU.

(2) Télégramme de 4 h. 15 (Archives de la Guerre).
(3) Télégramme de 5 h. 15 (Archives de la Guerre).
(4) Guerre à Audibert, directeur chemin de fer, Clermont-Ferrand. Clermont-Ferrand, de Bordeaux, 2 janvier 1871, 8 h. 55 soir.

tout le mouvement de 24 heures et de ne le commencer que mercredi à 6 heures du matin ; il n'est rien changé d'ailleurs aux autres dispositions. Il est aussi inattendu que déplaisant pour nous d'être avisés au dernier moment, alors que ce mouvement vous a été annoncé dès le 31 décembre au matin. Je compte que vous aurez à cœur de racheter ce contre-temps par la parfaite exactitude des mouvements de nos trains sur vos lignes.

DE FREYCINET.

J'ai reçu votre dépêche (1) de ce matin 10 h. 25, arrivée ici fort tardivement.

J'ai déjà répondu pour les convois de l'intendance.

On en transportera ce qu'on pourra, pendant les 48 heures qui suivront l'expédition du corps d'armée proprement dit :

Quant à ce corps, il est bien évident que, s'il compte 44,000 hommes au lieu de 31,000 accusés pour nous, il y a 8 jours, il faudra un jour de plus pour le transport, soit 3 jours au lieu de 2. Mais je maintiens que 3 jours sont pleinement suffisants. En effet 44,000 hommes avec leurs accessoires représentent 88,000 hommes, c'est-à-dire exigent 88 trains; personne ne le conteste. Or, en échelonnant les trains de trois quarts d'heure en trois quarts d'heure, ce qui est large, on expédie 32 trains en 24 heures, ou 96 trains en 3 jours. La Prusse ferait un semblable mouvement en 2 jours. Ainsi je maintiens mon chiffre de 3 jours et, s'il est dépassé, je me réserve de rechercher les responsabilités. Ainsi que je vous l'ai télégraphié, le mouvement est ajourné à mercredi matin à 6 heures. Employez votre journée de demain à charger votre artillerie.

D. FREYCINET.

Pendant ce temps, les nouvelles reçues à Dijon des mouvements de l'ennemi allaient déterminer une modification importante du plan de transport. A 5 h. 40 du soir M. de Serres demandait l'envoi d'une brigade du

---

(1) A Général commandant 15ᵉ corps. Vierzon. 2 janvier, 9 h. 30 soir.

15ᵉ corps et de deux batteries à Dijon, pour prendre part à la défense à laquelle serait attachée la division Cremer.

Reçu votre dépêche (1) de 12 h. 7 relative au 15ᵉ corps et chaque point en sera fidèlement exécuté... Je crois que ma présence, non indispensable à Besançon, sera bien nécessaire ailleurs, et vous savez où. La démonstration de l'ennemi du côté de Semur s'accusant plus qu'elle ne devrait, et, d'autre part, ne voyant pas se dessiner assez nettement l'opération tout indiquée pour Garibaldi, il y a lieu d'être ici même plus fort encore que nous ne sommes. Cremer, sur les ordres du général en chef, a marché vers Gray. Après mûr examen de la question avec les généraux Bourbaki et Borel, le premier me prie de vous télégraphier d'expédier ici une brigade et deux batteries, les premières qui seraient embarquées à Bourges. Cette disposition est, d'après lui, de toutes celles que l'on pourrait prendre, la plus simple et surtout celle modifiant le moins le cours des opérations; ultérieurement il vous sera très facile de faire rallier cette brigade si sa présence n'est plus nécessaire ici.

De Serres.

J'ai télégraphié (2) hier et ce matin à Garibaldi et Bordone, que nous comptions sur une vigoureuse opération de leur part, pour culbuter les faibles colonnes prussiennes qui semblent s'engager dans la vallée à notre gauche. Je n'ai pas de réponse directe, mais une dépêche de Menotti Garibaldi à son père semblerait indiquer un mouvement de concentration de ses troupes sur Arnay-le-Duc.

Ce mouvement étant à contre-sens, je lui ai envoyé la dépêche suivante : De Serres à général Garibaldi à Autun, j'ai reçu communication de la dépêche de Menotti sur la marche des colonnes prussiennes; j'ai dû vous télégraphier hier à ce sujet, le général en chef compte que toutes vos forces

---

(1) De Serres à de Freycinet, Guerre, Bordeaux, 2 janvier 1871, 5 h. 40 soir.

(2) De Serres à de Freycinet, Guerre, Bordeaux, Dijon, le 2 janvier 1871, 5 h. 55 soir.

seront entre l'ennemi et Dijon demain, et, s'il en est ainsi, la témérité de l'ennemi pourra lui coûter cher.

De Serres.

Mais, chose singulière, ce projet semble être tout à fait en désaccord avec les véritables intentions du général Bourbaki.

A 11 h. 55 du matin, il avait en effet télégraphié au ministre (1) :

L'ennemi fait des démonstrations de quelque importance, pour menacer Dijon, en se portant sur Vitteaux.

La défense de Dijon me semble susceptible d'être appuyée par les troupes du général Pélissier et par celle du général Garibaldi.

Le général Crémer, qui a couché ce soir entre Champlitte et Dijon, rétrogradera sur cette dernière ville, pour concourir à sa défense, s'il le juge nécessaire.

Je crois que l'ennemi veut nous déterminer, soit à réduire l'effectif des forces marchant sur Vesoul, soit à nous retarder. Je tiens à déjouer ce projet, en ne me privant d'aucun élément, autre que la division Crémer. Nous éprouvons beaucoup de peine à marcher rapidement, vu l'état actuel des routes et les difficultés de s'approvisionner de vivres.

Le 15ᵉ corps constituera un très bon appoint, mais il faut qu'il ne perde pas de temps.

Le 18ᵉ et le 20ᵉ corps doivent coucher ce soir sur les bords de l'Oignon et continuer leur marche demain matin.

J'ai établi aujourd'hui mon quartier général à Dôle.

M. de Serres revint à la charge un peu plus tard.

Je vous transmets la dépêche (2) suivante que nous communique le préfet de Dijon : Menotti Garibaldi à général Garibaldi à Autun. Je vous transmets dépêche que je reçois de....; nous communiquons télégraphiquement avec Marigny. Voici les renseignements qu'il me donne. Une pre-

---

(1) Général Bourbaki à Guerre, Dôle, 2 janvier 1871, 2 h. 55 soir.
(2) Au général Bourbaki, Dôle, Dijon, 2 janvier 1871, 6 h. 50 du soir. Extrême urgence.

mière colonne de six mille Prussiens, partie de Pouillenay, est arrivée à Vitteaux, une seconde colonne du même effectif à peu près passe en vue de Pouillenay, se dirigeant sur Vitteaux.

Une troisième colonne de la même force, partie de Semur, est à Villeneuve, se dirigeant sur Pont-Royal.

Le mouvement des Prussiens sur Dijon est insensé et nous offre une belle occasion d'anéantir un demi-corps prussien et ouvrir ainsi l'année par un succès sérieux, si nous savons prendre des dispositions énergiques.

Crémer doit aussitôt que possible regagner Dijon; ce qui était prévu dans la disposition qui le faisait s'arrêter à ses cantonnements du 2 et y attendre les événements; comme il vous eût été impossible de lui faire parvenir ce soir l'ordre nécessaire, je l'ai prévenu par un exprès, et je vous prie de me confirmer télégraphiquement ce soir encore l'ordre de marche que je ferai parvenir par une estafette.

Le mouvement de l'ennemi, ainsi accusé, est tellement anormal qu'il y a sérieusement lieu d'étudier si, vu le mouvement d'arrêt subi par le 18ᵉ corps, celui-ci n'aurait pas à coopérer à l'action sur Dijon; il ne m'appartient pas de conclure, mais je crois qu'il faut se préoccuper de la question; si mon extrême fatigue me le permet, je serai à Dôle cette nuit en vous avisant préalablement.

DE SERRES.

Mais le général Bourbaki maintint son opinion (1).

Ne croyez-vous pas que l'évaluation des forces ennemies par Menotti Garibaldi soit exagérée. J'autorise le général Crémer, qui est sur les lieux, à prendre une décision en ce qui le concerne : rester où il couche ce soir, ou se rapprocher de Dijon, s'il est nécessaire.

La défense de Dijon contre un ennemi venant par Montbard, Semur et Saulieu est facile. Les troupes du général Pélissier et celles du général Garibaldi doivent suffire, surtout avec le concours de la division Crémer.

---

(1) Général Bourbaki à de Serres. Communication général Crémer, Dijon, Dôle, 2 janvier 1871, 10 h. 45 soir (faire suivre).

Ne croyez-vous pas que cette démonstration de l'ennemi n'ait d'autre objet que de nous retarder dans notre marche sur Vesoul, ou de nous déterminer à nous affaiblir. Il voudrait se ménager les moyens d'opérer une concentration. Je tiens à déjouer ce projet en ne me privant d'aucun élément autre que la division Crémer. Les chasseurs à pied et les régiments de marche affectés au 18ᵉ et 20ᵉ corps ont quitté Auxonne et Dôle aujourd'hui. Nous avons beaucoup de peine à marcher rapidement, vu l'état actuel des routes, et les difficultés éprouvées pour nous approvisionner en vivres. Le 15ᵉ corps constituera un très bon appoint, mais il faut qu'il ne perde pas de temps.

M. de Serres renonça donc provisoirement à son projet.

Ma dépêche (1), écrivit-il à M. de Freycinet, relative au mouvement que j'ai indiqué à Garibaldi comme nécessaire traçait partiellement la situation présente sur notre (gauche). La marche de nos ennemis jusqu'à Montbard n'était que naturelle ; au delà vers Vitteaux ce pouvait être une démonstration ; plus loin, c'est déjà un mouvement offensif sérieux sur Dijon.

Une pareille marche avec de petites forces, non suivies de troupes plus considérables, serait tellement insensée, que nous ne pouvons l'admettre de la part de nos ennemis. Il est donc nécessaire d'y voir une (menace importante, exigeant de notre part des mesures énergiques, et un appel de forces assez considérables non seulement pour couvrir la ville, mais même pour attaquer vigoureusement et infliger à ce corps un échec complet, lui enlevant toute possibilité de gêner la marche de notre armée vers le Nord-Est. J'ai signalé ce matin au général la situation comme telle, en lui conseillant premièrement d'arrêter Crémer, qui était aujourd'hui au-dessous de Fontaine-Française; deuxièmement d'envoyer à Dijon les troupes d'Auxonne qui doivent passer au dix-huitième. Enfin lancer sur Dijon, les

---

(1) De Serres à de Freycinet, Guerre, Bordeaux, urgent et confidentiel. Dictionnaire Rabel. Pour Bordeaux, de Dijon, 2 janvier 1871, 11 h. 55 soir.

autres troupes, dont la présence ailleurs n'eut pas été indispensable. J'ai en même temps, d'accord avec le général télégraphié à Garibaldi d'accélérer son mouvement vers Dijon.

De toutes ces mesures, pas une encore n'est en voie d'exécution suffisante, pour que je puisse vous assurer que l'ennemi soit infailliblement arrêté en avant de Dijon.

Demain la situation sera parfaitement claire et le général devra irrévocablement prendre une décision sur la première phase des opérations. Celles-ci, basées sur la concentration totale de nos forces au centre des lignes ennemies démesurément étendues, doivent nécessairement nous être favorables.

De Serres.

Mais il était trop tard, et déjà le ministre, croyant de Serres et Bourbaki d'accord, avait donné les ordres pour l'expédition d'une brigade du 15ᵉ corps à Dijon.

Le général Bourbaki demande qu'on lui envoie immédiatement à Dijon : 1° une brigade du 15ᵉ corps avec deux batteries d'artillerie; 2° l'équipage de pont, actuellement à Saint-Amand. MM. les généraux Martineau et Mazure sont invités à se concerter, chacun en ce qui le concerne avec la compagnie d'Orléans, en vue de profiter de la journée de demain, pendant laquelle le mouvement général du 15ᵉ corps n'aura pas encore commencé, pour envoyer au général Bourbaki ce qu'il désire. Toutes dispositions seront prises d'ailleurs pour ne pas entraver le mouvement du lendemain mercredi.

Quant à la brigade ainsi envoyée par avance, elle rallierait très prochainement le 15ᵉ corps à Besançon, à l'appréciation du général en chef Bourbaki.

De Freycinet (1).

---

(1) Guerre à commandant du 15ᵉ corps, Vierzon. Commandant de la division, Bourges; de La Taille, inspecteur, Vierzon; Audibert, directeur, Clermont-Ferrand; général Bourbaki, Dijon; de Serres, Dijon. Clermont-Ferrand de Bordeaux, 2 janvier 1871, 10 h. 25 soir.

Là encore M. de Serres était sorti de son rôle et avait pris personnellement des mesures militaires importantes, non seulement en dehors du général en chef, mais contrairement à ses intentions. On verra plus loin que M. de Serres avait été mal inspiré (1).

---

(1) L'ingérence excessive de M. de Serres, lui valut ce jour-là un nouveau rappel à l'ordre de la part de M. de Feycinet.

Guerre à de Serres, Dijon (faire suivre).

2 janvier, 2 h. 45 soir.

Je vois une dépêche de vous à colonel Fischer. Je vous prie instamment, mon cher ami, de vous abstenir de télégraphier en termes qui pourraient faire supposer que vous êtes quelque chose dans le commandement. De telles dépêches, je vous l'ai déjà dit, doivent être expédiées par l'État-Major du général en chef, ou, si elles le sont par vous, il faut qu'elles fassent mention que c'est par ordre du général. Je sais bien que celle-là est dans ce cas, mais il faut que cela apparaisse clairement dans la forme, pour ne pas déplacer les responsabilités. Répondez, je vous prie.

DE FREYCINET.

De Serres à colonel Fischer, Dôle

2 janvier, 5 h. 11 soir.

Communication à Freycinet, Guerre Bordeaux. Prière de me télégraphier à quel moment vous pouvez être rendu à Dijon. J'espérais y voir déjà vos troupes. Accélérez votre mouvement autant que possible. Vous ne m'avez pas accusé réception de la dépêche que le ministère m'avait chargé de vous transmettre.

De Serres à Freycinet, Guerre, Bordeaux, personnelle.

2 janvier, 9 h. 25 matin.

C'est avec un soin scrupuleux que je suis vos sages conseils, et particulièrement celui relatif aux ordres pour celui donné au colonel Fischer de Dôle, il n'a été que l'extrait de votre dépêche du 20, 3 h. 35, me disant : je vous autorise à donner des ordres pour concentrer à Dijon, avec colonel Fischer pour instructeur, les 4 légions mobilisées du Jura. Je vous avais transmis communication, et c'était encore après accord avec le général. Je redoublerai d'attention et j'espère mériter en tous points votre approbation.

DE SERRES.

Opérations.

15ᵉ corps. Exécutant les ordres du ministre au fur et à mesure de leur réception, le général Martineau prescrivit que les généraux de brigade surveilleraient l'embarquement de leurs troupes, avec l'aide des prévôtés divisionnaires. Quant aux subsistances voici comment le commandant du 15ᵉ corps comptait opérer.

Ordre du général commandant le corps d'armée.

2 janvier 1871.

INTENDANCE. — Le Ministre fait connaître que la Compagnie du chemin de fer transportera, en fait de voitures du convoi, tout ce qu'il lui sera possible de transporter, dans les 48 heures qui suivront l'embarquement des troupes.

La compagnie fera connaître à Bordeaux le chiffre des voitures qui seront transportées dans le délai de 48 heures, afin que des ordres soient donnés pour reconstituer un train auxiliaire à Besançon.

Il résulte de là que les convois doivent être dirigés sur Bourges, où l'on embarquera, après le départ des troupes et pendant 48 heures, le nombre des voitures le plus considérable possible.

Le reste des approvisionnements devra être embarqué dans des wagons fermés et dirigé sur le même point que le corps d'armée, pour être, de là, chargé sur des voitures auxiliaires que l'on se procurera à Besançon.

Général Martineau à Guerre, Bordeaux.

2 janvier 71 à 9 h. 55 soir, reçue 10 h. 55 soir.

J'attends vos instructions pour les donner au général commandant la 1re brigade à embarquer. Je donne des ordres pour l'embarquement des troupes, dans le sens de vos instructions. Les départs seront accélérés autant que possible, et la gendarmerie sera en permanence dans la gare. Le général de La Cottière commande la 1re brigade de la 3e division, et vous avez donné au général Logerot le commandement des 3 régiments enlevés au 15e corps par ordre de de Place.

Général commandant 15e corps à Ministre de la Guerre, Bordeaux.

Urgence. Bordeaux, de Vierzon. 2 janvier, 1 h. 10 soir.

Prière faire connaître instructions pour 1re division arrivant la première à Dijon. — Ne compte partir qu'après 3e division et artillerie de réserve. — 2e division partira dernière. N'ai aucune carte, prière d'en envoyer le plus tôt possible. Au lieu d'une division et demie que j'avais dit avoir été embarquée en octobre, c'est une division seulement.

MARTINEAU.

En montant en chemin de fer, les troupes devaient avoir avec elles trois jours de vivres. L'embarquement de la 3e division devait se faire à Mehun; celui de la 1re et de la cavalerie à Vierzon. De Bourges devaient partir les batteries de la réserve, cantonnées à Mehun, puis le 6e hussards, détaché à la Chapelle-d'Angillon. La 2e division avait à protéger le mouvement et partirait la dernière.

Les deux sections du génie de la 1re division construisirent dans la gare de Vierzon un quai d'embarquement long de 200 mètres. — Ce travail fut achevé dans la nuit du 2 au 3.

Dans la journée, la 3e division effectua sa concentration à Mehun.

On logea dans la ville l'État-Major, le 6e chasseurs de marche, le 16e de ligne, l'artillerie, le génie, le convoi, les 27ᵉ et 33ᵉ de marche et le 32ᵉ mobiles. Le 69ᵉ mobiles était à Foëcy, le 34ᵉ de marche à Allouis ; un bataillon du 32ᵉ mobiles à Somme, un du 33ᵉ de marche à Barmont (1).

Ce fut la brigade Questel (2ᵉ de la 1ʳᵉ division) composée du régiment de tirailleurs algériens, du 4ᵉ bataillon de chasseurs de marche, du 18ᵉ mobiles (Charente), alors cantonnée à Saint-Hilaire, qui fut, le 2 au soir, désignée pour partir la première, et aller à Dijon avec deux batteries.

18ᵉ corps. Dès 8 heures du matin, le 4ᵉ zouaves arrivait à Pesmes et formait les faisceaux, attendant par une bise glaciale son tour de passage (2).

« La largeur de l'Oignon est de 50 à 60 mètres. La communication entre les deux rives était établie primitivement, aux abords de la ville de Pesmes, au moyen de deux ponts, l'un en pierre de deux arches, à l'entrée même de la ville, l'autre en bois avec piles en maçonneries à trois travées, au lieu dit les Forges, à 3 kilomètres environ en aval. »

« Les Prussiens avaient fait sauter le pont de Pesmes, au moyen d'un fourneau de mine pratiqué dans l'intérieur même de la pile. La pile était complètement détruite au-dessus du niveau de l'eau. Ils avaient en même temps détruit le tablier du pont de Forges, dont les piles subsistaient seules (3). »

La glace avait 15 à 20 centimètres d'épaisseur et permettait le passage à l'infanterie.

L'équipage de pont dirigé par le commandant Logerot partit d'Auxonne dès le matin. A 1 heure du soir seulement, on commençait la mise en place des bateaux, et la nécessité de briser la glace pour les faire flotter prolongea le travail jusqu'à 7 heures du soir. — Dès

---

(1) *Journal* de la 3ᵉ division.
(2) *Historique.*
(3) *Rapport* du général Billot au Ministre (Archives de la guerre. Succession Billot).

7 heures du matin, on avait commencé à réparer le pont de Forges; cette opération, faute de matériaux préparés à l'avance, dura jusqu'à 10 heures du matin le 3 janvier.

A 7 heures du matin aussi, la 3ᵉ division s'était mise en mouvement (1); le 81ᵉ mobiles en tête, se portait de Flammerans par Champagney sur Marpain, où il arrivait vers midi. Il s'installa à l'abri dans ce village, où il devait rester jusqu'à 4 h. 30 du soir. — Le 82ᵉ mobiles (Iᵉʳ bataillon) était envoyé à Auxonne, où il allait toucher des fusils Chassepot et des cartouches. De cette ville partait le 14ᵉ bataillon de chasseurs de marche, qui allait rejoindre la 2ᵉ brigade de la 3ᵉ division. Le reste de cette brigade, consistant en un régiment, le 53ᵉ, avec 1 batterie, arriva vers midi sur les bords de l'Oignon et y prit position : le 1ᵉʳ bataillon du 53ᵉ et la batterie, près du pont de Forges, le IIᵉ entre Mutigney et la rivière, le IIIᵉ à Mutigney même.

Pendant ce temps, la 1ʳᵉ division s'était mise en marche; le 9ᵉ bataillon de chasseurs vint s'établir à Dammartin. Le 42ᵉ de marche l'y rejoignit vers 1 h. 30 du soir. Le 19ᵉ mobiles se répartit entre Dammartin et Champagney et s'occupa dès son arrivée de faire la soupe. Cet exemple fut suivi par le reste de la 2ᵉ brigade (44ᵉ de marche et 73ᵉ mobiles).

Inquiet de la lenteur du travail de réparation des ponts, le colonel Brémens, commandant la 2ᵉ brigade de la 3ᵉ division, tenta de faire passer l'infanterie sur la glace. Le 4ᵉ zouaves franchit le premier la rivière à partir de 2 heures du soir, puis il vint prendre position au Nord de Molans. A 11 heures du soir seulement, il cantonna dans ce village. — A 4 heures, le 81ᵉ mobiles passait à son tour et venait cantonner à Pesmes. Les 3 bataillons du 53ᵉ de marche franchissaient l'Oignon, respectivement à 5 heures, 6 heures et

---

(1) Moins le 4ᵉ zouaves parti à 5 heures.

7 heures (1), et venaient s'établir dans l'usine et le faubourg de Pesmes. Ils y furent rejoints dans la soirée par le 14ᵉ bataillon de chasseurs (2).

L'artillerie et le convoi franchirent le pont dès qu'il fut terminé, par une nuit très froide (15 degrés) et au clair de la lune.

A partir de 4 heures du soir, la 1ʳᵉ division avait aussi commencé à traverser la rivière en 3 points différents. A minuit, le 9ᵉ bataillon de chasseurs arrivait à Pesmes et poussait sur la Grande-Résie, où il parvenait à 2 heures du matin. Le 42ᵉ de marche se portait à 3 kilomètres en aval de la ville, passait sur la glace à Forges, à 10 heures du soir et parvenait à 1 heure du matin à Chevigney; le 19ᵉ mobiles vint à Sauvigney. Le 73ᵉ mobiles, parti à 5 heures du soir de Champagney, passa près de Marpain sur deux pistes, en mettant entre les hommes des distances de 2 à 3 mètres. A 11 heures du soir, il était réuni à Malans, déjà occupé par le 4ᵉ zouaves, et y trouvait à grand'peine un abri. Le 44ᵉ de marche arriva à Chaumercenne, où il plaça 2 bataillons, que vint rejoindre l'artillerie, et la Grande-Résie, où s'installa le IIᵉ bataillon.

La marche de la 2ᵉ division sur la rive droite de la Saône s'était accomplie sans incidents; vers midi elle était installée à Vouges, la Marchotte, la Marche (92ᵉ de ligne, régiment d'Afrique, 52ᵉ de marche, 77ᵉ de marche, 12ᵉ bataillon de chasseurs, artillerie) (3).

---

(1) On avait essayé de faire passer au moins les chevaux d'officiers. Mais la glace s'était rompue et l'un des chevaux n'avait été retiré qu'à grand'peine. (*Journal* de la 2ᵉ brigade. Papiers Bremens. Succession Billot.)

(2) Le 82ᵉ mobiles avait une partie du 2ᵉ bataillon de Vaucluse à Dijon, le 2ᵉ du Vaucluse à Seurre-sur-Saône, venant de Beaune. Il restait 1 bataillon et 4 compagnies qui étaient à Auxonne.

(3) Dans la journée, on incorpora dans la 2ᵉ division les 2 bataillons du 49ᵉ de marche, tirés de la garnison d'Auxonne. Ce régiment, chargé de l'escorte du quartier général, partit d'Auxonne à midi et vint à Pesmes.

La Réserve d'Artillerie était à la Tuilerie, près de Flamerans. Les parcs d'artillerie et du génie à Pont-de-Pierre (2 kil. N.-E. d'Auxonne), sous la garde du 82e mobiles (3e division).

La division de cavalerie, avec les 16e et 17e batteries tirées de la réserve, partit vers 7 heures de Saint-Jean-de-Losne et environs, et vint, vers 1 heure, s'établir à Vielverge (2e hussards et 5e cuirassiers) (1) et Soissons (5e dragons de marche).

Dès le matin, le capitaine de Beauchesne, avec 25 hommes du 5e dragons, avait été envoyé en pointe d'officier. « Il devait remonter la rive droite de la Saône, se mettre en rapport avec les avant-gardes de Garibaldi et de Cremer. Le peloton de M. de Rosière devait suivre sa route et transmettre ses renseignements (2). Le capitaine de Beauchesne poussa jusqu'à Langres, se rapprocha des Vosges, entra dans Luxeuil, que les Prussiens venaient d'évacuer et rejoignit le 17 janvier à Lyoffans ». Cette reconnaissance, tout à fait remarquable pour l'époque, mérite d'être citée.

Le 3e lanciers de marche avait quitté Auxonne dès 5 heures du matin et, par Flamerans et Champagney, il avait gagné les bords de l'Oignon. — Tandis que les 1er et 4e escadrons et l'État-Major restaient à Vielverge, le 2e passait sur la glace à Marpain et venait se placer à Montagney ; le 3e, après avoir franchi la rivière sur le pont de bateaux de Pesmes en pleine nuit, arriva à 2 heures du matin à Sauvigney.

20e corps, 1re division. Conformément à l'ordre du général de Polignac, le 55e mobiles, qui était à Châ-

---

(1) 4 pelotons. MM. de Beaumont, Danier, de Biré, Waldner sont envoyés à l'État-Major pour former avec les lanciers des reconnaissances mixtes. (*Historique.*)

(2) *Historique* du 5e dragons de marche. Ordres de la Division de Cavalerie (succession Billot).

tenois (1), devait rallier dès 7 h. 30 du matin le reste de la 1ʳᵉ brigade (2), à Audelange. D'après son *Historique*, il ne partit qu'à 8 heures du matin, et arriva à 5 heures du soir à Corcelle-Ferrière. Le 11ᵉ mobiles avait quitté Audelange dès 7 heures du matin, formant l'avant-garde, et, après une halte à Saint-Vit, il gagna Lavernay, où il cantonna. Le 50ᵉ de marche, qui l'avait suivi, avait gagné sur la gauche le village de Lantenne-et-Vertière.

Les francs-tireurs, qui étaient à Orchamps, précédèrent la 1ʳᵉ brigade et gagnèrent Franey. Dans la 2ᵉ brigade, le 67ᵉ mobiles (Haute-Loire, 3 bataillons) vint occuper Ferrière (IIIᵉ bataillon) et Boismurie (Iᵉʳ et IIᵉ bataillons); le 24ᵉ mobiles (Haute-Garonne) cantonna à Corcondray et l'Etang; l'artillerie, qui l'avait suivi, s'arrêta à Saint-Vit, le IVᵉ bataillon de Saône-et-Loire, qui formait l'arrière-garde, s'établit à Ferrière.

Le quartier général de la division était à Corcelle. — Régiments et bataillons avaient marché suivis de leurs convois.

2ᵉ division. « A 3 heures du matin, dit l'*Historique* du 25ᵉ bataillon de chasseurs, le commandant de la place d'Auxonne me fit appeler pour me remettre une dépêche du général Clinchant, qui me donnait l'ordre de me trouver le 3 dans la soirée à Voray-sur-l'Oignon, à 80 kilomètres. Je choisis la route d'Auxonne à Marnay, laquelle me permettait d'arriver en deux jours. Parti à 11 heures du matin, je me dirigeai sur Flamerans, Champigny, Dammartin...; la route était encombrée par les bagages du 18ᵉ corps, la neige très glisssante; mes hommes n'avaient pas de vivres, la place d'Auxonne n'ayant pas voulu nous en donner... A minuit nous sommes arrivés en vue de Marnay... J'appris que les Prussiens avaient paru à Virey... ma position devenait critique. J'appris

---

(1) Jura, 2 bataillons.
(2) Général Logerot à partir du 1ᵉʳ janvier.

enfin que le général Clinchant était arrivé à Marnay dans la nuit... En apprenant que mes jeunes soldats n'avaient fait ni exercice, ni tir à la cible, il ne put s'empêcher de dire à son colonel d'État-Major avec un sourire douloureux : « Voilà avec quoi il faut vaincre ». Il nous passa en revue et, en voyant ces figures fraîches et alertes, notre brave général, notre ancien commandant de chasseurs à pied, dit à ces jeunes gens : « C'est bien mes « enfants, allez! vous vivrez sur votre vieille réputation ».

Ce bataillon avait donc franchi plus de 35 kilomètres de 11 heures du matin à minuit, bien que gêné pendant une grande partie de sa marche par les colonnes du 18ᵉ corps, dont il coupait les lignes de marche. Il devait le lendemain subir de grandes fatigues encore, au moment où il apprenait qu'il faisait partie de la brigade Bernard (1ʳᵉ de la 2ᵉ division).

Le 3ᵉ zouaves de marche, qui était déjà à Ougney (1), n'avait qu'une courte étape à franchir. Il vint à Jallerange.

Les autres troupes de la 2ᵉ division partirent de Dôle à 7 h. 30, le 68ᵉ mobiles (Haut-Rhin, 2 bataillons) en tête, suivis de l'artillerie. Elles poussèrent jusqu'à Courchapon, l'artillerie restant à Jallerange. La 1ʳᵉ brigade s'installa à Pagney (IIᵉ bataillon de la Savoie) et Vitreux (34ᵉ mobiles, Deux-Sèvres).

La réserve de munitions d'infanterie (2) suivit la division et vint à Jallerange.

L'escadron divisionnaire de cuirassiers était à Vitreux.

3ᵉ division. Le Iᵉʳ bataillon de la Corse (1ʳᵉ brigade), formant l'avant-garde, quitta Gredisans à 7 heures du matin, et poussa jusqu'à Vitreux, déjà occupé par des troupes de la 2ᵉ division. Il y fut rejoint par le 2ᵉ bataillon. — Le 47ᵉ de marche vint à Ougney avec l'artillerie. La 2ᵉ brigade (Limousin) avait à occuper Marnay sur le bord

---

(1) Débarqué du chemin de fer.
(2) 8 caissons.

de l'Oignon. Toutes les troupes (Ier et IIe bataillons des Pyrénées-Orientales, 58e mobiles des Vosges, bataillon de la Meurthe) y furent cantonnées. L'escadron divisionnaire de cuirassiers dut aller à Marpain, près de Pesmes.

Cavalerie. Le 2e lanciers de marche accompagné des francs-tireurs de Luppé vint à Marnay, le 7e chasseurs à Burgille...

La réserve d'artillerie vint à Saint-Vit.

Le grand parc était à Besançon.

24e corps. A 2 heures du matin, le colonel Irlande, commandant la 1re brigade de la 2e division, arrivait en chemin de fer à Baume-les-Dames, avec le IIIe bataillon du 61e mobiles, qui venait de rentrer à Besançon de la reconnaissance exécutée sur Rioz dans la journée du 1er janvier (1). A 4 h. 30 du matin le lieutenant-colonel Dauriac du 61e mobiles partait pour Avilley avec le IIe bataillon de son régiment. En même temps le 1er escadron du 7e régiment de marche de cavalerie, parti à 8 heures de Bonnay, se dirigeait vers le même village. Arrivé vers 11 heures à la Tour-de-Sçay (2), il poussa de là sur Cendrey, d'où il entendit une vive mais courte fusillade vers Avilley. Là il rejoignit le lieutenant-colonel Dauriac. — Celui-ci avait engagé un léger combat avec quelques ulans postés aux abords du village, en avait blessé plusieurs et fait un prisonnier (3). De là, il rentra à Baume-les-Dames, où tout était resté calme, le bataillon de la Haute-Garonne, les Ier et IIIe du 61e de marche et 2 compagnies du 21e chasseurs continuant à occuper les hauteurs de la Boussenotte.

---

(1) Dépêche télégraphique du colonel Irlande. (*Journal* du 61e mobiles.)

(2) *Rapport* du 1er escadron du 7e de cavalerie.

(3) Ils précédaient la 3e compagnie du 25e prussien venant de Rougemont. Voir Mouvements des Allemands.

Pendant ce temps les 4 compagnies restantes (1) du 21ᵉ chasseurs, parties à midi de Chalèze, arrivaient à 3 heures du soir à Marchaux, où venait les rejoindre le 60ᵉ de marche. — Le 14ᵉ mobiles, de la 2ᵉ brigade de la 4ᵉ division, vint sans incident occuper Thise, Roche, et Novillars (2). Quant au 87ᵉ mobiles, le Iᵉʳ bataillon fut envoyé sur la route de Rioz à Valantin, d'où une compagnie se porta à Pouilley-les-Vignes; le IIᵉ (Lozère), désigné pour être en grand'garde au Rousillon (4 kilomètres sud de Marchaux), se perdit dans les bois et arriva à 10 h. 30 du soir à Amagney. — Le IIIᵉ bataillon vint aux Chaprais.

Dans la 3ᵉ division, le quartier général et l'artillerie (3) restèrent à Saint-Ferjeux avec la 1ʳᵉ légion du Rhône et une partie de la 2ᵉ. Le reste était à Saint-Claude, Château-Farine et Pouilley (IIIᵉ bataillon de la Loire) (4).

Pour le 3 janvier, le général de Bressolles prescrivit au colonel Irlande de se tenir prêt à faire avec ses deux régiments, 60ᵉ et 61ᵉ de marche, une colonne mobile de 3 ou 4 jours (5). — De son côté, le général commandant la 7ᵉ division invitait le 60ᵉ à se porter le 3 janvier de Marchaux sur Cendrey, puis, de là, sur Fontenotte, « pour prendre en flanc ou sur ses derrières la colonne ennemie qui de Rougemont s'est portée sur Baume-les-Dames, ou

---

(1) 2 à Baume-les-Dames, 2 à la division à Saint-Ferjeux, 1 au quartier général.

(2) Départ à 4 heures du soir de Saint-Claude. Arrivée à 6 heures soir après avoir touché 4 jours de vivres. (*Historique*.)

(3) 1 batterie de 4 rayé (Bouvier), 1 de 12 rayé, 1 de montagne, 1 Armstrong (Muyard).

(4) Le 89ᵉ mobiles ne devait partir de Lyon que le 5 janvier. — Des troupes qui devaient fournir la 1ʳᵉ division, le 15ᵉ chasseurs est à Besançon, le 63ᵉ de marche à Lyon, le régiment mixte, pas encore formé, avait à Baume-les-Dames le bataillon de la Haute-Garonne, à Clerval celui du Haut-Rhin, à Besançon celui du Tarn-et-Garonne.

(5) Dépêche télégraphique.

veut de nouveau s'y porter » (sic). Le 61ᵉ devait rester sur la défensive jusqu'à ce que ce mouvement ait produit son effet (1).

On a vu que, le 31 décembre, le commandant de Vezet avait envoyé sur Blamont 2 compagnies du 1ᵉʳ bataillon du Doubs avec 2 obusiers de montagne, sous les ordres du capitaine du génie Vallet. Ils y avaient été rejoints, le 1ᵉʳ janvier, par les Vengeurs de Malicki. La compagnie de zouaves du capitaine de La Vallière était à Roches.

A l'annonce de l'évacuation par les Allemands de Bondeval, les 2 compagnies du 1ᵉʳ bataillon du Doubs vinrent occuper ce village (2), tandis que l'artillerie restait sous la garde de la compagnie de mobilisés Viette et des douaniers à Thulay. Quelques obus avaient été envoyés à l'ennemi pendant qu'il détruisait, à Seloncourt, les ponts du Glans (3). — Quant aux Vengeurs, ils avaient été envoyés sur la droite à Dannemarie sur la frontière; là ils s'étaient débandés, leur chef avait passé en Suisse, et le reste de ce corps s'était enfui sur Blamont en criant à la trahison.

A Pont-de-Roide restaient 4 compagnies du Iᵉʳ bataillon du Doubs, avec 3 compagnies du IIᵉ bataillon de la 3ᵉ légion de mobilisés du Doubs (commandant Touret); les autres compagnies de ce bataillon restant à Noirefontaine, Solemont et Valonne, au Sud de la crête du Lomont.

Quant au IIIᵉ bataillon du 54ᵉ mobiles (Doubs, commandant Bousson), il continua à occuper, par des compagnies détachées, la longue ligne de Glainans à Voujaucourt par Blussans et Colombier le long du Doubs. Le comman-

---

(1) Dépêche télégraphique.
(2) Télégramme du capitaine Vallet.
(3) *Rapport* du commandant de Vezet. Voir aussi « Le capitaine de vaisseau Rolland », par le docteur Challan de Belval. Marseille, 1908.

dant Bousson demandait à réunir tout son monde à Voujaucourt, en renforçant le détachement de Bondeval par le reste du Ier bataillon du Doubs, et en plaçant les mobilisés à sa gauche de Glainans à Voujaucourt. — Non sans raison, il insistait pour que le commandement de ces troupes éparses fût fortement organisé. Le décousu des opérations était en effet absolu et la prétention du chef des Vengeurs de donner des ordres avait provoqué des conflits sérieux (1).

Réserve générale et brigade Boërio. Le 38e de ligne fit occuper par 3 compagnies du IIIe bataillon Foucherans, la 4e allant à Choisey. L'artillerie vint à Dôle. La brigade Boërio resta à Annoire.

Division Cremer. A 8 heures du matin la division se mit en marche vers le Nord-Est. Entre 6 et 8 heures du soir, après une forte étape, elle était établie autour de Fontaine-Française. Le bataillon de la Gironde à Saint-Seine-sur-Vingeanne, le 32e de marche à Fontaine-Française avec le 57e, le 83e mobiles et l'artillerie. Le 86e mobiles était à Dampierre et Fley, Licey-sur-Vingeanne et Fontenelle.

---

(1) Télégrammes du capitaine de La Vallière et du commandant Bousson. Les Vengeurs furent renvoyés à Besançon et licenciés. (*Rapport* du général Rolland en date du 24 janvier. Archives de la Guerre.)

III

Mouvements des Allemands.

Bien que les *Historiques* allemands ne portent pas trace du combat soutenu le 1ᵉʳ janvier devant Baume-les-Dames, il semble que, dans la nuit du 1ᵉʳ au 2, le général von Werder connut la présence de forces assez sérieuses en avant du Doubs à Clerval et à Autechaux (1). Les nouvelles venues de Suisse parlaient de rassemblements vers Pont-de-Roide. Revenant toujours à son idée favorite d'une tentative des Français contre Belfort par Montbéliard, le général von Werder se résolut à différer le mouvement vers le Sud-Ouest, que lui prescrivait le maréchal de Moltke, auquel il répondit en ces termes :

« Télégramme reçu. La situation ne paraît pas du tout assez claire pour que je puisse reprendre immédiatement la direction du Sud-Ouest, tant que ma principale mission sera de protéger le siège de Belfort. M. de Roeder assure aujourd'hui que le chemin de fer sera encore réservé pendant deux jours pour les transports militaires, et que 10,000 hommes sont dirigés sur Pont-de-Roide. Des renseignements s'accordent à parler de très gros rassemblements de troupes à Besançon et au Sud. On a constaté à plusieurs reprises la présence des régiments nᵒˢ 60 et 69 qui n'appartiennent pas à la garnison. Un officier d'État-Major a été envoyé aujourd'hui au général Treskow pour s'entendre au sujet d'un mouvement offensif. »

---

(1) Löhlein.

Pendant ce temps le grand État-Major, toujours sous l'influence des renseignements reçus la veille du général de Werder, continuait l'expédition des ordres, qui devaient ôter au VIIe corps toute chance de venir au secours des troupes badoises.

Au général de l'infanterie de Zastrow, Châtillon (faire suivre).

Versailles, 2 janvier 1870, 11 heures matin, télégramme.

Le général Werder n'a pas besoin de votre secours. Le Prince Frédéric-Charles marche sur le Mans avec le gros de ses forces, le IIe corps sur Montargis. Reportez-vous immédiatement sur Auxerre pour vous opposer, de concert avec le IIe corps, à un mouvement éventuel de Bourbaki sur la rive droite de la Loire. La *14e* division vous rejoindra par Paris (1).

Les nouvelles que reçut, pendant la journée du 2, le général de Werder, ne firent que le confirmer dans l'idée qu'une grosse offensive se préparait vers sa gauche. Il apprit successivement que 20 à 30,000 hommes étaient arrivés par chemin de fer à Besançon, que 25,000 s'avançaient à l'Est du Doubs, et que l'avant-garde de ces derniers, forte de 4,000 hommes, était à Blamont. « Ce qui ajoutait à la vraisemblance de ces renseignements, c'était que le bataillon de Landwehr de

---

(1) *Correspondance* militaire du maréchal de Moltke, n° 563. Ce télégramme arriva à destination complètement tronqué. Il y manquait en particulier l'indication de l'objectif. Il en résulta que, le 3, le général Zastrow en demanda la répétition.

Le comte de Moltke télégraphia immédiatement : *Correspondance* militaire du maréchal de Moltke, n° 563.

Au général de l'infanterie de Zastrow, Châtillon (faire suivre).

Versailles, 3 janvier 1871, 10 h. 30 matin.

Objectif immédiat Auxerre. Télégramme répété. IIe corps le 6 à Montargis.

Liegnitz (1) avait été attaqué au matin à Abbévillers par un bataillon français, qu'il avait rejeté en partie en Suisse, après un combat de courte durée (2). » C'étaient, comme on l'a vu, les Vengeurs de Malicki qui s'étaient débandés aux premiers coups de fusil. « A Avilley, un détachement ennemi de 3 bataillons des régiments n°s *61* et *85* avait été signalé (3). » Nous avons signalé que c'était le IIe bataillon du *61e* mobiles, envoyé en reconnaissance de Baume-les-Dames. Il avait rencontré au delà d'Avilley la 3e compagnie du *25e* prussiens, qui, après quelques coups de fusil à grande distance, se retira sur Montbozon. Les 8e et 9e compagnies du même régiment, envoyées sur Avilley, n'y trouvèrent plus les Français qui s'étaient retirés (4). On sait en effet que le lieutenant-colonel Dauriac avait repris le chemin de Baume-les-Dames, le but assigné à sa reconnaissance ayant été atteint.

Les ordres que donna pour le 3 janvier le général de Werder portent la marque de ces incidents, singulièrement grossis dans son esprit, ainsi qu'on a pu s'en rendre compte.

Le colonel Nachtigall (brigade von der Goltz), avec le *30e* d'infanterie, 1 batterie et 2 escadrons, dut se porter de Lure à Héricourt.

Le général de Schmeling (IVe division de réserve), avec le gros de ses forces, avait à se porter de Villersexel et Rougemont sur Arcey. A Villersexel, il serait remplacé par le reste de la brigade von der Golz, qui s'adjoindrait le bataillon du *6e* badois stationné en ce point. La division badoise était chargée des reconnaissances vers Rioz et Montbozon. Le corps de siège ferait face au Sud avec toutes ses forces disponibles. Le détachement d'Arcey

---

(1) Du détachement Debschitz.
(2) Löhlein.
(3) *Ibid*.
(4) *Historique* du 25e d'infanterie.

(11ᵉ bataillon et fusiliers du 67ᵉ, 1 bataillon de Landwehr) se porterait par Dampierre sur Delle au secours du général Debschitz, qui « croyait à une forte attaque débouchant de Pont-de-Roide et Blamont (1). » Dès le 2, on avait rappelé à Montbéliard le 1ᵉʳ bataillon du 67ᵉ poussé à l'Ouest sur Dung, et, d'Arcey, le colonel Zglinicki avait envoyé sur ce point le 11ᵉ bataillon du même régiment (2).

Ainsi, au moment où le gros des forces françaises marchait sur Vesoul et commençait à franchir l'Oignon, à moins de 40 kilomètres de lui, le général Werder se privait d'une partie importante de ses forces et les dispersait sur un front de plus de 70 kilomètres de Vesoul à Delle, ne gardant avec lui que 3 faibles brigades.

L'inactivité de la cavalerie allemande, d'ailleurs gênée par l'état du sol, était pour beaucoup dans cette incertitude et dans les mesures si dangereuses auquel le commandement était réduit.

Corps Zastrow. Tandis que le grand État-Major allemand expédiait au général von Zastrow l'ordre de revenir à Auxerre, ce dernier, sans continuer son mouvement général vers le Sud-Est, faisait exécuter une série de reconnaissances. Avant tout, il désirait avoir le plus tôt possible des nouvelles de Sombernon, où l'on avait signalé la présence des Garibaldiens.

« Trois colonnes volantes furent mises en mouvement (3). Le détachement Einecke, flanc-garde de gauche, stationné à Darcey, devait se porter sur la route de Dijon vers Chanceaux, pousser sa cavalerie sur Saint-Seine et, au besoin, la soutenir dans la journée du 3. On lui envoyait pour couvrir sa retraite 1 compagnie de chasseurs et 1 peloton du 8ᵉ hussards à

---

(1) Löhlein.
(2) *Historique* du 67ᵉ.
(3) Fabricius.

Darcey, et, pour éclairer son flanc gauche, une patrouille d'officier sur Baigneux-les-Juifs. Le lieutenant-colonel von Schœnholtz devait, avec le II⁰ bataillon du 72⁰, deux escadrons du 1ᵉʳ hussards de réserve et 4 canons, marcher de Pouillenay sur Vitteaux, et, s'il n'y trouvait pas une trop forte résistance, gagner Uncey (10 kilomètres au Sud, dans la vallée de la Brenne). Le 3, il reconnaîtrait de bonne heure Sombernon, et reviendrait dans la journée à Vitteaux. Comme soutien éventuel de ce détachement, le gros enverrait 2 bataillons (Iᵉʳ et II⁰ du *73*⁰), 1 escadron du *1*ᵉʳ hussards de réserve et 1 batterie sur Vitteaux, 1 bataillon (II⁰ du *13*⁰) et 1 peloton du *8*⁰ hussards sur Pouillenay. La troisième colonne volante devait être constituée par le détachement von den Bussche, renforcé de 1 escadron du *2*⁰ ulans de réserve, devait gagner Saulieu, éclairer le 2 jusqu'à Montlay, le 3 Saulieu et se retirer autant que possible sur Précy-sous-Thil. »

« On ne devait emporter que le nécessaire en fait de bagages, et se munir de voitures de réquisition. Les communications seraient assurées par des relais, gardés par l'infanterie, en cas de besoin. Tous les détachements avaient à désarmer les populations et à détruire les armes saisies. On rendrait responsables les curés des localités où l'approche des troupes aurait été signalée par le son des cloches, et on frapperait des amendes si l'on tirait sur les soldats. On éviterait de s'engager contre des forces supérieures. »

A ce moment le commandant Loste, avec le bataillon des francs-tireurs réunis, était à Saint-Seine et avait poussé en avant de lui, entre Chanceaux et Courceau, la 2ᵉ compagnie de Tarn-et-Garonne (capitaine Tulières, 90 hommes) et la compagnie d'Alger (40 hommes, lieutenant Landsmann). A sa droite le lieutenant-colonel Bossi battait le pays vers Lucenay-le-Duc avec l'escadron des guides italiens. En seconde ligne, à Val-Suzon, se trouvait le lieutenant-colonel Eudeline, avec le bataillon des francs-tireurs de Colmar et le bataillon d'Oran. Une compagnie de ce dernier gardait le tunnel de Blaisy-bas, une autre était à Salmaise. Le colonel Lobbia, avec une partie de la 2ᵉ brigade, était à Vitteaux, détachant sur sa gauche, à Précy-sous-Thil, les 120 hommes du bataillon de francs-tireurs Égalité de Marseille. A l'extrême gauche Ricciotti Garibaldi était à Avallon. »

Ce jour là, ainsi qu'on l'a vu plus haut, la division Cremer s'était portée vers le Nord-Est de Dijon et devait, le soir, atteindre les environs de Fontaine-Française. Elle allait donc se trouver complètement séparée des forces garibaldiennes.

Combat de Courceau. Le major von Einecke avait (1) reçu, dans la nuit, à Darcey, l'ordre de marcher sur Chanceaux. A 8 h. 30 du matin lui arrivèrent 2 pièces de la batterie Kindermann, parties à 6 heures de Pouillenay, sous l'escorte d'un peloton de hussards (lieutenant von Holtzendorf), puis la 8ᵉ compagnie du 72ᵉ venant de Munois. Vers 9 heures, le détachement von Einecke se mit en marche dans l'ordre suivant :

Avant-garde : (capitaine Zimmermann) 4ᵉ escadron de hussards, 7ᵉ compagnie du 72ᵉ.

Gros : 6ᵉ, 5ᵉ et 8ᵉ compagnies du 72ᵉ.

2 pièces de la 4ᵉ batterie légère.

« La chaussée de Montbard à Dijon par Chanceaux suit jusqu'à Darcey la vallée du Ru-de-Vaux profondément encaissée... et se dirige vers le Sud-Est en passant près de Bligny-le-Sec. La chaussée monte à l'Est de Darcey sur les hauteurs et rejoint au nord de Courceau la grande route de Paris à Dijon. Celle-ci franchit à Chanceaux la vallée de la Seine, en ce point étroite, profonde et très encaissée. Elle suit ensuite la crête du plateau. »

« Dès que la colonne eut atteint les hauteurs à l'est

---

(1) D'après l'*Historique* du 72ᵉ (Fabricius).

de Darcey, il parut évident que le flanc droit était très menacé. La vallée du Ru-de-Vaux, parallèle à la route, était cachée, couverte de bouquets de bois et de localités très favorables à une attaque des francs-tireurs. »

« A l'endroit dit « l'Arbre-Rond », à la croisée de la route qui vient de Lucenay-le-Duc, on détacha le capitaine Zimmermann avec la 7ᵉ compagnie et 1 peloton de hussards en flanc-garde de droite, dans la direction de Frolois... Ce détachement trouva le village inoccupé et perdit beaucoup de temps à le fouiller... Le guide qu'il avait requis de le conduire à Chanceaux, le dirigea sur Saint-Germain. Il n'arriva à Chanceaux qu'à 3 heures, sans avoir pu prendre part au combat livré par la colonne principale. »

« Celle-ci avait traversé sans encombre le défilé de Courceau, lorsque l'escadron de hussards rendit compte que l'ennemi occupait en forces les hauteurs des Bois-le-Perrier (1). »

Les 130 hommes du capitaine Tulières s'étaient en effet embusqués à la lisière du bois, dans les carrières de Tarcot, d'où ils dominaient la vallée de la Seine. De là, ils avaient vu la colonne ennemie descendre l'escarpement de la rive gauche. « Il fallait attendre que la colonne eût engagé, le long du bois, sur la grande route ses artilleurs et ses fantassins. Malheureusement un Arabe... pressa trop tôt la détente. Un hussard démonté roula dans la neige. L'avant-garde, ainsi avertie, se replia dans les maisons de Courceau, tandis que l'artillerie, arrêtée hors de portée, nous couvrait d'obus. La surprise était manquée. Il ne restait plus qu'à tenir au moins 2 heures, en attendant l'arrivée du colonel Loste, qui

---

(1) D'après Fabricius l'heure de la rencontre doit être limitée entre 10 heures du matin et 1 heure du soir. Ce serait probablement vers 11 h. 30. Le témoin oculaire français Dormoy dit « 10 heures ». (Dormoy, *Souvenirs d'avant-garde*.)

était à 10 kilomètres de là, à Saint-Seine, avec le reste de son bataillon.

« Plongeant de haut en bas sur les toits de Courceau, nos balles forcèrent les Thuringiens à se réfugier dans les vergers... Mais, se glissant derrière les maisons, les Allemands remontent le cours de la rivière sur notre gauche, leur cavalerie tourne notre droite..., N'ayant plus de cartouches, les hommes rentrent sous bois (1)... »

« La colonne prussienne, dit l'*Historique* du 72e, s'était fort allongée..., la queue était encore dans le village. La 6e compagnie, qui marchait en tête, fut accueillie par un feu violent partant du Bois-le-Perrier. La colonne fit halte, et s'abrita dans les fossés de la route sans riposter tout d'abord. Les hussards s'étaient repliés sur l'infanterie... Le major Einecke envoya aux 2 pièces, qui se trouvaient encore dans le défilé, l'ordre de faire demi-tour et de se placer sur la hauteur cotée 457 au nord de Courceau, pour tirer de là sur le bois à une distance de 2,000 à 2,500 mètres. La cavalerie fut renvoyée en arrière avec l'artillerie. »

« Un mouvement en avant de l'ennemi aurait coupé la retraite à l'ouest de la vallée de la Seine, on ne pouvait rien savoir de sa force. Le major Einecke se résolut à se replier sur Courceau. Le premier lieutenant von Weltzien, qui se trouvait en pointe avec son peloton, et qui n'avait pas entendu l'ordre de la retraite, resta seul en position. »

« A la vue de ce mouvement de recul, les tirailleurs français, jusque-là invisibles, marchèrent vers le nord et tentèrent de gagner la chaussée vers Courceau avant les Allemands. Le lieutenant von Weltzien ouvrit le feu à 600 pas sur l'adversaire, qui paraissait fort d'une compagnie, et envoya une patrouille sur ses derrières vers la Côte au Bâtard. La 8e compagnie, qui était en queue,

---

(1) Grenest, *la Campagne de l'Est*.

s'était pendant ce temps placée à l'ouest du défilé... Son feu et celui du peloton Weltzien, qui prenait les Français en flanc, forcèrent ceux-ci à rentrer sous bois. Le reste de la 6ᵉ compagnie vint se placer à gauche de la 8ᵉ au point où la route fait un coude brusque vers le nord. La 5ᵉ occupa à sa droite la lisière du village, gardant un peloton en réserve. Au moment de la retraite des Français, les Allemands se portèrent en avant et gagnèrent le bois... Le lieutenant von Weltzien se porta sur Chanceaux, d'où il espérait couper la retraite de l'ennemi. Mais celui-ci se retira sur Saint-Germain-Source-Seine, sauf un petit groupe qui fut facilement arrêté. Le lieutenant von Weltzien occupa la mairie de Chanceaux. »

Dans leur retraite les Français avaient laissé sur le terrain le capitaine Tulières, le sergent Revel et le caporal Cruchet blessés. « Les Allemands les achevèrent (1). »

« Une fois la forêt dégagée d'ennemis, le major Einecke se porta sur Chanceaux : la 5ᵉ compagnie, formant la colonne de droite, par le bois, les 6 et 8ᵉ puis l'artillerie et la cavalerie, par la route. — Une fois à Chanceaux, on s'établit en quartier d'alerte et on fit la cuisine, sous la protection de la 8ᵉ compagnie et d'un peloton de hussards qui gardaient les issues... La cavalerie se porta vers Saint-Seine. Une heure après, la 7ᵉ compagnie arriva à Chanceaux (2). »

Cependant le lieutenant-colonel Loste s'était mis en route de Saint-Seine vers Chanceaux avec le reste de son bataillon (3).

---

(1) Clément Janin, *Journal*, cité par Grenest. Dormoy, *loc. cit.* « La figure portait les marques des clous des talons des bottes allemandes. »

(2) *Historique* du 72ᵉ.

(3) La force totale du bataillon des francs-tireurs réunis était 727 hommes d'après les situations. Il amenait avec lui 6 compagnies, au grand maximum 600 hommes. (Dormoy, Grenest.)

Il rejoignit dans le bois, à l'est de Saint-Germain-Source-Seine, les débris de la compagnie Tulières, et se porta à l'attaque déployé en travers de la route.

« A 4 heures du soir, dit l'*Historique* du 72ᵉ prussien, les patrouilles annoncèrent que, dans la direction de Saint-Germain et dans le bois de Chenevières, au Sud-Est de Chanceaux, trois colonnes ennemies fortes de « bataillons entiers » (*sic*) se portaient à l'attaque. En même temps, on annonça que sur les derrières du détachement, dans les bois Le Perrier, de nouvelles masses (Haufen) ennemies se rassemblaient. On prit aussitôt les armes, et on vit une longue ligne de tirailleurs déployée en travers de la route et garnissant toute la largeur du plateau (*sic*)... Comme le major Einecke avait l'ordre de ne pas risquer un échec contre des forces supérieures (*sic*), il se décida à la retraite. Les 2 canons, sous la protection de la cavalerie, furent envoyés par Courceau, pour prendre position au Nord-Est du village, et protéger la retraite. L'ennemi montrant des forces considérables (*sic*) dans le Bois-le-Perrier, le bataillon se mit en marche, sous la protection de la 6ᵉ compagnie, qui occupait la sortie Sud-Est de Chanceaux. Celle-ci se retira à son tour, emmenant le maire de la localité, sous le feu violent des tirailleurs ennemis. La 7ᵉ compagnie avait été envoyée « au pas gymnastique » (*sic*) derrière le défilé de Chanceaux pour y prendre une position d'arrêt. Quelques coups de canon arrêtèrent la poursuite. L'artillerie avait presque épuisé ses munitions et la nuit venait ; le détachement battit en retraite, la 7ᵉ compagnie formant l'arrière-garde et accompagnée par le feu de l'ennemi jusqu'à hauteur de Corpoyer-la-Chapelle. A 6 heures le détachement était à Darcey, où la compagnie de chasseurs prit les avant-postes. »

De l'aveu des Allemands, la colonne Einecke, attaquée à 4 heures à Chanceaux, était à 6 heures à Darcey, à une distance de 12 kilomètres. Une telle allure est celle d'une déroute.

« Les pertes ne consistaient qu'en 1 hussard légèrement blessé, 1 cheval tué et 2 légèrement blessés (1). » Celles des francs-tireurs paraissent avoir été de 3 tués et 6 blessés.

D'après les ordres qui parvinrent dans la nuit au major Einecke (2), celui-ci devait rester à Pouillenay et envoyer des patrouilles de cavalerie vers Chanceaux et Baigneux-les-Juifs. Les deux pièces étaient rappelées à Pouillenay et furent remplacées par une section de la 5ᵉ batterie lourde venant de Seigny. A 4 heures du soir, Einecke devait se retirer sur Alise-Sainte-Reine, sous la protection du détachement qui occupait Munois, en renvoyant son artillerie à Seigny.

Reconnaissance de Vitteaux. « La colonne du lieutenant-colonel von Schönholtz partit à 8 heures du matin de Pouillenay dans l'ordre suivant (3) :

« Avant-garde : major Bentinigni. Fusiliers du 72ᵉ, 1 escadron de hussards.

« Gros : Lieutenant-colonel von Elden. Iᵉʳ bataillon du 72ᵉ, 4 pièces, 1 escadron de hussards.

« La compagnie de pionniers et les bagages restèrent à Pouillenay.

« La nuit précédente, on avait tiré des coups de feu sur les cavaliers envoyés vers Vitteaux, et 1 hussard avait été grièvement blessé. On n'y trouva pas l'ennemi, mais on reçut quelques coups de fusil des bois voisins. La 12ᵉ compagnie et les hussards rencontrèrent les francs-tireurs de Lobbia dans les vignes près de la ville et les repoussèrent. La colonne parvint à Uncey et s'y installa à 4 heures du soir. Quelques coups de feu seulement

---

(1) *Historique* du 72ᵉ.
(2) *Historique* du 72ᵉ.
(3) *Idem.*

avaient été échangés avec des petits groupes ennemis. »

On ne connaît pas la force, ni les dispositions des partis de francs-tireurs qui se trouvaient le 2 janvier à Vitteaux. En ce qui concerne la 2e brigade, le *Journal des franc-tireurs de Bigorre* signale seulement leur présence à Autun le 4 janvier, ce qui implique une retraite fort longue. A celle-ci prit certainement part le IIe bataillon des Basses-Pyrénées, qui, cantonné à Pouilly depuis le 1er janvier, arriva à Arnay-le-Duc dans la nuit du 2 au 3 (1).

Reconnaissance de Précy-sous-Thil. Tandis que le détachement de soutien, fourni par le gros de la division, gagnait Pouillenay (IIe bataillon du *13e*, 1 peloton du *8e* hussards), le lieutenant-colonel von der Bussche avait mis sous les ordres du major Bœhmer 3 compagnies du bataillon de fusiliers du *13e*, 1 escadron des ulans de réserve, 2 pièces de la 6e batterie légère. Ce détachement quitta Semur par la route de Précy, qu'il atteignit sans encombres. A onze heures du matin, il était arrivé à Montlay, sur la route de Saulieu. Il désarma quelques gardes nationales.

L'annonce de la marche des Prussiens dans la direction de Saulieu avait déterminé la retraite de l'escadron des guides sur Lucenay avec la guérilla d'Orient. Le colonel Hauffmann, du bataillon des francs-tireurs Égalité, ayant fait sauter le pont de Sainte-Isabelle sur la route de Montlay à Saulieu, comptait tenir en avant de ce point mais demandait du renfort. L'ordre était envoyé à la guérilla d'Orient, arrivée à Lucenay, de venir à son secours (2).

---

(1) 2 dépêches, l'une de Menotti datée de 1 h. 30 du matin à Pouilly, l'autre adressée à Menotti à 6 heures du soir à Arnay-le-Duc, montrent que le chef de la 2e brigade garibaldienne avait pris part à cette retraite. (Archives de la Guerre.)

(2) Dépêches de Gauckler. Bordone, *l'armée des Vosges*, p. 114; et la dépêche suivante :

Pendant ce temps, le lieutenant-colonel von Lœbell laissant à Seigny le IIIe bataillon du 73e, s'était porté avec les Ier et IIe bataillons de ce régiment, 1 escadron du 1er hussards de réserve et la 5e batterie légère en soutien de la brigade Dannebnerg, sur Vitteaux, où il s'installa (1).

Sur ces entrefaites, le général Zastrow avait reçu au château de Fain l'ordre de se reporter vers l'Ouest (2). Mais la transmission avait été si mal faite qu'on ne savait quel était l'objectif du mouvement (3) . « Le général Zastrow, tout en demandant des explications, répondit à 9 heures du soir qu'il allait rappeler les détachements envoyés au Sud et au Sud-Est et, rassembler ses forces entre Semur, Flavigny et Montbard, pour être prêt à entamer le 4, la marche prescrite. En conséquence, à 11 heures du soir, il fut prescrit à Schönholtz de se retirer sur Vitteaux et Pouillenay, à Lœbell de se reporter de Vitteaux sur ses cantonnements du 1er janvier, à Einecke de revenir de Darcey à Alise Sainte-Reine, et à Bœhmer de rentrer de Saulieu à Semur ».

A ce moment, et sous l'impression des nouvelles de la journée, qui annonçaient toutes un mouvement d'ensemble vers Dijon, dont Dannenberg ne se trouvait plus qu'à 35 kilomètres, M. de Serres avait télégraphié à Garibaldi :

Général Garibaldi à Menotti Garibaldi, Arnay-le-Duc.

Pour Besançon d'Autun, 2 janvier 6 h. 15 soir, reçu à 10 h. 42 soir, réexpédié à 10 h. 45 soir.

Je t'envoie copie d'une dépêche que je reçois de Saulieu. Prussiens arrivent sur Saulieu. Nous faisons retraite par les bois. Escadron guides prévenu se replie sur Lucenay.

P. O. Le colonel,
CANZIO.

(1) *Historique* du 73e.
(2) Voir ci-dessus.
(3) *Correspondance* de de Moltke et Fabricius.

De Serres à général Garibaldi, Autun, communication à de Freycinet, guerre Bordeaux, extrême urgence.

De Dijon, 2 janvier, 6 h. 25 soir.

J'ai reçu communication de la dépêche de Menotti sur la marche des colonnes prussiennes. J'ai dû vous télégraphier hier à ce sujet. Le général en chef compte que toutes ces forces seront entre l'ennemi et Dijon dès demain, et, s'il en est ainsi, la témérité de l'ennemi pourra lui coûter cher.

De Serres.

On a vu plus haut que l'envoi d'une brigade du 15ᵉ corps et de 2 batteries à Dijon, pour y remplacer Cremer appelé vers Fontaine-Française, coïncidait avec l'annonce de l'approche de l'ennemi. Les nouvelles venues de l'Ouest déterminèrent le général Bourbaki à autoriser Cremer à revenir à Dijon. Mais on voit combien le général en chef fut bien inspiré, en refusant de détacher à ce moment une partie du 18ᵉ corps vers sa gauche, ainsi que le demandait M. de Serres (1).

Les cantonnements du VIIIᵉ corps le 2 janvier au soir furent les suivants :

QUARTIER GÉNÉRAL. — MONTBARD.

13ᵉ Division. — Fain.

25ᵉ brigade ....
- 73ᵉ Régᵗ. Iᵉʳ et IIᵉ Bᵒⁿˢ. — Vitteaux.
- — Fusiliers. — Seigny.
- 13ᵉ Régᵗ. Iᵉʳ Bᵒⁿ et 11ᵉ Cⁱᵉ — Semur.
- — IIᵉ Bᵒⁿ. — Pouillenay.
- — 9, 10, 12ᵉ compagnies : Montlay.
- 1ʳᵉ compagnie de pionniers : Comme la veille.

---

(1) *Menotti Garibaldi à général Garibaldi, Autun, général Cremer, Préfet, Dijon.*

Pouilly-en-Auxois, 2 janvier, 1 h. 30 matin.

Les 3 colonnes prussiennes sont au nombre de 12 à 15,000 hommes et les soldats disent qu'ils vont attaquer Lyon. Au château de Fain couche cette nuit un général.

Signé : M. GARIBALDI.

26ᵉ brigade....... { 55ᵉ, 15ᵉ : comme la veille.
7ᵉ Bᵒⁿ. de Chas. 1 compagnie. — Darcey.
— 3 Cⁱᵉˢ. — Alise-Sainte-Reine.
60ᵉ Régiment. — Même cantonnement que le 1ᵉʳ.
72ᵉ Régᵗ. Iᵉʳ Bᵒⁿ et F. — Ancey-le-Franc.
— IIᵉ bataillon. — Darcey.
1ᵉʳ hussards de réserve, 2 escadrons. — Ancey-le-Franc.
1ᵉʳ hussards de réserve, 1 escadron. — Vitteaux (3/4), Pouillenay (1/4).
1ᵉʳ hussards de réserve, 1 escadron. — Darcey.
8ᵉ hussards. 1ᵉʳ et 2ᵉ escadron. — Montbard.
— 3ᵉ escadron. — Benoisey.
— 4ᵉ escadron. — Venarey (3/4).
— — — Munois (1/4).
5ᵉ ulans de réserve, 1ᵉʳ Esc. — Semur.
— — — Montlay.
— — — Montbard.
— — — Châtillon.
— — — Nuits.
3ᵉ batterie légère. — Châtillon.
4ᵉ — — Darcey, Pouillenay.
5ᵉ — — Vitteaux.
6ᵉ — — Semur.
5ᵉ batterie lourde. — Seigny.
6ᵉ — — Ancey.
Batteries à cheval. — Marmagne.
Convois. — Mêmes cantonnements que le 1.

IIᵉ corps. Le 2 janvier, la 3ᵉ division, moins la compagnie de pionniers et l'artillerie de corps, commença le mouvement vers le sud. Le général de division donna, pour les premiers jours de marche, les ordres suivants (1).

« Chaque cantonnement marchera sur son nouveau cantonnement, groupé et pour son compte personnel; chaque colonne prendra de légères mesures de sécurité, notamment dans la forêt de Fontainebleau. De forts campements seront envoyés en avant. Chaque canton-

---
(1) *Historique* du 54ᵉ, p. 90.

nement prendra des mesures de sécurité pour lui, cependant les petits postes pourront, jusqu'à nouvel ordre, ne pas être placés en plein air. »

La 5ᵉ brigade marcha en tête : détachant en avant-garde les fusiliers et le Iᵉʳ bataillon du 2ᵉ infanterie, sous les ordres du colonel von Ziemetzki, elle arriva à Melun à 8 heures du soir. Le IIᵉ bataillon du 2ᵉ infanterie et le 42ᵉ se dirigèrent sur Montargis, en passant par Arpajon et Puiseaux.

La 6ᵉ brigade atteignit ses cantonnements tard dans la soirée : le 14ᵉ entre 8 et 9 heures du soir, le 54ᵉ à 9 heures du soir.

L'artillerie de corps, marchait sous l'escorte du bataillon de fusiliers du 14ᵉ ».

Les bagages, escortés par la 12ᵉ compagnie du 14ᵉ, arrivèrent dans la nuit.

La nourriture fut désormais assurée par les habitants et non plus par les magasins : « elle était parfois moins bonne, mais plus variée (1) ».

La 4ᵉ division, relevée le 2 par le Iᵉʳ corps bavarois, et placée en deuxième ligne, devait se mettre en route le 3 avec l'État-Major du Corps d'armée.

Le quartier général, à Versailles, envoya le 2, dans la soirée, au sujet des mouvements du IIᵉ corps, les deux dépêches suivantes :

Télégramme (2) *au commandant en chef de la deuxième armée, Orléans.*

Versailles, 2 janvier 1871, 6 heures soir.

La 3ᵉ division arrivera à Melun le 2, la 4ᵉ le 3. La tête du du IIᵉ corps arrivera à Montargis le 5.

Signé : De Moltke.

---

(1) *Historique* du 42ᵉ, p. 145.
(2) *Correspondance militaire* du maréchal de Moltke, nᵒ 563 (en réponse à une dépêche du général de Stiehle, chef d'État-Major de l'armée.

Télégramme (1) *au commandant du IIe corps d'armée, Grosbois.*

Versailles, le 2 janvier 1871, 10 heures soir.

Faites connaître ici les emplacements prochains du quartier général du corps d'armée. La tête doit arriver le 5 à Montargis.

Signé : DE MOLTKE.

Les cantonnements du IIe corps, le 2 au soir, furent les suivants :

QUARTIER GÉNÉRAL du Corps d'Armée : devant Paris.

3e Division. — Melun.

5e brigade........
- 2e Rég^t. Ier B^{on} et fusiliers. — Melun.
- — IIe bataillon. — Devant Paris.
- 42e Rég^t. Ier et IIe bataillons. — Melun.
- 1re compagnie de pionniers. — Devant Paris.

6e brigade........
- 54e régiment. — Melun.
- 14e Rég^t. Ier bataillon. — Vert Saint-Denis.
- — IIe — — Le Mée.
- — Fusiliers. 10e Cie. — Réau.
- — — 9e et 12e Cies. — Grégy.
- — — 11e Cie. — Cory.
- 2e bataillon de chasseurs. — Melun.

3e dragons. — Melun.

Artillerie, convois. — Melun, Grégy, Rubelles, Saint-Germain.

4e Division. — Devant Paris.

Artillerie de corps. — Réau.

---

(1) *Correspondance militaire* du maréchal de Moltke, n° 569.

Journée du 3 janvier.

I

L'ingérence personnelle de M. de Serres dans les actes du commandement s'était si clairement manifestée, que M. de Freycinet se vit forcé de rappeler une fois de plus son émissaire à son véritable rôle.

J'ai reçu vos diverses dépêches (1) de cette nuit adressées à Bourbaki, à Garibaldi et à moi-même. Elles me prouvent de nouveau votre dévouement et votre intelligence, mais elles me suggèrent une observation générale. Je trouve que vous jouez dans tout cela un rôle trop actif et, je dirai, trop personnel. Votre vraie place est auprès du quartier général de Bourbaki, que vous ne devriez point quitter, à moins d'une mission bien définie et écrite du général en chef. Votre vrai rôle, c'est de fournir au quartier général des indications, au besoin des conseils, mais non de passer des dépêches aux uns et aux autres. Vous devez uniquement correspondre avec moi, pour me communiquer vos impressions. Je sais bien que votre intervention est motivée par le désir patriotique de venir en aide à la radicale insuffisance du général en chef; mais c'est là une tâche impossible, et vous augmenteriez les difficultés en cherchant à les résoudre par vous-même. Aussi, je vous en prie, dans l'intérêt général comme dans le vôtre propre, laissez le général en chef donner ses instructions et passer ses dépêches comme il l'entendra. Bornez-vous à lui donner vos avis, mais ne vous substituez point à son chef d'état-major, et évitez que votre nom appa-

(1) Guerre à de Serres, Dijon (faire suivre), 3 janvier, 9 h. 10 matin.

raisse dans aucune dépêche, excepté celles que vous m'adresserez. Ayez d'ailleurs bien soin d'avertir Bourbaki que vous resterez désormais dans cette réserve, afin qu'il ne se repose pas sur vous des soins qui lui incombent.

De Freycinet.

M. de Serres n'avait d'autre excuse à invoquer que son zèle, et ne pouvait nier son rôle personnel.

Il crut pouvoir justifier ses empiétements par les considérations suivantes :

Je reçois à l'instant votre dépêche (1) si bienveillante et si cordiale. Depuis que je vous ai quitté, chaque jour j'étais résolu à n'avoir d'autre programme que celui que vous m'indiquez, et chaque jour j'en ai dû sortir, malgré ma volonté absolue, devant la masse des choses à faire, devant la somme énorme des imprévoyances, des insuffisances; je n'ai pas besoin d'ajouter des incapables et égoïstes. Dix jours encore de ce régime, et mes forces eussent été épuisées, je le sens. Peut-être aussi aurais-je obtenu quelques résultats, outre celui d'avoir fait mon devoir. Votre amitié me ramène à temps à la place que vous m'aviez fixée. Je vous en remercie doublement. Je pars à l'instant pour Dôle, rejoindre le quartier général, que je ne quitterai plus. Vous pouvez m'y télégraphier dès ce soir.

De Serres.

La manière, dont M. de Freycinet prévint le général Bourbaki de l'envoi d'une brigade du 15ᵉ corps à Dijon et du point de débarquement du reste de ces troupes, sauvegardait bien le principe d'autorité et de responsabilité du commandant en chef, mais, ainsi qu'on l'a vu, elle ne correspondait pas tout à fait à ce qui s'était passé.

Reçu votre dépêche (1) hier 11 h. 55 soir annonçant des démonstrations de l'ennemi sur Dijon.

---

(1) De Serres à de Freycinet, Guerre, Bordeaux, confidentielle. Bordeaux, de Dijon, 3 janvier, 4 heures soir.

(1) Guerre à général Bourbaki, Dôle, 3 janvier 1871, 9 h. 30 matin [extrême urgence] (reçue à 10 h. 25 matin).

Conformément à une demande adressée hier *en votre nom* par de Serres, le général commandant le 15ᵉ corps a reçu l'ordre d'expédier aujourd'hui, à Dijon, une brigade et 2 batteries. Quant au surplus du 15ᵉ corps, dont le mouvement général commencera demain, il se rend à Besançon, point que vous aviez fixé. Si vous désirez retenir à Dijon plus d'une brigade, vous aurez donc à passer des ordres pour qu'on y arrête les trains.

Si le passage par Dijon devenait dangereux par suite de la proximité de l'ennemi, vous voudriez bien aviser le commandant du 15ᵉ corps à Vierzon, pour qu'il suspende les embarquements.   DE FREYCINET.

Désireux sans doute d'éviter un conflit le général Bourbaki ne fit pas d'objection à l'envoi d'une brigade à Dijon, mais en ayant soin de préciser que ce détachement était tout ce qui lui paraissait convenable.

L'envoi de la brigade (1) et des 2 batteries du 12ᵉ corps, le retour de la division Crémer renforcent suffisamment le général Pélissier et le général Garibaldi, pour que la menace contre Dijon, à laquelle l'ennemi veut nous faire attacher une importance exagérée, se trouve arrêtée. Je hâte, le plus possible, notre marche sur Vesoul, pour me trouver en mesure, ou d'y combattre, ou de continuer rapidement sur Belfort. Mais la rupture des ponts de Pesmes et de Brésilley sur l'Oignon, l'état des routes, qui ressemblent à de véritables miroirs, enfin les difficultés d'approvisionnement, résultant de notre éloignement des voies ferrées, constituent autant de causes de retard.

Vous savez que je vous regrette toujours quand vous n'êtes pas près de moi. Étudiez, je vous prie, les moyens d'utiliser pour l'approvisionnement des 18ᵉ et 20ᵉ corps les voies ferrées de Gray et Besançon.

Les colonnes ennemies, qui sont signalées à l'ouest de Dijon (2), notamment du côté de Vitteaux et de Pont-Royal,

---

(1) Général Bourbaki à de Serres, délégué du ministre de la Guerre, Dijon. Dôle, 3 janvier 1871 (heure inconnue).
(2) Général Bourbaki à Guerre, 3 janvier, 5 h. 40 soir.

ne peuvent, me semble-t-il, faire concevoir de craintes sérieuses pour la conservation de Dijon. La configuration du terrain est de nature à faciliter les opérations des divers corps appelés à s'opposer à leur marche. Le général Pélissier et le général Garibaldi ont entre les mains plus de 20,000 hommes. La division Crémer a dû quitter ce matin Fontaine-Française pour garder Orgeux, qui est à 10 kilomètres seulement de Dijon. La brigade et les deux batteries du 15ᵉ corps, que vous m'avez annoncées, ajouteront encore un solide appoint à cet ensemble de forces; il me semble que, dans ces conditions, les habitants de Dijon doivent être rassurés et attendre les événements qui vont se produire sous peu de jours. Je persiste à croire que la démonstration de l'ennemi sur Dijon n'a pour but que de retarder notre mouvement sur Vesoul et Belfort, mouvement que je cherche à accélérer le plus possible, mais qui se trouve ralenti par la rupture des ponts de Pesmes et de Brésilley sur l'Oignon, par l'état actuel des routes; enfin par les difficultés qu'éprouve l'intendant en chef à nous faire parvenir nos vivres. Il importe de ne pas sacrifier notre opération principale à un but secondaire; ce serait faire précisément ce que l'ennemi désire. Je vous demande donc de maintenir les ordres que vous avez donnés pour l'envoi aujourd'hui même à Dijon d'une brigade et de 2 batteries du 15ᵉ corps, et pour l'embarquement, à partir de demain à destination de Besançon, des autres éléments de ce corps. Il est bien désirable que l'administration des chemins de fer prenne toutes les mesures possibles pour accélérer cette opération, dans le cas où la proximité de l'ennemi viendrait à la contrarier. Je donnerai les ordres et avis que vous me prescrivez par votre dépêche d'aujourd'hui, 10 h. 20 matin. BOURBAKI.

Cette fois le général en chef montrait une véritable clairvoyance, et cela, malgré les demandes du général Pélissier et l'avis de M. de Serres.

Général Pélissier à général Bourbaki.

Dijon, 3 janvier, 10 h. 10.

Dijon se trouve gravement menacé. Envoyez par chemin

de fer et par train spécial tout ce dont vous pouvez disposer, entre autres les 1,200 à 1,500 chasseurs à pied que vous avez, m'a-t-on dit. Votre compagnie du génie nous serait également fort utile. Je vous l'avais demandée, ainsi qu'un officier d'artillerie : ne m'avez-vous pas répondu ?

Répondez-moi, en tout cas, si vous viendrez et à quelle heure nous pouvons vous attendre ?

De Serres à de Freycinet.

Dijon, 3 janvier, 1 h. 33 soir.

Je reçois à l'instant votre dépêche relative au retard de 24 heures au sujet du transport que vous savez. Ma dernière dépêche vous a fait voir la situation de ce soir sur notre gauche. L'apparition d'une nouvelle colonne ennemie qui, jusqu'ici, ne m'avait pas encore été signalée et se dirigeait sur Seaulieu en refoulant les avant-postes de Garibaldi, me fait vivement désirer l'expédition immédiate de la brigade du 15ᵉ corps que je vous avais demandée. La destruction du pont sur le canal empêche seulement le transit, mais non le débarquement à Dijon. Je crois même que, d'après la situation présente, notre réserve stratégique doit être portée sur notre aile gauche menacée et je vous demanderais, en conséquence, de peser s'il ne faut pas faire pour le 15ᵉ corps tout entier ce que j'ai réclamé jusqu'ici pour une seule brigade.

De Serres.

Tout en remettant au général Bourbaki le soin de régler ses opérations, M. de Freycinet considérait comme nécessaire d'être tenu exactement au courant, et ce désir allait provoquer une correspondance intéressante, à laquelle Gambetta allait prendre part.

Des considérations de la plus impérieuse nécessité (1), tirées de l'état de Paris, commandent une parfaite unité de

---

(1) Ministre Guerre à général en chef Bourbaki à Dôle (faire suivre). De Bordeaux, 3 janvier (vers 3 heures soir). Reçue à 5 heures (extrême urgence).

vues et d'action entre nos diverses armées. Dès lors il faut, ainsi que je vous l'ai demandé, que vous m'indiquiez chaque soir, aussitôt que la marche de la journée est déterminée, les positions exactes occupées par les différents corps placés sous vos ordres, ainsi que vos projets pour le lendemain. En ce moment même, où nous aurions tant besoin d'être renseignés, nous ne connaissons point la répartition de vos forces, ni la direction de leurs mouvements. Je tiens par-dessus tout, afin de pouvoir en informer exactement le général Trochu et le général Chanzy, selon le cas, à ce que vous fournissiez immédiatement : 1° une situation complète de vos forces réparties sur les divers points; 2° les marches que vous projetez de leur faire exécuter demain; 3° le plan général de vos opérations pour les jours qui vont suivre; 4° quel est en ce moment votre principal objectif et à quelle date vous pensez pouvoir vous en emparer; 5° quelles sont vos idées sur les opérations à accomplir; en un mot, nous faire connaître, comme vient de le faire le général en chef de la 2° armée, quel est votre plan tactique; il nous faut plus que jamais coordonner et préciser nos mouvements, avoir de la suite, ne jamais marcher à l'aventure, mais savoir à toute heure où nous en sommes, et ce que nous voulons. Je ne saurais trop exiger de vous dans l'accomplissement de la tâche qui vous est confiée, et qui exige de votre part autant de confiance que de hardiesse, et j'y compte au nom du gouvernement tout entier. J'ai remarqué avec une pénible surprise le vague de certaines de vos dépêches; ainsi, dans votre dépêche d'hier soir 11 h. 55 : « Le général Crémer qui couche ce soir entre Champlitte et Dijon, rétrogradera sur cette dernière ville pour concourir à sa défense, s'il le juge nécessaire». Il semble résulter de là que vous vous ne connaissiez pas le point exact où se trouvera ce général, et que vous abandonnez à votre subordonné l'appréciation d'une question aussi grave que celle de savoir s'il doit ou s'il ne doit pas secourir Dijon. C'est à vous, général en chef, de décider de telles questions, et le général Crémer doit recevoir à ce sujet des ordres nets et précis et ne jamais rester dans l'arbitraire. Je vous demande une prompte réponse.

Léon Gambetta.

Je ne crois guère à la réalité du mouvement sur Dijon (1), écrivait en même temps M. de Freycinet à M. de Serres. Toutefois, il me tarde d'en avoir le cœur net.

Le général Bourbaki nous a très peu renseigné sur ce mouvement, comme sur tout le reste. Je vous prie de m'adresser immédiatement une dépêche très circonstanciée m'indiquant : 1° la position exacte de nos diverses forces; 2° la position présumée de l'ennemi; 3° les projets que vous paraît avoir Bourbaki pour demain et jours suivants; 4° vos propres observations sur ces projets.

DE FREYCINET.

Et au général Bourbaki.

En réponse à votre dépêche de ce jour 5 h. 40 soir (2) je m'empresse de vous faire connaître que je n'ai rien changé à mes ordres antérieurs, ayant pour but d'envoyer : 1° dans la journée d'aujourd'hui une brigade du 15° corps et 2 batteries à Dijon; 2° à partir de demain tout le reste du 15° corps à Besançon. J'ai invité de la manière la plus pressante, les deux compagnies à exécuter ce mouvement avec la plus grande rapidité.

Je laisse les choses en cet état et ne donnerai aucun contre-ordre. C'est à vous seul qu'il appartient désormais de donner des instructions au 15° corps.

DE FREYCINET.

Je crois, répondit le général Bourbaki (3), dans mes différentes dépêches, vous avoir renseigné sur tout ce que vous me demandez aujourd'hui. Avant notre départ de Bourges, il était parfaitement convenu que nous manœuvrions de façon à faire évacuer Dijon, Gray, Vesoul, et à faire lever le siège de Belfort. Ces résultats obtenus, nous devions, suivant les mouvements de l'ennemi, la disposition de ses forces, la nature du théâtre de nos opérations, chercher, en passant

---

(1) De Serres, Dijon, 3 janvier 1871, 4 heures soir (urgent).
(2) Guerre à général Bourbaki, Dôle, 3 janvier 1871, 10 h. 30 soir (extrême urgence). Reçue à 11 h. 30 soir.
(3) Général Bourbaki à Guerre. Bordeaux, Dôle, 3 janvier 1871, 10 heures soir. Reçue à 10 h. 30 soir.

par Épinal, à couper les lignes de communication de l'ennemi entre l'Alsace, la Lorraine et Paris, ou bien nous porter sur Langres et Chaumont, afin d'obtenir le même résultat, en menaçant de plus près l'armée d'investissement de Paris.

Je vous ai adressé des télégrammes dans le même sens le 28 et le 29 décembre. Je vous ai fait connaître, le 30 décembre, l'itinéraire des 18e et 20e corps d'armée, et je vous ai prévenu, le 1er janvier, que ces corps coucheraient le 2 sur la rive droite de l'Oignon, si le pont de Pesmes était rétabli. Hier, 2, je vous ai mandé que ces mêmes corps couchaient sur les bords de l'Oignon, et qu'ils continueraient ce matin leur marche sur Vesoul.

Les renseignements relatifs à la marche d'aujourd'hui sont les suivants :

Le 18e corps suit la route de Pesmes à Vesoul, le 20e va, de Marnay à Voray, gagner la route de Besançon à Vesoul; le 24e commencera demain son mouvement, en passant par Marchaux, et faisant étape entre Corcelles et Scay-la-Tour. Le 18e corps doit coucher ce soir dans le voisinage du Bourbouillon, le 20e vers Etuz. Si l'état des chemins n'y met pas obstacle, nous arriverons le 5 janvier, savoir : le 18e corps entre Mailley et Grandvelle, le 20e à Echenoz-le-Sec, le 24e, partie en avant de Montbozon, sur la rive gauche de la Linotte, partie à Esprels.

Si le 15e corps arrive à temps à Besançon, comme je l'espère, je le chargerai, ou de menacer Montbéliard, ou de nous venir directement en aide, suivant les circonstances.

Si les Prussiens défendent Vesoul, comme on nous le fait croire, puisque les troupes de Dijon et de Gray se sont repliées sur ce point, nous serons bien concentrés, et en mesure de les attaquer ; je reconnaîtrai le 6 leurs positions, et je marcherai contre eux, autant que possible, le jour même.

S'ils abandonnent cette ville sans combat, comme ils ont abandonné Dijon et Gray, nous ne les retrouverons probablement que devant Belfort.

Quant à l'épisode Crémer, il est très simple. En quittant Dijon, je n'avais pu me rendre un compte exact de la valeur de la menace annoncée contre cette ville. A mon arrivée à Dôle, les télégrammes de M. Menotti Garibaldi m'ont fait craindre que les Prussiens tentassent de la réoccuper, et j'ai prescrit au général Crémer de revenir à Dijon, si la menace devenait assez sérieuse pour mériter ce mouvement, ou, dans le cas contraire, de rester à l'emplacement choisi par lui entre Dijon et Champlitte, pour y passer la nuit, et d'y attendre des instructions ultérieures. Cette divsion est venue donner de la consistance aux troupes du général Pélissier, armées seulement du fusil à piston, et aux troupes du général Garibaldi.

J'avais prescrit à son chef de se porter en 2 jours à Champlitte, et de faire étape au point qui lui semblerait le meilleur, dans cette direction, en tenant compte et de l'état de la route, et de la fatigue des troupes. La rigueur de la saison et les accidents imprévus mettent en défaut les calculs faits à l'avance avec une trop grande rigueur; aussi ai-je laissé aux commandants des corps d'armée, comme au général Crémer, dans les circonstances rappelées par vous, dans des limites définies, une certaine latitude à ce sujet.

J'ai demandé qu'une brigade du 15ᵉ corps fût dirigée sur Dijon. Si les nouvelles, que je recevrai aujourd'hui ou demain, font reconnaître que ces deux détachements sont inutiles ou trop considérables (1), et si les forces que m'opposera l'ennemi le rendent nécessaire, je rappellerai la brigade du 15ᵉ corps et la division Crémer. Je vous ai prévenu aujourd'hui que cette dernière division était revenue à Orgeux. Quant aux 15ᵉ et 24ᵉ corps, ils sont placés comme vous le savez : le 24ᵉ est à Besançon, et le 15ᵉ a dû commencer aujourd'hui le mouvement en chemin de fer que vous lui avez ordonné.

Je porterai demain mon quartier général à Besançon, que je crois être le meilleur point à choisir pour communiquer avec les commandants de corps d'armée, et pour recevoir plus facilement les nouvelles concernant les mouvements de l'ennemi, enfin pour veiller au départ du 24ᵉ corps, pour connaître les conditions dans lesquelles pourront débarquer les premières troupes du 15ᵉ, et pour m'assurer de l'arrivée des approvisionnements nécessaires.

---

(1) Cette phrase répondait d'avance à une nouvelle dépêche du ministre inquiet pour Dijon.

Dès que j'aurai quitté Besançon, mes communications télégraphiques ne pourront être assurées qu'au moyen de postes de cavaliers échelonnés entre le grand quartier général et la station la plus voisine ou la plus sûre. Ces communications éprouveront, par suite, des retards inévitables.

Guerre à général Bourbaki, Dôle.

3 janvier 1871, 11 h. 50 soir.

Quelque invraisemblable qu'ait d'abord paru une marche de Montbard sur Dijon, cette marche paraît aujourd'hui s'accentuer. D'autre part, j'ai lieu de penser que Dijon est loin de posséder actuellement les 20,000 hommes dont parle votre dépêche, car Garibaldi me fait l'effet d'être toujours aux environs d'Autun, et les bataillons disponibles à Auxonne ont été incorporés dans les 18e et 20e corps. Il me semble donc que Dijon ne possède que Pélissier avec des mobilisés, plus la brigade du 15e corps, qui a dû y arriver aujourd'hui, et c'est même probablement la faiblesse des garnisons de Dijon qui a déterminé le mouvement de Crémer. En cet état, je pense que vous ferez bien de vous renseigner sur l'importance des forces ennemies qui pourraient menacer Dijon, et, si ces forces étaient considérables, il serait prudent de maintenir dans cette ville une troupe respectable, comprenant, par conséquent, des forces en sus de la troupe Pélissier. Il vous appartient de voir si, en faisant venir Garibaldi, ou en ramenant Crémer, ou en maintenant une division du 15e corps, vous pouvez garantir la sécurité de Dijon, qui n'est par soi-même qu'un objectif secondaire, mais qui peut avoir un grand intérêt comme base de vos communications et de votre ravitaillement par chemin de fer à mesure que vous avancerez.

DE FREYCINET.

Quant à M. de Serres, ses idées ressortent de la dépêche ci-dessous (1).

---

(1) De Serres, Dôle, à de Freycinet, Guerre, Bordeaux. Dôle, 4 janvier 1871, 3 heures matin.

J'arrive à Dôle et je m'empresse de répondre à votre dépêche 4 h. 35, au moins à la première partie. Voici la situation, telle que l'ai laissée dans la ville que je viens de quitter : 1° La position exacte de nos forces :

Au centre, Pélissier avec 7,000 hommes environ mobilisés, armes percussion ; les différents bataillons de ces troupes, deux tiers environ, occupant les abords de la ville, les postes avancés environ à 8 kilomètres des faubourgs, sur la rive gauche de l'Ouche, un peu plus rapprochés sur la rive droite de ce torrent, le tout sans artillerie. A l'extrême ouest, c'est-à-dire vers Saint-Seine et Sombernon, quelques compagnies de francs-tireurs du corps Garibaldi, environ 15 à 1,600 hommes en petites fractions. A droite, la division Crémer, 14,000 environ ce soir à Orgeux. A gauche, les forces de Garibaldi, dont j'ignore les positions exactes, mais que je sais étendues depuis Bligny jusque presque Avallon, que Ricciotti, avec sa brigade, a dû quitter aujourd'hui pour se rabattre dans la direction d'Autun. Enfin les troupes de Fischer, 3,000 hommes, arrivant en chemin de fer ce soir, 3,000 autres partis par étapes, pour y arriver demain soir.

Il faudrait ajouter, en admettant qu'elle arrive demain, la brigade du 15ᵉ corps, que vous nous envoyez.

Cet ensemble de forces comprendrait, demain soir, une cinquantaine de bouches à feu de campagne, de plus quelques batteries de montagne, en remarquant cependant qu'elles sont loin d'être concentrées.

2ᵉ Les forces de l'ennemi plus ou moins indiquées dans les positions suivantes :

6,000 à Vitteaux, suivis à une demi-journée d'une colonne d'égale force, flanquée sur la gauche de 12 à 1,500 hommes appuyant sur Saint-Seine, puis, sur la droite, d'une colonne, dont aucune donnée précise n'indique l'importance, mais qui, cependant, pourra atteindre de 4 à 6,000 hommes ; il va sans dire que tous ces chiffres peuvent être modifiables ; ils doivent, cependant, vu la diversité des sources, avoir assez d'exactitude...

3° Pour le troisième point, les projets du général, je n'en connais pas pour ce qui se rapporte à la ville en question, hormis celui d'avoir laissé Crémer maître de juger la situation et de prendre lui-même ses résolutions.

4° Quant au dernier point, j'ai dit ce matin : si l'ennemi n'avait pas atteint, à 8 heures du soir, les hauteurs qui couronnent la ville, il me paraissait difficile qu'il pût retrouver l'occasion aussi belle qu'il l'avait aujourd'hui. Crémer sera demain à l'ouest de la ville et maître des hauteurs. Pélissier avec Fischer disposera de près de 10,000 hommes, et Garibaldi, arrivé de sa personne ce soir à Dijon, prendra, je l'espère, rapidement de vigoureuses décisions. Je crois donc, à moins de circonstances absolument imprévues, que nous sommes couverts de ce côté. Reste à savoir si, par une heureuse combinaison, il n'eût pas été aussi avantageux que logique d'anéantir les forces prussiennes, si malencontreusement engagées dans les défilés de la Côte-d'Or.

P.-S. — Avant que je n'aie pu expédier cette dépêche, le général, qui est venu me trouver sitôt mon arrivée annoncée, vient de m'entretenir longuement sur la dépêche du Ministre, dont il veut me donner connaissance, en même temps que de sa réponse dès demain matin avant notre départ. Permettez-moi de remettre à demain, aussi bien le compte rendu de ce long entretien, que la communication de mes observations sur la situation générale.

De Serres.

Que se passa-t-il entre le général et M. de Serres. C'est ce qu'on ne sait pas, car la dépêche annoncée, et qui devait reproduire la conversation, n'a pas été retrouvée. Elle serait pourtant d'un intérêt extrême, car, sans doute, elle expliquerait la complète transformation des intentions du commandement, exprimées si nettement dans cette dépêche du 3 janvier, 10 h. 30 du soir, et les actes si différents qui suivirent.

Il est en effet digne de remarque que le général Bourbaki ait pu dire le 3 janvier : « Si les Prussiens défendent Vesoul, comme on nous le fait croire, puisque les troupes de Dijon et de Gray se sont repliées sur ce point, nous serons en mesure de les attaquer. Je reconnaîtrai le 6 leurs positions et je marcherai contre eux autant que possible le jour même. »

C'était cette fois une promesse digne du brillant soldat de tant de campagnes. C'était aussi l'éclair de résolution et de sens militaire qu'on était en droit d'espérer du général, prenant sa direction, non plus sur un point géographique, mais sur le gros des forces ennemies. Les événements montreront avec évidence quelles chances de succès aurait eues l'opération projetée.

M. de Freycinet n'envoya sa réponse à la dépêche du général en chef que le 4 à 10 h. 50 du soir. C'était une approbation formelle.

Votre dépêche d'hier soir 10 h. 20 (1) est bien telle que nous désirons les recevoir de vous quotidiennement. N'omettez pas chaque soir, le plus de bonne heure possible, de nous télégraphier, comme je vous l'ai recommandé : 1° les positions occupées par les divers corps ; 2° les projets pour le lendemain ; 3° les perspectives stratégiques que vous entrevoyez. Il est bien entendu que, tant que vous ne recevrez pas d'ordre contraire de notre part, vous poursuivrez l'exécution des projets indiqués par vous, et que vous n'avez pas à attendre notre réponse pour agir.

De Freycinet.

Ainsi, puisque la marche sur Vesoul était décidée, tout le monde se trouvait d'accord pour y livrer bataille au moyen d'une offensive vigoureuse.

Cette énergique résolution ne devait pas durer.

---

(1) Guerre à général Bourbaki (Besançon) et de Serres (Dijon) (faire suivre). Pour Besançon de Bordeaux. Déposée le 4 janvier à 10 h. 50 soir, reçue le 5 à 3 h. 35, expédiée à domicile le 5 à 3 h. 45.

II

Opérations.

15ᵉ corps. Il semble que le général Martineau fut prévenu assez tard de la remise au 4 janvier des transports prescrits pour le 3. Il en résulta un singulier malentendu.

A 4 heures du matin, le 3 janvier, le commandant du 15ᵉ corps prévint le général Dastugne que la 1ʳᵉ division ne commencerait à s'embarquer que le lendemain. A 5 h. 30 du matin, il lui annonça que, « par suite d'un ordre du ministre qui venait d'arriver », une brigade et 2 batteries seraient embarquées le 3 dès 6 heures du matin. Mais la brigade Questel avait été dirigée sur ses cantonnements, en vertu de l'ordre de 4 h. 30 (1), et il fallait la faire revenir à Vierzon. De fait l'embarquement ne put commencer avant midi.

A cette heure partirent 2 bataillons de tirailleurs. Un autre train emporta le 3ᵉ bataillon de tirailleurs, le 4ᵉ bataillon de chasseurs et les 2 batteries de 4 (capitaine Pluque); un troisième train, le 18ᵉ mobiles (2).

Les transports étaient à peine commencés, qu'ils allaient être troublés par une singulière exigence de Garibaldi.

---

(1) Dépêche de 4 h. 30 matin du général commandant la 1ʳᵉ division. (Archives de la Guerre.)
(2) Papiers du lieutenant-colonel Lemoing. (Archives de la Guerre.)

A 2 h. 35 du soir M. Audibert télégraphiait :

Guerre, Bordeaux (Extrême urgence).

Clermont, 3 janvier 1871, 2 h. 45.

N° 15. — On nous demande transports considérables de troupes au départ d'Autun, qui absorberaient partie du matériel que nous avons à livrer à Orléans pour mouvement de Vierzon.

D'après avis de M. de Serres, je viens vous demander s'il ne faut pas donner la priorité aux transports de Vierzon. En attendant vos instructions, je laisse continuer le mouvement du matériel à livrer à Orléans pour ces derniers transports.

E. AUDIBERT.

M. de Freycinet répondit (1) que, ne sachant « qui réclamait ce matériel à Autun », tout dépendait du général Bourbaki, à qui l'on avait à se référer. Il pensait sans doute que c'était encore quelque fraction de l'armée de l'Est restée en arrière. C'était Garibaldi, qui émettait la prétention de faire transporter son monde en chemin de fer d'Autun à Dijon, et qui, devant le refus de la compagnie d'Orléans, s'adressa au ministre (2).

A ce moment l'armée de Garibaldi était en pleine décomposition, les démissions étaient nombreuses (3), et Bordone absent de son poste. Très mécontent de ce dernier, M. de Freycinet refusa de satisfaire la demande du général Garibaldi.

---

(1) Télégramme de 5 h. 25.
(2) *Général Garibaldi à Guerre, Bordeaux.*

Dijon, le 3 janvier 1871, 7 h. 50 soir.

Je vous prie ordonner à la compagnie des chemins de fer le transport immédiat du reste de l'armée des Vosges qui se trouve à Autun.

G. GARIBALDI.

(3) Dépêches de Gauckler. (Archives de la Guerre.)

Je suis fort surpris (1), qu'étant à une aussi faible distance de Dijon, votre armée ne s'y soit pas déjà rendue, et qu'elle réclame aujourd'hui d'y être transportée par chemin de fer. Ayant déjà ordonné à la Compagnie d'y transporter le 15ᵉ corps, et ce transport commençant dès demain matin, mercredi, à 6 h., il est maintenant trop tard pour que je puisse donner contre-ordre.

Vous n'avez, selon moi, qu'une chose à faire : c'est de vous mettre en route immédiatement par voie de terre, et, avec cette agilité dont vous avez déjà donné des preuves, de marcher sur Dijon, en tombant sur le flanc de l'ennemi s'il tente d'y venir.

C. DE FREYCINET.

On verra plus loin quelle réponse fut faite à cette injonction formelle.

Quant au 15ᵉ corps, il fut spécifié au général Martineau, qu'au fur et à mesure de leur départ, toutes ses troupes passaient sous les ordres exclusifs du général Bourbaki, qui avait seul qualité pour fixer le lieu de leur destination. Provisoirement, le ministre dirigeait le 15ᵉ corps sur Besançon, et les termes de la dépêche suivante, adressée au général Martineau, sont assez catégoriques pour décharger M. de Freycinet de la responsabilité d'avoir désigné Clerval comme point de débarquement.

Je n'ai rien à ajouter à mes dépêches précédentes.

Je compte qu'aujourd'hui une brigade et deux batteries ont été expédiées à Dijon, et que demain matin commencera le mouvement général de votre corps pour Besançon. Je n'ai aucune instruction spéciale à vous donner, ni pour vous, ni pour les généraux qui s'embarqueront les premiers, puisque le 15ᵉ corps tout entier, au fur et à mesure de son expédition, passe sous les ordres directs et exclusifs du général Bourbaki, c'est donc au général Bourbaki, en ce moment à Dôle, que

---

(1) Guerre à général Garibaldi, Autun, Bordeaux, 3 janvier 1871, 10 h. 55 soir.

vous aurez à demander des instructions pour le débarquement et les suites, à moins de contre-ordre de sa part. C'est à Besançon, je le répète, que tout le 15ᵉ corps se rendra.

DE FREYCINET.

A Vierzon, on continua à travailler au quai d'embarquement, qui fut terminé à 11 heures du soir (1). Il avait 200 mètres de long, 1 mètre de haut et 5 m. 30 de large.

D'après les ordres du général Martineau, il fut convenu, qu'après avoir protégé l'embarquement, la 2ᵉ division viendrait prendre le chemin de fer à Bourges. Elle garderait avec elle la légion bretonne occupant Salbris et 1 régiment de cavalerie.

Pour la 3ᵉ division, il était prévu que les trains, portant 1 200 hommes chacun, se succéderaient d'heure en heure, à partir de 6 heures du matin. La 1ʳᵉ brigade de la division partirait de Vierzon, et serait suivie d'une partie de l'artillerie de réserve et des services. On comptait d'abord commencer l'embarquement de la division de cavalerie à 5 heures du soir (2). Mais on estima bientôt qu'on ne pourrait commencer les départs que le 6. Les troupes durent être alignées en vivres jusqu'au 9 janvier, avec 3 portions de viande cuite, qui furent emportées en wagons.

L'ordre d'embarquement devait être le suivant :

Ordre d'embarquement.

Gare de Vierzon. 3 janvier et jours suivants........	1ʳᵉ division avec son artillerie. Artillerie de réserve. Génie et parc. Général en chef avec état-major et escorte et prévôté. Cavalerie (5 régiments). Ambulance du quartier général avec trésor, postes et services administratifs.

---

(1) *Journal* du génie. (Archives de la Guerre.)
(2) *Ordre* de la division. (Archives de la Guerre.)

| Gare de Mehun.... | 3ᵉ division d'infanterie (sans son artillerie). |
| Gare de Bourges.. | 1 batterie à cheval de la réserve avec 2 cantons de gardes forestiers.
6ᵉ régiment de hussards.
Artillerie de la 3ᵉ division.
3 batteries à cheval de la réserve.
2ᵉ division avec son artillerie.
Parc d'artillerie. |

18ᵉ corps. D'après l'ordre de mouvement, que donna le général Billot, le 2 janvier au soir, la 1ʳᵉ division devait se former en colonne à Valay, en quittant dès 9 heures du matin ses cantonnements, atteints seulement entre minuit et 2 heures du matin. Elle devait ensuite marcher sur Venère, Cugney, et occuper en fin de marche, Choye, Velloreille et Villefrancon, tenant la forêt de Vaivre. La 3ᵉ division, arrivée la première sur la rive droite de l'Oignon, avait à partir dès 8 heures du matin, et, par la grand'route, à venir cantonner à Gy, où serait le quartier général du corps d'armée.

La réserve d'artillerie, escortée par le 49ᵉ de ligne, avait à venir à Charcenne et Autoreille. La cavalerie, la suivant, viendrait à Bonboillon, Tromarey et Cugney. Elle restait donc toujours en arrière de l'infanterie.

La 2ᵉ division devait passer la Saône à la Marche, l'Oignon à Pesmes et à la Forge, et venir occuper à peu près les cantonnements quittés par la 1ʳᵉ division.

Le convoi de vivres devait pousser jusqu'à Chaumercenne. Il allait ainsi se trouver à portée de la 2ᵉ division, mais trop loin des deux autres pour les ravitailler. Tout le système d'exploration devait se restreindre à l'envoi des 2 ou 3 pelotons marchant avec la 1ʳᵉ division.

Dès le point du jour, le 3ᵉ escadron du 3ᵉ lanciers de marche, qui se trouvait avec la 1ʳᵉ division à Savigny, monta à cheval et se porta sur Villefrancon, le 2ᵉ, attaché à la troisième division, et qui avait couché à Montagney, suivit la grand'route de Vesoul et vint s'installer à Gy.

Les 2 autres escadrons du régiment étaient chargés d'éclairer la gauche; le soir ils étaient à Onay. « A 11 heures, les pelotons, envoyés en reconnaissance, rentraient, annonçant que l'ennemi, qui était à 12 ou 15 kilomètres, abandonnait ses positions (1). »

A 9 heures du matin, les troupes de la 1re division quittèrent leurs cantonnements. La colonne fut formée de Valay à Cugney, puis la 1re brigade, précédée de 2 pelotons de lanciers et accompagnée d'une batterie, se porta sur Velloreille et Villefrancon.

A Villefrancon s'établirent les chasseurs du 9e bataillon, à Velloreille le 42e de marche, le 19e mobiles et la batterie (14e du 13e régiment).

« La 2e brigade, précédée de 2 pelotons de cavalerie, se dirigea sur Choye, avec les 2 autres batterie. 1 bataillon du 44e de marche et 4 compagnies du 73e vinrent camper dans la forêt de Vaivre, l'artillerie occupa les hauteurs au nord de Choye, hauteurs qui commandent la route de Gy et toute la plaine à l'Est [sic] (2). »

Le quartier général était à Choye. Vers 4 heures du soir les troupes étaient installées. La marche avait été pénible et le froid vif, mais les troupes avaient marché en bon ordre.

Dès 7 h. 30 du matin, les troupes de la 3e division prirent les armes, mais pour faire une halte d'une heure à Pesmes, où le 14e bataillon de chasseurs rejoignit la 2e brigade. La division se forma sur la route de Gy à hauteur de Chaumercenne, la droite en tête. Entre 5 et 6 heures du soir, les troupes atteignirent Gy (3).

Le IIIe bataillon du 81e mobiles fut placé en grand'-garde entre Gy et Bucey-les-Gy, avec postes en avant

---

(1) *Historique* du 3e lanciers de marche.
(2) *Journal* de la 1re division. (Succession Billot.)
(3) *Journal* de la 2e brigade de la 3e division.

de ce dernier village (1). Le Ier bataillon du 4e zouaves fut placé en grand'garde vers la Chapelle-Saint-Claude, le 53e de marche occupa par un bataillon la route allant vers la Chapelle-Saint-Quillain (2). Le reste des troupes cantonna à Gy.

En ce qui concerne la division de cavalerie, « à 1 heure du matin, dit l'*Historique* du 2e hussards de marche, on monta à cheval. La division passa sur le pont de la Forge et se porta sur Bonboillon. De là, le 2e hussards gagna Cugney, le 5e cuirassiers, Venère, le 3e dragons, Tromarey ; 2 escadrons de lanciers étaient, comme on l'a vu, à Onay. L'artillerie à Champtonnay, non gardée, semble-t-il.

La réserve d'artillerie, toujours escortée par le 49e de marche, avait passé sur le pont de bateaux de Pesme et était venue à Charcenne et Autoreille.

La 2e division partit entre 7 et 9 heures de ses cantonnements, franchit la Saône à la Marche, puis l'Oignon à Pesmes, partie sur la glace, partie sur le pont de bateaux. Vers quatre heures du soir, elle occupait Chevigney (IIe et IIIe bataillons du 92e de ligne), Vadans (Ier bataillon du 92e), la Résie-Saint-Martin (régiment d'Afrique), Sauvigney.

20e corps. L'ordre de mouvement pour le 3 janvier prescrivit aux lanciers de partir à 7 heures du matin de Marnay, suivis par les chasseurs, qui devaient quitter Burgille à la même heure. Les premiers devaient par la rive droite de l'Oignon gagner Boulot, puis Boult, où resterait un escadron, et enfin Rioz, « si l'ennemi n'y a pas d'infanterie ». Leurs postes devaient observer Montarlot, Fondremand et Hyet. Les chasseurs avaient à

---

(1) *Historique.* On trouve à Bucey des francs-tireurs du corps Bourras.

(2) Le 82e était partie à Pont-de-Pierre, près Auxonne, avec le Grand Parc, partie à Saint-Jean-de-Losne. (*Historique.*)

tenir la grand'route qui va d'Etuz vers le Nord, en occupant Bonnevent-et-Velloreille, et s'éclairant à 4 kilomètres au delà d'Oiselay. C'était la première fois qu'on voyait la cavalerie servir efficacement à la sûreté éloignée.

Au lieu de faire passer toutes ses troupes par l'unique pont de Marnay, le général Clinchant dirigea la 1re division le long de la rive gauche de l'Oignon, pour passer à Voray et s'établir dans cette localité et celle de Buthiers, avec avant-garde (1 bataillon) à Perrouse.

La 2e division, dont la tête était à Courchapon, devait passer à Marnay, et suivre la rive droite jusqu'à Boulot et Bussières, où elle cantonnerait. Son convoi devait suivre la 3e division, qui, sur les traces de la 2e, avait à occuper Etuz, Cussey et Chambornay.

Le 25e bataillon de chasseurs, qui était, on s'en souvient, arrivé à la nuit à Marnay, lui servirait d'avant-garde en occupant Bonnevent avec le 7e chasseurs à cheval. La réserve d'artillerie et le parc, appelés de Besançon, avaient comme cantonnements Eimagny et Chevigney, sur la rive gauche.

Le quartier général devait être établi à Bussières. Sans s'en tenir à la lettre des instructions du général en chef, qui lui avait prescrit pour le 2 un mouvement inexécutable, le général Clinchant pouvait donc compter se trouver, le 3 au soir, au rendez-vous assigné de Voray, et les précautions prises, en envoyant assez loin vers le Nord la brigade de cavalerie, contrastaient d'une façon remarquable avec ce qui ce passait au 18e corps.

Marche du 3 janvier. Conformément aux ordres du général en chef, le 2e lanciers de marche partit de Marnay à 7 heures du matin, le 2e escadron (Ducase), laissé à Boult, détacha un peloton à Montarlot, le 3e (Hubert) poussa jusqu'à Trésilley, envoyant un peloton à Fondremand, le 4e (de Lassalle) vint à la Malachère, « ses vedettes échangèrent pendant la nuit suivante des coups de feu avec les vedettes ennemies » (1). Le 1ᵉʳ escadron et l'état-major étaient à Rioz.

2 escadrons du 7ᵉ chasseurs vinrent à Bonnevent avec grand'garde à Oiselay; le reste du régiment, venant de Besançon, était à Devecey. Le 25ᵉ bataillon de chasseurs partit de Marnay vers 9 heures du matin, avec le général Clinchant, qui fit nourrir les hommes et les officiers sur réquisition à Pin, où la population les accueillit généreusement. A 3 heures, il partait pour Geneuille, où le général, par modification à l'ordre de mouvement, voulait le faire reposer de sa forte marche de la veille. Mais, sur un ordre de la 2ᵉ division, les chasseurs durent aller à Bonnevent, où ils arrivèrent à 11 heures du soir (1).

La 1ʳᵉ division s'était formée à 7 heures du matin en colonne entre Lavernay et Recologne, précédée de son escadron de cuirassiers et d'une avant-garde formée de 2 bataillons du 50ᵉ de marche, et 2 batteries avec les francs-tireurs du Haut-Rhin.

Vers cinq heures du soir, la 1ʳᵉ brigade (50ᵉ de marche, 11ᵉ mobiles, 55ᵉ mobiles) campait à Voray et Buthiers; la 2ᵉ resta en partie sur la rive gauche : le 67ᵉ mobiles (Haute-Loire) et le bataillon de Saône-et-Loire à Chevroz et à la gare de Voray, le 24ᵉ mobiles (Haute-Garonne) à Geneuille, avec les 2 batteries.

La 2ᵉ division franchit l'Oignon à Marnay, l'infanterie sur la glace recouverte de paille (2), et vint cantonner à Bussières et Boulot, où elle arriva vers 4 heures du soir.

La 3ᵉ division suivit immédiatement la 2ᵉ : le 47ᵉ de marche vint à Cussey (rive gauche), les mobiles de la

---

(1) *Historique.*
(2) *Historique* du 3ᵉ zouaves de marche. Ordre de marche, escadron de cuirassiers, 1 bataillon, 2 pièces, 1 bataillon (avant-garde), 1ʳᵉ brigade, reste de l'artillerie, 2ᵉ brigade.

Corse restèrent à Chambornay; ceux des Vosges (58ᵉ, 2 bataillons) arrivèrent à 5 heures du soir à Etuz avec les 2 bataillons des Pyrénées-Orientales, le 11ᵉ bataillon de la Meurthe et l'artillerie.

La réserve d'artillerie était arrivée à 5 heures à Devecey, d'où 2 batteries furent poussées sur Bonnay, où elles ne furent installées qu'à 7 heures du soir. La route avait été rendue très pénible par le verglas. Le parc et la réserve du génie étaient à Monteley. Quant au parc d'artillerie, le 1ᵉʳ train était parti de Chalon-sur-Saône le 1ᵉʳ janvier à 3 heures du soir pour Besançon, le 2ᵉ ne suivit que de 2 à 7 heures du soir (1).

21ᵉ corps. 2ᵉ division. Conformément aux derniers ordres de la veille, le colonel Irlande resta sur la défensive au Nord de Baume-les-Dames, d'où il annonça (2) que l'ennemi avait 5 à 6,000 hommes et 20 à 25 pièces de canon à Rougemont, qu'il occupait en outre les hauteurs de Viethorey et Gondenans-les-Montby, au Nord de Clerval. — A 4 heures du soir, il n'avait encore aucune nouvelle du 60ᵉ de marche, qui n'avait pas reçu le contre-ordre et s'était mis en mouvement sur la route de Marchaux à Cendrey à 8 h. 30 du matin, avec les 2 escadrons de dragons qui étaient dans ce village et 1 batterie. — Une fois à Cendrey, les reconnaissances de l'escadron du 6ᵉ dragons, n'ayant rien signalé vers Avilley (3), le détachement avait tourné au Sud-Est et, à 5 heures du soir, il arrivait à Baume-les-Dames (4).

Les autres troupes de la 2ᵉ division restèrent dans leurs cantonnements, savoir :

---

(1) Dépêche télégraphique. De Villeneuve. (Archives de la Guerre.)
(2) Dépêche télégraphique, 8 h. 25 matin. (Archives de la Guerre.)
(3) *Historique* du 7ᵉ dragons : les Allemands avaient évacué Rougemont.
(4) Ce détachement n'avait pas reçu de vivres pour la journée, et les dragons n'avaient pas de vivres de réserve. Dépêche télégraphique. Colonel Irlande. (Archives de la Guerre.)

21ᵉ Bᵒⁿ de chasseurs.	2 compagnies. —	Baume-les-Dames.
	4 —	Marchaux.
	2 —	Saint-Ferjeux.
	1 —	Saint-Claude.
14ᵉ mobiles.......	Roche, Novillars, Thise.	
87ᵉ mobiles.......	Valentin, Amagney, les Chaprais.	

Il en fut de même de la 3ᵉ division, qui resta répartie entre Saint-Claude, Saint-Ferjeux et Pouilly (1).

Le 7ᵉ régiment de cavalerie, toujours cantonné à Devecey, signala l'arrivée de troupes du 20ᵉ corps (2) qui venaient occuper ce village.

Dans la soirée (11 heures soir), arriva à Besançon la 2ᵉ batterie de montagne du 13ᵉ d'artillerie, venant de Toulouse et destinée à la 1ʳᵉ division qui allait se former.

Division Cremer. Le 3 janvier, la division Cremer retourna aux environs de Dijon. A 4 heures du soir, après avoir parcouru en sens inverse la longue étape de la veille, le bataillon de la Gironde et le 86ᵉ mobiles étaient à Cernon et Arcelot; le 32ᵉ de marche à Orgeux, avec le 57ᵉ et l'artillerie, le 83ᵉ mobiles occupait Brognon et Beire-le-Châtel.

Jusqu'au 7 janvier, il n'y eut rien à signaler sur le Haut-Doubs, ni vers Blamont et la frontière suisse. Les emplacements restèrent ceux du 3.

---

(1) 1ʳᵉ légion du Rhône, 2ᵉ légion du Rhône, 4ᵉ bataillon de la Loire. Le 89ᵉ mobiles est encore à Lyon et s'embarque le 5 seulement.

(2) Lettre du lieutenant-colonel commandant le régiment. (Archives de la Guerre.)

III

Ordres pour le 4 janvier.

20ᵉ corps. Pour la journée du 4 janvier, les intentions du général Clinchant étaient les suivantes.

Le 2ᵉ lanciers devait se porter sur Vesoul et pousser aussi loin que possible, fouillant les bois de Vellefaux et observant vers Neurey à droite, et Andelarot à gauche.

Le 7ᵉ chasseurs devait servir de soutien, en se ralliant à Authoison, et assurant vers Roche-sur-Linotte et Montbozon, la jonction avec le 24ᵉ corps.

La 1ʳᵉ division, suivant la grand'route, avait à pousser sur Vellefaux, tenant par les 2 bataillons d'avant-garde Vallerois et les bois situés de part et d'autre de cette localité. Son convoi ne devait pas dépasser Rioz.

La 2ᵉ devait se trouver à Boult à 8 h. 30 du matin. Elle rejoindrait la grand'route à Rioz et viendrait s'établir en arrière et à gauche de la 1ʳᵉ, à Echenoz-le-Sec, occupant Lévrecey par un bataillon.

La 3ᵉ avait à suivre l'itinéraire de la 2ᵉ jusqu'à hauteur d'Echenoz, mais pour venir placer une brigade à la droite et en arrière de la 1ʳᵉ division à Filain. L'autre brigade resterait en arrière du centre au Magnoray.

La brigade, établie à Filain, devait tenir par 1 bataillon

et 1 section d'artillerie les Monnins, par un autre, la corne Nord du bois de Roppes.

La réserve d'artillerie devait venir à Pennesières, à 7 kilomètres environ derrière la 1re division; mais, au premier coup de feu, elle devait gagner le Magnoray.

On voit quels obstacles devait apporter au mouvement la viabilité si insuffisante de cette région. On allait se trouver réduit à engager 3 divisions et la réserve d'artillerie sur une seule route entre Rioz et Echenoz-le-Sec. La moindre résistance sur ce parcours devait entraver tout le mouvement. Il semble que, pour une telle marche, au cours de laquelle un combat était probable, on aurait pu alléger la colonne principale, et, en outre, se ménager l'avantage de déborder rapidement un détachement isolé, qui aurait tenté de tenir entre Rioz et Echenoz. Par Boult, Montarlot, Trésilley, Fondremand, le chemin de terre, qui réunit, à l'ouest de Pennesières la route allant de ce point vers Chazelot au Nord-Ouest, et celle allant de Hyet à Fondremand, puis par Courboux, quelques bataillons d'infanterie pouvaient gagner Echenoz-le-Sec, à la gauche de la grand'-route. — On pouvait faire de même à la droite par Neuvelle, Traitiéfontaine, Anthon, Ruhans, Authoison et Filain, et l'examen de la carte montre les grandes facilités qu'on aurait eues presque constamment à envoyer de l'artillerie à l'une ou l'autre de ces colonnes de flanc, au cas où elles en auraient eu besoin.

18 corps. Si l'ordre du général Clinchant ne tenait pas grand compte des entraves que l'ennemi pouvait apporter au mouvement, il donnait au moins comme but à atteindre en fin de marche l'objectif d'Echenoz assigné par le commandant en chef. Bien différent dans sa forme et dans son esprit, l'ordre donné par le général Billot ne tendait en rien à amener les troupes du 18e corps vers Grandvelle et Mailley, ainsi que l'avait ordonné le général Bourbaki, et ainsi qu'y comptait le général Clinchant (1). Il s'agissait de déployer 2 divisions dans l'après-midi du 4 janvier sur la ligne Chapelle-Saint-Quillain, Etrelles, Grachaux, la 3ᵉ restant en réserve à Gy.

L'heure fixée pour cette opération ôtait toute possibilité, quand bien même l'ennemi ne s'y fût pas opposé, de parvenir le même jour à hauteur du 20ᵉ corps.

Tandis que la 3ᵉ division resterait à Gy, attendant la 2ᵉ, qui devait y arriver vers midi, la division de cavalerie devait se porter sur la route de Vesoul à 2 kilomètres au plus des avant-postes d'infanterie (2), et « attendre des ordres » entre Velleclaire et Vantoux. Une fois la 2ᵉ division arrivée à Gy, la 3ᵉ devait se porter sur Chapelle-Saint-Quillain, où s'établirait une brigade, tandis que l'autre « échelonnerait des bataillons dans les bois de Saint-Gand ». La 1ʳᵉ division, partant à 9 heures de ses cantonnements, devait vers 10 heures traverser Gy, pour occuper ensuite Etrelles, Villiers-Chemins et Grachaux. A sa droite serait le 49ᵉ de ligne dans le bois de Grachaux.

Un tel ordre était strictement défensif, et, en outre, on ne s'explique pas la nécessité d'attendre jusqu'après-midi de faire traverser la 2ᵉ division par la 1ʳᵉ pour l'occupation de la position choisie. Il semble que la 3ᵉ division était toute placée pour tenir Etrelles et Grachaux, la 1ʳᵉ pour venir à Chapelle-Saint-Quillain ; la 2ᵉ, qui avait à franchir 19 kilomètres pour gagner Gy, puis 7 ou 8 autres pour venir à Etrelles, soit 26 à 27 kilomètres en tout, ne paraissait pas destinée par ses cantonnements du 3 janvier à être en première ligne le 4.

24ᵉ corps. L'ordre du général Bourbaki prescrivait au

---

(1) Voir son *ordre de mouvement*. (Archives de la Guerre.)
(2) Placés à Bucey-les-Gy et où était appelée la réserve d'artillerie.

général Bressolles de porter dans la journée du 4 ses deux divisions (2ᵉ et 3ᵉ) sur la route de Montbozon entre Corcelles et la Tour-de-Sçay, pour gagner le lendemain Montbozon et Esprels. Il précisait la situation générale et annonçait que des mobilisés seraient envoyés vers Montbéliard pour couvrir la droite du 24ᵉ corps.

L'ordre donné par le général Bressolles porte très nettement la trace des inquiétudes causées par les mouvements de l'ennemi dans cette direction.

La brigade Irlande (61ᵉ et 60ᵉ de marche, 2 compagnies du 21ᵉ chasseurs, 3 batteries, 2 escadrons de dragons) dut se porter de Baume-les-Dames sur Cendrey, occupant ce village, celui de Rougemont (1 500 mètres Est) et de la Bretenière, puis, à l'Ouest de la grand'route, ceux de Blarians et de Germondans. Entre ces deux sections de la ligne à occuper, devaient venir s'intercaler les 4 compagnies du 21ᵉ chasseurs restées à Marchaux.

La 2ᵉ brigade (14ᵉ mobiles partant de Thise... et 87ᵉ mobiles partant des Chaprais) viendrait occuper la ligne Rigney, Rignosot, la Tour-de-Sçay et les bois communaux.

Le 7ᵉ de cavalerie, le génie et l'artillerie de la 2ᵉ division avaient à venir à la Tour-de-Sçay et Verjoulot. La 3ᵉ division (1ᵉʳ et 2ᵉ régiment du Rhône, 4ᵉ bataillon de la Savoie) devait occuper la ligne Corcelles-Mieslot à Villers-Grélot par Lusans. La réserve d'artillerie avait à « occuper une position à hauteur de Rignosot ».

En même temps, d'après l'ordre du général commandant la 7ᵉ division militaire, le noyau des troupes qui allaient concourir à la formation de la 1ʳᵉ division : 15ᵉ bataillon de chasseurs, 63ᵉ de marche, 2 batteries et 1 section du génie, sous les ordres du colonel Des Vaux du Lys, devait partir de Besançon à 9 heures du matin, et se porter sur la route de Baume-les-Dames à Roulans-le-Grand. Chargé de « couvrir la droite du 24ᵉ corps, le colonel Des Vaux, nommé au commandement de la

1re brigade de la 1re division, devait, le 5, rallier à Baume le bataillon de la Haute-Garonne et se placer à la Boussenotte et Autechaux, laissant la ville de Baume à la garde des mobilisés du Doubs. Le 6, il devait, suivant les circonstances, aller à Clerval rallier le bataillon du Haut-Rhin, et, ultérieurement, pousser vers l'Isle-sur-le-Doubs, surtout, disaient ses instructions, « si le 24° corps prononce son mouvement dans la direction en deçà de Villersexel, par Rougemont et Abbenans pour obliquer à droite, dans la direction d'Héricourt ».

Enfin, plus tard, il fut décidé d'adjoindre au colonel Des Vaux le 1er bataillon de Tarn-et-Garonne, qui, avec ceux de la Haute-Garonne et du Haut-Rhin, devait former le 1er régiment mixte de mobiles. Ce bataillon, alors à Besançon, reçut, le 4 à 10 heures du matin, l'ordre de s'embarquer à 2 heures du soir pour Baume-les-Dames. Après une attente inutile devant la gare, il fut acheminé sur Saint-Claude, et ne put s'embarquer que le 5 janvier pour arriver à Baume-les-Dames, le même jour, à 6 heures du soir.

IV

Mouvements des Allemands.

Conformément aux ordres du général de Werder, la IVe division de réserve se porta le 3 janvier de Villersexel sur Arcey. Le *25e* d'infanterie, formant flanc-garde de droite, avait à marcher de Rougemont sur Onans, Montenois et Faimbe, et à s'y établir face au sud. « Cette marche de plus de 35 kilomètres, en pays très coupé, par des chemins de traverse couverts de verglas, fut extrêmement pénible » (1), mais elle ne donna lieu à aucun incident. Le *60e* mobiles, envoyé de Marchaux sur Baume-les-Dames par Cendrey, n'avait rien rencontré.

Du côté de la frontière suisse, le *67e* était venu en soutien du général Debschitz; le Ier bataillon s'établit à Lebetain, le IIe à Beaucourt, où le bataillon fusiliers, qui couchait ce jour-là à Montbéliard, vint le rejoindre le lendemain (2).

Laissant à Lure la 12e compagnie du *30e* d'infanterie et un demi-escadron de hussards, pour garder les convois, le colonel Nachtigall se mit en route avec le *30e* d'infanterie, un demi-escadron et ses 2 batteries, et arriva à 1 heure du soir à Héricourt, où il retrouva les bataillons de réserve du corps de siège, qui avaient l'ordre de se

---

(1) *Historique* du 25e d'infanterie.
(2) *Historique* du 67e d'infanterie.

porter le lendemain sur Sochaux, Charmont et Dambenois, et de s'y placer en réserve derrière la position qu'on devait prendre face au Sud derrière le canal du Rhône au Rhin (1).

A 8 heures du matin, le général von der Goltz, avec le *34ᵉ* d'infanterie, la batterie Riemer et les 1ᵉʳ et 4ᵉ escadrons du *2ᵉ* dragons de réserve, quitta ses cantonnements à l'Est de Vesoul, et, n'ayant rien rencontré, vint vers 2 heures s'établir à Villersexel, Moimay, Autrey, Esprels, Villers-la-Ville, Villargent; les bagages gardés par une compagnie étaient restés à Frottey-lès-Vesoul.

Tandis que les *1ʳᵉ* et *2ᵉ* brigades badoises restaient immobiles, la 3ᵉ, postée depuis le 1ᵉʳ janvier au soir à Neuvelle-les-la-Charité, jouait un rôle un peu plus actif.

Une patrouille du *5ᵉ* régiment rencontra à Fretigney des « chasseurs d'Afrique » (*sic*) qui se retirèrent vers Gy. Un détachement (capitaine Engler, 6ᵉ compagnie, 2 canons, 1 détachement de pionniers) alla couper le pont sur la Saône à Soing et signala des partis de cavaliers français sur la rive droite (2).

Quant aux 2 régiments, qui formaient la brigade de cavalerie Willisen (*1ᵉʳ* et *2ᵉ* dragons badois), ils restèrent au Nord de Vesoul sans rien entreprendre. Le *3ᵉ*, réparti entre les brigades d'infanterie, signale dans son *Historique* un service de patrouilles très actif, mais sans aucun des détails qu'on trouve dans les relations allemandes, dès qu'il y a à citer quelque fait à l'honneur de leurs armées. Actif ou non, ce service eut des résultats nuls. Pourtant, le 3 janvier au soir, le 18ᵉ corps n'était pas à 15 kilomètres de la *3ᵉ* brigade badoise.

C'était toujours du côté de l'est que se tournaient les préoccupations principales des généraux allemands, et ce que dit leur historiographe Löhlein (3) pour jus-

---

(1) *Historique* du *30ᵉ* d'infanterie. — (2) *Historique* du 5ᵉ badois.
(3) Alors capitaine au 1ᵉʳ leib-grenadiers badois.

tifier l'incertitude où ils restèrent, est curieux à noter.

« Du côté du général de Treskow, la situation ne s'était pas éclaircie dans le courant de la journée du 3. On ne doit pas s'étonner que le commandement ait eu tant de peine à se procurer des nouvelles directes de l'ennemi. Le Doubs est très encaissé, ses rives sont rocheuses et il n'est franchissable qu'en un petit nombre d'endroits. Tout ce que pouvaient faire les patrouilles et les reconnaissances, c'était de refouler l'ennemi jusqu'aux points de passage. Les forcer de haute lutte eût exigé une sérieuse préparation par le canon, et c'eût été beaucoup risquer que d'essayer d'enlever ces falaises à pic. Vers Blamont, la situation n'était pas meilleure. Tous les chemins qui mènent à Blamont, point culminant et sérieusement fortifié, serpentent entre des murailles de rochers. Une attaque directe avec quelques bataillons n'aurait amené que des pertes sans résultat. La zone parcourue par les reconnaissances se trouvait ainsi singulièrement rétrécie. »

Une considération primordiale aurait pu cependant fixer les idées du général von Werder. C'est qu'on ne pouvait croire à la marche d'une armée nombreuse dans la trouée entre le Doubs et la frontière suisse, hypothèse des moins vraisemblables, sans admettre que les Français couvriraient leur gauche par l'occupation des rives du Doubs, au Nord-Est de Besançon. Le seul moyen, à la fois de sortir d'incertitude, et, en outre, de paralyser cette entreprise si risquée, était pour Werder une attaque décidée sur un point bien choisi entre Baume-les-Dames et l'Isle-sur-le-Doubs. Les nombreuses sinuosités de la rivière ne pouvaient manquer de donner de grandes facilités à ce projet.

Tout valait mieux en tout cas que cette incroyable dispersion de forces déjà restreintes.

Les dispositions prises pour le 4 allaient encore rendre plus dangereuse la situation des Allemands.

« L'ennemi, dit Löhlein, ne poussa pas le 3 son avance vers Belfort, mais, au contraire, le général von der Goltz annonça qu'on attendait 20 000 hommes à Rougemont, et que lui-même comptait le lendemain se porter de Villersexel sur Esprels, pour occuper les passages de l'Oignon, au sud de ce point. En conséquence le général en chef prescrivit que, le 4 janvier à 11 h. 30, une brigade badoise se porterait sur Vallerois et une autre sur Esprels. Le général de Schmeling (alors à Arcey) et le colonel Nachtigall (alors à Héricourt) marcheraient sur Saint-Ferjeux (6 kilomètres Est de Villersexel). »

« Le général Keller (commandant la 3ᵉ brigade badoise), alors à 20 kilomètres au Sud-Ouest de Vesoul (à Neuvelle-les-la-Charité), devait, en conséquence, se retirer sur Vellefaux, puis, au Nord, près de Vesoul. »

C'était en somme la concentration sur la ligne Saint-Ferjeux, Vallerois par Villersexel, en vue d'une action sur le haut Doubs, de 5 brigades d'infanterie. Une seule allait rester à Vesoul, et, de ce côté, le danger paraissait si peu à redouter, qu'on y maintint les trains et convois.

Toute l'attention était dirigée vers la région au Sud de Belfort. Un officier d'État-Major, envoyé au général de Treskow, rapporta l'impression, « qu'en raison de l'étendue de la ligne d'investissement et de l'énergie de la défense, les troupes allemandes qui se trouvaient devant la place étaient insuffisantes pour s'opposer à une tentative de déblocus et aux projets d'invasion de l'Alsace formés par l'ennemi ».

En transmettant ce rapport au grand quartier général, le général von Werder annonça l'intention d'envoyer à Belfort la IVᵉ division de réserve tout entière (1).

Ainsi, au moment où l'orage s'amoncelait devant sa

---

(1) *Correspondance* du maréchal de Moltke, p. 645 et 646.

gauche, le commandant du XIVᵉ corps pensait à s'affaiblir du tiers de ses forces.

Corps Zastrow. Combat au sud de Montlay. A 7 h. 50 du matin (1) le détachement Bœhmer (3 compagnies de fusiliers du *13ᵉ*, 2 canons, 1 escadron d'ulans) quitta Montlay, se portant vers Saulieu. En arrivant à Sainte-Isabelle, il trouva la vieille route barrée par des abatis à l'entrée des bois; il en était de même de la nouvelle, à 1 kilomètre à l'intérieur de la forêt, et les bois étaient impraticables entre les deux routes. D'après Janin, il y avait là 120 hommes des francs-tireurs Égalité de Marseille, capitaine Gauthier, 80 hommes du génie, commandant Kauffmann, et 350 gardes nationaux mobilisés. Menotti Garibaldi, commandant la 3ᵉ brigade, avait envoyé le bataillon Ciotti d'Arnay-le-Duc sur Maupas, à 12 kilomètres au Sud-Est de Saulieu... La Guérilla d'Orient (40 officiers, 340 hommes), qui, depuis la veille, avait l'ordre de se porter de Lucenay sur Saulieu, ne devait pas prendre part au combat (2).

Le major Bœhmer suivit la nouvelle route, mais, « comme divers indices, tels que trace de pas sur la neige, étuis de cartouches, et la présence de quelques coureurs, annonçaient la présence de l'ennemi dans la forêt (*sic*), » il résolut d'assurer sa retraite en laissant une compagnie à la lisière. Quelques coups de fusil le déterminèrent à

---

(1) Fabricius et *Historique* du 13ᵉ prussien. (Janin, *loc. cit.*)
(2) Gauckler à de Saulcy commandant Guerilla Orient à Lucenay, 3 janvier, 4 h. 45 matin. « Vous ai déjà envoyé ordre de marcher sur Lucenay. Général le croyait exécuté. » Gauckler à Kauffmann commandant à Saulieu : « Les guides que vous avez envoyés ont ramené à Lucenay Guérilla d'Orient, qui allait à vous. Menotti à Arnay-le-Duc en situation. »
Ceci est contraire à l'assertion de Fabricius qui évalue les forces garibaldiennes à 900 hommes. En outre le génie, d'après son *Journal*, était encore à Dijon et ne devait arriver que le 4 à Sombernon. (Garnier, *les Volontaires du Génie*.)

ne pas engager ses canons dans le bois. Avec 2 compagnies et 2 pelotons, il continua sa marche. Vers 11 heures en approchant de Saulieu, il fut accueilli par une vive fusillade...; on ne pouvait se rendre compte de la force de l'ennemi. En conséquence la retraite fut ordonnée. Une patrouille (1 officier et 12 ulans) fut envoyée à gauche vers Villargoix, où elle reçut des coups de fusil... Dans l'après-midi Boehmer atteignit Précy. A 4 heures, on lui signala l'approche de gardes nationaux armés venant de Montlay. A 5 heures du soir, arriva la 1re compagnie du *13*^{e}, envoyée par von den Bussche de Semur avec un peloton d'ulans. A 6 h. 30 le détachement se retira vers Semur, où il arriva à 9 h. 30. Les pertes étaient nulles (1)...

Menotti télégraphia à ce sujet. : « Nos francs-tireurs ont arrêté une colonne ennemie forte de 800 hommes, dans les bois entre Montlay et Saulieu. On leur a tué ou blessé 30 hommes. »

Sur l'ordre de Garibaldi, Ricciotti avait quitté Avallon pour Saulieu. La nouvelle de l'approche de la cavalerie ennemie sur Cussy-les-Forges et Rouvray, l'avait déterminé à revenir sur ses pas. Cependant dans la soirée, il arriva à Cussy-les-Forges. A minuit il se porta sur Rouvray (2).

« De Semur, était partie le 3, à 7 heures du matin, 1 patrouille (lieutenant Langen et 20 ulans) pour Epoisses et Toutry. De là, elle était revenue par Cussy et Rouvray sur Précy. Telle était l'origine de la rumeur qui avait arrêté le mouvement de Ricciotti (3). »

« Le lieutenant-colonel Schoenholtz (Ier et IIIe bataillon du *72*^{e}, 2 escadrons de hussards, 2 pièces) reçut le 3, à 5 h. 15 du matin, à Unecy, l'ordre de battre en retraite. Il partit à 8 heures pour Vitteaux, le 1er bataillon du *72*^{e} et

---

(1) Fabricius. *Historique* des *13*^{e} et *90*^{e} régiments.
(2) Riccotti, *Souvenirs*, p. 73.
(3) Fabricius.

1 escadron de hussards formant l'arrière-garde... A 2 heures du soir la colonne atteignit Pouillenay et Préhaut (3ᵉ compagnie de fusiliers) (1). »

« On avait dû attendre longtemps à Vitteaux, où se trouvait encore le détachement du général von Sacken, avec le *73ᵉ* et le *7ᵉ* bataillon de chasseurs, occupés à recueillir une contribution de 1,000 francs exigée en représailles d'une attaque contre des hussards dans la nuit du 1ᵉʳ au 2 janvier, et à enlever le bétail (2). »

Quant au détachement du major Einecke, qui s'était, ainsi qu'on s'en souvient, replié sur Darcey, après son échec à Chanceaux, il apprit dans la matinée par ses patrouilles « que l'ennemi occupait par 1 bataillon Courceau, et, par 2 au moins, Chanceaux, qu'on voyait des sentinelles doubles à Frolais. Jugeant que ce ne pouvait être que l'avant-garde de forces importantes, le major Einecke se décida à ne pas attendre l'heure fixée pour sa retraite (4 heures du soir) (3) ». « A midi 30 il se replia sur Alise-Sainte-Reine et s'y établit à 4 heures du soir (4). » La 7ᵉ compagnie du *72ᵉ* et 1 compagnie de chasseurs prirent les avant-postes.

La mollesse montrée dans le combat de Chanceaux et la retraite précipitée du 3 janvier devant un ennemi si peu redoutable furent jugées sévèrement par le commandement allemand. D'après Fabricius, le *Journal* de marche du VIIᵉ corps porta à ce sujet la mention suivante : « Le combat d'hier donne l'impression que les 2 pièces ont dépensé inutilement leurs munitions. La retraite, exécutée aujourd'hui de Darcey sur Sainte-Reine, est beaucoup trop précipitée, car des détachements de toutes armes, envoyés en reconnaissance

---

(1) Fabricius.
(2) *Historique* du *72ᵉ*.
(3) Fabricius.
(4) *Historique* du *72ᵉ*.

doivent avant tout voir. Le détachement devait au moins attendre que l'ennemi prît ses dispositions d'attaque, avant d'entamer sa retraite. » « On doit, ajoute Fabricius, considérer ce jugement comme extraordinairement doux (1) . »

Les renseignements acquis à la suite de ces divers mouvements furent les suivants :

« Les 2 officiers, détachés par l'État-Major du corps d'armée et de la division, interrogèrent 2 blessés français, faits prisonniers. L'un déclara être sergent à la 2ᵉ compagnie du Iᵉʳ bataillon des mobiles du Rhône : ce bataillon faisait partie de la 2ᵉ des trois brigades de la division Cremer à l'effectif total de 18,000 hommes (chiffre visiblement exagéré) et 12 pièces. Ce bataillon, fort de 800 hommes, sans cavalerie ni artillerie, aurait quitté le 1ᵉʳ janvier Dijon pour aller à Saint-Seine. 2 compagnies auraient été envoyées en reconnaissance à Chanceaux, où elles se sont heurtées aux Prussiens... Dans la troupe on aurait parlé de l'intention d'aller à Châtillon, mais il ne savait rien de certain là-dessus (2). »

« L'autre prisonnier fit des déclarations analogues : tous les deux affirmèrent la présence de Bourbaki sur la Loire. »

« Les 2 officiers rendirent compte aussitôt par écrit à l'État-Major du corps d'armée et à la division. De là se forma chez le commandement cette fausse conception, communiquée quelques jours plus tard au comte de Moltke, conception qui plaçait l'extrême pointe de la division Cremer à Dijon, ce qui avait fait heurter la 13ᵉ division à Chanceaux à ses avant-gardes. »

D'après Fabricius, le sergent n'avait pas voulu mentir intentionnellement. Le bataillon Loste, qui se trouvait à Saint-Seine, n'a jamais appartenu à la division Cremer,

---

(1) Fabricius.
(2). Id.

mais, au contraire, a toujours fait partie de la 3ᵉ brigade de l'armée des Vosges. Mais il se peut que ce sergent ait été détaché pour une raison quelconque de la division Cremer (qui avait quitté Dijon avant le 1ᵉʳ janvier, marchant vers le Nord-Est), et se soit trouvé attaché au bataillon Loste. Il avait donc bien dit la vérité pour lui, mais il avait tu qu'il n'appartenait pas aux troupes de Saint-Seine.

La conclusion de toutes ces reconnaissances fut l'impression pour l'État-Major que : « La contrée est occupée par des gardes mobiles et des francs-tireurs, mais toutes ces bandes irrégulières, paraissant très mal commandées, peuvent à peine prêter quelque sérieuse résistance à une troupe importante. La tactique des Français consiste à fatiguer nos troupes en les obligeant à un service de sûreté sévère et pénible, et, en outre, à nous rendre très difficile d'avoir des nouvelles sur l'ennemi et ses mouvements. Si cependant cette grossière méthode de tactique, comparée avec la première partie de la guerre, où nous avions affaire à des armées disciplinées, nous paraît inacceptable; il n'en faut pas moins reconnaître que la guerre de partisans, bien que ruinant et dévastant la contrée, offre aux Français de sérieux avantages. »

La dépêche du 3 janvier datée de 10 h. 30 du matin avait réitéré au général Zastrow l'ordre de se porter sur Auxerre (1). Dans la même journée les ordres étaient donnés pour transporter en chemin de fer la *14ᵉ* division de Mézières sur Mitry (2). « Ainsi, le VIIᵉ corps perdait l'espoir de joindre rapidement l'ennemi et abandonnait le contact qu'il venait de prendre avec l'adversaire. Mais le général Zastrow, en marchant sur Auxerre, ne pouvait laisser le pays sans protection; il fallait couvrir la ligne

---

(1) Voir ci-dessus.
(2) Télégrammes 572 et 573. *Correspondance* du maréchal de Moltke.

Chaumont, Nuits, Tonnerre, contre une attaque, qui pouvait aussi bien venir de Langres que de Dijon (1). »

« En conséquence, le détachement Schœnholtz (*72e* régiment, 2e escadron du *1er* hussards de réserve, 1 batterie légère), devait s'intaller à Montbard, observant les directions de Dijon, Autun et Langres, gardant le chemin de fer, et se reliant au détachement du colonel Dannenberg, commandant le *60e* régiment, qui devait arriver le 4 à Châtillon. »

« La *13e* division, avec tout le reste de ses forces, devait être le 4 autour de Noyers, le 5 vers Chablis, le 6 vers Auxerre. Une forte flanc-garde y arriverait en passant par l'Isle et Vermenton, pour éclairer vers Avallon et Clamecy, désarmer les populations et lever des contributions en argent. »

« Les impedimenta de toute nature, stationnés avec la division ou à Nuits, devaient être conduits sous escorte par Nuits, Tonnerre sur Chablis. »

« Les 2 bataillons du *15e* régiment, alors à Châtillon, devaient gagner Auxerre par Tonnerre (2). »

Les cantonnements du VIIIe corps, le 3 janvier au soir, furent les suivants :

QUARTIER GÉNÉRAL. — MONTBARD.

13e Division. — Fain.

25e brigade.......
- *13e* Régt. Ier Bon et fusiliers. — Semur.
- — IIe bataillon. — Venarey.
- *73e* Régt. Ier bataillon. — Château d'Orain, les Granges.
- *73e* Régt. IIe Bon. — Les Laumes, Venarey
- *73e* Régt. Fusiliers. — Seigny.
- Ire compagnie de pionniers. — Pouillenay

26e brigade....... 7e bataillon de chasseurs. — Alise-Sainte-Reine.

---

(1) *Journal* du VIIe corps, cité par Fabricius.
(2) Fabricius.

26ᵉ brigade (suite). { 55ᵉ Rég¹. — Mêmes cantonnements que le 1 et le 2.
15ᵉ Rég¹. 1ᵉʳ bataillon. — Ravières.
60ᵉ Rég¹. — Mêmes cantonnements que le 1 et le 2.
72ᵉ Rég¹. 1ᵉʳ bataillon. — Pouillenay.
— 1ᵉ — — Alise.
— Fusiliers. — Préhaut (3/4), Pouillenay (1/4).
1ᵉʳ hussards de réserve. 1ᵉʳ et 2ᵉ escadrons. — Pouillenay.
— 3ᵉ escadron. — Flavigny.
— 4ᵉ escadron. — Alise.
8ᵉ hussards. 1ᵉʳ et 2ᵉ escadrons. — Montbard.
— 3ᵉ escadron. — Benoisey.
— 4ᵉ escadron. — Venarey.
5ᵉ ulans de réserve. 2 escadrons. — Semur.
— 1 esc. — Montbard.
— 1 escadron. — Châtillon, Nuits.
3ᵉ batterie légère. — Châtillon.
4ᵉ batterie légère. — Pouillenay.
5ᵉ batterie légère. — Seigny.
6ᵉ batterie légère. — Semur.
5ᵉ batterie lourde. — Seigny.
6ᵉ batterie lourde. — Montbard (?).
Batterie à cheval. — Marmagne.
Convois. — Mêmes cantonnements que le 1 et le 2 (1).

---

(1) *Au Commandant en chef de l'armée de la Meuse, Margency.*
(*Correspondance* militaire du maréchal de Moltke, n° 572.)

Versailles, le 2 janvier 1871 (expédié le 3).

A la suite de la prise de Mézières, Sa Majesté le roi a ordonné de transporter le plus tôt possible, par chemin de fer, à Mitry, la *14ᵉ* division qui avait été chargée du siège. Cette division sera cantonnée autour de ce point en attendant une nouvelle destination.

Le commandant en chef voudra bien faire évacuer, s'il y a lieu, les environs de Mitry, préparer un projet de dislocation

IIe corps. Le 3, la 3e division, après une courte marche, se porta sur Fontainebleau « en traversant des forêts, plusieurs barages gênèrent la marche ; mais les troupes furent heureuses de trouver des cantonnements où elles furent d'autant mieux accueillies que les habitants n'avaient pas encore appris à connaître la guerre (1). »

Dans la *4e* division, la *7e* brigade se mit en route dans la soirée, à l'exception des fusiliers du *9e*, qui avaient passé la nuit aux avant-postes et ne partirent que le lendemain (2).

La *8e* brigade se rassembla à 11 heures au Sud-Ouest de Boissy et se mit en marche par Brie-Comte-Robert sur Melun.

Le Ier bataillon du *61e* (3) marchait indépendant, assu-

---

pour la *14e* division, et le faire parvenir au général-major Schuler de Sender, commandant cette division. Le grand quartier général ne connaît pas encore la date du départ de Mézières de la *14e* division. Il a donc invité l'État-Major de cette division à en rendre compte en temps utile au commandant en chef.

Signé : DE MOLTKE.

On envoya les instructions conformes à la *14e* division par télégramme du 3 janvier (10 heures matin). Le soir on lui adressa en outre l'ordre suivant :

Télégramme à la 14e division d'infanterie, Mézières.

(*Correspondance* militaire du maréchal de Moltke, n° 573.)

Versailles, le 3 janvier 1871, 8 heures soir.

La commission de ligne d'Épernay fait connaître qu'on a l'intention de ne faire commencer le transport de la division que le 11 courant. Il semble y avoir malentendu. Le transport de la division à Mitry doit commencer le plus tôt possible. Si l'on ne peut faire partir que 4 trains par jour, peut-être aurait-on pu procéder à l'expédition de Rocroy. Mais elle devra être abandonnée, si cela avait une influence sur le commencement des transports. Laissez à Mézières, comme garnison, trois bataillons et un escadron au plus.

(1) *Historique* du 54e, p. 90.
(2) *Historique* du 9e, p. 101.
(3) *Historique* du 61e, p. 149.

rant la protection du quartier général du corps d'armée.

Les fusilliers du *61ᵉ* ne devaient quitter Petit-Jouy que le 7 janvier.

Les cantonnements du IIᵉ corps, le 3 au soir, furent les suivants :

Quartier général. — Melun.

3ᵉ Division. — Fontainebleau.

5ᵉ brigade........ { 2ᵉ Régᵗ. Iᵉʳ bataillon. — Gros.
— IIᵉ — — Arpajon.
— Fusiliers. — Bourron.
42ᵉ Régᵗ. Iᵉʳ bataillon. — Montigny.
— IIᵉ — — Arpajon.
— Fusiliers. — Marolles.

Iʳᵉ compagnie de pionniers. — Devant Paris.

6ᵉ brigade........ { *54ᵉ* Régᵗ. — Fontainebleau.
14ᵉ Régᵗ. Iᵉʳ et IIᵉ Bᵒⁿˢ. — Fontainebleau.
— Fusiliers. 9ᵉ Cⁱᵉ. — Chagny.
— — 10ᵉ Cⁱᵉ. — Avon.
— — 11ᵉ Cⁱᵉ. — Moureau.
— — 12ᵉ Cⁱᵉ. — Brolles.

2ᵉ bataillon de chasseurs. — Fontainebleau.
3ᵉ dragons. — Fontainebleau.
Artillerie, convois. — Fontainebleau.

4ᵉ Division. — Melun.

7ʳ brigade........ { *49ᵉ* Régᵗ. — Melun.
9ᵉ Régᵗ. Iᵉʳ et IIᵉ Bᵒⁿˢ. — Evry-le-Château.
— Fusiliers. — Bonneuil.

8ᵉ brigade........ { *21ᵉ* Régᵗ. Iᵉʳ et IIᵉ Bᵒⁿˢ. — Moissy-Cramayel.
— Fusiliers. — Limoges.
61ᵉ Régᵗ. Iᵉʳ bataillon. — Melun.
— IIᵉ — — Pouilly-le-Fort.
— Fusiliers. — Petit-Jouy.

2ᵉ et 3ᵉ Cⁱᵉˢ pionniers. — Limoges.
11ᵉ dragons. — Melun.
Artillerie. — Melun.
Convois. — Grigny.
Artillerie de corps. — Fontainebleau.
Convois. — Samois.

Journée du 4 janvier.

Confirme dépêches antérieures. Général perdu initiative, cherche prétexte pour inaction. Intelligence obscurcie. Bordone tenu éloigné, sous prétexte mission. Nombreux scandales. Italiens se croient en pays conquis. Articles journaux de Lyon exagérés. Fond vrai. Faudra finir par donner à Crémer ou autre capable commandement armée des Vosges. Cela est triste.

GAUCKLER.

II

Opérations.

15ᵉ corps. L'embarquement commença à Vierzon par la 1ʳᵉ brigade de la 1ʳᵉ division.

Le 1ᵉʳ zouaves occupa deux trains, qui partirent, l'un à 6 heures du matin, l'autre une heure après. « Ils étaient composés de wagons de 3ᵉ classe et de wagons à bétail. Les agents du chemin de fer étant complètement débordés, le régiment dut organiser son départ lui-même (1). »

Le 4 au soir, on devait atteindre Montchanin, le 5, Lons-le-Saunier, par Chagny, Chalon-sur-Saône, Mâcon et Bourg, le 6, Clerval, par Fresnoy, Besançon, Baume-les-Dames. Les zouaves passèrent trois nuits en wagons, celles du 4 au 5, du 5 au 6, du 6 au 7.

On s'occupa ensuite de faire partir ce qui restait d'artillerie à la 1ʳᵉ division, c'est-à-dire les 2 batteries de mitrailleuses (18ᵉ du 13ᵉ et 9ᵉ du 12ᵉ), et la section du génie. Cela dura jusqu'à 11 heures du matin, et cette artillerie devait arriver le 8 seulement à Besançon (2). De midi à 2 heures partirent en 2 trains les 3 bataillons du 12ᵉ mobiles, puis le bataillon de la Savoie. Les 2 premiers bataillons du 12ᵉ mobiles arrivèrent le 6 au soir à

---

(1) *Journal* du 1ᵉʳ zouaves.
(2) *Journal* de la 9ᵉ batterie du 12ᵉ (André).

Clerval, le III⁰ et le bataillon de la Savoie le 7, à 7 heures du matin (1).

La 2⁰ brigade, partie la veille, voyagea plus facilement. Avant 4 heures du soir, elle était tout entière débarquée à Dijon avec ses 2 batteries. On verra plus loin combien peu son rôle était fixé dans l'esprit du commandant en chef.

Dans la journée du 4, on embarqua aussi à Vierzon la section du génie (2), la 18ᵉ batterie du 13ᵉ régiment (3) et la 9ᵉ du 12ᵉ (appartenant à la 1ʳᵉ division), puis la 16ᵉ du 3ᵉ (5), à 10 h. 30 du soir, et la 20ᵉ du 7ᵉ (mitrailleuses), appartenant à la réserve, enfin l'État-Major du corps d'armée, avec 1 escadron du 1ᵉʳ chasseurs de marche (6).

Embarquement de la 3ᵉ division à Mehun. Dans la journée, on fit partir le 34ᵉ de marche (3 bataillons) en 2 trains, puis le 69ᵉ mobiles (Ariège) (7) (3 bataillons), le 27ᵉ de marche (8), à 2 h. 30 du soir et à 6 h. 30 du soir, c'est-à-dire toute la 2ᵉ brigade. Enfin le 6ᵉ bataillon de marche de chasseurs de la 1ʳᵉ (9) et le 16ᵉ de ligne (10). Le reste de cette brigade ne put partir; le 33ᵉ de marche resta à son cantonnement de Sommes, et eut à minuit l'ordre d'aller à la gare; le 32ᵉ mobiles ne devait partir que le 5 à 10 heures du matin.

L'artillerie de la 3ᵉ division, composée alors des 18ᵉ du

---

(1) La brigade fut cantonnée le 7 à Anteuil, Saint-Georges, Glainans et Hyémondans. (*Journal* du 12ᵉ mobiles.)

(2) Les 2 autres parties la veille avec la 2ᵉ brigade.

(3) Arrive à Torpes le 8.

(4) Arrive à Besançon le 8.

(5) Arrive le 9, à 2 heures du matin, à Besançon.

(6) Arrive le 9, à 8 heures du matin, à Clerval.

(7) Arrive à Clerval dans la nuit du 7 au 8.

(8) Le Iᵉʳ bataillon arrive le 6 au soir à Clerval. Les IIᵉ et IIIᵉ le 6 au soir à Besançon.

(9) Arrive le 8 à Clerval.

(10) Arrive le 9, à 2 heures du matin, à Clerval.

15ᵉ, 18ᵉ du 7ᵉ et 1ʳᵉ de montagne du 14ᵉ (1), fut tout entière embarquée à Bourges dans la journée du 4 (2).

De Bourges partirent les 2 batteries affectées à la division de cavalerie (14ᵉ et 15ᵉ du 19ᵉ) (3), et la 18ᵉ du 19ᵉ, appartenant à la réserve,

Division de cavalerie. Dans la soirée les régiments quittèrent leurs cantonnements.

Le 1ᵉʳ cuirassiers de marche vint à Vierzon, où 2 escadrons furent embarqués dans la soirée avec le général Tillion. Les 2 autres, avec le 9ᵉ cuirassiers, le 1ᵉʳ chasseurs de marche et le 6ᵉ dragons, arrivés à Vierzon vers 10 heures du soir, y cantonnèrent.

Le 6ᵉ hussards, arrivé à Bourges par une marche de nuit, y fut embarqué en 2 échelons à midi et à 6 heures du soir (4).

Le 11ᵉ chasseurs resta affecté à la 2ᵉ division.

18ᵉ corps. Dès 5 heures du matin, le général Billot envoyait au général Clinchant le commandant Bixio, porteur d'une lettre annonçant que, l'ennemi occupant le cours de la Romaine de Fresnes-Saint-Mamès à Grandvelle, à 14 kilomètres des cantonnements de tête du 18ᵉ corps, celui-ci attendrait, sur la ligne marquée par la voie Romaine, de Chapelle-Saint-Quillain à Grachaux, où il serait posté à partir de 2 heures du soir, que le 20ᵉ corps soit arrivé à Rioz à sa hauteur (5). Il était pourtant évident, et le général Billot le savait par le

---

(1) La 2ᵉ du 7ᵉ (mitrailleuses) alors à la réserve, lui fut affectée le 8.

(2) L'artillerie de la 3ᵉ division débarqua à Clerval le 6 janvier au soir, le 7 au matin et le 8 (18ᵉ du 7).

(3) Arrivent à Besançon le 8 à 3 heures soir.

(4) La 2ᵉ colonne arriva le 6, à midi, à Besançon et débarqua à 6 heures soir seulement. Les 2 escadrons cantonnèrent aux Chaprais.

La 1ʳᵉ colonne ne débarqua que le 8 à 7 heures du matin et vint aux Chaprais, tandis que les 2 autres escadrons allaient à Baume-les-Dames.

(5) Archives de la Guerre.

capitaine Roux, envoyé près de lui par le général Clinchant, que, si l'ennemi n'y mettait pas obstacle, la 1re division du 20e corps, n'ayant pas plus de 10 kilomètres à parcourir de Voray à Rioz, y serait avant 2 heures du soir, et que la 2e division, passant par Boult, ne tarderait pas à l'y joindre. Il y avait donc peu de chances pour que le 18e corps fût en avance sur le 20e.

Quoi qu'il en soit, le mouvement prescrit la veille s'exécuta de la façon suivante.

Dès le matin des pelotons, fournis par les 1er et 3e escadrons du 4e lanciers de marche et la moitié du 4e escadron, furent lancés sur Sauvigney, Chapelle-Saint-Quillain, Frasne-le-Château, au Nord-Ouest de la grand'route. Le reste de ce régiment devait garder spécialement la direction de Gray (1).

En même temps, la 3e division lançait de Gy une série de reconnaissances.

A 8 heures, le IIIe bataillon du 81e mobiles se portait sur Etrelles, où il arrivait à 11 heures du matin. Un bataillon du 3e zouaves arrivait à la même heure au bois de Grachaux (2). Les 3 régiments, restant à la division de cavalerie, quittèrent vers 8 heures leurs cantonnements de Venère, Cugney et Tromarey, et vinrent se rassembler entre Velleclaire et Vantoux. La réserve d'artillerie était à Bucey-les-Gy. On attendit ainsi, sans avoir trouvé trace de l'ennemi, jusque vers midi.

Pendant ce temps, la 1re division, à laquelle devait se joindre le 49e de marche, partie à 9 heures du matin de Choye et environs, s'était formée en colonne, la 1re brigade en tête, le 9e bataillon de chasseurs (avec 2 batteries

---

(1) *Historique* du 4e lanciers.
(2) Les 2 autres bataillons de ce régiment étaient depuis 8 heures du matin en position à un kilomètre de Gy sur la route de Chapelle-Saint-Quillain. (*Historique.*)

sans caissons à l'avant-garde (1). En arrivant à Gy vers 10 heures, le général Feillet-Pilatrie reçut l'avis que l'ennemi était signalé à 10 kilomètres en avant de Frasnes-le-Château, et l'ordre de pousser dans cette direction. En conséquence, la 1re brigade suivit la grand'route et vint s'établir à Vaux-le-Moncelot (2) (42e de marche, 2 batteries, 19e mobiles), le 9e bataillon de chasseurs occupant en avant le hameau de Velloreille-les-Fretigny.

La 2e brigade occupa Frasne-le-Château (2 bataillons du 44e et 1 batterie) (3), Mont-les-Etrelles et Etrelles (73e mobiles).

La ligne des grand'gardes passa par Montbleuse, le bois de Vaux et Velloreille-les-Fretigney. Vers 2 heures, toutes les troupes étaient installées. Les distributions et les réquisitions se firent bien. « Les hommes avaient un entrain, qui augmentait avec l'approche de l'ennemi (4). » A la droite, le 49e de marche occupa le bois de Grachaux.

A 9 heures du matin, la 2e division s'était formée en colonne à Valay (5), et s'était portée par Venère, Cugney et Choye sur Gy. Là elle reçut l'ordre de pousser jusqu'à Bucey-les-Gy, où elle s'établit tout entière à l'exception de 2 bataillons du 92e de ligne, placés, l'un à Vantoux,

---

(1) *Historique* du 73e mobiles. Les caissons et réserves des deux premières et la 3e batterie complète marchaient en queue de l'infanterie, avec les caissons de munitions d'infanterie; puis venaient un bataillon du 73e et l'arrière-garde constituée par un bataillon fourni par ce régiment. — Les bagages suivaient à 8 kilomètres en arrière.

(2) *Historique* du 42e de marche.

(3) Le Ier bataillon en grand'garde (*Historique*) du 44e de marche.

(4) *Journal* de la 1re division.

(5) Certaines troupes avaient quitté leurs cantonnements à 6 heures du matin. (*Historique* du 1er bataillon d'Afrique).

l'autre à Vellefrey. A 10 heures du soir seulement, les troupes étaient installées (1).

C'est vers 2 heures du soir, semble-t-il (2), que la 3º division fut mise en mouvement par les routes allant de Bucey et d'Etrelles à Chapelle-Saint-Quillain ; le IIe bataillon du 87º mobiles, venant d'Etrelles, attendit en ce point l'arrivée du gros de la division, venant de Gy.

Le 53º de marche, formant tête de colonne, arriva à 6 heures du soir à Saint-Gand. A 8 heures, son Ier bataillon était établi en avant du hameau des Sept-Fontaines, le IIe à la Tuilerie, le IIIe au château de Rougeau (3). Le reste de la 3º division (4º zouaves et 81º mobiles) s'établit en partie au bivouac à Saint-Gand, la Vernotte et Charme.

Ce fut dans la soirée seulement que la division de cavalerie quitta sa position d'attente à Vantoux. A 5 heures du soir elle arrivait à Frasne-le-Château, où elle bivouaqua. La réserve d'artillerie était à Villers-Chemin.

Quant au 4º lanciers, 2 escadrons rallièrent vers 9 heures du soir la division de cavalerie au bivouac de Frasne. Le 2e était à la Vernotte avec la 3º division, le 3e avait été cantonné à Vaux-le-Moncelot avec la 1re division.

A 5 heures du soir le 2e hussards détacha de Frasne-le-Château 3 pelotons (Waldner, Wallon et Saint-Angel) sur Traves, Port-sur-Saône et Combeaufontaine. C'est-à-dire au Nord et au Nord-Ouest, directions que le général Billot persistait à considérer comme particulièrement dangereuses.

Ainsi qu'on le verra plus loin ces reconnaissances ne rencontrèrent et ne pouvaient rencontrer personne.

---

(1) *Historique* du 1er bataillon d'Afrique.
(2) *Historique* du 81e mobiles.
(3) Le 82e mobiles, le deuxième de la 2e brigade était resté à Auxonne.

20ᵉ corps. Les troupes étaient déjà en marche, lorsque le général Bourbaki fit partir de Dôle l'ordre de ne pas dépasser Rioz et de se relier à gauche au 18ᵉ corps, qui resterait en avant de Gy, et à droite au 24ᵉ, qui viendrait entre Corcelles et la Tour-de-Sçay (1). Mais la lettre du commandant en chef arriva trop tard, alors que la 1ʳᵉ division avait déjà de beaucoup dépassé Rioz.

De très bonne heure, le 2ᵉ lanciers de marche avait lancé des patrouilles le long de la route de Vesoul. Celles-ci avaient signalé la présence de l'ennemi à Echenoz-le-Sec. Cependant le 3ᵉ badois avait évacué ce point dès 6 heures du matin. Ce mouvement ne fut connu que fort tard, car le régiment de lanciers s'arrêta à Hyet jusqu'à l'arrivée de l'infanterie du général de Polignac.

Celui-ci avait rassemblé sa division à Voray, vers 8 heures du matin, et, précédé du 7ᵉ chasseurs à cheval venant de Devecey, puis de son escadron de cuirassiers, s'était porté sur Rioz, où la 1ʳᵉ brigade arriva vers 11 heures (2). A 1,500 mètres au delà, on s'arrêta jusqu'à 2 heures du soir en formation de rassemblement, en colonne serrée par bataillon, s'attendant à combattre. Puis, les 2 bataillons, accompagnés de 4 pièces, qui avaient été envoyés en reconnaissance, ayant signalé le départ des Allemands et l'incendie par eux de fermes à Vellefaux (3), la marche fut reprise par la grand'route. Vers 5 heures du soir, les troupes occupaient Authoison (50ᵉ de marche, 11ᵉ mobiles, 2 bataillons du 55ᵉ mobiles), Angirey (1ᵉʳ bataillon du 55ᵉ mobiles), les Laverottes, où était le quartier général de la division, et Courboux.

---

(1) *Ordres* de 8 h. 45 matin.
(2) *Ordre* de marche, 1ʳᵉ brigade, artillerie, 2ᵉ brigade, bagages. (*Historique* du 67ᵉ mobiles.)
(3) *Historique* du 55ᵉ provisoire. Dépêche du général Clinchant. (Archives de la Guerre.)

Le IV⁰ bataillon de Saône-et-Loire était aux avant-postes à hauteur de la ferme de la Ronvaux.

Pendant ce temps, les lanciers, restés à Hyet, après avoir été dépassés par l'infanterie, étaient venus s'établir à 4 heures du soir à Ruhans. Le 7ᵉ chasseurs à cheval vint à Authoison.

La 2ᵉ division s'était formée en colonne à Boult vers 9 heures, la 2ᵉ brigade en tête; elle vint aussi vers 11 heures se rassembler à hauteur de la 1ʳᵉ, à 1,500 mètres au nord de Rioz, à gauche de la route (1), « entendant le canon sur sa gauche dans la direction de Mailley », dit le *Journal* de la 21ᵉ batterie du 6ᵉ d'artillerie. A cette heure, en effet, la 3ᵉ brigade badoise pouvait se trouver entre Mailley et Vellefaux dans la marche vers l'Est qui sera relatée plus loin, et peut-être aurait-elle pu envoyer quelques coups de canon aux éclaireurs du 18ᵉ corps (3ᵉ lanciers de marche). Mais on ne trouve pas trace de cet incident dans les *Historiques* français ou allemands. Quoi qu'il en soit, vers 3 heures, après l'écoulement de la 1ʳᵉ division, la 2ᵉ se mit en route en colonnes par demi-sections (2).

A 8 heures du soir, le 68ᵉ mobiles, marchant en tête, arrivait à Authoison. Le 3ᵉ zouaves de marche s'arrêta à Quenoche, les mobiles de la Savoie, l'artillerie, le 34ᵉ mobiles et le 25ᵉ bataillon de chasseurs à Hyet.

La 3ᵉ division avait pris les armes à 6 heures du matin, et avait suivi la 2ᵉ. Comme les 2 autres, elle avait fait halte près de Rioz.

Vers 4 heures du soir, le 47ᵉ de marche, les mobiles de la Corse, et 1 batterie (3) étaient établis à la Malachère. La 2ᵉ brigade occupait les Fontenis (Iᵉʳ bataillon des

---

(1) *Historique* du 25ᵉ bataillon de chasseurs.

(2) « Cette halte fit beaucoup causer et tout autour de nous faisait présager que le canon ne tarderait pas à tonner. » (*Historique* du 68ᵉ mobiles.)

(3) 18ᵉ du 14ᵉ. (*Journal*.)

mobiles des Pyrénées-Orientales, 58ᵉ mobiles, IIᵉ de la Meurthe) et Trésilley (IIᵉ bataillon des mobiles des Pyrénées-Orientales, francs-tireurs et 2 pelotons de cuirassiers).

La réserve d'artillerie, avec la seconde batterie de la 3ᵉ division (1) et les parcs d'artillerie et du génie, resta à Rioz. Le quartier général du 20ᵉ corps était à Pennesières. Les convois, en arrière de Rioz.

L'ordre donné par le général Clinchant pendant la halte prescrivit que l'avant-garde de la 1ʳᵉ division occuperait les Laverottes, avec grand'gardes aux bois de Boulay et de Filain et sur les routes de Pennesières à Chazelot et d'Authoison à Filain. La 2ᵉ division avait à garder les bois du Chaillot et Ruhans (lanciers et 1 compagnie). Les lanciers devaient éclairer jusqu'à la Linotte vers Roche-sur-Linotte, les chasseurs vers Vy-les-Filain; 1 peloton à la ferme de la Ronvaux devait garder la route de Vesoul.

La 3ᵉ division était chargée de tenir sur sa gauche Tresilley, sur sa droite Authon, et d'envoyer une reconnaissance sur Marloz.

Il était prescrit, en outre, de prendre un jour de vivres pour compléter les 2 jours de réserve.

24ᵉ corps. 2ᵉ division. Parti de Baume-les-Dames avec sa brigade (2), le colonel Irlande parvint sans incident à Cendrey. La ligne de défense fut occupée de la façon suivante : à la Bretenière (extrême droite) un bataillon et demi du 61ᵉ, un demi-bataillon à Rougemontot, 1 à Cendrey, avec l'artillerie. Le Iᵉʳ bataillon et la moitié du IIᵉ du 60ᵉ, à Flagey-Rigney; le reste du régiment (moitié du IIᵉ et IIIᵉ) à Larians.

Les 4 compagnies du 21ᵉ chasseurs, parties de Marchaux

---

(1) 14ᵉ du 10ᵉ. (*Journal.*)
(2) 1ʳᵉ de la 2ᵉ division, 60 et 61ᵉ de marche, 2 compagnies du 21ᵉ chasseurs, 3 batteries, 2 escadrons.

à 11 heures du matin, étaient à 3 heures du soir en arrière de cette première ligne à Germondans. Plus en arrière encore, les 2 escadrons de dragons étaient à Rigney et au château de la Roche. A Cendrey était le 7ᵉ régiment de marche de cavalerie, détachant des escadrons dans les cantonnements de la 1ʳᵉ brigade.

En rendant compte de son installation, le colonel Irlande faisait connaître la présence de l'ennemi en force à Esprels et la destruction d'une arche du pont de Rougemont.

Dans la 2ᵉ brigade, le 14ᵉ mobiles, parti à 8 heures de Novillars, parvint à midi à Rigney et Rignosot. Le 87ᵉ mobiles était avec l'artillerie et le quartier général de la division à la Tour-de-Sçay, avec un bataillon à Verjoulot (1).

La réserve d'artillerie, jointe à la 2ᵉ division, s'installa avec le parc du génie à Rignosot.

La 3ᵉ division, partie à 8 heures de ses cantonnements, parvint à Corcelles, où s'installèrent la 1ʳᵉ légion du Rhône et l'artillerie, gardée par 2 compagnies du 21ᵉ chasseurs, et le génie. La 2ᵉ légion à la droite était à Villers-Grelot, avec 1 bataillon à Val-de-Roulans ; le IVᵉ bataillon de la Loire à Luzans.

Le convoi était à Chaudefontaine.

Le quartier général du 24ᵉ corps s'installa à Corcelles.

En outre le colonel Des Vaux du Lys était parti de Besançon à 11 heures du matin, emmenant le 15ᵉ bataillon de chasseurs (7 compagnies), le 63ᵉ de marche, la 1ʳᵉ batterie *bis* du 9ᵉ d'artillerie et la 3ᵉ batterie de la garde mobile du Doubs. Cette colonne cantonna à Roulans, Pouligney, Vennans et Saint-Hilaire.

A ce noyau, qui allait contribuer à former la division

---

(1) *Historiques*. Arrivé à 3 heures du soir, après grand'halte à Chaudefontaine.

(2) Le 89ᵉ mobiles est toujours à Lyon.

d'Ariès, devait se joindre le Ier bataillon de Tarn-et-Garonne, qu'on comptait envoyer à Baume-les-Dames en chemin de fer, et dont le départ fut remis au lendemain. Les bataillons du Haut-Rhin et de la Haute-Garonne restèrent respectivement à Clerval et à Baume. La colonne Des Vaux du Lys, chargée de couvrir la droite du 24e corps, devait les prendre au passage (1). Le bataillon du Haut-Rhin allait être remplacé à Clerval par le IVe bataillon des mobilisés du Doubs.

« Le 4 janvier, le lieutenant-colonel de l'Estoile arriva à Blamont (2) et prit le commandement de toutes les troupes. L'arrivée à Blamont du IIe bataillon du Doubs détermina l'emplacement suivant :

Ier B{on} du 54e (Doubs), à Pont-de-Roide.
IIe   —   , à Blamont.
IIIe   —   , le long du Doubs de Glainans à Voujaucourt.
Compagnie de zouaves. — Roche.
Ier et IIe bataillons de mobilisés du Doubs. — Pierrefontaine, Villiers-les-Blamont, Blamont.
Douaniers. — Tulay.

Rôle du commandant en chef. — Quel avait été le rôle du général Bourbaki dans ces événements, c'est ce qu'il faut préciser maintenant.

Pas un singulier hasard, il se trouva que la décision prise par le commandant du 18e corps de ne pas atteindre le 4 janvier les objectifs de Grandvelle et Mailley, qui lui étaient primitivement assignés par le commandant en chef, allait justement coïncider avec les nouvelles intentions de ce dernier.

Dès 8 h. 45 du matin, en effet, le général Bourbaki télégraphiait de Dôle ce qui suit aux commandants des 18e et 20e corps :

---

(1) *Lettre* du général commandant la 7e division au général d'Ariès. (Archives de la Guerre.)
(2) *Journal* du 54e mobiles.

Le 20ᵉ corps a couché sur les bords de l'Oignon (1), d'Etuz à Voray ; je lui donne l'ordre de ne pas dépasser Rioz aujourd'hui. Il m'annonce que des patrouilles prussiennes viennent à Frétigney, et que l'ennemi occupe l'abbaye de la Charité, Vezet, Pont-de-Planche, Lieffrans, Neuvelle-lès-la-Charité.

Le 24ᵉ corps part de Besançon ce matin seulement, pour aller coucher entre Corcelle et Sçay-la-Tour. Contentez-vous de prendre aujourd'hui une bonne position en avant de Gy, de façon à ne rien craindre pour votre gauche, comme de vous relier par votre droite au général Clinchant.

La tête de colonne du 18ᵉ corps s'est arrêtée hier soir à Gy (2). Je donne l'ordre au général Billot de prendre aujourd'hui une bonne position en avant de Gy et de se relier avec vous.

Le 24ᵉ corps part de Besançon ce matin seulement pour aller coucher entre Corcelle et Sçay-la-Tour. Contentez-vous de prendre aujourd'hui une bonne position dans le voisinage de Rioz, de façon à vous relier de votre mieux à votre droite et à votre gauche.

On ne peut qu'être frappé du contraste singulier que forme cet ordre avec les intentions si nettement offensives manifestées dans la longue et remarquable dépêche adressée au gouvernement quelques heures auparavant (3). Dans l'intervalle avait eu lieu cette conversation avec M. de Serres qui a été signalée. Faut-il y voir l'origine de ce changement d'attitude si subit ?

A la vérité, dès le 3, le général Bourbaki avait autorisé ses commandants de corps d'armée à raccourcir leurs marches, et, dans sa dépêche à M. de Freycinet, il manifestait l'intention d'attaquer le 6 seulement. Mais, de là à ne pas vouloir, le 4, dépasser la ligne Gy-Rioz, il y a

---

(1) Général Bourbaki à général Billot commandant le 18ᵉ corps à Gy. Extrême urgence, Dôle 4 janvier 1871, 8 h. 45 matin.

(2) Général Bourbaki à général Clinchant, commandant le 20ᵉ corps à Voray. Extrême urgence, Dôle, 4 janvier 1871, 8 h. 45 matin.

(3) La veille 10 h. 20 soir. Voir ci-dessus.

loin, car, maintenir le 18ᵉ corps à 40 kilomètres de Vesoul, c'était lui rendre à peu près impossible de combattre le 6 dès le matin sous les murs de cette ville.

En attendant, ce contre-ordre allait briser complètement le front de marche de l'armée et causer un désordre extrême dans les opérations.

La dépêche parvint au 18ᵉ corps à 3 heures du soir seulement (1). Jusqu'à ce moment, ainsi qu'on l'a vu plus haut, la 1ʳᵉ division n'avait pas dépassé Frasne-le-Château, mais, c'est peu avant la réception de l'ordre du général en chef, que la 3ᵉ division avait été mise en route sur Saint-Gand.

Bien que ce mouvement fût à peine commencé, le général Billot ne crut pas devoir le décommander, et répondit en ces termes au général en chef.

Général Billot au général Bourbaki.

Voray, 4 janvier 1871.

J'apprends à 3 heures du soir, en arrivant entre Villers-Chemin et Frasne-le-Château, que vous arrêtez à Rioz le général Clinchant. Je m'arrêterai, en conséquence, sur la ligne Saint-Gand, les Baties, Frasne et Grachaux.

Je suis en relation avec le général Clinchant.

Je coordonne, comme je vous l'ai télégraphié hier, mes mouvements avec ceux du 20ᵉ corps.

L'ennemi replie ses avant-postes. Je me méfie et prend mes précautions?

Du côté du 20ᵉ corps les choses se passèrent de façon tout à fait différente :

Bien qu'il fût autorisé par le télégramme du 3 janvier, midi 21, à ne faire comme étape que ce qu'il pourrait (2), le général Clinchant n'en avait pas moins persévéré à chercher à atteindre, le 4, les objectifs assignés par l'ordre

---

(1) Papier Borius. Télégramme au général Billot, de 3 heures. (Archives de la Guerre.)

(2) Voir ci-dessus.

général d'opérations (1). Lorsque, vers 3 heures du soir seulement, il reçut l'ordre de ne pas dépasser Rioz, ses têtes de colonne avaient déjà atteint Authoison. Il en rendit compte immédiatement (2), annonçant en même temps que son quartier général était établi à Pennesières.

Il allait donc se trouver en flèche en avant des 18e et 24e corps.

C'est, évidemment, avant de savoir au juste ce qui s'était passé aux 18e et 20e corps, que le général Bourbaki, croyant exécuté son contre-ordre du matin, exprima ses nouvelles intentions dans les termes suivants :

L'ennemi m'est signalé (3); ses postes avancés sont établis : 1° sur la rive droite de la Saône à Lavoncourt, Grandcourt et Scey-sur-Saône ; 2° sur la rive gauche à Soing, Fresnes-Saint-Mamès, Vezet, l'abbaye de la Charité, points situés sur les bords de la Romaine, enfin à Frétigney. On m'assure que le quartier général de Werder est à Vesoul, que celui de la division Schmeling est à Villersexel.

L'ennemi semble se replier sur Montbéliard et Belfort. Les forces qui me seront opposées sont évaluées à 70,000 hommes. Le 18e corps a dû prendre, aujourd'hui, une bonne position en avant de Gy, le 20e s'est établi dans les mêmes conditions près de Rioz, le 24e couche aujourd'hui entre Corcelle et Sçay-la-Tour.

Ces deux derniers resteront en place demain, mais le 18e s'avancera jusqu'à la Romaine, dont il occupera le cours. Pendant ce temps, j'examinerai moi-même la situation, et je donnerai aux corps les directions à prendre le lendemain, suivant que l'ennemi aura ou non évacué Vesoul. *J'attends les premières troupes du 15e corps.* Je me propose d'utiliser ce corps, pour occuper la position de Blamont et menacer Montbéliard, pendant que j'attaquerai directement l'ennemi

---

(1) Voir ci-dessus.
(2) Télégramme expédié de Voray. (Archives de la Guerre.)
(3) Général Bourbaki à Guerre, Bordeaux. Besançon, 4 janvier 1871, 7 h. 10 du soir.

dans ses positions, s'il ne bat pas en retraite à notre approche. J'établirai, demain, mon quartier général en avant de Voray, sur la route de Vesoul. C'est à Voray que devront me parvenir toutes les communications. J'ignore encore où pourra être établi le poste télégraphique dont je me servirai et que je ferai relier par des cavaliers au grand quartier général. Toutes les nouvelles que je reçois tendent à démontrer que l'ennemi n'a pas sérieusement l'intention d'attaquer Dijon, quant à présent. Pour ces motifs, les conditions de défense, dans lesquelles se trouve cette ville, me semblent suffisantes. Si Chanzy peut prendre l'offensive, il retiendra, de son côté, une partie des forces ennemies et favorisera ainsi l'accomplissement du plan général de la défense.

Il est essentiel de réunir à Besançon des approvisionnements considérables en vivres comme en munitions d'artillerie et d'infanterie, de façon à assurer les besoins de l'armée en sus de ceux de la place même.

P.-S. — J'apprends à l'instant la mauvaise nouvelle que le pont de Nuits-sous-Ravières est rétabli et que les locomotives circulent sur ce pont (1).

Cette dépêche témoigne d'un état d'esprit tout à fait fâcheux.

L'estimation des forces ennemies, basée sur des on-dit, et non sur des reconnaissances réelles, est exagérée de plus du double. On ne comprend pas l'ordre au 18e corps de se porter sur la Romaine, ce qui le mettra à hauteur de la position supposée du 20e à Rioz, lorsqu'en même temps il est prescrit au 24e de se main-

---

(1) *Bert, préfet de l'Yonne, au général Bourbaki.*

Auxerre, 3 janvier, 6 heures matin (Reçue le 3 à 9 h. 30 soir).

Le rétablissement du pont de Nuits-sous-Ravières sera bientôt achevé. Les Prussiens annoncent devoir se servir bientôt de la grande ligne de Lyon. Le chef de gare de Joigny est déjà arrivé.

Toujours petites garnisons à Saint-Florentin, Brunois, Joigny, pillant les environs.

tenir à Corcelle. Le front de l'armée n'est en effet plus orienté pour une marche directe vers Vesoul, mais bien pour se porter à l'Est de cette ville. Il est dit qu'on attendra les premières troupes du 15ᵉ corps. Mais le retard qui doit en résulter ne profitera même pas à une attaque ultérieure vers Vesoul. Il s'agira, pour le 15ᵉ corps, de la mission divergente d'occuper passivement la « position de Blamont ».

Tout dans cette dépêche est donc fait pour dérouter, car on ne peut concilier l'intention, exprimée encore une fois (ce sera la dernière), de prendre résolument l'offensive et les mesures strictement défensives, qui sont en même temps annoncées.

Quelle influence s'exerça sur le malheureux général, pour lui faire adopter cette attitude de timidité, déconcertante pour ceux qui avaient connu ce brillant et aventureux soldat? Ce ne fut pas M. de Freycinet, qui n'a cessé et ne cessera pas de recommander une offensive rapide et énergique, ce ne furent pas les commandants de corps d'armée, au moins les généraux Clinchant et Billot, dont la désapprobation se manifestera clairement, ce ne fut pas l'état des troupes, dont le général Bourbaki ne pouvait juger à distance, et qui, au point de vue moral, était excellent à ce moment.

Tout ce qu'on sait, c'est, qu'à l'armée de l'Est, l'opinion générale accusa nettement M. de Serres d'avoir influé sur les intentions du général en chef, et de lui avoir imposé une attitude, qui parut à tous absolument incompatible avec le caractère et le passé du général Bourbaki (1).

---

(1) M. de Serres adressa ce jour-là à M. de Freycinet une dépêche fort peu claire :

De Serres à de Freycinet Guerre, Bordeaux.

Pour Bordeaux de Besançon, 4 janvier, 7 h. 2 soir.

Je ne puis encore vous donner un bulletin sur le programme des jours qui vont suivre ; j'espère cependant pouvoir vous expé-

Ordres pour le 5 janvier.

Les ordres du commandant en chef furent transmis aux 20ᵉ et 24ᵉ corps sous la forme suivante (1).

Conservez demain vos positions d'aujourd'hui. Tenez-vous en relations avec les généraux Billot et Bressolles. Le 18ᵉ corps s'établira demain sur la rive gauche de la Romaine. Le 24ᵉ restera entre Corcelle et Sçay-la-Tour. Renseignez-moi sur ce que vous apprendrez des mouvements de l'ennemi. J'établirai mon quartier général à Voray-sur-l'Oignon.

C. BOURBAKI.

Conservez demain vos positions d'aujourd'hui (2). Tenez-vous en relation avec le général Clinchant. Le 18ᵉ corps s'établira demain sur la rive gauche de la Romaine, le 20ᵉ restera à Rioz. Renseignez-moi sur ce que vous apprendrez des mouvements de l'ennemi. J'établirai mon quartier général à Voray-sur-l'Oignon.

P. c. c., la directrice.
M. FISCHER.

18ᵉ corps. La dépêche, par laquelle le général en chef dut prescrire au 18ᵉ corps de venir border la rive gauche de la Romaine, se croisa probablement avec la suivante, envoyée dans la soirée par le général Billot.

---

dier cette nuit celui de demain, avec quelques données intéressant le déplacement d'aujourd'hui. Les entretiens obligatoires avec tout le personnel supérieur d'ici, l'examen de la situation ne m'ont même pas laissé le temps de poursuivre seul avec le général l'entretien d'hier soir sur les dépêches qu'il n'a matériellement pas pu me communiquer; je n'ai rien reçu de Bordeaux aujourd'hui sur les mouvements généraux de l'ennemi.

(1) Général Bourbaki à général Clinchant commandant le 20ᵉ corps, Rioz (faire suivre). Déposé le 4 janvier à 7 h. 58 soir. Transmis à 11 h. 20.

(2) Général Bourbaki à général Bressoles, commandant le 24ᵉ corps à Corcelle. Estafette de Baume. Besançon, le 4 janvier 1871, 7 h. 46 soir.

La dépêche similaire pour le 18ᵉ corps n'a pas été retrouvée.

Le général Billot au général en chef Bourbaki, à Dôle.

Ainsi que je vous l'ai télégraphié à 3 heures, je me suis arrêté sur la ligne de Saint-Gand, les Baties, Frasne et Grachaux, et j'occupe par des avants-postes Velloreille, Frétigney et Grandvelle par des francs-tireurs.

Un des officiers, que j'ai envoyés au général Clinchant, m'apprend que le 20ᵉ corps a son quartier général à Pennesières et continue demain son mouvement en avant.

Je continuerai donc, et, le 20ᵉ corps marchant sur Vesoul, par la route de Vellefaux, je m'avancerai par Mailley et Rosey.

Le temps est froid, mais les troupes vont bien. Grâce au cantonnement le moral est excellent.

BILLOT.

C'est d'ailleurs dans ce sens que fut rédigé l'ordre de mouvement du 18ᵉ corps (1).

Il prescrivit :

A la 1ʳᵉ division de gagner Mailley par la grand'route.

A la 3ᵉ, de venir prendre la suite de la 1ʳᵉ.

A la 2ᵉ de suivre les 2 autres, mais de ne pas dépasser Grandvelle avant nouvel ordre.

La division de cavalerie avait à se porter sur Rosey par Neuvelle-lès-la-Charité et Noidans-le-Ferroux.

Enfin la réserve d'artillerie devait revenir à Grandvelle avec son escorte habituelle : le 49ᵉ de ligne.

Les parcs et convois devaient être parqués à Frétigney et Frasne-le-Château.

C'était, on le voit, une marche offensive, et les prescriptions de détail confirment bien qu'on s'attendait à livrer un combat. Cette attitude serait légitimée par une intention qu'aurait exprimée le général Clinchant de continuer le lendemain son mouvement offensif.

Il n'a pas été trouvé trace d'une lettre manifestant cette pensée de la part du commandant du 20ᵉ. Tel était pourtant son désir, et sans doute il le manifesta devant l'officier du 18ᵉ corps (commandant Bixio), détaché près

---

(1) Archives de la Guerre.

de lui. Mais, en tous cas, le général Clinchant se conforma strictement aux prescriptions qu'il allait recevoir du commandant en chef.

20ᵉ corps. Son ordre de mouvement (1) prescrivit à la 1ʳᵉ division de prendre une bonne position défensive à cheval sur la route de Rioz à Vesoul, en occupant le Magnoray, le bois de Bouloye, la lisière des bois du Grand-Buisson et de Filain, le gros restant en réserve au Sud de ces bois.

La 2ᵉ division avait à occuper Authoison et Courboux. La 3ᵉ resterait massée entre Hyet et Pennesières. Près d'elle serait la réserve d'artillerie. Le parc resterait à Rioz.

Il était recommandé d'envoyer des reconnaissances en avant du front aussi loin que possible.

24ᵉ corps. Quant au 24ᵉ corps, il fut ordonné (2) d'occuper, par les compagnies de chasseurs, détachées à la 2ᵉ division, et les 60ᵉ et 61ᵉ de marche, Avilley, Tulans Rognon, Puessans et Tournans avec le 7ᵉ de cavalerie. La réserve d'artillerie devait venir à Cendrey.

---

(1) Archives de la Guerre.
(2) *Ordre* à la 2ᵉ division.

Mouvements des Allemands.

Détachement v. d. Goltz (1). — « Le 4, dit l'*Historique* du *34ᵉ* d'infanterie, nous devions pousser sur Montbozon, car la situation ne s'était pas éclaircie. Le régiment se rassembla par un froid glacial à la sortie Sud-Ouest d'Esprels. Comme il n'arriva point de nouvelles, on prit bientôt des cantonnements d'alerte : les Iᵉʳ et IIᵉ bataillons avec la 9ᵉ compagnie et les bagages à Esprels, la moitié de la 6ᵉ à Autrey-le-Vay, l'autre moitié à Pont-sur-l'Oignon, les 4ᵉ et 12ᵉ compagnies à Moimay, la 10ᵉ à Marast. On avait joint à ce détachement les 2 groupes d'artillerie badoise, qui avaient été envoyés sur Esprels, sous l'escorte d'un escadron du 3ᵉ dragons, et qui furent le soir rappelés sur Vallerois (2).

Détachement Nachtigall (3). — « Dans la nuit du 3 au 4, on avait reçu à Héricourt la dépêche suivante :

« L'ennemi se concentre à Beaume-les-Dames, et est attendu cette nuit à Rougemont. Le général v. d. Goltz défendra le passage du Doubs à Bonnal. Deux brigades badoise seront à 10 h. 30 à Vallerois. Portez-vous avec le général de Schmeling sur Saint-Ferjeux et prenez part au combat (*sic*). Laissez vos bagages en arrière (4). »

---

(1) *34ᵉ* d'infanterie, 1 escadrons dragons, 1 batterie (Riemer).
(2) *Historique* de la 3ᵉ batterie légère.
(3) *30ᵉ* d'infanterie, moins 1 compagnie, laissée avec 1/2 escadron à Lure, 1 escadron 1/2, une batterie.
(4) *Historique* du *30ᵉ* d'infanterie.

« Rendu à 10 heures du matin à Arcey, au rendez-vous assigné, le régiment attendit sur place et vainement qu'un combat s'engageât... A 2 heures, arriva l'ordre de cantonner..... Les Ier et IIe bataillons s'installèrent à Villersexel, les 3 compagnies restantes des fusiliers occupèrent Villers-la-Ville (1). »

Division Schmeling (IVe de réserve). — La division Schmeling s'était de bonne heure portée sur Saint-Ferjeux, sur le chemin parcouru la veille en sens inverse. Après une longue halte en ce point, elle s'y installa, donnant la main à la brigade v. d. Goltz.

1re brigade badoise. A 6 heures du matin, la *1re* brigade badoise prit les armes; à 9 heures, elle était rassemblée en position d'attente près de Vallerois. L'attaque des Français sur Rougemont ne se produisant pas, on se décida à cantonner les troupes : le *1er* leib-grenadiers à Vallerois, le *2e* grenadiers à Chassey (fusiliers), Thieffrans (Ier bataillon), Cognières (7e et 8e compagnies), Bouhans (5e et 6e compagnies).

Brigade de cavalerie badoise (*1er* et *2e* dragons) *et artillerie de corps*. A 5 heures du matin, les 2 régiments du colonel Willisen et l'artillerie de corps quittèrent leurs cantonnements au Nord de Vesoul, et, par cette ville et les villages de Frotey et Quincey, vinrent se rassembler près de Vallerois, où ils étaient placés à 9 heures du matin. A midi ces troupes furent envoyées dans les cantonnements suivants, placés en arrière de l'infanterie.

1er dragons badois : Noroy-le-Bourg (2 escadrons), Dampvalley-la-Colombe (2 escadrons).

2e dragons badois : Les Belles Baraques, Saint-Igny, Cerre-les-Noroy, Autrey-les-Cerre.

Artillerie de corps : répartie dans ces cantonnements.

---

(1) *Historique* du *30e* d'infanterie.
(2) *Historiques* des *3e* et *4e* badois.

2ᵉ brigade badoise. A 6 heures du matin, le *3ᵉ* badois quitta ses cantonnements d'Échenoz et Vellefaux, et, avec 2 compagnies du 1ᵉʳ bataillon en avant-garde, se porta sur Neurey-les-la-Demie. A 9 heures, il atteignit la route de Vesoul à Villersexel, où il rejoignit le *4ᵉ* badois, la batterie et le détachement sanitaire, partis à 6 heures également de leurs cantonnements d'Andelarre, Andelarrot et Échenoz-la-Méline. De là, la brigade Degenfeld se porta sur les Belles-Baraques, puis elle se rassembla au Nord de la route sur 2 lignes face au Sud, le *4ᵉ* badois en 1ʳᵉ ligne. Vers 1 heure arriva l'ordre de revenir sur ses pas, et, en exécutant ce mouvement, la *2ᵉ* brigade se croisa avec la *3ᵉ*, ce qui retarda la marche. A la nuit seulement, les troupes étaient ainsi réparties :

3ᵉ badois : Iᵉʳ bataillon Vellefaux ; IIᵉ Échenoz-le-Sec ; Fusiliers, Andelarre (2 compagnies), Andelarrot (2 compagnies).

4ᵉ badois : Iᵉʳ et IIᵉ bataillons, Échenoz-la-Méline ; Fusiliers, Charriez.

1 compagnie (8ᵉ) était dans le faubourg Sud de Vesoul, 1 peloton de la 6ᵉ était à la Providence, pour assurer la liaison avec le *3ᵉ* régiment.

Le Iᵉʳ bataillon du *3ᵉ* badois envoya des patrouilles sur Vy-les-Filain, dans la direction de Montbozon.

« Sur la route de Rioz, l'escadron Friedrich du *3ᵉ* dragons avait dans l'après-midi rencontré de l'infanterie française. Dès son arrivée à Échenoz-le-Sec, le major Lang (IIᵉ bataillon du *3ᵉ* badois) partit dans cette direction avec la 5ᵉ compagnie, suivie à distance par la 6ᵉ. En arrivant à la corne Sud du bois de la Bouloy, la pointe d'avant-garde fut accueillie par des coups de feu... Les Français se retirèrent vers Courboux..... Le major Lang se retira sur Échenoz-le-Sec à cause de l'obscurité, laissant 2 pelotons de la 5ᵉ compagnie à l'intersection de la grand'-route avec le chemin qui va vers Filain.... Ils furent relevés à minuit par 1 peloton de la 8ᶜ compagnie (1). »

3ᵉ *brigade badoise* (2). A 5 h. 30 du matin, les 5 bataillons, la batterie et les 2 escadrons du colonel v. Wechmar étaient rassemblés à Neuvelle-lès-la-Charité. Couverte par le Iᵉʳ bataillon du 5ᵉ badois, formant l'avant-garde, la brigade marcha sur Grandvelle, Vellefaux, et arriva à 2 heures du soir à Neurey-lès-la-Demie. Le convoi, gardé par la 5ᵉ compagnie du 5ᵉ badois, s'était porté sur Vesoul. Au soir, le 5ᵉ badois occupait Neurey-lès-la-Demie, les 2 bataillons du 6ᵉ Vesoul, Frotey et Quincey, où les rejoignait le IIᵉ bataillon du 6ᵉ badois (3).

Vers la frontière suisse, le général Debschitz reçut, le 4, l'appui du dernier bataillon du 67ᵉ d'infanterie, qui occupa les deux villages de Libétain et Beaumont. Derrière lui, les troupes du corps de siège occupèrent Montbéliard, Sochaux et Charmont, derrière le canal.

« Pour éclaircir la situation (4) le général v. Treskow voulait, le 4, prendre l'offensive au delà du Doubs, et les ordres nécessaires étaient déjà donnés, lorsqu'il reçut un télégramme du général v. Werder, qui força à changer toutes les dispositions. Sur la nouvelle d'une offensive des Français sur Rougemont, le XIVᵉ corps allait être concentré vers Villersexel, et le général de Treskow devait reporter son action vers l'Ouest. »

Le général v. Werder n'avait pas, ainsi qu'on le voit, donné suite à son projet d'envoyer la 4ᵉ division de réserve sur Belfort. D'ailleurs bientôt il recevait du maréchal de Moltke à qui il avait soumis cette proposition la curieuse dépêche suivante (5).

« Nous ne pouvons pas ici apprécier la situation exacte-

---

(1) *Historique* du 3ᵉ badois.
(2) 5ᵉ badois et 2 bataillons du 6ᵉ. 1ᵉʳ et fusiliers.
(3) *Historiques* des 5ᵉ et 6ᵉ badois.
(4) *Historique* du 67ᵉ d'infanterie.
(5) Versailles, 4 janvier, 4 h. 30 soir.

ment. Même avec la IV⁰ division de réserve, le général de Treskow ne pourra s'opposer, ni au déblocus de Belfort, ni à une agitation en Alsace. Le seul moyen d'y parer, c'est que vous preniez l'offensive, en réunissant toutes vos forces, soit 50,000 hommes. »

Cet appel à l'activité et à l'énergie du général v. Werder ne devait pas être plus entendu que le premier, et la passivité de son attitude allait lui valoir le lendemain une surprise complète, dont il est à jamais déplorable que ses adversaires n'aient pas su profiter.

Corps Zastrow. Le 4 janvier au matin, la *13⁰* division commença son mouvement vers Auxerre. L'ordre de marche était le suivant (1) :

Avant-garde (colonel v. Barby) : *26⁰* brigade d'infanterie, *8⁰* régiment de hussards, 6⁰ batterie lourde, 1ʳᵉ compagnie de pionniers de campagne.

Gros (général major v. d. Osten Sacken) : II⁰ bataillon du *13⁰* d'infanterie, II⁰ et III⁰ bataillons du *73⁰* fusiliers, 7⁰ bataillon de chasseurs, 2 escadrons du *1ᵉʳ* hussards de réserve, 5⁰ batterie légère, 5⁰ batterie lourde, équipage léger de ponts. Détachement sanitaire.

Flanc-garde de gauche (lieutenant-colonel v. d. Bussche) : Iᵉʳ bataillon et fusiliers du *13⁰* d'infanterie, 2 escadrons du *5⁰* ulans de réserve, 6⁰ batterie légère.

Artillerie de corps et trains (lieutenant-colonel Minameyer) : 2 batteries, 4 colonnes de munitions, 3 hôpitaux de campagne, 2 colonnes de munitions et 1 section de parc, sous la garde du Iᵉʳ bataillon du *73⁰*, et un 1/2 escadron du *5⁰* ulans de réserve (2).

---

(1) Le Iᵉʳ bataillon du *15⁰* avait été transporté en chemin de fer, le 3, de Châtillon à Ravières, les fusiliers du même régiment, le 4, par la même voie. Ce dernier bataillon alla le soir même à pied à Noyers. (Fabricius.)

(2) Le *15⁰* d'infanterie cantonna à Noyers, le 55⁰ vers Jouancy. Les fusiliers venant de Ravières en pleine nuit eurent grand peine à s'installer. (*Historique* du *15⁰*.)

L'avant-garde, partie à 8 heures du matin de Fain, atteignit à 5 h. 30 du soir Noyers et cantonna, en ce point, ainsi que dans les villages de Jouancy, Aunay, Perrigny, Molay et Censy. Le gros vint occuper Etivey, Pasily, Sauvigne, Soulangy, Sarry et Aisy. Quartier général au château de Montot (1).

« Le flanc-garde du lieutenant-colonel v. d. Bussche se porta de Semur par Époisses, Toutry et Guillon, sur l'Isle-sur-le-Serein. Elle y arriva à 6 heures du soir sans avoir rencontré de résistance. Un peloton d'ulans (lieutenant Gabriel), envoyé d'Époisses sur Avallon, avait rencontré vers Cussy-les-Forges un rassemblement et essuyé 2 coups de feu. Après quoi les ennemis avaient disparu dans les bois (2) ». La patrouille n'osa pas pénétrer dans Avallon, qu'on disait occupé, et rentra à l'Isle.

On a vu que, la veille, Ricciotti Garibaldi avait quitté Avallon, et, qu'à minuit, il était arrivé à Rouvray. Le 4 janvier, il était parti à 6 heures du matin pour Saulieu (3). Vers la Roche-en-Breuil il rencontra les éclaireurs de Bossi, revenant de Saulieu, et, par méprise, on échangea quelques coups de feu entre les deux troupes. Apprenant que Saulieu était toujours occupé par Kauffmann, Ricciotti alla s'installer à Précy-sous-Thil. Il avait ainsi longé la colonne v. d. Bussche et en sens inverse.

C'était à la brigade Dannenberg qu'allait incomber la tâche de garder la ligne Montbard-Châtillon. Outre les 60e et 72e, 2 escadrons de hussards, 1 d'ulans, et 2 batteries du 7e régiment, on lui adjoignit : la boulangerie de campagne du VIIe corps, le dépôt de chevaux n° 7 et l'hôpital de campagne n° 7 (4).

---

(1) *Historique* du 72e.
(2) Fabricius.
(3) Ricciotti, *Souvenirs*.
(4) *Historique* du 72e.

Le détachement Schœnholtz (*1ᵉʳ* bataillon et fusiliers du *72ᵉ*, 1 escadron du *1ᵉʳ* hussards de réserve, 4ᵉ batterie légère du 7ᵉ régiment) partit à 9 heures du matin de Pouillenay, le Iᵉʳ bataillon et l'escadron formant l'arrière-garde. Le détachement Einecke (IIᵉ bataillon du *72ᵉ*, 1 escadron), parti à 9 heures du matin d'Alise-Sainte-Reine, le rejoignit à 10 heures, à l'embranchement des routes vers les Laumes. La colonne prit alors la formation suivante :

Arrière-garde (major Panse) : *1ᵉʳ* bataillon du *72ᵉ*, *1ᵉʳ* escadron de hussards.

Gros (major Einecke) : IIᵉ bataillon du *72ᵉ*, 4ᵉ batterie légère, fusiliers du *72ᵉ*, 4ᵉ escadrons de hussards, bagages avec 1 compagnie.

« A 2 heures, on arriva à Montbard, où l'on prit un cantonnement d'alerte. Les fusiliers occupèrent les usines Ouest et Sud, le IIᵉ bataillon garda les routes de Châtillon et de Dijon, la 8ᵉ compagnie occupa le château et la mairie. Des patrouilles furent envoyées vers Semur, Baigneux-les-Juifs et Châtillon. La jonction fut établie dans cette dernière direction pendant la nuit vers Coulmiers-le-Sec. Un jeu régulier de patrouilles fut organisé vers Aisy et Fain (1). Des patrouilles continuelles devaient surveiller le fil télégraphique entre Montbard et Aiscy vers Nuits.

On a vu que, depuis le 31 décembre, les fusiliers du *60ᵉ* étaient à Chaumont, le IIᵉ bataillon de ce régiment, avec le 3ᵉ escadron du 5ᵉ ulans de réserve et la 3ᵉ batterie légère du 7ᵉ régiment, était à Châtillon. Dans la journée du 4 janvier, le colonel Dannenberg du *60ᵉ*, relevé à Chaumont par l'arrivée du bataillon de landwehr

---

(1) Une partie des troupes (IIᵉ bataillon) eut la permission d'occuper pendant la journée un nombre de maisons plus considérable que pendant la nuit, où on dut rester groupé dans des locaux d'alerte. (*Historique* du 72ᵉ.)

Rosenberg, arriva à Châtillon par chemin de fer avec le Ier bataillon de son régiment. A 6 heures du soir, il annonça par dépêche au lieutenant-colonel Schœnholtz qu'il fallait faire occuper par un bataillon et un demi-peloton de cavalerie le village d'Aisey-sur-Seine. A 10 heures, il lui télégraphia (1) :

« Il faut occuper Aisey, et envoyer de là 2 pelotons d'infanterie et 4 cavaliers à Chemin-d'Aisey, envoyer des patrouilles fréquentes sur Nod-sur-Seine et Saint-Marc. Le bataillon de fusiliers du *60*^{e}, qui est à Nuits, enverra demain 2 compagnies, auxquelles vous joindrez 1 demi-peloton de votre escadron stationné à Montbard, sous les ordres du major Köller, sur Coulmiers-le-Sec. Lorsque les troupes d'étapes seront arrivées à Ravières, probablement le 6, 2 autres compagnies de fusiliers du *60*^{e} iront occuper Etais et Puits. Vous enverrez 1 demi-peloton de hussards à Nuits, à la disposition du capitaine Mauser du bataillon de fusiliers du *60*^{e}, qui enverra 6 cavaliers à Etais lorsque les 2 compagnies s'y rendront. La jonction entre ici (Châtillon) et Montbard sera ainsi établie et devra être soigneusement maintenue. » La ligne Montbard, Etais, Puits, Coulmiers-le-Sec, Aisey, Châtillon, longue de plus de 40 kilomètres, allait ainsi se trouver gardée par 7 détachements, tous trop faibles pour résister à une attaque sérieuse. Mais les Garibaldiens étaient fort loin de penser à une offensive.

Dans la matinée un détachement du génie auxiliaire était allé relever les torpilles posées au tunnel de Blaisy-Bas, car « on voulait remettre en activité la ligne de Dijon à Paris » (2).

Sur l'ordre donné par M. de Serres, le commandant du génie auxiliaire Garnier partit à minuit de Dijon vers Sombernon, avec la mission d'obstruer toutes les routes

---

(1) *Historique* du 72e.
(2) Garnier, *les volontaires du génie dans l'Est*.

venant de Montbard. Le 5, à 9 heures du matin, ce petit détachement arrivait à Sombernon, abandonné par les Garibaldiens (1), et s'occupa d'obstruer par des barricades et des épaulements les routes de Vitteaux à Sombernon, de Saint-Seine à Dijon par Val-Suzon et Blaisy, Pasques et Panges. Ce travail occupa jusqu'au 6 janvier.

Quant à la division Crémer, revenue depuis la veille au soir autour d'Orgeux, son chef, persuadé qu'il y avait peu de monde à Montbard et à Châtillon, et qu'il ne s'agissait « que de simples démonstrations pour arrêter notre mouvement » (2), demandait avec impatience des ordres. Le commandant en chef lui répondit en ces termes :

Général Bourbaki à général Crémer, Dijon.

Besançon, 4 janvier 1871.

Envoyez la brigade Questel du 15ᵉ corps à Gray en 2 jours, faisant étape à Mirebeau. Ce mouvement n'aura lieu qu'autant que vous le croirez possible. Si vous pouvez être en mesure, en vous entendant avec les généraux Pélissier et Fischer et le général Garibaldi, de donner un coup de boutoir aux Prussiens, du côté de Vitteau, ce nous sera utile. Il est bien entendu que vous ne devez pas perdre de vue la mission principale qui vous incombe : la défense de Dijon.

J'ai reçu votre demande, et je désire trop vous satisfaire pour ne pas espérer qu'elle aboutisse.

Les mouvements de l'ennemi furent rapidement connus par le Gouvernement de la Défense nationale (3). Des nombreux renseignements qui lui parvinrent, la dépêche suivante se trouva être la plus claire et la plus précise.

---

(1) Garnier, *op. cit.*
(2) Télégramme du 4 janvier. (Archives de la Guerre.)
(3) Voir bulletin de renseignements. (Archives de la Guerre.)

Auxerre, 4 janvier 1871, 9 h. 30 soir.

Préfet, Auxerre, à Gouvernement, Bordeaux, général de Pointe, Nevers, colonel Carrière, Clamecy, et général Bourbaki.

1,000 Prussiens environ sont arrivés à Saint-Florentin ce soir, devant se diriger demain sur Tonnerre.

Ce soir, une locomotive et un tender sont arrivés avec 20 hommes au pont de Crécy.

Suivant renseignements donnés par poste télégraphique d'Ancy-le-Franc, une colonne de 1,000 à 1,500 Prussiens venant de Montbard, a pris à Aisy la route de Noyers.

Prussiens en assez grand nombre venant aussi de Montbard sont arrivés à Nuits-sous-Ravières, Vigny, Chassignelles. Fulvy, et autres communes environnant Nuits-sous-Ravières.

VIIe corps d'armée, paraît vouloir revenir d'un autre côté.

Préfet.

Les cantonnements du VIIe corps, le 4 janvier, au soir furent les suivants :

Quartier général. — Etivey.

13e Division. — Château de Montot.

25e brigade.......
- 13e régiment. Ier bataillon et fusiliers. — L'Isle-sur-Serein.
- 13e régiment. IIe bataillon. — Etivey.
- 73e régiment. Ier bataillon. — Ravières.
-     — Fusiliers. — Sarry et Selungy.
-     — IIe bataillon. — Passilly et Sauvigny.
- 1re compagnie de pionniers. — Etivey.

26e brigade.......
- 15e régiment. — Noyers.
- 55e   —   — Jouancy.
- 7e bataillon de chasseurs. — Aisy.

72e régiment. — Montbard.

60e Rég^t. Ier et IIe B^{ons}. — Châtillon.

    — Fusiliers. — Nuits-sous-Ravières.

1er hussards de réserve. 1er et 2e escadrons.
— Etivey (?).

1er hussards de réserve. 3e et 4e escadrons.
— Montbard.

8ᵉ hussards. — Aunay.
— — Molay.
— — Perrigny.
5ᵉ ulans de réserve. 1ᵉʳ et 2ᵉ escadrons. — L'Isle-sur-Serein.
5ᵉ ulans de réserve. 3ᵉ Esc. — Châtillon.
— 4ᵉ escadron. — Aisy.
3ᵉ batterie légère. — Châtillon.
4ᵉ — — Montbard.
5ᵉ — — Noyers.
6ᵉ — — L'Isle-sur-Serein.
5ᵉ Bⁱᵉ lourde. } Noyers, Sauvigne et environs.
6ᵉ Bⁱᵉ lourde. }
Batteries à cheval. — Stigney.
Convois. — Aisy.

IIᵉ *corps.* Le *4,* la *3ᵉ* division se porta sur Nemours et environs, la *4ᵉ* sur Fontainebleau et environs.

Dans la nuit (1) la *3ᵉ* division reçut l'ordre de se porter le lendemain sur Montargis, pour observer les routes du S.-E., du S., du S.-O., de tenir, même contre un ennemi supérieur en nombre, en attendant le secours que viendraient lui donner la *4ᵉ* division et l'artillerie de corps.

« Les campements étaient fortement constitués (2) et partaient à l'avance. Ils constituaient ainsi une réelle avant-garde, et étaient autorisés, pour aller plus vite, à requérir des voitures : ils en avaient parfois ainsi jusqu'à 100 de toutes formes, traînées par de solides percherons, qui d'ailleurs faisaient la route au pas. »

Les cantonnements du IIᵉ corps, le 4 janvier au soir, furent les suivants :

---

(1) *Historique* du *14ᵉ*, p. 415.
(2) *Historique* du *21ᵉ*, p. 345.

QUARTIER GÉNÉRAL. — FONTAINEBLEAU.

3e Division. — Nemours.

5e brigade ....
- 2e régiment. Ier bataillon et fusiliers. — Château-Landon.
- 2e régiment. IIe bataillon. — Gironville, Buno-Bonnevaux.
- 42e régiment. Ier bataillon. — Mézinville.
- — IIe — — Maisse.
- — Fusiliers. — Chancepoix.
- 1re Cie de pionniers. — Pouilly-le-Fort.

6e brigade ....
- 54e régiment. — Souppes.
- 14e régiment. Ier bataillon. — Le Coudray, Chignard, Four à chaux.
- 14e régiment. IIe bataillon. — Poligny.
- 14e Régt. Fusiliers. 9e Cie. — Bagneaux.
- — — 10e Cie. — Nemours.
- — — 11e Cie. — Ormesson.
- — — 12e Cie. — Saint-Pierre-les-Nemours.
- 2e bataillon de chasseurs. — Nemours et environs.

3e dragons. — Nemours et environs.
Artillerie. — Nemours.
Convois. — Poligny.

4e Division. — Fontainebleau.

7e brigade ....
- 49e régiment. — Fontainebleau.
- 9e Régt. Ier et IIe Bons. — Fontainebleau.
- — Fusilliers. Pouilly-le-Fort.

8e brigade ....
- 21e Régt. — Fontainebleau et environs.
- 61e Régt. Ier bataillon. — Fontainebleau.
- — IIe bataillon. — Avon, Changy.
- 61e Régiment. Fusiliers. — Petit-Jouy.
- 2e et 3e Cies de pionniers. — Fontainebleau.

11e Dragons. } Fontainebleau et env.
Artillerie, convois. }
Artillerie de Corps. — Nemours.
Convois. — Saint-Pierre.

Journée du 5 janvier.

I

Opérations.

« Le 5 janvier de bonne heure, le général en chef von Werder s'était rendu à Esprels, pour diriger de là en personne les reconnaissances prescrites sur Rioz et Montbozon, lorsque, vers 9 heures du matin, le lieutenant-colonel Kraus, commandant le 3e badois, fit connaître qu'une ligne d'avant-postes ennemis était établie au Nord de Rioz, et que, en arrière, de grosses masses étaient établies au bivouac (1). »

Telle fut la circonstance qui révéla pour la première fois au général Werder l'existence de l'armée de Bourbaki. La surprise était complète.

Voici en effet ce qui s'était passé vers Echenoz-le-Sec.

L'ordre du général Polignac prescrivait que, dès 6 h. 30 du matin, le 24e mobiles (Haute-Garonne) viendrait à la ferme Romvaux relever le IVe bataillon de Saône-et-Loire, qui, faisant face au Nord-Est, occupait le Magnoray par 2 compagnies. A la même heure, le reste de la 2e brigade devait être massé en arrière de la ferme de Romvaux, la 1re brigade en arrière du bois de Filain, éclairée en avant de ce bois et tenant la ferme des Gambes par les francs-tireurs.

Il faisait encore nuit noire lorsque le lieutenant Baqué

---

(1) Löhlein.

du 24ᵉ mobiles parvint à Magnoray. De là il continua sur Echenoz-le-Sec. A 50 mètres du village il fut accueilli par une vive fusillade et se replia en bon ordre sur Magnoray, où se trouvaient les 6ᵉ et 7ᵉ compagnies (1).

Avant le jour aussi, à 5 h. 30, le major Lang du 11ᵉ bataillon du *3ᵉ* badois avait fait partir d'Echenoz-le-Sec une reconnaissance composée de la 6ᵉ compagnie et d'un peloton de dragons, pour suivre la route de Rioz vers le Sud. A peine avaient-elles atteint la hauteur à l'Ouest de la ferme des Gambes, que des coups de feu obligeaient ces troupes à s'arrêter. « Le jour naissant permit de voir un bataillon qui marchait vers le Magnoray. » C'étaient les 2 compagnies de tête du 24ᵉ mobiles. « Une autre, paraissant accompagnée d'artillerie, la suivait, venant d'Authoison. Sur la gauche, on voyait de fortes patrouilles ennemies. Vers 7 heures, des groupes de tirailleurs débouchèrent du bois du Grand-Buisson. Ils furent arrêtés par le feu de la 6ᵉ compagnie. Néanmoins celle-ci, menacée de toutes parts, se retira lentement sur Echenoz-le-Sec. »

« Peu après, on signala des bivouacs établis près de Rioz... Le commandant en chef en fut immédiatement prévenu (2). »

C'est, ainsi qu'on l'a vu, vers 9 heures, que ce renseignement parvint au général von Werder, alors à Esprels.

« Immédiatement l'ordre télégraphique fut envoyé au général von der Goltz, avec sa brigade et la *1ʳᵉ* brigade badoise, mise sous ses ordres, de gagner Dampierre-les-Montbozon (*sic*) (3). La *4ᵉ* division von Sehmeling, marchant vers l'Ouest, allait venir en seconde ligne à Vallerois. L'artillerie de corps allait rejoindre par Villers-le-Sec les *2ᵉ* et *3ᵉ* brigades badoises, chargées

---

(1) *Historique* du 24ᵉ mobiles.
(2) *Historique* du *3ᵉ* badois.
(3) Löhlein.

de défendre les abords de Vesoul, par la route de Rioz ».

En réalité, les choses se passèrent avec infiniment moins de décision et de promptitude.

C'est à midi seulement (1) que les troupes aux ordres du général de Werder furent mises sous les armes. Elles avaient passé toute la matinée au repos dans les cantonnements, à l'exception de 2 compagnies (2e et 3e du *34e*) avec 1 demi-escadron, envoyées sur Baume-les-Dames par Mesandans, et qui rentrèrent le soir à Esprels, ayant trouvé les Français toujours en position sur la rive droite du Doubs.

Au détachement von der Goltz, le *34e* d'infanterie forma l'avant-garde et se dirigea par Dampierre sur Vy-les-Filain. La *1re* brigade badoise suivit la brigade von der Goltz. La neige se mit à tomber et il faisait déjà nuit quand on arriva près de Vy-les-Filain. — De là partirent des coups de feu. « La batterie, qui marchait avec l'avant-garde, lança quelques obus contre le village et le bois des Briottes. Puis la 1re compagnie du *34e*, dirigée contre le village, repoussa une grand'garde française; la 6e compagnie entra dans Filain, sans éprouver de résistance (2).

Pour la nuit, on plaça le *34e* à Filain et Vy-les-Filain, le reste de la colonne, comprenant 9 bataillons, 2 escadrons et 4 batteries, soit 8,000 hommes et 800 chevaux, dans la seule localité de Dampierre (3).

La *4e* division de réserve n'avait pas été prévenue plus tôt du mouvement à exécuter. C'est après midi seulement, qu'elle reçut l'ordre de quitter les environs de Saint-Ferjeux (4), et de se porter vers l'Ouest. Très

---

(1) *Historiques* des *1er* et *2e* badois, *30e* et *34e* d'infanterie.
(2) *Historique* du *34e* d'infanterie.
(3) On dut mettre 60 à 80 hommes par maison. Il y avait 200 habitants en tout. (*Historique* du 2e badois.)
(4) *Historique* du 25e d'infanterie.

tard dans la soirée, elle vint bivouaquer par un froid extrême autour du hameau des Belles-Baraques, sur la grand'route (à 5 kil. N.-O. de Vallerois).

La brigade de cavalerie Willisen conserva ses cantonnements autour de Noroy-le-Bourg. — L'artillerie de corps vint à Vellefaux.

Combat d'Echenoz-le-Sec. Pendant ce temps, le IIe bataillon du *3e* badois avait, dès 10 heures du matin, abandonné le village d'Echenoz-le-Sec, ne laissant qu'une compagnie, la 5e, à la garde du cimetière situé au Nord. Les 3 autres avaient rallié le Ier bataillon à Vellefaux, dont la défense fut organisée du côté du Sud avec l'aide d'une batterie (Kuntz), qui, à 10 h. 30, vint se placer au Nord du village. — « ... En outre, on fit prévenir les compagnies qui étaient à Andelarrot de tomber dans le flanc des Français. s'ils essayaient de se porter du Magnoray sur Echenoz-le-Sec... (1) »

En même temps que la batterie, arrivaient à Vellefaux les Ier et IIe bataillons du *4e* badois, venant d'Echenoz-la-Méline. Le général von Degenfeld ordonna de relever, par le Ier bataillon du *4e*, la 7e compagnie du *3e*, placée sur une hauteur à l'Ouest du village, en soutien de la 3e laissée au cimetière d'Echenoz. A midi, le Ier bataillon, ayant 2 compagnies (1re et 4e) en première ligne, se mettait en marche pour occuper les hauteurs situées au Nord-Ouest d'Echenoz-le-Sec (2).

Du côté français, le 67e mobiles (Haute-Loire) avait depuis le matin les Ier et IIe bataillons dans le bois du Grand-Buisson, le dernier bataillon en seconde ligne près de la ferme, incendiée la veille par les Allemands. Vers onze heures, ce bataillon fut envoyé au Magnoray rejoindre le bataillon de la Haute-Garonne (24e mobiles), qui y était déjà, et, à midi, sur l'ordre du général Poli-

---

(1) *Historique* du *3e* badois.
(2) *Historique* du *4e* badois.

gnac, une reconnaissance, forte de 2 compagnies (6ᵉ, 7ᵉ du IIᵉ bataillon) du 24ᵉ mobiles et le IIᵉ bataillon du 67ᵉ était dirigée sur Echenoz-le-Sec.

En arrivant (1) aux premières maisons, 1 officier, (lieutenant Branche), avec 99 hommes de la 2ᵉ compagnie du IIᵉ bataillon du 67ᵉ, fut poussé en avant par la grande rue, tandis que les 2 compagnies du 24ᵉ gravissaient les hauteurs qui dominent Echenoz à l'Ouest. On sut par les habitants que l'ennemi occupait le cimetière au Nord et en dehors de la localité, et, en effet, en arrivant vers midi 30 aux dernières maisons, les 2ᵉ et 3ᵉ compagnies furent accueillies par un feu violent de la 5ᵉ compagnie du *3*ᵉ badois. Elles y répondirent, tandis que la 6ᵉ compagnie venait les soutenir, et que les 7ᵉ et 8ᵉ se déployaient à droite. Peu après, on vit les Allemands évacuer le cimetière et se retirer vers Vellefaux.

« Mais quelques instants plus tard, le lieutenant Wiertenberger reçut l'ordre de se réinstaller au cimetière. On le prévenait en outre que le Iᵉʳ bataillon du *4*ᵉ badois s'avançait sur sa droite par les hauteurs (2). » Il réussit à reprendre son poste avant que les Français n'y fussent entrés.

Effectivement, le Iᵉʳ bataillon du *4*ᵉ badois, qui avait alors 3 compagnies en 1ʳᵉ ligne (1ʳᵉ, 2ᵉ, 4ᵉ), atteignait à ce moment la crête qui domine Echenoz par l'Ouest. Là, il se heurta à l'improviste aux 2 compagnies de la Haute-Garonne, et les attaqua à la baïonnette, les mettant en déroute et leur enlevant 1 officier et 40 hommes faits prisonniers (3). Puis les Allemands s'arrêtèrent au Nord et à l'Ouest d'Echenos « apercevant vers Magnoray 2 bataillons rangés en bataille. »

---

(1) *Historiques* des 24ᵉ et 67ᵉ mobiles. *Journal* du génie de la 1ʳ division.
(2) *Historique* du *3*ᵉ badois.
(3) *Historiques* du 24ᵉ mobiles et du *4*ᵉ badois.

Jusqu'à 6 heures du soir, le Ier bataillon du 4e badois, qu'était venu renforcer le IIe bataillon du même régiment, resta ainsi immobile. Cependant, vers 4 heures, les Français avaient évacué Echenoz en bon ordre, et s'étaient retirés vers le Magnoray (1).

A 6 heures seulement, le IIe bataillon du 4e badois venait occuper Echenoz, le Ier, dirigé sur Vesoul et installé à 9 heures du soir seulement, était peu après mis sous les armes, pour occuper le faubourg du Sud et le pont.

Le bataillon de fusiliers, appelé de Charriez à 2 heures du soir sur Andelarrot, pour prendre part au combat d'Echenoz, avait été renvoyé sur Charriez, puis sur Noidans-les-Vesoul, où il arriva à 9 heures du soir.

Les 2 premiers bataillons du 3e badois, moins une compagnie placée à Vallerois-Lorioz avec l'artillerie, restèrent à Vellefaux (2) en cantonnement d'alarme.

Quant aux fusiliers du 3e badois ils avaient pris part au combat de Levrecey, qui sera exposé plus loin.

Conversion à droite du 20e corps français. Vers midi, au moment où le général de Polignac dirigeait la reconnaissance d'Echenoz-le-Sec, la 2e division était venue se placer en arrière des deux ailes de la 1re : la 1re brigade occupant le bois de Quademaine (au Sud de Courboux) (3), la 2e à mi-chemin, entre Quenoche et Authoison (4). La 3e division était venue se masser des deux côtés de la route de Vesoul, au Nord du chemin qui va de Quenoche à Hyet. — La réserve d'artillerie était avec elle.

« Bientôt on entendit le canon vers le Nord, et personne

---

(1) Le IIe bataillon du 67e mobiles fut mis à l'ordre de la brigade.

(2) 1/2 compagnie au Moulin-Brûlé, 1 compagnie au monastère Sainte-Anne, 1 peloton à la mairie. (*Historique du 3e badois.*)

(3) *Historique* du 25e bataillon de chasseurs.

(4) *Historique* du 3e zouaves de marche.

ne douta plus que la bataille attendue et désirée ne fût proche (1) ».

A ce moment (2) arriva, du général en chef encore à Besançon, l'ordre suivant :

Général Bourbaki à général Clinchant, commandant 20ᵉ corps, Rioz (faire suivre par toutes voies).

Pour Rioz, de Besançon, 5 janvier, 11 h. 20 matin, reçu 12 h. 5.

Vous appuierez demain fortement à droite, en ayant soin de couvrir ce mouvement de flanc par vos avant-postes, qui resteront en position. Les 18ᵉ et 24ᵉ corps exécuteront un mouvement analogue. Je vous ferai connaître ultérieurement le but que je me propose. Vos avant-postes ne se replieront qu'après que leur présence, sur les positions occupées par eux, ne vous sera plus nécessaire, et qu'ils auront été remplacés par ceux du 18ᵉ corps. Vous appuierez votre droite à l'Oignon, en occupant fortement Montbozon.

Le général de Polignac fut donc avisé de ne pas dépasser Echenoz-le-Sec, où le combat resta stationnaire, ainsi qu'on l'a vu plus haut. Entre 3 et 4 heures, la conversion vers l'Est commençait.

Elle s'opéra de la façon suivante :

Tandis que la réserve d'artillerie s'installait à Pennesières, la 3ᵉ division occupait Quenoche (47ᵉ de marche), Aubertans (mobiles de la Corse), Hyet (mobiles des Pyrénées-Orientales, des Vosges et de la Meurthe). L'artillerie à Quenoche.

Dans la 2ᵉ division, le 25ᵉ bataillon de chasseurs (3) recula d'abord du Sud de Courboux sur Pennesières, puis, suivant la route de Vesoul, vint occuper la ferme des Laverottes, d'où il détacha 2 compagnies au Magnoray,

---

(1) Les *Historiques* et les Souvenirs des témoins attestent unanimement l'entrain des troupes.
(2) *Journal* du 20ᵉ corps.
(3) 4 compagnies. *Historique*).

se reliant à gauche avec le 34ᵉ mobiles et à droite avec le 3ᵉ zouaves de marche, qui occupait Authoison et qui, à peine entré au cantonnement, avait eu une fausse alerte. Les hommes étaient restés une heure et demie sous les armes près du village, en colonne à distance de peloton, à intervalles de déploiement, le front couvert par une ligne épaisse de tirailleurs (1).

Le reste de la 2ᵉ division était à Courboux et Pennesières.

Vers 3 heures du soir, la 1ʳᵉ brigade de la 1ʳᵉ division s'était mise en marche vers le Sud et l'Est.

Le 50ᵉ de marche était venu à Roche-sur-Linotte, le 11ᵉ mobiles à Aubertans, le 55ᵉ mobiles à Loulans, avec 1 grand'garde sur la route de Montbozon.

Quant à la 2ᵉ brigade, elle rompit le combat vers 4 heures et se dirigea sur Villers-Pater, en passant par Authoison. A 8 heures du soir, le 67ᵉ mobiles et l'artillerie étaient à Villers-Pater, le 24ᵉ mobiles et le bataillon de Saône-et-Loire à Argirey.

Enfin, le 2ᵉ lanciers conserva son cantonnement de Rubans, le 7ᵉ chasseurs vint à Authoison, les parcs d'artillerie et du génie étaient à Rioz.

Marche du 18ᵉ corps et combats de Levrecey et de Velle-le-Châtel. Entre 6 h. 30 et 7 heures du matin, et après une nuit glaciale (-22°) passée au bivouac, la division de cavalerie (2) avait quitté Frasne-le-Château, avec l'ordre de se porter par Frétigney sur Neuvelle-lès-la-Charité, Noidans-le-Ferroux et enfin Rosey.

Elle avait à peine atteint Frétigney, qu'elle fut déployée dans les champs entre ce point et Recologne. En 1ʳᵉ ligne, le 2ᵉ hussards, ses escadrons en bataille à 100 mètres d'intervalle, la gauche à la route de Vesoul,

---

(1) *Historiques* du 3ᵉ zouaves de marche et de la 21ᵉ batterie du 6ᵉ. « Ce n'étaient que quelques cavaliers ennemis. » (*Historique*.)

(2) Moins les 2ᵉ et 3ᵉ escadrons du 3ᵉ lanciers de marche.

et couverts par des tirailleurs; en 2e, le 5e dragons et les 2 escadrons du 3e lanciers, en colonne serrée par régiment à distance de déploiement; en 3e ligne et à l'ouest de la grand'route, le 5e cuirassiers également en colonne serrée (1).

On resta dans cette formation jusqu'à 1 heure du soir, pendant que l'infanterie suivait la route (2), puis, la division se mit en marche, précédée du 2e hussards, et passant par Neuvelle-lès-la-Charité. A 4 heures du soir, elle atteignit Raze. De là, les 2 escadrons du 3e lanciers et le 2e hussards furent dirigés en avant sur Clans (3), qu'ils atteignirent vers 6 heures du soir. De ce point, 50 hussards à pied (cap. Leperche) furent dirigés sur Boursières. Un peloton (Biré) occupa la gare avec 12 hommes au pont du chemin de fer (4), le reste cantonna à Clans. Les 2 autres régiments de la division : 5e cuirassiers et 5e dragons avec les 2 batteries étaient à Raze.

Pendant ce temps, la 1re division, précédée du 3e escadron du 3e lanciers (cap. Blanc), avait quitté à 7 heures du matin ses cantonnements autour de Frasne-le-Château, et, vers midi, sa tête de colonne était près d'atteindre Mailley, lorsqu'on entendit 7 ou 8 coups de canon vers la droite (5). L'escadron de lanciers fut immédiatement dirigé sur Lévrecey, où rien de suspect ne fut signalé; mais une patrouille de 7 hommes et 1 officier (M. Vuilguin) rencontra plusieurs dragons ennemis vers Villeguindry et les repoussa sur un escadron, qui se porta immédiatement en avant. A ce moment (3 heures environ) arrivait à Lévrecey le 1er bataillon du 42e de marche, les 2 autres bataillons restant aux moulins Lancrenon et Millardet.

---

(1) *Historique* du 2e hussards.
(2) *Id.*
(3) *Historique* du 3e lanciers.
(4) Voir plus loin affaire de Clans.
(5) *Journal* de la 1re division.

Le 9ᵉ bataillon de chasseurs et le 73ᵉ mobiles s'installèrent au bivouac en avant de Mailley, le 19ᵉ mobiles occupait à l'O. de la route le bois de Rosey (1). Le 44ᵉ de marche avait 2 bataillons installés à Mailley avec l'artillerie, le 2ᵉ en grand'garde sur la route de Vesoul à 1 kilomètre de Mailley.

On se souvient que le bataillon de fusiliers du *3ᵉ* badois avait cantonné à Andelarre et Andelarrot. A 2 heures du soir, il se trouvait établi près de ce dernier village, la 9ᵉ compagnie, soutenue par la 10ᵉ, sur la hauteur du bois de la Craye (2). A ce moment, le capitaine Hilpert, commandant le bataillon, fut appelé vers les hauteurs au N.-O. d'Echenoz, où se livrait le combat raconté ci-dessus.

En exécution de cet ordre, le bataillon de fusiliers se mit en marche par le chemin qui se dirige vers Villeguindry. Là, il rencontra le bataillon de fusiliers du 5ᵉ badois (major Jacobi), accompagné d'un peloton de dragons. En effet, à partir de 2 heures du soir, toute la *3ᵉ* brigade badoise et l'artillerie de corps s'étaient rassemblés près de Vellefaux, et, de là, à 2 h. 30, les fusiliers du 5ᵉ badois avaient été dirigés sur Villeguindry, pour se relier au IIIᵉ bataillon du *3ᵉ* badois.

Une fois les 2 bataillons réunis, le major Jacobi prit le commandement de l'ensemble, et, plaçant les fusiliers du 5ᵉ régiment en première ligne, se dirigea vers Lévrecey.

Il y avait à ce moment 2 compagnies du Iᵉʳ bataillon du 42ᵉ, postées, l'une à l'Est de la route, l'autre à l'Ouest, à peu près à mi-distance entre Lévrecey et Villeguindry.

« Le village de Lévrecey (3), placé au fond d'un entonnoir, est dominé de tous côtés par des hauteurs dont les

---

(1) Il s'était déployé en partie et avait marché en formation de combat contre ce bois, le croyant occupé. (*Historique*).

(2) *Historique* du 3º badois.

(3) *Historique* du 42ᵉ de marche.

crêtes, très élevées et à 500 mètres environ sur la gauche, s'abaissent et courent à 200 mètres à peine en avant, parallèlement à son front, pour s'élever subitement à droite en se rapprochant du village. Elles présentent, sur ce point, des flancs presque inaccessibles. Les maisons sont mal groupées, s'étendent parallèlement au front d'attaque et viennent mourir dans la gorge de droite qui mène à Echenoz et est gardée par une compagnie entière. Une section est détachée sur la crête, qui domine ce paysage, pour en surveiller les abords. »

« En cas d'attaque, les 3 autres compagnies doivent immédiatement prendre les positions qui leur ont été assignées en avant des maisons, derrière de petits murs en pierres sèches de 1 mètre à 1 m. 20 de hauteur. »

« En arrière se trouvent les crêtes boisés au pied desquelles passe, sur la gauche, le chemin qui conduit à Mailley, quartier général de la division et du 18e corps. La ligne de retraite naturelle est la rue du château. »

Le commandant du 1er bataillon avait tout d'abord occupé avec son gros la hauteur cotée 419, au Sud de Lévrecey; la cavalerie n'ayant rien signalé, le général de division avait cru pouvoir faire cantonner dans le village même le Ier bataillon (1).

La résistance des 2 compagnies de grand'garde paraît avoir été assez courte, et les Badois, qui avaient porté en 1re ligne 3 compagnies, arrivèrent rapidement devant le village de Lévrecey, que la compagnie de droite (12e du 5e badois) chercha à tourner par l'Ouest. La dernière compagnie du bataillon Jacobi et 1 compagnie, 3e badois, qui prolongea la droite, furent successivement appelées au feu, tandis que les 3 dernières, formées en ligne de colonne de compagnie, se portaient en avant le long de la route.

Le mouvement tournant sur la gauche des Français

---

(1) *Historique* du 42e et Carnet d'un officier du 1er bataillon.

commençait alors à produire son effet, et les défenseurs de la lisière Nord recevaient des feux d'écharpe et de revers, tandis que l'attaque de front était parvenue à 60 mètres. La retraite fut ordonnée et s'opéra en bon ordre, pas assez vite pourtant pour empêcher que deux officiers et 60 hommes, qui étaient à l'extrême-droite, ne fussent tournés et faits prisonniers. Le bataillon avait perdu 6 tués et 13 blessés (1).

Les fusiliers du 5ᵉ badois eurent d'après leur historique 4 officiers et 40 hommes blessés, ceux du 3ᵉ badois 5 tués, 16 blessés et 1 manquant.

Le Ier bataillon du 42ᵉ de marche vint se former en bataille sur la lisière du bois de Lévrecey, où le lieutenant-colonel Couston, qui accourait, prit le commandement. Il plaça le Ier bataillon en grand'garde face à Lévrecey, soutenu par le IIe, tandis que le IIIe, plus en arrière, était sur la hauteur de Burney.

A 10 heures du soir, les 2 bataillons badois évacuèrent Lévrecey, et vinrent occuper Villeguindry, avec 2 compagnies en grand'garde, l'une sur le chemin de Lévrecey, l'autre sur la grand'route de Mailley à Vesoul.

Derrière eux étaient venus s'installer à Andelarre et Andelarrot les Ier et IIe bataillons du 5ᵉ badois, tandis que les 2 derniers bataillons de la brigade (Ier et fusiliers du 6ᵉ badois) (2), poussés plus à l'Ouest, avaient, eux aussi, une affaire à Velle-le-Châtel.

Mouvement de la 3ᵉ division du 18ᵉ corps. Combats de Velle-le-Châtel et Mont-le-Vernois. Vers 7 heures du matin, la 3ᵉ division du 18ᵉ corps, accompagnée du 2ᵉ escadron du 3ᵉ lanciers de marche, avait quitté ses emplacements autour de Saint-Gand, et s'était portée sur Frétigney, où elle fit une halte, puis sur Grandvelle, qu'on

---

(1) *Historique* du 42ᵉ.
(2) Le IIe était resté à Vesoul à la disposition du général von der Goltz.

atteignit à 2 h. 30 du soir (1). De là, les troupes furent dirigées sur Mailley puis Rosey. Comme flanc-garde de droite, le 14ᵉ bataillon de chasseurs, le IIᵉ bataillon du 53ᵉ de marche et 1 section d'artillerie eurent à passer par Chazelot, Mailley, puis le sentier de crête jusqu'à la ferme des Évêques. Les 2 autres bataillons du 53ᵉ de marche avaient à se rendre à Rosey par le bois du Grand-Rosey.

Vers 7 heures du soir, la 3ᵉ division arrivait à Rosey, d'où l'escadron de lanciers était dirigé sur Baignes.

Il fut suivi par le Iᵉʳ bataillon du 4ᵉ zouaves avec l'artillerie, qui devait s'établir au delà de Velle-le-Châtel; le IIᵉ bataillon du 4ᵉ zouaves devait aller jusqu'à Mont-le-Vernois; le IIIᵉ resterait à Baignes (2).

Le 81ᵉ mobiles était à Rosey avec 1 batterie (3). La 2ᵉ brigade tout entière était partie à 8 heures du soir, pour aller à la ferme des Évêques rejoindre le 14ᵉ bataillon de chasseurs. Elle y arriva à 10 heures du soir, et passa la nuit près des faisceaux, sans prendre part aux incidents qui vont suivre.

A 8 heures du soir, les IIᵉ et IIIᵉ bataillons du 4ᵉ zouaves avec l'artillerie (2 batteries dont 1 de mitrailleuses) arrivaient à Baignes, croyant le Iᵉʳ bataillon devant eux. Mais, par suite d'une erreur de transmission d'ordres, ce bataillon quittait à ce moment Rosey. De sorte que, lorsque le IIIᵉ bataillon s'installa à Baignes, le IIᵉ se dirigea sur Mont-le-Vernois par un sentier direct, l'artillerie, se croyant couverte par le Iᵉʳ bataillon, marcha sans aucune protection vers Velle-le Châtel.

En avant d'elle marchait le sous-lieutenant de Neuflize du 81ᵉ mobiles, officier d'ordonnance du commandant

---

(1) *Journal* de la 3ᵉ division. Là on fit la soupe.
(2) *Journal* du 4ᵉ zouaves.
(3) Voir brochure du commandant Petit : *Le 4ᵉ bataillon du Cher*. Bourges, 1871. Le bataillon arriva à 9 heures du soir. (*Ibid.*)

de la brigade, et qui accompagnait le chef du 1ᵉʳ bataillon depuis l'accident survenu au commandant Ritter, au passage de l'Oignon (1). Cet officier, accompagné du porte-fanion de la brigade et de 6 dragons, traversa Velle-le-Châtel sans incident (2).

Il était arrivé vers 7 heures du soir à Mont-le-Vernois le 1ᵉʳ bataillon du 6ᵉ badois, avec 1/2 peloton de dragons, tandis que les fusiliers restaient à le Vernois. La 2ᵉ compagnie avait été poussée sur Velle-le-Châtel.

« Au moment où l'avant-garde de cette compagnie (lieutenant v. Hornstein) entrait dans le village, elle se rencontra avec 1 officier français (3) à cheval suivi d'une ordonnance. Tous deux furent immédiatement faits prisonniers (4) ».

Peu après, les dragons envoyés sur la route de Baignes revenaient, en annonçant l'approche de détachements ennemis par la route de Raze. De fait on commençait à les voir.

---

(1) Il s'était cassé la jambe.
(2) Renseignements de M. le baron de Neuflize.
(3) *Historique* du 6ᵉ badois.
(4) D'après le témoignage de M. le baron de Neuflize, cet officier avec le porte-fanion et 6 dragons aurait été envoyé en reconnaissance sur Velle-le-Châtel et Mont-le-Vernois en avant de l'artillerie. Ayant traversé Velle-le-Châtel, il aurait poussé sur Mont-le-Vernois et de là serait revenu sur Ville-le-Châtel. — En entrant dans le village, il fut assailli par des coups de feu; renversé sans connaissance sous son cheval, il fut pris avec le porte-fanion blessé. — Il paraît probable que M. de Neuflize avait marché, non pas sur Mont-le-Vernois, mais sur Boursières, tandis que la compagnie allemande allait derrière lui de Mont-le-Vernois à Velle-le-Châtel, sans cela il l'aurait rencontrée. Les noms sont d'ailleurs inscrits sur la carte de façon à rendre cette erreur très compréhensible.

Interrogé le lendemain par le général von Werder en personne, cet officier aurait eu le temps de faire disparaître l'ordre de mouvement et le carnet d'ordres dont il était porteur.

Lorsque les deux batteries arrivèrent à proximité (1) du village, elles furent accueillies par une violente fusillade. Néanmoins, la première pièce, mise en batterie sur la route, riposta par des boîtes à mitraille, et, tandis que l'ennemi gagnait les jardins, qui longent le côté gauche de la route, une mitrailleuse tira aussi. Peu après, les pièces firent demi-tour et se retirèrent au galop vers Rosey, à l'exception de la première, qui avait versé dans le fossé de la route, à quelques pas des Allemands qui ne s'en aperçurent pas et ne poursuivirent aucunement, bien que la 1re compagnie eût joint son feu à celui de la 2e.

Cependant le IIe bataillon du 3e zouaves, qui suivait le chemin de Baignes à Mont-le-Vernois, à l'Est du ruisseau, n'avait pas fait 300 pas hors du premier de ces villages, qu'il entendait la fusillade et les coups de canon à Velle-le-Châtel. Néanmoins, il continua sa marche, se contentant d'envoyer une patrouille sur sa gauche. Puis la 2e compagnie (Boërner) se déploya devant Mont-le-Vernois, poussa jusqu'à 250 mètres du village et s'y arrêta.

D'autre part, le Ier bataillon du 3e zouaves atteignait Baignes et recueillait l'artillerie. Prévenu à Rosey, le général Bonnet faisait battre la générale et partait pour Baignes, avec le 81e mobiles, et la 21e batterie du 8e régiment (2). L'ambulance, qui venait d'arriver à Rosey, à 9 heures du soir, suivit le mouvement.

Entre 10 et 11 heures le combat allait s'engager devant Mont-le-Vernois par le IIe bataillon du 4e zouaves, soutenu par le IIIe bataillon, devant Velle-le-Châtel, par le Ier bataillon du 4e zouaves, et le 81e mobiles.

---

(1) En réalité, 200 mètres du village, près de la croix. La fusillade partit de la 1re maison à l'Ouest du pont en bois, et du petit bois qui longe le ruisseau. — La pièce, mise en batterie, était une mitrailleuse (disent les habitants); on montre les traces des balles sur les murs Sud de la première maison.

(2) Vérifié par Alfred Chenot, hôtel de l'Europe, Vesoul.

A 10 heures du soir, une patrouille, lancée par le II⁰ bataillon du 4⁰ zouaves contre Mont-le-Vernois, était parvenue jusqu'à 20 mètres du village, dont la lisière Sud était occupée par la 4⁰ compagnie du 6⁰ badois, le 3⁰ restant aux issues Nord et Nord-Ouest. La fusillade s'était engagée et, du côté français, la 1ʳᵉ compagnie (Penot) avait prolongé à droite la ligne formée par la 2⁰, tandis que la 3⁰ (Hanoteau) se plaçait à gauche, le reste du II⁰ bataillon et le III⁰ restant en réserve. En entendant ce bruit les 2 compagnies (1ʳᵉ et 2⁰) qui étaient à Velle-le-Châtel s'étaient crues menacées sur leur gauche, et avaient marché sur Mont-le-Vernois. La 2⁰ compagnie se plaçant à la lisière Sud à côté de la 4⁰, la 1ʳᵉ restant en soutien au milieu du village.

Au moment où ces 2 compagnies abandonnaient Velle-le-Châtel, le 81⁰ mobiles, y entrait, reprenant la pièce abandonnée (1), et 1 compagnie du III⁰ bataillon du 81⁰ mobiles, suivant le chemin de Mont-le-Vernois, échangea quelques coups de feu avec les Badois en retraite. Elle s'établit en grand'garde entre Velle-le-Châtel et Mont-le-Vernois.

Le 81⁰ mobiles resta à Velle-le-Châtel jusque vers 3 heures du matin. Le Iᵉʳ bataillon du 4⁰ zouaves à Baignes.

Jusque vers minuit, le combat resta stationnaire devant Mont-le-Vernois. De ce dernier village arrivèrent les 11⁰ et 12⁰ compagnies du bataillon de fusiliers du 6⁰ badois. A ce moment, le II⁰ bataillon du 4⁰ zouaves prenait une position face à l'ennemi, mais plus en arrière, tandis

---

(1) Commandant Petit, *loc. cit.*, arrivé à Velle-le-Châtel. Cet officier poussa de sa personne jusqu'à Clans, entra dans le village sans avoir été arrêté par une seule sentinelle, et trouva sur la place les chevaux au piquet. De là il alla à Rosey, puis revint à Baignes et enfin rentra à Rosey à 8 heures du matin. « A midi, des hommes rentraient encore par petits groupes. »

que le III° bataillon venait rejoindre le Ier à Baignes.

Vers 4 heures du matin, 1 reconnaissance de 20 hommes commandés par le capitaine Bœrner entrait dans Mont-le-Vernois et trouvait le village évacué (1). Le IIe bataillon s'y établit, ainsi qu'à Velle-le-Châtel, et y resta jusqu'à midi (2).

De Clans, où il était cantonné, le 2e hussards de marche avait dirigé 2 pelotons sur Boursières. Ils y étaient entrés après quelques coups de feu. Mais, du combat qui se livra à 500 mètres de Clans, à Velle-le-Chatel, on ne sut rien. « 30 hommes à pied furent chargés de faire des patrouilles dans le village pour prévenir toute surprise, les officiers restèrent dans la maison occupée par le colonel (3). »

Par suite de leur arrivée tardive aux cantonnements de la veille, la 2e division et la réserve d'artillerie ne quittèrent les environs de Bucey-les-Gy qu'assez tard dans la matinée, et après avoir assuré les distributions. Leur marche par la grand'route sur Grandvelle ne présenta pas d'incidents. On crut cependant devoir maintenir les troupes en colonne sur la route jusqu'à la nuit à l'entrée du village de Grandvelle.

24e corps. Dans la 2e division, le 21e bataillon de chasseurs de marche avait quitté Germondans à 10 heures du matin, et, à 5 heures du soir, il occupait Tournans. Le 60e de marche avait son IIe bataillon à Rognon, les Ier et

---

(1) Les Allemands disent n'avoir évacué Mont-le-Vernois qu'à 6 heures du matin.

(2) Il avait eu 1 officier et 5 hommes blessés. Le Ier bataillon du 6e badois avait 3 tués dont 1 officier et 10 blessés.

(3) *Historique* du 2e hussards de marche. On signale seulement une courte fusillade sur la droite vers 7 heures du soir. Elle cessa, dit-on, à 7 h. 30. On n'entendit plus que des coups de feu isolés dans les bois occupés par les francs-tireurs.

(4) *Journal* de la 2e division et ordre du général Billot. (Succession Billot.)

III⁰ à Puessans avec grand'gardes à Huanne et Mésandans. Là on rencontra quelques cavaliers ennemis qui faisaient une réquisition et qui furent dispersés (1). Le 61ᵉ de marche occupa par 2 bataillons Avilly, le IIIᵉ était à Tallans. Là encore les grand'gardes virent quelques cavaliers allemands, dont un fut tué (2). L'artillerie était à Avilly avec le 7ᵉ régiment de marche de cavalerie.

Dans la 2ᵉ brigade, le 14ᵉ mobiles resta à Rigney, le 87ᵉ vint à Cendrey et Verjoulot.

A la 3ᵉ division, la 1ʳᵉ légion du Rhône resta à Corcelle-Mieslot, la 2ᵉ à Villers-Grelot et Val-de-Roulans. Ce jour-là partait de Lyon en chemin de fer le 89ᵉ mobiles qui devait arriver le 6 à 1 h. 30 matin à Besançon (3).

La réserve d'artillerie était à Cendray.

A la 1ʳᵉ division, le colonel Des Vaux du Lys continua sa marche de Roulans sur Baume-les-Dames. Lorsque le général d'Ariès, commandant la 1ʳᵉ division, y arriva dans la journée, il y trouva le 63ᵉ de marche avec le 15ᵉ bataillon de chasseurs, les 2 batteries et 1 escadron du 1ᵉʳ hussards de marche. 200 hommes occupaient Champvans, 300 les hauteurs de la Boussenotte, 300 la Chatière (4).

Dans la soirée (5) arrivait le 1ᵉʳ bataillon de Tarn-et-Garonne, venant en chemin de fer de Saint-Claude. Il fut chargé de placer 2 compagnies à Autechaux, 2 à Luxiol, 1 à la Tuilerie et 1 à Verne. — Le bataillon de la Haute-Garonne était à Baume-les-Dames, celui du Haut-Rhin à Clerval (6). Ces deux derniers devaient, avec le 1ᵉʳ de Tarn-et-Garonne, former le 1ᵉʳ régiment

---

(1) *Historique* 60ᵉ marche.
(2) *Historique* 61ᵉ marche.
(3) 2 bataillons, 5ᵉ de la Loire et 1ᵉʳ du Var. (*Historique.*)
(4) *Lettre* du général d'Ariès. Au nord de Baume-les-Dames.
(5) 6 heures soir. (*Historique.*)
(6) Il se jugeait menacé et demandait des renforts. Dépêche de 1 heure soir.

mixte, sous les ordres du lieutenant-colonel d'Olonne qui, en même temps, exerçait les fonctions de chef d'état-major de la 1re division (1).

En avant, dans la direction du Nord, les 1,800 francs-tireurs du Rhin, avec 2 canons, occupaient Trouvans, Huanne et Puessans. On trouva vers Mésandans quelques cavaliers ennemis.

Enfin on annonçait l'arrivée à Besançon de 2 légions de mobiles du Gard dirigés sur Baume-les-Dames pour faire partie de la 2e brigade de la 1re division (2).

En définitive, et à la fin des opérations du 5 janvier, les emplacements des troupes en présence se trouvèrent être les suivants :

Troupes allemandes.

1re brigade badoise.	1er leib.-grenadiers. 2e grenadiers. 2 escadrons. 2 batteries.	Dampierre-sur-Linotte.
Brig^{de} v. der Goltz.	30e d'infanterie 34e —	Filain et Vy-les-Filain.
IVe D^{on} de réserve.	— Au bivouac aux Belles-Baraques.	
B^{de} de Cie Willisen.	— Autour de Noroy.	
Artillerie de corps.	?	
2e brigade badoise.	3e badois.	Ier bataillon. IIe — IIIe bataillon. — Villeguindry.	Vellefaux.
	4e badois.	Ier B^{on}. — Pont-de-Vesoul. IIe B^{on}. — Echenoz-le-Sec. IIIe B^{on}. — Noidans-les-Vesoul.	
3e brigade badoise.	5e badois.	Ier B^{on}. IIe —	Andelarre et Andelarrot. IIIe B^{on}. — Villeguindry.
	6e badois.	Ier B^{on}. — Mont-le-Vernois. IIe bataillon. — Vesoul. IIIe — — le Vernois.	

---

(1) *Lettre* du général d'Ariès.
(2) Dépêche du général commandant 7e division marche.

Troupes françaises.

18ᵉ *Corps.* — Quartier général : Mailley.

1ʳᵉ *division.*

1ʳᵉ brigade.......
- 9ᵉ chasseurs. — Mailley.
- 42ᵉ de marche. — Entre Mailley et Lévrecey.
- 19ᵉ mobiles. — Bois de Rosey (Ouest de Mailley).

2ᵉ brigade.......
- 44ᵉ de marche. — Mailley (1ᵉʳ Bᵒⁿ Gg., route de Vesoul).
- 73ᵉ mobiles. — Mailley.

Artillerie. — Mailley.

2ᵉ *division.*

1ʳᵉ brigade.......
- 12ᵉ chasseurs. — Grandvelle.
- 52ᵉ marche. — Grandvelle.
- 77ᵉ mobiles. — Grandvelle.

2ᵉ brigade.......
- 92ᵉ de ligne. — Bourguignon-les-la-Charité.
- Régᵗ d'Afrique. — Grandvelle et Lieffrans.
- 49ᵉ de ligne. — Avec la réserve d'artillerie à Grandvelle.

Artillerie. — Grandvelle.

3ᵉ *division.*

1ʳᵉ brigade.......
- 4ᵉ zouaves de marche. Iᵉʳ et IIIᵉ bataillons. — Baignes.
- 4ᵉ zouaves de marche. IIᵉ bataillon. — Au sud de Mont-le-Vernois.
- 81ᵉ mobiles. — Velle-le-Chatel.

2ᵉ brigade.......
- 14ᵉ Bᵒⁿ de chasseurs. — Hameau des Evêques.
- 53ᵉ de marche. — Au bivouac autour du hameau des Evêques.
- 82ᵉ mobiles. — Encore à Auxonne avec le grand parc.

Artillerie. — Baignes puis Rosey.
Réserve d'artillerie. — Grandvelle.

Division de Cavalerie.

3ᵉ lanciers de marche.
- 1ᵉʳ et 4ᵉ escadrons. — Clans.
- 2ᵉ Esc. — Baignes.
- 3ᵉ —. — Mailley.

2e hussards de marche. — Clans.
3e dragons de marche. ⎫
5e cuirassiers.   ⎭ Raze.

20 Corps. — Quartier général : Pennesières.

1re division.

1re brigade........ ⎰ 50e de marche. — Roche-sur-Linotte.
                    ⎨ 11e mobiles. — Aubertans.
                    ⎱ 55e mobiles. — Loulans.

2e brigade........ ⎰ 67e mobiles. — Villers-Pater.
                   ⎨ 24e mobiles.   ⎫ Argirey.
                   ⎱ IVe bataillon de la Savoie. ⎭
Artillerie.

2e division.

1re brigade........ ⎰ 25e chasseurs. — Ferme de Laverottes.
                    ⎨ 34e mobiles. — Courboux.
                    ⎱ IIe Bon de la Savoie. — ? . L'*Historique* dit
                       Fontaine-les-Montbozon.

2e brigade .... ⎰ 3e zouaves de marche. — Authoison.
                    ⎱ 68e mobiles. — Pennesières.
Artillerie. — Authoison.

3e division.

1re brigade........ ⎰ 47e de marche. — Quénoche.
                    ⎱ Mobiles de la Corse. — Aubertans.

2e brigade .... ⎰ Ier et IIe Bons des Pyrénées-Orientales. ⎫
                    ⎨ 58e mobiles.   ⎬ Hyet.
                    ⎱ IIe bataillon de la Meurthe.   ⎭
Artillerie. — Quénoche.
Réserve d'artillerie. — Pennesières.
6e cuirassiers de marche. — Dans les divisions et au Quartier-Général.
7e chasseurs. — Authoison.
2e lanciers de marche. — Ruhans.

15e corps. Dans la matinée du 5, toute la 2e brigade (Questel) de la 1re division était réunie à Dijon, ayant fait un trajet relativement rapide. — 1,000 francs-tireurs étaient partis la veille pour Gray, et il fut convenu que la brigade Questel se mettrait en route le 6 pour la même destination.

La 1re brigade passa toute la journée en chemin de fer. Par suite d'un malentendu, le général Bourbaki, apprenant que le 1er zouaves était dirigé sur Chagny, crut qu'il faisait partie de la brigade destinée à Dijon, et prescrivit de l'y envoyer (1). L'erreur fut réparée, mais ne contribua pas peu à augmenter le désordre.

A la 3e division, on fit partir de Mehun à 5 heures du matin le 33e de marche (2), puis le 32e mobiles (3) qui, monté en wagon vers 10 heures du matin, ne fut mis en route qu'à 6 heures du soir, et enfin le 16e de ligne.

Vers 8 heures du soir, arrivait en gare de Besançon le 1er train du 15e corps. Il portait une partie du 34e de marche (3e division) (4). Aucun préparatif n'avait été fait pour le recevoir et le colonel reçut simplement l'ordre de continuer en chemin de fer sur Clerval. Il y arriva le 6 à 3 heures.

Qui avait donné cet ordre, qui devait être gros de conséquences? On ne saurait le dire; et la dépêche ci-dessous n'éclaircit en rien la question.

Général commandant la 7e division militaire à général Bourbaki (D. T.).

Besançon, 5 janvier 1871, 11 h. 30 soir.

Le 15e corps commence à arriver, la gauche en tête; la 3e division va prendre position à Clerval, rive droite; la 2e à Baume-les-Dames, où se trouve déjà le général d'Ariès avec sa 1re brigade.

Cette nuit arrivent également les deux légions de gardes mobilisés du Gard, qui doivent fournir la 2e brigade de la division d'Ariès, 1re du 24e corps. — Je les envoie à Baume-les-Dames, à leur division.

---

(1) Télégramme de 4 h. 30 et 7 h. 10.
(2) Arrive à Clerval le 9 à 9 heures du matin.
(3) Arrive à Clerval le 9 à 4 heures du soir.
(4) Le train avait été scindé. (*Journal du 34e*.)

Division de cavalerie. Les 2 derniers escadrons du 1ᵉʳ cuirassiers de marche s'embarquèrent le 5 au matin (1). Ils furent suivis par le 9ᵉ cuirassiers (2) et le 1ᵉʳ chasseurs de marche. A 4 heures (3) on y ajouta la 12ᵉ batterie du 6ᵉ, appartenant à la réserve (4). De plus un détachement de la 19ᵉ compagnie du 1ᵉʳ régiment du train, avec le convoi de la division de cavalerie, fut embarqué à Bourges à 6 heures du soir. Il arriva le 10 à Besançon (5).

Convois du 15ᵉ corps. Un convoi de 250 voitures de réquisition, conduit par 1 détachement du train, se trouvait le 1ᵉʳ janvier à Dôle, le 4 à Marnay et le 5 à Voray. Il fut désigné pour devenir la réserve du quartier général du 15ᵉ corps, et se trouva le 8 à Montbozon, où, après s'être vidé au bénéfice du 20ᵉ corps, il alla à Baume-les-Dames rallier les troupes du 15ᵉ corps qui y débarquaient.

Le groupe numéro 14, affecté au quartier général du 15ᵉ corps à Vierzon, en était parti le 4 par voie de terre pour Bourges, puis Besançon; il n'y arriva que le 15 janvier.

Le groupe numéro 11, fort de 150 voitures, parti de Vierzon le 4 janvier et arriva à Dijon le 15 janvier.

Le groupe numéro 9, fort de 179 voitures, formant le

---

(1) Arrivent le 9 à 8 heures soir à Besançon, cantonne 2 escadrons aux Chaprais, 2 à Pont-Vaire.
(2) Arrive le 11 à Besançon, cantonne aux Chaprais.
(3) Moins l'escadron d'escorte (3ᵉ) parti la veille et le 4ᵉ détaché au 16ᵉ corps.
(4) Arrive le 9 au soir à Besançon.
(5) Le 6ᵉ dragons partit en 3 trains qui arrivèrent le 12 à Clerval. 1 escadron (1ᵉʳ) fut arrêté le 11, à Rochefort près Besançon, et arriva le 14 par voie de terre à Fontaine. Il y a contradiction entre l'*Historique* du corps, qui fixe les départs au 5, pour les 2 premiers trains, et au 6, midi, pour le 3ᵉ, et le *Journal* de la division qui place tout le départ au 6.

convoi de la 3ᵉ division, était parti de Vierzon le 3; il était le 15 à Dijon, et le 19 à Bezançon.

Le groupe numéro 10, destiné à la 2ᵉ division, parti en chemin de fer sans voitures, arriva le 13 à Besançon et le 15 à Baume-les-Dames.

Le groupe numéro 13, affecté à la 2ᵉ division, et fort de 188 voitures, parti de Vierzon le 4 par voie de terre, dut se décharger à Nevers. Il perdit plusieurs voitures, fut retardé par la mauvaise volonté des charretiers, dont une grande partie déserta emmenant les chevaux; le 14 il était à Dijon.

Plus heureux, le groupe numéro 12, appartenant à la 1ʳᵉ division, arriva le 12 à Dijon, avec 200 voitures chargées de vivres et de fourrages.

En somme, l'embarquement de 2 divisions du 15ᵉ corps, de sa division de cavalerie et de son artillerie s'était fait dans de bonnes conditions et dans les délais prévus, c'est-à-dire pendant les journées des 4 et 5, et celle du 3 pour la brigade Questel.

Conformément aux ordres du général Martineau, la 2ᵉ division se prépara à quitter Vierzon le 6 pour gagner Bourges par voie de terre. — Elle devait faire une marche de nuit et se couvrir par une arrière-garde qui resterait à Mehun. L'embarquement devait commencer le 6 à 2 heures du soir à Bourges (1).

Le 5, la brigade Boërio atteignit Besançon. La réserve générale était à Boulot et Chambornay.

La Division Cremer était toujours autour de Dijon.

---

(1) *Ordre* de mouvement.

II

Les ordres pour le 6.

Abandon de la marche sur Vesoul. Le général Bourbaki avait passé la matinée du 5 janvier à Besançon avec M. de Serres. Très loin de ses troupes, il était complètement ignorant de ce qui se passait. On peut même douter qu'il ait connu avant le soir le mouvement du 18e corps bien au delà de la Romaine. — Cette ignorance, si elle fut réelle, ne fut sans doute pas étrangère à la grave et déplorable décision prise ce jour-là : l'abandon définitif du projet, accepté par le général en chef, d'aller attaquer le gros des forces ennemies là où elles se trouvaient, c'est-à-dire à Vesoul, et le début d' « une manœuvre qui semble empruntée aux procédés des guerres de positions du xviiie siècle » (1).

« Défiant dans la solidité de ses troupes, les croyant uniquement capables d'une défensive passive, constatant d'autre part que l'ennemi n'avait aucune velléité de venir attaquer les « bonnes positions » qu'il avait ordonné de prendre au Sud et au Sud-Ouest de Vesoul, il imagina de se porter entre ce point et Belfort, vers Villersexel. »

« Il espérait qu'ainsi Werder abandonnerait sans combat la position de Vesoul, qu'il estimait très forte. »

---

(1) Général Bonnal, *Étude inédite* : Héricourt.

Un tel résultat n'avait pas de valeur par lui-même, on peut même dire qu'il devenait défavorable à l'armée de l'Est, si Werder était ainsi amené à aller rejoindre le corps de siège. Car il trouverait de ce côté et d'importants renforts et les positions autrement redoutables de la Lisaine. On serait tôt ou tard amené à l'attaquer, si tant est qu'on voulût débloquer Belfort. On pouvait espérer à la vérité que, dans cette hypothèse, le 15e corps, enfin disponible, pourrait jouer un rôle, mais ce gain compensait seulement la valeur de l'appoint que les troupes du général von Treskow donneraient au corps Werder. De plus, on ne pouvait ignorer, et le ministre l'avait assez souvent répété, qu'il allait du salut de l'armée d'arriver rapidement à une solution.

On ne pouvait non plus songer à persévérer dans une marche vers Épinal ou vers Langres, en laissant derrière soi et sur sa droite les troupes de Werder et de Treskow intactes. Il semble donc que tous les arguments se réunissaient pour éloigner le général Bourbaki du désir de voir Werder évacuer Vesoul pour gagner Belfort. — Enfin dans un pays comme celui-là, on ne pouvait croire un moment que l'occupation de Villersexel empêcherait, quand il le voudrait, le général allemand de gagner les environs de Belfort. — A défaut de la route de Villersexel, n'avait-il pas celle de Lure, sans parler des nombreux chemins intermédiaires?

Tout cela est si évident qu'il faut chercher autre chose pour expliquer la détermination du général Bourbaki.

Il est très vraisemblable que le calcul fait par le commandant en chef, peut-être inspiré par M. de Serres, consista à tenter d'obliger l'ennemi à venir livrer une bataille offensive, pour reprendre de vive force sa ligne de communication avec Belfort par Villersexel.

Conforme aux idées qui dominaient depuis la guerre de 1866 dans les hautes sphères du commandement français, constamment appliquée, on sait à quel prix, à l'armée du Rhin, la théorie qui proclamait la supériorité de la défensive sur l'offensive était maîtresse de l'esprit du général en chef et se traduisait par tous ses actes. — Qu'elle eût été présentée par M. de Serres dans cette néfaste occasion, sous les dehors séduisants d'une « manœuvre savante » (1), revêtant un aspect scientifique, et cela suffit sans doute pour que l'ancien colonel de zouaves, qui avait conduit tant d'attaques à la baïonnette, se laissât définitivement séduire par son dangereux mirage.

On n'a sur le rôle de M. de Serres, dans cette occurrence que des indices, et c'est pour cela qu'il faut regretter la disparition de la dépêche, d'importance capitale, qu'il dut adresser le 5 au matin à M. de Freycinet, peu avant que le général Bourbaki le quittât pour aller à Voray. De cette pièce si importante, on ne connaît que la réponse qu'y fit M. de Freycinet le jour même.

Guerre à de Serres, Besançon (faire suivre, personnelle).

5 janvier 1871.

Mon cher de Serres, je vous remercie de votre dépêche de ce matin, qui me montre une fois de plus quel précieux collaborateur j'ai en vous. Comptez sur mon attachement, et unissons-nous dans un même souhait pour la France. Soyez ménager de votre santé.

C. DE FREYCINET.

Toujours est-il qu'une fois arrivé à Voray, le général Bourbaki télégraphiait, à 5 h. 15 du soir, aux généraux Clinchant, Billot et Bressoles, dans les termes suivants :

Général Bourbaki à général commandant 20ᵉ corps Pennesières (faire suivre).

Voray, 5 janvier 1871, 5 h. 15 soir.

Je vous confirme l'ordre déjà donné pour le mouvement de demain. Vous appuierez votre droite à Montbozon. Le

---

(1) Voir plus loin la Dépêche de M. de Freycinet à l'annonce du combat de Villersexel.

18ᵉ corps sera très en avant de Rioz, occupant Pennesières. Le 24ᵉ prendra position dans le voisinage de Rougemont, appuyant sa gauche à l'Oignon, et occupant les deux routes de Rougemont à Besançon et à Baume-les-Dames.

Général Bourbaki à général commandant 18ᵉ corps à Gy (faire suivre, au besoin par les soins du 20ᵉ corps).

Voray, 5 janvier 1871, 5 h. 15 soir.

Exécutez demain le mouvement que je vous ai ordonné, en vous établissant très en avant de Rioz. Occupez notamment Pennesières. Le 20ᵉ corps appuiera sa droite à l'Oignon, en avant de Montbozon.

Général Bourbaki à général commandant, 24ᵉ corps à Corcelle (faire suivre).

Voray, 5 janvier 1871, 5 h. 15 soir.

Je vous confirme l'ordre déjà donné pour le mouvement de demain. Vous prendrez position dans le voisinage de Rougemont que vous occuperez. Vous assurerez la possession des deux routes de Besançon et de Baume-les-Dames.

En ce qui concerne le 20ᵉ corps on connaît l'ordre daté de 11 heures du matin, que confirmait simplement celui de 5 h. 15 et qui avait déjà reçu un commencement d'exécution. — Pour les deux autres corps, les dépêches du soir ne faisaient aussi que confirmer celles du matin.

Général Bourbaki à général Billot, commandant 18ᵉ corps, Frasne-le-Château (faire suivre par toutes voies).

Besançon, 5 janvier 1871, 11 h. matin.

Vous appuierez demain fortement à droite, en ayant soin de couvrir ce mouvement de flanc, par vos avant-postes, qui resteront en position. Les 20ᵉ et 24ᵉ corps exécuteront un mouvement analogue.

Je vous ferai connaître ultérieurement le but que je me propose. Il va sans dire que vos avant-postes se replieront dès que leur présence sur les points occupés par eux ne sera plus nécessaire. Vous vous établirez en avant de Rioz, à cheval sur la grande route de Besançon à Vesoul.

Général Bourbaki à général Bressoles, commandant 24ᵉ corps Corcelle (faire suivre).

Besançon, 5 janvier 1871, 11 h. matin.

Vous appuierez demain à droite, en vous portant un peu en avant, de façon, à occuper les deux routes qui, partant de Rougemont, se dirigent : l'une sur Besançon, l'autre sur Baume-les-Dames. Vous choisirez votre position, et surveillerez bien ce qui se passera à votre droite.

Vous vous mettrez en communication avec le général Clinchant dont la droite occupera fortement Montbozon.

Le 18ᵉ corps sera en avant de Rioz.

C'était donc bien formel : l'abandon de toute idée d'offensive contre le corps Werder était consacré. La 1ʳᵉ armée n'allait plus chercher qu'à se faire attaquer en venant menacer la ligne ou plutôt une des lignes reliant Vesoul à Belfort.

« Le succès, dit à ce sujet le général Billot (1), paraissait assuré, si, dès le matin du 6 janvier, les 18ᵉ et 20ᵉ corps abordaient énergiquement les positions de l'ennemi. Malheureusement, le général Bourbaki ne crut pas devoir donner suite à son projet d'attaquer à Vesoul l'armée du général Werder. Il préféra continuer la marche de la 1ʳᵉ armée vers Belfort, espérant avoir le temps de couper la retraite à l'ennemi de ce côté. L'absence du 15ᵉ corps, toujours attendu par le général Bourbaki, et surtout les retards dans la marche du 24ᵉ corps eurent certainement une grande influence sur cette décision... Le ministre de la guerre avait cependant continué à recommander au général Bourbaki la plus grande activité...

« L'ordre d'attaquer Vesoul n'arrivant pas (2), dit le Lieutenant-Colonel Chevals, le général Clinchant me dépêcha auprès du général en chef pour exposer

---

(1) *Journal* du 18ᵉ corps. (Succession Billot.)
(2) *Souvenirs* inédits de M. le général Chevals alors commandant de 6ᵉ cuirassiers et attaché à l'État-Major du 20ᵉ corps.

la situation. Il devait être à Voray-sur-l'Oignon au Nord de Besançon. A deux heures de l'après-midi seulement, il arriva, et, du plus loin qu'il m'aperçoit : « Clinchant n'a pas attaqué au moins, dit-il. » « Non, mon Général, puisque vous lui avez prescrit d'attendre, mais il m'envoie pour demander à marcher, et profiter, sans plus de retard, des avantages qu'il croit trouver dans sa position actuelle. » « Non pas, non pas, Colonel ! Voyez ! » Il déploya une carte et ajouta, en me montrant du doigt la ligne qu'il suivait : « J'ai fait tomber Dijon, sans combat, Gray, sans combat. Je ferai tomber Vesoul, sans combat, Lure, pareillement, puis Héricourt, et nous arriverons ainsi à Belfort, qui tombera de la même façon. ... A mon retour à Pennesières, et quand je lui rendis compte de ma mission, le général Clinchant fut désolé, et n'obéit qu'à regret à l'ordre de mouvement qui nous faisait obliquer à droite... »

D'autre part le général en chef exprima dans une longue dépêche à M. de Freycinet son nouveau projet.

Général Bourbaki, à Guerre, Bordeaux (petit dictionnaire).

Voray, 5 janvier, 7 h. 10 soir.

L'ennemi, qui occupait avant-hier les bords de la Romaine, a exécuté hier un mouvement très prononcé de concentration ou de retraite sur Vesoul.

Aujourd'hui, la colonne ennemie, venant de Gray, occupe Vellefaux et Vallerois, couvrant ainsi Vesoul.

Je me propose de prendre la direction de Lure par Villersexel, de façon, ou bien à déterminer l'évacuation de Vesoul, comme ont été opérées successivement celles de Dijon et de Gray, ou bien, si l'ennemi se maintient dans Vesoul, à l'y attaquer par sa gauche, ce qui présente des conditions beaucoup plus favorables.

Dans l'un et l'autre cas, il devient nécessaire de faire appuyer à droite l'ensemble de l'armée.

Je donne l'ordre au 24ᵉ corps de se porter en avant demain matin, et de choisir une position dans le voisinage de

Rougemont, de façon, en appuyant sa gauche à l'Oignon, à occuper les deux routes de Rougemont à Besançon et à Baume-les-Dames.

Le 20e corps appuiera sa droite à l'Oignon, en avant de Montbozon, qu'il occupera fortement. Le 18e s'établira à sa gauche, à cheval sur la route de Besançon à Vesoul, très en avant de Rioz. Toutes les recommandations de détail sont faites pour dissimuler à l'ennemi le changement dans la disposition de mes forces.

Si le mouvement du 15e corps est assez rapidement exécuté, je chargerai une partie ou la totalité de ce corps de l'attaque de Montbéliard, pendant que j'attaquerai l'ennemi, qui m'aurait attendu, soit à Vesoul, soit à Villersexel; je manœuvrerai ensuite de façon à faire lever le siège de Belfort. Les opérations subséquentes dépendront de la direction que suivra l'ennemi en se repliant.

En ce moment, il serait bien utile que le général de Pointe occupât l'ennemi dans l'étendue de son commandement, et que le général Chanzy reprît l'offensive, si rien ne s'y oppose.

J'ai laissé le général Crémer à Dijon, avec mission de préserver cette ville d'une attaque venant du côté de Vitteau et de bousculer les têtes de colonne ennemies si elles se montraient. Le séjour de la brigade et des batteries du 15e corps, spécialement affectées à Dijon, me semblant désormais inutile, j'ai prescrit de les diriger sur Gray par les voies ordinaires.

Demain j'établirai mon quartier général à Montbozon.

Ainsi qu'on le voit, cette importante dépêche consacre, implicitement tout au moins, deux résolutions nouvelles et également déplorables : attendre pour s'engager l'arrivée du 15e corps, et pousser le débarquement de ces troupes jusqu'à Clerval. Comme il a été dit, dans la journée même, ce dernier mouvement avait commencé, et il devait être gros de conséquences.

Ainsi qu'on l'a vu, M. de Freycinet y était resté étranger.

Quoi qu'il en soit, la funeste décision du général en chef donna lieu aux prescriptions suivantes.

20ᵉ corps. Le général Clinchant ordonna (1) à la 1ʳᵉ division de se porter sur Fontenois-les-Montbozon. La 2ᵉ devait venir en arrière de sa gauche à Roche-sur-Linotte, la 3ᵉ en arrière de sa droite à Montbozon, la réserve d'artillerie en arrière du centre serait à Loulans et Ormenans.

Ce mouvement de flanc devait se faire sous la protection des avant-postes, établis face au Nord et fournis par les 1ʳᵉ et 2ᵉ divisions.

Mais, bientôt, le général Clinchant apprit la présence à Dampierre des troupes du général von der Goltz, dont il évalua la force à 6,000 hommes. En conséquence, il ordonna (2) que le mouvement serait couvert par la 1ʳᵉ division, qui occuperait Argirey et Roche-sur-Linotte. La 2ᵉ, passant derrière elle par Authoison et Loulans, viendrait à Fontenois-les-Montbozon, la 3ᵉ à Thiénans et Montbozon. Une fois la 2ᵉ division arrivée, la 1ʳᵉ cantonnerait à Roche-sur-Linotte et Sorans.

24ᵉ corps. Le mouvement prescrit au 24ᵉ corps, consistait à porter la 2ᵉ brigade de la 2ᵉ division à hauteur de la 1ʳᵉ, sur la ligne Montbozon à Mésandans. La 3ᵉ division devait venir en arrière de la droite de cette première ligne, à Tournans et Luxiol.

Pour le 18ᵉ corps, les ordres ne devant être donnés que le lendemain matin, seront analysés à la journée du 6.

---

(1) 1ᵉʳ ordre de mouvement. (Archives de la Guerre.)
(2) Modification à l'ordre de mouvement. (Arch. de la Guerre.)

III

Les opérations du côté allemand.

Décision du général von Werder. On a vu que, complètement surpris, le 5 au matin, par la présence de forces considérables sur la route de Vesoul à Rioz, le général Werder, toujours préoccupé pour ses communications avec Belfort, n'avait tout d'abord prononcé son mouvement vers l'Ouest que de façon à barrer seulement la route de Besançon. La marche du 18ᵉ corps le long de la route d'Auxonne ne fut connue que fort tard, puisque c'est seulement entre 4 et 5 heures du soir que la *3ᵉ* brigade badoise, d'abord concentrée à Vellefaux, fut dirigée, et en partie seulement, vers l'Ouest, pour occuper Andelarre, Andelarrot, puis Vernois et Mont-le-Vernois.

L'extrême incertitude dans laquelle se trouvait encore le commandant allemand ressort du témoignage que voici :

« Le 5 janvier, le lieutenant-colonel Leczinski, chef d'état-major, remit au général von Werder un « Pro memoria » envisageant les diverses éventualités (1).

« 1° L'ennemi prononce son offensive vers Nancy.

« 2° Il marche sur Villersexel, pour couper de Belfort le corps Werder et débloquer la ville.

---

(1) Wengen, *Die Kämpfe vor Belfort und die Wahrheit*, Berlin, 1899.

« 3° Le gros des Français occupe une position défensive derrière l'Oignon et envoie un corps vers Belfort.

« 4° L'armée française marche, protégée par une avant-garde vers Vesoul, dans la région entre Doubs et Oignon vers Belfort.

« Le cas le plus défavorable semblait être le second. Quand au 4°, on pouvait espérer attaquer l'ennemi en flanc vers Villersexel et gagner ainsi Belfort dont v. Werder avait charge de protéger l'investissement.

« Ce memorandum fut soumis aux généraux v. Glusner, v. Schmeling et baron v. der Goltz. Ce dernier s'exprima en ces termes :

« Je pense que l'estimation qui porte à 150,000 hommes les forces de Bourbaki est exagérée. Il est parti de Bourges et de Nevers avec 3 corps d'armée, soit au plus 90,000 hommes. La mauvaise organisation de ses troupes, et les marches en plein hiver l'ont réduit à 70,000 combattants. Son seul objectif raisonnable serait de nous attaquer sous Vesoul, car une victoire en ce point lui ouvre le chemin aussi bien sur Nancy que sur Belfort. S'il ne nous attaque pas là, mais qu'il se porte vers Belfort par la région entre Doubs et Oignon, il nous prête le flanc. Nous devons alors l'attaquer en flanc et l'histoire militaire châtiera Bourbaki pour sa fausse manœuvre. »

A quelle heure cette opinion, si intéressante, fut-elle exprimée? C'est ce qu'il est impossible de savoir au juste. En tous cas les événements de la journée devaient logiquement amener le général v. Werder à partager cet avis, et à prendre des mesures urgentes pour parer au danger le plus immédiat.

Accepter la bataille le 6 sur le front de 20 kilomètres qui s'étendait de Dampierre à Mont-le-Vernois par Echenoz avec des forces aussi insuffisantes, eût été ménager à son adversaire un succès certain.

Il était donc urgent de concentrer les troupes allemandes, et, dans l'état de dispersion où elles étaient, en face d'un adversaire, qu'on devait croire résolu à une vigoureuse offensive, cette opération ne pouvait se faire qu'assez loin en arrière de la ligne Dampierre, Echenoz, Mont-le-Vernois.

Toutefois, si l'on avait eu, comme le supposent gratuitement les historiens Wengen et Löhlein, l'intention de prendre l'offensive, au cas où les Français se détourneraient vers l'Est, c'était sur la ligne Vesoul, les Belles-Baraques, le long de la route de Vesoul à Villersexel, que l'armée eût dû se rassembler, et c'est le mouvement que les emplacements occupés le 5 au soir (1) eussent rendu le plus facile.

Bien éloigné d'intentions aussi énergiques, le général Werder paraît n'avoir songé qu'à dégager le plus vite possible ses troupes de l'étreinte de l'adversaire, qui s'était soudainement révélé si nombreux.

L'ordre qu'il rédigea le 5 janvier à 11 heures du soir en est la preuve manifeste (2).

« Le 18º corps français est en marche sur la route de Grandvelle à Vesoul, le 20ᵉ, vient de Rioz, le 24ᵉ débouche probablement de Rougemont (3). Le corps d'armée va rompre immédiatement et se concentrera au Nord de Vesoul, les 2ᵉ et 3ᵉ brigades avec l'artillerie de corps entre Pusey et Vesoul, la brigade de cavalerie Willesen à Pusey. Le général Goltz, avec la 1ʳᵉ brigade badoise, se portera immédiatement sur Frotey-Calmoutier, la division Schmeling, sur les hauteurs de Villers-le-Sec et sur la route Frotey-Calmoutier. Les convois iront à Saulx, ceux de Lure sur Saint-Sauveur. »

Il est intéressant de connaître l'impression qu'on ressentit au grand quartier général de Versailles à

---

(1) Voir la carte donnant les emplacements le 5 au soir.
(2) Cité par Löhlein.
(3) Il n'y était pas encore.

l'arrivée, le 5 janvier à midi, de la nouvelle (1), si complètement imprévue, de l'apparition au contact même du XIV⁰ corps de l'armée de Bourbaki, qu'on croyait encore autour de Bourges. « On vient, télégraphia immédiatement le maréchal de Moltke, de recevoir la dépêche annonçant que vous êtes attaqué. Sa Majesté recommande de bien grouper toutes vos forces et de prendre immédiatement l'offensive. Vous empêcherez ainsi le déblocus de Belfort et votre corps d'armée deviendra disponible pour une autre mission. Il n'y a pas à isoler Langres, mais à l'attaquer aussitôt que possible, dans le sens du projet du général v. d. Goltz. D'après nos renseignements Bourbaki est à Bourges (*sic*). »

Une heure après il ajoutait :

« Les renseignements les plus récents (2) montrent tous que Bourbaki avec toute son armée est encore à Bourges et Nevers. D'après cela, vous n'avez devant vous qu'un nouveau corps, le 24ᵉ, formé à Lyon, sous les ordres du général Bressolles, Garibaldi, et peut-être encore quelques gardes nationaux mobilisés de la région. »

« En effet, dit à ce sujet l'éditeur de la correspondance du maréchal de Moltke, par télégramme parti de Vesoul le 5 janvier à 5 h. 20 du soir, et arrivé le même jour à Versailles à 6 h. 30 du soir, le général v. Werder mandait qu'il avait devant lui le 20ᵉ corps français fort de 3 divisions et qu'il pensait faire, le 6, sur ce corps d'armée une attaque enveloppante... »

Il est possible que Werder ait eu un moment cette intention, car il est certain que ce fut entre 4 et 5 heures du soir seulement qu'on connut la marche du 18ᵉ corps sur la route de Gy à Vesoul. En effet, à cette heure-là seulement, la *3ᵉ* brigade badoise, qui avait passé

---

(1) Transmise par un télégramme du général von Werder en date du même jour, 10 h. 2 matin.

(2) 1 heure soir.

l'après-midi à Vellefaux, fut dirigée vers l'Ouest. Toutes les dispositions antérieures à ce mouvement ne visent que la marche du 20ᵉ corps, seul signalé sur la route de Rioz. C'est contre lui qu'on avait dirigé la *1*ʳᵉ brigade badoise et la brigade v. d. Goltz sur Dampierre, et les *2*ᵉ et *3*ᵉ brigades badoises vers Vellefaux et Vallerois, avec l'artillerie de corps, tandis que la *4*ᵉ division de réserve s'établissait en arrière aux Belles-Baraques. Mais le combat de Levrecey fit bientôt connaître la présence du 18ᵉ corps, et, dès 10 heures du soir, le général Werder l'annonçait à Versailles (1). On a vu du reste par son ordre daté de 11 heures du soir, avec quelle précision le général Werder connut la force de l'armée qui lui était opposée (2).

Du côté du détachement Debschitz, la journée du 5 s'était passée sans rien qui pût faire croire à une marche des Français (3). Le major v. Kutschenbach, avec les 3ᵉ et 4ᵉ compagnies du *67*ᵉ, venant de Lebetain, et 2 compagnies du bataillon Apenrade, venant de Dizier, 1 bataillon du 3ᵉ ulans de réserve et 2 canons, s'était porté en reconnaissance sur Abbévillers, puis Glay, et Meslières. Il y acquit la certitude que, de ce côté, les

---

(1) Télégramme parvenu à 11 h. 20 soir. *Correspondance* de de Moltke.

(2) D'après Kunz on aurait saisi un ordre de bataille de l'armée sur un officier fait prisonnier au moment où, aveuglé par la neige, il tombait dans les avant-postes allemands, p. 64. — On ne sait dans quelles circonstances eut lieu cette capture, et les recherches, faites à ce sujet à Berlin, n'ont pas abouti. — Il demeure certain toutefois que, le 6, le général Werder était parfaitement fixé sur l'ordre de bataille français, ainsi que le montrent, d'une part ses dépêches au grand quartier général, de l'autre le témoignage même de M. de Neuflize, qui déclare, qu'après avoir reconnu le numéro de son corps, le général Werder lui dit à quelle division et corps d'armée il appartenait.

(3) Wengen.

Français n'étaient pas en forces et s'étaient retiré sur la ligne Blamont-Pont-de-Roide (1). On fit donc rentrer les troupes qui avaient été renforcer le détachement Debschitz. « En raison de la conversion à droite de la 4e division de réserve, qui avait dégarni la région d'Arcey et Villersexel, on envoya dès le 5, de Sochaux et Montbéliard, un détachement, sous les ordres du colonel Ostrowski du 2e régiment de Landwehr combiné de Prusse orientale. Il fut composé du bataillon de fusiliers du *67e* d'infanterie des bataillons de Landwehr Gnesen et Insterburg, du 3e escadron du *3e* ulans de réserve et d'une batterie de réserve. A la nouvelle de troupes françaises marchant de l'Isle-sur-le-Doubs vers Belfort, ce détachement reçut l'ordre de s'arrêter à Arcey (2). »

Le détachement Debschitz resta dans sa position entre Exincourt et Croix, et s'y fortifia (3).

Détachement Dannenberg. Conformément aux ordres donnés la veille par le colonel Dannenberg, le lieutenant-colonel v. Schœnholtz expédia, le 5 à 2 heures du soir, le IIe bataillon du *72e* de Montbard sur Aisey-sur-Seine, avec 1 sous-officier et 12 hussards. Ce détachement s'établit à Étais à 5 h. 30 du soir (4). Deux compagnies de fusiliers du *60e* vinrent à Coulmier-le-Sec. Les troupes du lieutenant-colonel Hensel, qui occupaient Chaumont, détachèrent 3 compagnies à Château-Villain et 1 à Veuxaulles; le 6, le bataillon Deutz devait venir à Foulain et Lusy, face à Langres.

Le colonel Dannenberg, pourvu du commandement des *60e* et *72e*, de 2 escadrons de hussards et 1 d'ulans, de 3 batteries légères, eût en outre autorité sur les troupes stationnées à Châtillon, Ravières et Nuits. Chargé

---

(1) *Historique* du 67e prussiens.
(2) Wengen.
(3) *Ibid.*
(4) *Historique* du 72e.

de garder le chemin de fer Chaumont, Châtillon, Nuits Tonnerre, et de rester en relations télégraphiques avec les généraux Werder et Zastrow, tout en se tenant prêt à marcher sur Auxerre au premier signal (1), il eut à prendre ses dispositions pour la triple éventualité d'une attaque, venant de Dijon dans la direction Montbard, Tonnerre, ou suivant les vallées de la Seine ou de l'Ource et menaçant Châtillon et la ligne ferrée avec l'appui de la garnison de Langres.

Corps Zastrow. Dans la journée du 5, l'avant-garde de la *13e* division atteignit Chablis. Là cantonnèrent l'État-Major de la *26e* brigade, l'artillerie, le *55e* régiment et le *8e* hussards. Le *15e* régiment avait 1 bataillon à Beine, 1 à la Chapelle-Vaupeltaine et 1 à Milly. « Les marches avaient été des plus pénibles, sur ces routes glacées ou couvertes de neige; le service de sûreté épuisait les hommes, le pays, très pauvre, ne fournissait que fort peu de subsistances. Enfin la population était très hostile (2). »

Le gros de la division arriva à Chichée, où s'installa le quartier général. Les cantonnements, échelonnés sur la route, s'étendirent jusqu'à Poilly et Lichères.

L'artillerie de corps et les trains parvinrent de leur côté à Tonnerre.

Quant à la flanc-garde de gauche (lieutenant-colonel v. d. Bussche) elle entra à 3 h. 20 du soir à Vermenton (3).

Le pays était libre, mais on recueillit par de nombreux témoignages la nouvelle du passage en ce point de Ricciotti Garibaldi avec sa brigade.

Ce dernier télégraphiait le même jour :

---

(1) Ordre signé du chef d'Etat-Major du VII° corps Salviati, cité par l'*Historique* du 72°.
(2) *Historique* des *15e* et *55e*.
(3) Fabricius.

« Je suis à Précy, Saulieu et Semur. Que dois-je faire? Les Prussiens sont partis de Semur (1). »

De son côté Garibaldi, rentré à Autun, avait, d'après Bordone (2), donné, le 4 dans la soirée, l'ordre à toutes ses troupes de se mettre en mouvement vers Dijon. « Tout devait rester dans l'état à Autun : baraquements et travaux de défense. »

A peine Bordone rentré à son poste, la dépêche suivante fut adressée au gouvernement. L'État-Major de l'armée des Vosges croyait pouvoir attribuer à l'action de ses troupes la retraite de l'ennemi vers le Nord-Ouest.

État-Major, Armée des Vosges à Guerre, Bordeaux.

Autun, 5 janvier 1871, 8 h. 35 matin.

Bordone arrivé, de Serres avait promis revenir et ne l'a pas fait. — Chef état-major réclame envoi immédiat d'un délégué gouvernement pour solution définitive de toute question pendante et malentendus. Dans dernière dépêche à Bordone, Ministre a pris dualisme dans mauvais sens; il s'agissait, d'après dépêche Gauckler, de dualisme entre élément italien et français et de démissions imminentes et dissolution.

Opérations combinées avec de Serres ne concernaient pas Dijon, et cependant général y a couru dès qu'alerte du côté de Varois a été signalée; en outre, flancs ennemis menacés par nous, sont prouvés par deux engagements heureux, à Chanceaux et à Semur : si les Prussiens ne sont pas établis à Montbard et Châtillon, c'est qu'ils sont surveillés et tracassés par nos troupes. De fortes reconnaissances les cherchent et les traquent. Avons un tort capital, c'est d'agir et non de parler. Il faut que cela finisse. Quand général a demandé convoi pour transporter toutes les troupes à Dijon menacé, il ne faisait que ce qu'il devait pour secourir cette ville. Mouvements des autres nous ont tenu dans position excep-

---

(1) Cité par Bordone, p. 264.
(2) P. 268, Garibaldi (*loc. cit.*).

tionnellement dangereuse et privé de toute espèce d'arrivages nécessaires. Troupes promises non encore arrivées. Chef état-major informe le Ministre, que s'il est resté éloigné du quartier général pendant 8 jours, c'était pour accomplir des ordres reçus, et non pour motif qu'on lui prête, et après avoir assuré service qu'il continuait à diriger de loin : il attend d'ailleurs délégué qui terminera tout, fera justice, recevra démissions ou prononcera révocations.

Quoi qu'il en soit la 13ᵉ division allemande avait recueilli le 5 janvier les renseignements suivants :

« Des renseignements concordants des habitants signalaient (1) des mouvements de troupes garibaldiennes entre Vermenton et les villages parcourus par les patrouilles de cavalerie. Dans la nuit du 31 décembre au 1ᵉʳ janvier, 6 à 700 hommes avaient cantonné à Vermenton, puis s'étaient retirés sur Avallon où il devait y avoir 8 à 1,200 hommes. Un homme de Joue-la-Ville (12 kil. S.-E. de Vermenton), qui parlait allemand, évaluait le nombre des Garibaldiens qui avaient marché vers Avallon le 2 à plus de 2,000 hommes. D'après un habitant sûr, les 1,500 francs-tireurs arrivés à Vermenton le 30 décembre, étaient sous les ordres de Ricciotti Garibaldi et de 6 autres officiers mal montés ; ils conduisaient avec eux une pièce partie à dos de mulets ; un petit détachement avait quitté la ville le 31 dans la direction d'Auxerre (?). le gros était parti le 1ᵉʳ janvier sur Avallon.

Le lieutenant von Lange, envoyé pour explorer vers la gauche, par Lucy-le-Bois et Précy-le-Sec, rendait compte qu'il n'y avait pas de Garibaldiens dans les villages au Sud de la route Paris-Lyon. A Voutenay, point de croisement de vallée de la Cure et de la route de Joigny, qu'il trouva inoccupé, il s'empara d'un grand nombre de lettres, qui, toutes, confirmaient les renseignements précédents, mais ajoutaient que Ricciotti voulait défendre Avallon contre les Prussiens, qui y étaient attendus : 1,000 hommes sous les ordres du vieux Garibaldi devaient en outre y arriver le 4.

D'après une lettre du 3, l'armée de la Loire devait être en

---

(1) Fabricius, p. 230.

mouvement vers la Bourgogne. Un homme appartenant à la Compagnie forestière des Guides, à Nevers, écrivait que tout le monde était fatigué de la guerre; que seuls les officiers espéraient encore le succès.

A Dijon, la crainte de voir arriver les Prussiens, loin de cesser, augmentait chaque jour : un article du journal *le Bien Public* indiquait faussement que les Prussiens occupaient encore le 4 leurs positions du 2 et du 3 ; il annonçait que ses renseignements particuliers lui apprenaient la présence dans la région de Montbard de 60,000 Prussiens.

Le colonel von Dannenberg reçut du chef d'État-Major du VIIe corps, colonel von Salviati, les instructions suivantes :

Vous prendrez le commandement du détachement du lieutenant-colonel von Schœnholtz, ainsi que des détachements réunis à Châtillon, Ravières et Nuits, avec la mission d'assurer, au moyen de ces troupes, la sécurité de la voie ferrée : Chaumont, Châtillon, Nuits, Tonnerre, contre les entreprises ennemies pouvant venir de Langres, Dijon ou Autun.

Vous vous tiendrez en liaison télégraphiquement avec le général d'infanterie von Werder, qui est pour le moment à Vesoul, ainsi qu'avec le général commandant le VIIe corps, auquel vous devrez envoyer chaque jour un compte rendu. Vous vous entendrez en outre avec le commandant d'étapes chargé de la ligne ferrée ci-dessus, pour que les nouvelles, qu'il recevrait sur l'ennemi, vous soient immédiatement communiquées.

Il vous faut aussi remarquer que vous êtes destiné à vous rendre à Auxerre dès que les mesures prises par le général von Werder auront diminué le danger d'une menace de la voie ferrée par Langres et Dijon.

Quant au lieutenant-colonel von Schœnholtz, le colonel Dannenberg rédigea pour lui un projet d'opérations envisageant l'hypothèse d'une attaque.

1° Directement de Dijon sur Montbard-Tonnerre ;

2° Ou sur les routes de la vallée de la Seine ;

3° Ou dans la vallée de l'Ource sur Châtillon et la voie ferrée avec l'aide de la garnison de Langres.

1° Le premier cas, attaque directe sur Montbard, est peu probable. Dans ce cas, deux bataillons de votre régiment, 1 batterie et 1 escadron et demi resteraient en première ligne. Le bataillon de fusiliers du *60ᵉ*, à Puits et Coulmier, serait appelé aussitôt et employé à un mouvement de flanc ; le bataillon Einecke, poussé à Aisey-le-Duc, viendrait prendre position à Étais.

Les comptes rendus devront me parvenir aussitôt en double : 1° par la route directe par Étais-Coulmier au moyen de relais ; 2° télégraphiquement par Nuits : cette dernière localité, où se trouveront 3 à 4 compagnies de landwehr, du bataillon de Mulhouse, devra être avertie.

Un demi-peloton de hussards doit être envoyé à chacun des 2 bataillons : Einecke et Fusiliers du *60ᵉ* à Aisey-sur-Seine, Coulmier et Puits. A Nuits il faut envoyer 6 relais de hussards.

2° Le bataillon Einecke doit, avec quelque attention, pouvoir être averti à temps d'une attaque venant par la vallée de la Seine, afin d'éviter un ennemi supérieur en nombre et de pouvoir se retirer ici, d'où une attaque serait ensuite dirigée. Le bataillon de Fusiliers du *60ᵉ*, aussitôt prévenu à Puits et Coulmier, se porterait en avant sur le flanc droit, et en tous cas couvrirait ce flanc.

Laissant 1 bataillon, 4 pièces et 1 escadron à Montbard, vous dirigeriez par Étais sur Châtillon 1 bataillon, 2 pièces et 2 pelotons qui se mettraient en liaison avec moi.

3° Dans le cas d'une attaque par la vallée de l'Ource, le poste poussé à Masey-Vauvey dans la direction de Langres (2 compagnies, 2 pièces, 1 peloton de cavalerie) en aurait connaissance à temps, et devrait rendre compte ici, où ensuite l'ennemi se heurterait à (y compris les troupes de landwehr) 2 bataillons et demi, 6 pièces et 1 escadron qui permettraient d'attendre l'arrivée de Coulmier du bataillon du *60ᵉ* et d'une partie de celui du major Einecke : une résistance victorieuse est hors de doute.

Une compagnie, détachée d'ici à Courban pour la sécurité du chemin de fer, suffira certainement pour assurer la liaison avec une compagnie du régiment de Landwehr combiné (23, 63) stationnée à Veuxhaulles. Un service de patrouille constant, sur les deux routes de Louême (route de la Ferté-sur-Aube à Dijon) et d'Arc-en-Barrois (mi-chemin entre Châtillon et Langres), empêchera les petites entreprises ennemies sur la voie ferrée de Langres.

Dans tous les cas, vous serez toujours en état, en observant les routes vers Autun et Dijon, de remplir la mission spéciale qui m'a été confiée le 4 au soir par un officier d'ordonnance.

Après le départ des 2 demi-pelotons et du détachement de Nuits, il vous reste encore 1 escadron et demi à votre disposition, qui, d'après mon opinion, vous sera nécessaire pour observer dans la direction générale de Langres.

Je fais communiquer directement au bataillon Einecke à Aisey-sur-Seine et au bataillon du 60ᵉ à Coulmier-le-Sec les ordres ci-dessus ; j'espère que dans deux jours la liaison télégraphique directe sera établie entre ici et Montbard et j'attends chaque jour un compte rendu à 11 heures du matin ; je vous enverrai d'ici de semblables communications.

Signé : Von Dannenberg.

Le quartier général du VIIᵉ corps à Chablis envoya en outre le 5 au colonel Dannenberg, qui les reçut le 6, des instructions pour l'orienter sur la situation. Elles étaient les suivantes :

Un télégramme du grand quartier général du 2 de ce mois a avisé le corps d'armée qu'il n'était plus utile comme soutien du général von Werder, et qu'il devait se remettre en marche sur Auxerre. Le général Werder nous a avisés directement qu'il ne pouvait se porter sur Langres et Dijon car Belfort et l'Alsace étaient menacés par l'ennemi.

Dans ces conditions, avec l'aide des troupes suivantes, qui sont placés sous vos ordres, savoir :

Le 60ᵉ et le 72ᵉ d'infanterie.

2 escadrons du 1ᵉʳ régiment de hussards de réserve,

1 escadron du 5ᵉ régiment d'ulans de réserve,

2 batteries légères de l'artillerie de corps du VIIᵉ corps,

vous aurez à garder la voie ferrée Châtillon, Nuits, Tonnerre contre des entreprises ennemies venant de Langres, Dijon et Autun et à étendre, suivant les circonstances, cette protection à la ligne Châtillon-Chaumont.

D'après les renseignements, envoyés ici par l'inspection générale des étapes de la IIe armée, les points d'étape ci-dessus désignés seront vers le 6 ou le 7 suffisamment occupés par des troupes d'étape. A ce moment, les troupes de votre détachement, qui sont en ce moment à Nuits et Châtillon, deviendront disponibles, et vous pourrez réunir tout votre détachement à un point convenable vers Coulmier-le-Sec ou Saint-Marc-sur-Seine.

Vous prendrez les autres mesures nécessaires à la protection de la ligne suivant les circonstances; je vous recommande seulement d'avoir un service de renseignements bien organisé, pour l'organisation duquel de l'argent est mis ici à votre disposition, et une attaque offensive, courte et brusquée, sur toute fraction ennemie menaçant la voie ferrée.

D'après les nouvelles reçues ici, Dijon est occupé par 12 à 18,000 hommes, sous les ordres du général Crémer, et le détachement du lieutenant commandant von Schœnholtz s'est heurté le 2 de ce mois à des avant-postes sur la ligne Chanceaux, Vitteaux, Précy-sous-Thil.

Rien de nouveau n'est connu ici sur la garnison de Langres; vous serez mieux renseigné que nous là-dessus. On n'a pas pu constater si Garibaldi (15,000 h.) était encore à Arnay-le-Duc et Bligny (sur la route d'Autun à Sombernon et Dijon), où il était le 25 décembre.

En concluant, je vous recommande encore d'envoyer chaque jour des nouvelles de votre détachement, de rester en liaison télégraphique avec le général von Werder à Vesoul, et de me communiquer le plus vite possible les principales nouvelles qu'il vous enverra.

La communication avec moi est assurée télégraphiquement jusqu'à Tonnerre, et de là, par relais, par Chablis à Auxerre, où l'État-Major du corps d'armée sera établi demain 6 janvier.

Signé : Von Zastrow.

Ces instructions se croisaient avec le rapport qu'envoyait le colonel Dannenberg, rendant compte de sa situation en ces termes (1).

Arrivé hier (4) à midi à Châtillon et reçu l'ordre de Montbard du 3 au soir. Porté un bataillon du 72ᵉ et 1 peloton de hussards à Aisey-sur-Seine (12 kil. sud Châtillon), comme repli et liaison avec Montbard et ici : envoyé 2 compagnies des fusiliers du 60ᵉ de Nuits à Coulmier-le-Sec. A l'arrivée des troupes de Landwehr, annoncées pour ici et Nuits, le bataillon de fusiliers du 60ᵉ tout entier sera à Coulmier et Nuits (3 kil. S.-O.); d'ici 2 compagnies du 60ᵉ et 1 peloton de ulans poussés à Masey-Vauvey, contre Langres; 1 compagnie du 60ᵉ sur Courban (15 kil. à vol d'oiseau à l'est de Châtillon), pour la sécurité de la voie, et l'observation de la route Langres-Dijon. Le lieutenant-colonel von Schœnholtz, avec 2 bataillons, 1 batterie, un demi-escadron, doit couvrir les routes de Dijon et d'Autun. Suis en liaison avec tout le monde et pense toujours me concentrer ici ou à Montbard. Le général Werder communique avec moi télégraphiquement.

En même temps, du parc du VIIᵉ corps qui se trouvait encore à Châtillon, 53 voitures furent affectées au détachement Dannenberg.

Une colonne d'approvisionnements de 31 voitures, avec de l'avoine, escortée par 1 sous-officier et 20 hommes fut envoyée de Châtillon à Montbard par Coulmier. Le lieutenant-colonel von Schœnholtz envoya un détachement de hussards à moitié chemin pour l'escorter.

Derrière le colonel von Dannenberg, il y avait à Chaumont :

Colonel Hensel.
- 4ᵉ Bᵒⁿ du Régᵗ de Landwehr combiné (23/63).
- 4ᵉ batterie de siège saxonnes.
- 4ᵉ Escᵒⁿ du 4ᵉ régiment de hussards de réserve.
- 1ʳᵉ batterie lourde de réserve du VIIIᵉ corps.

---

(1) Télégramme en date du 5 du colonel Dannenberg au général Zastrow.

Les patrouilles de ce détachement se trouvèrent, le 5, en contact avec les troupes de la garnison de Langres.

Les cantonnements du VII° corps, le 5 janvier au soir, furent les suivants :

Quartier général. — Chichée.

13° Division. — Chichée.

25° brigade
- 13° régiment. II° bataillon. — Poilly.
- — I°ʳ bataillon et fusiliers. — Vermenton.
- 73° régiment. I°ʳ bataillon. — Tonnerre.
- — II° — — Chichée.
- — Fusiliers. — Chemilly.
- 1ʳᵉ compagnie de pionniers. — Chablis.

26° brigade
- 15° régiment. I°ʳ bataillon. — Beine.
- — II° — — La Chapelle-Vaupelteine.
- 15° régiment. Fusiliers. — Milly.
- 55° régiment. — Chablis.

7° bataillon de chasseurs. — Lichères.
72° Rég\. I°ʳ B°ⁿ et fusiliers. — Montbard.
— II° bataillon. — Etais.
60° régiment. I°ʳ et II° B°ⁿˢ. — Châtillon.
— Fusiliers. — Nuits-Ravières.
1°ʳ hussards de réserve. 1°ʳ et 2° escadrons. — Poilly.
1°ʳ hussards de réserve. 3° escadron, 1/2 4°. — Montbard.
1°ʳ hussards de réserve. — 1/2 escadron. — Nuits-Etais.
8° hussards. — Fyé.
5° ulans de réserve. 1°ʳ et 2° escadrons. — Vermenton.
5° ulans de réserve. 3° Esc. — Châtillon.
— 4° Esc. — Tonnerre.
3° batterie légère. — Châtillon.
4° — — Montbard.
5° — — Chablis.

174   LA GUERRE DE 1870-1871.

    6ᵉ batterie légère. — Vermenton.
    5ᵉ batterie lourde. ⎫
       —   ⎬ Chablis et environs.
    Batteries à cheval. — Tonnerre.
    Convois. — Tonnerre.

 *II*ᵉ *corps*. La *3*ᵉ division arriva à Montargis, la *4*ᵉ à Nemours (1).

 La 3ᵉ division reçut l'ordre de couvrir vers le Sud-Ouest le secteur compris entre le château de Platteville et la route de Courtenay, au Sud du canal d'Orléans, en passant par Villemandeur et Amilly-Saint-Firmin.

 Les avant-postes étaient formés de la façon suivante (2).

 1 bataillon du *2*ᵉ entre les Laudes et l'Iderie.

 1 bataillon du *42*ᵉ à l'Isledon (1ʳᵉ compagnie); Petit et Grand-Boisrond (2ᵉ compagnie); la Brosse (3ᵉ compagnie); les Colombiers et la Barnadière (4ᵉ compagnie); *1* bataillon du *42*ᵉ et 1 escadron du *3*ᵉ dragons constituaient la réserve d'avant-postes à Villemandeur et dans les faubourgs Sud de Montargis.

 1 bataillon du *14*ᵉ entre le ruisseau de Vernisson et le Loing.

 1 bataillon du *54*ᵉ sur la rive droite du Loing.

 Les cantonnements du IIᵉ corps le 5 au soir furent les suivants :

    QUARTIER GÉNÉRAL. — NEMOURS.

    3ᵉ *Division*. — Montargis.

5ᵉ brigade .... ⎰ 2ᵉ régiment. 1ᵉʳ bataillon. — Gudrey, la Mange, Sainte-Catherine, Poutonnier.
        2ᵉ Régᵗ. IIᵉ Bᵒⁿ. — Bromeilles, Puiseaux.
         — Fusiliers. — l'Iderie, Petit-Fontainebleau.
        42ᵉ régiment. 1ᵉʳ bataillon et fusiliers.
         — Entre la Banardière et Lulidon.
        42ᵉ régiment. IIᵉ bataillon. — Puiseaux.
        1ʳᵉ Cⁱᵉ de pionniers. — Fontainebleau.

---

(1) *Historique* du *42*ᵉ, p. 146.
(2) Les *Historiques* des 2ᵉ, *42*ᵉ, *14*ᵉ, *54*ᵉ.

6ᵉ brigade
- 14ᵉ régiment. Iᵉʳ bataillon. — Montargis.
- — IIᵉ Bᵒⁿ. — Avant-postes (sud).
- — Fusiliers. — Corquilleroy.
- 54ᵉ Régᵗ. Iᵉʳ Bᵒⁿ et fusiliers. — Montargis.
- — IIᵉ Bᵒⁿ. — Avant-postes (sud-est).
- 2ᵉ bataillon de chasseurs. — Montargis.

3ᵉ dragons. — Montargis et environs.
Artillerie, convois. — Préfontaine, Pessard, Montargis.

4ᵉ Division. — Nemours.

7ᵉ brigade
- 9ᵉ régiment. Iᵉʳ et IIᵉ bataillon. — Nemours.
- — Fusiliers. — Fontainebleau.
- 49ᵉ régiment. — Nemours et environs.

8ᵉ brigade
- 21ᵉ Régᵗ. Iᵉʳ Bᵒⁿ et fusiliers. — Nemours.
- — IIᵉ bataillon. — Fay.
- 64ᵉ Régᵗ. Iᵉʳ bataillon. — Château-Landon.
- — IIᵉ bataillon. — Bagneaux.
- — Fusiliers. — Petit-Jouy.
- 2ᵉ et 3ᵉ compagnies de pionniers. — Nemours.

11ᵉ dragons. — Nemours.
Artillerie. — Nemours.
Convois. — Villiers-sous-Grez.
Artillerie de corps. — Corquilleroy.
Convois. — Château-Landon.

Journée du 6 janvier.

I

Retraite de Werder.

Dès 6 heures du matin, la droite allemande commença sa retraite : le Ier bataillon du 6e badois évacua Mont-le-Vernois et se porta sur Vaivre, laissant 1 compagnie au camp romain, les fusiliers du même régiment allèrent de Vernois à Noidans-les-Vesoul. Le IIe bataillon resta à Vesoul.

« L'après-midi se passa en position d'attente derrière la chaussée du chemin de fer. Contre toute attente, les Français n'attaquèrent pas » (1).

Plus tôt encore, dès 4 heures du matin, les Ier et IIe bataillons du 5e badois avaient évacué Andelarre et Andelarrot (2) et marché sur Vesoul, où arrivait, à 7 heures du matin, le bataillon de fusiliers, venant de Villeguindry. « Le régiment occupa la ville, le Ier bataillon au S.-O., le IIe au Sud, le IIIe en réserve; on se fortifia avec l'aide d'une compagnie de pionniers. » Rien ne venant, à 6 heures du soir, on prit un cantonnement d'alerte (3). Comme les magasins étaient évacués en

---

(1) *Historique* du 6e badois.

(2) Les reconnaissances françaises, qui signalèrent, dans la journée, la présence de l'ennemi à Andelarre et Andelarrot, purent rencontrer quelques dragons, bien que les *Historiques* allemands n'en fassent pas mention, mais à coup sûr pas un seul fantassin. Néanmoins on déclara ces points occupés.

(3) *Historique* du 5e badois.

prévision d'une bataille, les soldats reçurent une quantité de jambons, conserves, tabac, cigares et effets de laine (1).

A 5 h. 30 le *3*ᵉ badois, qui avait un bataillon à Villeguindry et 2 à Vellefaux, était rassemblé au N.-O. de Vesoul à la Motte, où déjà se trouvaient les Iᵉʳ et IIIᵉ bataillons du *4*ᵉ badois venant de Noidans-les-Vesoul et du faubourg au Sud de Vesoul, tandis que le IIᵉ bataillon du *4*ᵉ badois, quittant Échenoz-le-Sec, « dès le point du jour », venait occuper, en avant de Vesoul sur la route de Rioz, le hameau des Cotets (500 m. S. d'Échenoz-la-Méline), occupant la lisière Sud du bois de Mauragneux (2).

Bientôt arrivait toute la *1*ʳᵉ brigade badoise, qui avait reçu à 1 h. 30 du matin l'ordre de prendre les armes, et qui, à 7 heures, avait déjà atteint Frotey-les-Vesoul (3). Des points de rendez-vous de la Motte, *1*ʳᵉ et *2*ᵉ brigades badoises, accompagnées de l'artillerie de corps, furent dirigées vers le Nord-Ouest par la grand'route de Port-sur-Saône. Arrivées entre Charmoilles et Pusey, elles furent rassemblées et firent la soupe, tandis qu'une compagnie du *4*ᵉ badois poussait jusqu'à Port-sur-Saône, et que « des officiers étaient envoyés reconnaître une position défensive sur les hauteurs entre Montigny-les-Vesoul et Grattery (4).

Dans la soirée, arriva l'ordre de cantonner : le *3*ᵉ badois devait avoir ses Iᵉʳ et IIᵉ bataillons à Pusey, les fusiliers à Pusey, les 2 bataillons (Iᵉʳ et fusiliers) du *4*ᵉ à Charmoilles. — Le *1*ᵉʳ leib-grenadiers et le *2*ᵉ grenadiers occupèrent aussi Pusey, laissant 2 compagnies

---

(1) *Historique* du 3ᵉ badois.
(2) Il y resta toute la journée et la nuit suivante au bivouac. (*Historique* du 4ᵉ badois.)
(3) *Historiques* des *1*ᵉʳ et *2*ᵉ badois.
(4) *Historique* du 3ᵉ badois.

à la ferme la Montoillette. A Pusey se trouvait aussi l'artillerie de corps et la brigade de cavalerie Willisen, qui était montée à cheval à 1 h. 30 du matin, et qui, malgré une neige épaisse, était arrivée dès 4 heures du matin à Pusey. Elle y reçut à 6 heures du soir l'ordre d'aller cantonner en arrière à Auxon (1).

Les troupes commençaient à s'installer, après cette pénible attente de toute la journée sous la neige, quand l'alerte fut donnée « à la nouvelle qu'une forte avant-garde ennemie marchait sur Montigny-les-Vesoul ». Immédiatement on fit prendre les armes au *3ᵉ* badois, qui, avec 1 escadron et 1 batterie, se dirigea sur ce point, et l'occupa à 9 heures du soir. Deux compagnies du Iᵉʳ bataillon prirent le service d'avant-postes et de patrouilles vers Chemilly, Charriez et Raze; 2 compagnies du IIᵉ bataillon étaient de piquet aux issues (2). » On put aussi établir, la nuit même, la jonction avec les troupes d'étapes de Port-sur-Saône, qui avaient un poste à Vauchoux, et qui n'avaient pas eu de contact avec l'ennemi.

Partie de Dampierre derrière la *1ʳᵉ* brigade badoise (3), la brigade v. d. Goltz avait gagné, par un mauvais chemin de traverse, le village de Neurcy-lès-la-Demie, puis, par Quincey, elle était arrivée vers 1 heure du soir près de Frotey et s'était rassemblée au Nord-Est de l'embranchement des routes Vesoul à Lure et Vesoul à Saulx, 2 compagnies du Iᵉʳ bataillon du *34ᵉ* occupant Quincey et Frotey. Toute l'après-midi se passa ainsi.

Au soir on cantonna à Frotey les Iᵉʳ et IIᵉ bataillons du 30ᵉ, les fusiliers à Comberjon et Coulevon. Les Iᵉʳ et IIᵉ bataillons du 34ᵉ étaient à Quincey, les fusiliers à

---

(1) *Historiques* des *1*ᵉʳ et *2*ᵉ dragons badois.
(2) *Historique* du 3ᵉ badois.
(3) En silence et par une tempête de neige. (*Historiques* des *30* et *34*ᵉ d'infanterie.)

Colombier, avec une compagnie à Saulx, à la garde des convois.

Enfin la IVᵉ division de réserve était partie à 4 heures du matin de son bivouac des Belles-Baraques. Après avoir passé la journée rassemblée au Nord de Vesoul, elle y fut cantonnée dans la soirée (1).

Si l'on regarde la carte donnant les emplacements du 5 janvier au soir, et si l'on suppose de la part des Français une offensive générale dès le 6 au matin, les Allemands restant sur leurs positions, l'écrasement de ces derniers paraît infiniment probable.

La 3ᵉ division du 18ᵉ corps attaquant dès le matin vers le Nord-Est, couverte sur sa gauche par la division de cavalerie, n'aurait eu devant elle que les 4 bataillons de Mont-le-Vernois, le Vernois, Andelarre et Andelarrot, sans une pièce de canon. Une heure après s'être engagée, elle pouvait être soutenue à sa droite par la 1ʳᵉ division, qui n'aurait trouvé devant elle que les 2 bataillons de Villeguindry. Enfin la 2ᵉ division et la réserve étaient tout placées pour appuyer cette offensive, en suivant la route de Grandvelle à Vesoul.

L'appoint des 3 bataillons stationnés dans cette ville ne pouvait empêcher le 18ᵉ corps d'enlever le soir même Vesoul et les magasins qui y étaient établis.

La tâche du 20ᵉ corps était plus difficile. Il avait devant lui un bataillon à Échenoz-le-Sec, 2 à Vellefaux et 2 brigades avec 4 batteries à Filain et Dampierre. En arrière était toute la IVᵉ division de réserve. Enfin la ligne Échenoz, Signal de Vellefaux, les Nonnins, Grand-Bois de Dampierre était très forte. De ce côté les progrès étaient douteux. Mais il ne faut pas perdre de vue que le succès du 18ᵉ corps aurait très vite menacé la droite de cette ligne et coupé la retraite vers le Nord,

---

(1) *Historique* du 25ᵉ d'infanterie.

et, qu'en outre, le 24ᵉ corps, appelé sur Montbozon, pouvait facilement gagner Vallerois et déborder la gauche allemande. Enfin il fallait compter aussi sur l'appui de la réserve générale.

La position prise par le général v. Werder était donc intenable, et, devant un adversaire énergique, un grave échec était certain.

La retraite opérée par les Allemands paraît donc parfaitement justifiée.

Toutefois ces dispositions auraient été insuffisantes, si le général Bourbaki avait résolu de continuer sa marche en avant.

Le 18ᵉ corps pouvait en effet être avant midi déployé devant le front Vaivre, Noidans. A peu près à la même heure, le 20ᵉ aurait couronné les hauteurs de la ligne Échenoz-la-Méline à Quincey. Malgré la supériorité numérique des Français, 6 divisions contre 6 brigades, un simple combat de front aurait exigé toute la journée, peut-être sans résultat très marqué. Il était d'ailleurs impossible de compter sur l'entrée en ligne, avant la nuit, du 24ᵉ corps et de la réserve générale, dont l'objectif aurait été naturellement Quincey, Colombe-les-Vesoul et le camp romain au Nord de Frottey. Néanmoins, dans la soirée, ces troupes pouvaient menacer la route Vesoul à Saulx, assez sérieusement pour qu'il ne restât au général Werder d'autre alternative que d'accepter pour le lendemain une bataille contre des forces triples, ou de décamper pendant la nuit, soit sur Port-sur-Saône, soit sur Faverney.

Dans un cas comme dans l'autre, c'était à l'avantage des Français, outre un succès moral et matériel de haute importance, la levée certaine du siège de Belfort, n'eut-on consacré à cette entreprise secondaire que le 15ᵉ corps, après son débarquement à Clerval.

Le sort de l'armée de l'Est, peut-être celui de la France, tinrent à cette funeste retraite, exécutée le

6 janvier, devant un adversaire qui cédait aussi le terrain.

Pendant cette journée du 6, il s'était produit du côté de l'Est des événements assez remarquables.

La nouvelle de la marche des Français de l'Isle-sur-le-Doubs vers Belfort avait déterminé le général de Treskow à renforcer le détachement Ostrowski, par l'envoi à Arcey d'un nouveau détachement, mis sous les ordres du colonel v. Bredow et comprenant les Ier et IIe bataillons du 67e, 1 escadron d'ulans, la batterie Grottke et 4 pièces de la batterie Langemack. Ce détachement vint sans difficulté s'installer le soir, partie à Arcey, partie à Desandans.

Quant au détachement Ostrowski, qui était à Arcey depuis la veille, il devait faire une reconnaissance sur l'Isle-sur-le-Doubs.

« A 7 heures du matin il partit d'Arcey; les fusiliers du 67e formant l'avant-garde (2) suivirent la grand'route, détachant la 10e compagnie sur Montenois, Lougres, Longevelle et Médière. » L'avant-garde parvint en ce dernier point, puis la 9e compagnie se dirigea vers l'Isle-sur-le-Doubs avec 1 peloton sur son flanc droit. On ne vit que quelques isolés français, et l'on crut que l'endroit était simplement visité par les patrouilles ennemies. Mais il n'en était rien. A mi-chemin entre Médière et l'Isle-le-sur-Doubs, la pointe fut accueillie par une violente fusillade, partant du chemin de fer au Sud du Doubs et du village. Les premières maisons furent atteintes à la course, de là on répondit au feu.

« Bientôt des tirailleurs se montrèrent près du pont; on reçut des coups de fusil de trois côtés à la fois; l'ennemi était très supérieur en nombre; le pont coupé, la pointe

---

(1) Fusiliers du 67e bataillon Gnesen et Insterburg. Batterie von Braunschweig. Escadron von Eckardsberg.

(2) *Historique* du 67e.

ne put que se mettre en défense aux maisons déjà occupées et en construisant une barricade. » « Au bout de 1 h. 30 de combat (vers midi), la pointe reçut l'ordre de rompre le combat. Mais on ne pouvait défiler sur la route, qui court parallèlement au chemin de fer occupé par les Français, et, à 300 de là, sur 1 000 mètres de longueur, ni grimper les pentes au Nord. Le peloton, lancé sur les hauteurs, ne pouvait, à cause de la distance, faire aucun mal à l'ennemi, pas plus que les deux pièces de canon placées au Sud de Médière ne pouvait le chasser de son abri. Le major v. Laue résolut donc de rester là jusqu'à la nuit. Le lieutenant Möller s'offrit à prévenir le colonel v. Ostrowski, et, éventuellement, à diriger des renforts. Grâce à une couverture blanche et à l'abri fourni par les tas de cailloux, le lieutenant Möller atteignit Médière, sans avoir été atteint par le feu continuel des Français.

Le colonel v. Ostrowski refusa d'engager de nouvelles troupes. A la nuit seulement la pointe se retira des premières maisons de l'Isle-sur-le-Doubs, ayant perdu plusieurs tués ou blessés (2).

Le détachement se retira sur Onans, où il cantonna le 7. Les patrouilles lancés vers Mancenans et Appenans n'avaient vu que quelques cavaliers.

---

(1) *Historique* du 67e.
(2) *Ibid.* Voir ci-dessous.

II

Mouvement des Français.

20ᵉ corps. Dès le matin, la 1ʳᵉ brigade de la 1ʳᵉ division (50ᵉ de marche et 55ᵉ mobiles) quitta ses cantonnements de Roche-sur-Linotte et Loulans, pour venir « s'établir en bataille sur les hauteurs qui dominent la vallée de la Linotte, à hauteur de la ferme dite de la Grande-Serpe. Le 50ᵉ à droite, le 55ᵉ à gauche (1), appuyant sa gauche à une montagne escarpée. » Vers midi, le 50ᵉ s'établit à Sorans, le 55ᵉ, rejoint par le 11ᵉ mobiles, qui était resté pendant la matinée près de Villers-Pater, s'établit à Roche-sur-Linotte avec l'artillerie divisionnaire.

A 4 heures du matin, la 2ᵉ brigade de la 1ʳᵉ division était rassemblée à la ferme d'Argirey, et, au jour, « 2 compagnies du 67ᵉ furent déployées en tirailleurs sur les hauteurs qui commandent la route de Vesoul. La position, admirablement choisie, commande toute la vallée de Ruhans, par laquelle s'éloigne le 20ᵉ corps dans sa marche sur Vesoul. Le reste de la brigade forme réserve en arrière. — On se replie sans avoir vu l'ennemi, qui a évacué dans la nuit le village de Vy-le-Filain, d'après le rapport du garde-champêtre de Villers-Pater (*sic*) (2). »

---

(1) *Historique* du 35ᵉ mobiles.
(2) *Historique* du 67ᵉ mobiles.

A midi, la 2ᵉ brigade se retira vers le Sud, et, à 4 heures du soir, elle était cantonnée à Loulans.

Pendant ce temps, la 2ᵉ division avait, dès 8 heures du matin, quitté Authoison, où rejoignaient le 34ᵉ mobiles et le bataillon de la Savoie venant de Courboux, et, par Villers-Pater, Loulans et Roche-sur-Linotte, elle s'était dirigée sur Fontenois-les-Montbozon, où elle s'établit en entier. Le 25ᵉ bataillon de chasseurs avait reçu à 3 heures du matin, par l'intermédiaire du commandant de Verdière, chef d'État-Major de la 2ᵉ division, l'ordre de couvrir le mouvement de retraite, et les 2 compagnies du capitaine Planet s'étaient porté au Nord des Laverottes, sur la grand'route de Vesoul, à hauteur de la ferme la Romvaux, surveillant les lisières Nord des bois de la Boulay et de la Corne. Les 2 autres compagnies, qui étaient au Magnoray, furent bien prévenues d'avoir à suivre le mouvement de la division sur Courboux et Villers-Pater, mais les deux compagnies des Laverottes furent oubliées jusqu'à 4 heures à leur poste, et ne rejoignirent qu'à onze heures du soir à Fontenois-les-Montbozon (1). Leur chef ne s'était pas douté de toute la journée qu'il n'avait personne devant lui, et qu'Echenoz-le-Sec était évacué depuis le matin par les Allemands.

A 7 heures du matin, la 3ᵉ division, précédée des lanciers et des chasseurs (2) et de sa compagnie du génie, avait quitté ses cantonnements. Dès 9 h. 30 la compagnie du génie arrivait à Montbozon et s'occupait à mettre la localité en état de défense, tandis que le 2ᵉ lanciers, poussant sur Bouhans-les-Montbozon, détachait 1 escadron en grand'garde à Cognières et 1 peloton à Thieffrans. Le 7ᵉ chasseurs s'installa à Thiénans (3). Le 47ᵉ

---

(1) *Historique* du 25ᵉ chasseurs de marche.
(2) Venant les uns de Ruhans, les autres d'Authoison.
(3) « Des reconnaissances furent envoyées sur Esprels et Vallerois. Elles signalèrent la présence de l'ennemi dans la direction de Vesoul et celle de Villersexel » (sic). (*Historique* du 2ᵉ lanciers de marche.)

de marche, qui était en tête de colonne, cantonna aussi à Thiénans, détachant 1 bataillon et 2 pièces de 4 en grand'gardes en avant du village. Dans la soirée, ces troupes cantonnèrent à Bouhans, avec 2 compagnies de grand'garde à Cognières. Le reste de la division s'installa, entre 1 heure et 3 heures du soir, à Montbozon, où était le quartier général du corps d'armée.

La réserve d'artillerie était à Loulans.

18ᵉ corps. La nuit s'était passée sans qu'aucun ordre fût parvenu. Aussi, à la pointe du jour, l'amiral Penhout avait formé ses troupes en colonne prêtes à marcher sur Vesoul, et en avait rendu compte au général Billot. A 7 heures il recevait en réponse à l'avis qu'il avait adressé au quartier général, la lettre suivante :

Mailley, le 6 janvier, 6 h. 30 matin.

Monsieur l'amiral,

Je reçois à l'instant le billet que vous adressez à mon chef d'État-Major, il n'y a rien de mieux à faire que ce que vous vous proposez d'exécuter au point du jour. J'ai attendu toute la nuit des ordres du général Bourbaki, ou un avis de mouvement du général Clinchant qui est à ma droite ; rien ne m'est encore parvenu.

Mes reconnaissances ont eu hier soir de petits engagements avec l'ennemi, l'un au village de Lévrecey, à droite, l'autre au village de Velle-le-Châtel, à gauche. L'ennemi, jusqu'à 10 heures du soir, a paru occuper en force les villages voisins de nos avant-postes ; il semble, mais rien n'est certain, qu'il se retire devant nous.

Vous n'avez donc qu'à vous tenir prêt à vous porter en avant au premier signal, du côté où vous entendrez le canon, soit à Mailley, soit à Rosey.

Du reste, si l'action s'engage, je vous enverrai deux officiers au galop.

Recevez, monsieur l'amiral, l'assurance de ma haute considération.

Le général commandant en chef le 18ᵉ corps d'armée
Signé : BILLOT.

Devrait-on conclure de cette lettre que, ni la dépêche du général Bourbaki datée de Besançon, 5 janvier, 11 heures du matin, ni celle de 5 h. 15 du soir, datée de Voray, n'étaient parvenues au général Billot? Probablement pas.

« Ce fut dans la nuit du 5 au 6, dit le général Borius (1), que l'armée reçut l'ordre de continuer son mouvement dans la direction de l'Est. »

Ce qui est probable c'est que seule la 1re dépêche était parvenue. Or celle-ci fut sans doute considérée comme trop vague, pour que des ordres fermes puissent être donnés par le commandant du 18e corps. Elle prescrivait simplement, en effet, « d'appuyer fortement à droite.... » et de « s'établir en avant de Rioz, à cheval sur la grand'route de Besançon à Belfort » (2). Quant à la seconde, confirmant la première, elle ne précisait qu'un point à atteindre, c'était celui de Pennesières, qui devait être « notamment » (sic) occupé. Elle était adressée à Gy avec la mention « faire suivre au besoin par les soins du 20e corps ».

Si, en arrivant à Gy en pleine nuit, le porteur de cet ordre, ne trouvant pas le général Billot, alors à Mailley, chercha le quartier général du 20e corps pour lui confier le soin de transmettre la dépêche, il ne le rencontra qu'à Pennesières à 30 kilomètres de là. Ayant fait près de 50 kilomètres, en pleine nuit, depuis 6 heures du soir, heure à laquelle il partit de Voray, il est peu probable qu'il ait rencontré le général Clinchant avant 3 ou 4 heures du matin, et l'on s'explique ainsi que le général Billot ne fut pas encore prévenu avant 6 h. 30 du matin.

Quoi qu'il en soit, l'ordre du général Billot ne fut donné que dans la matinée du 6, et ainsi s'explique l'extrême décousu des opérations du 18e corps.

---

(1) Archives de la Guerre.
(2) Voir ci-dessus, 5 janvier.

Le mouvement assigné au 18ᵉ corps était bien plus une retraite qu'une marche de flanc, surtout en ce qui concerne la 3ᵉ division. Mais l'occupation par les Allemands d'Andelarrot, de Villeguindry, et d'Echenoz-le-Sec pouvait cependant rendre dangereuse la situation des troupes du général Bonnet. Les ordres du général Billot furent combinés de façon à éviter le plus possible un combat.

La 2ᵉ division, avec la réserve d'artillerie et les convois, dut se rendre de Grandvelle par Fondremand et Hyet sur Pennessières, pour occuper le Magnoray, les bois de la Bouloye, ceux du Grand-Buisson et de Filain.

La division de cavalerie eut à se retirer par Noïdans-le-Ferroux, couvrant toute la journée la gauche, que le général Billot considérait toujours comme menacée, pour venir, à la nuit, partie à Grandvelle et partie à Pennesières. La 3ᵉ division devait occuper toute la journée les Évêques, et se retirer progressivement sur Mailley, que la 1ʳᵉ division évacuerait, progressivement aussi, pour se rendre à Authoison et Courboux.

A midi seulement, parvint à l'amiral Penhoat l'ordre de gagner Hyet avec la réserve d'artillerie et le 49ᵉ de ligne, pour venir prendre la place du 20ᵉ corps, à cheval sur la route de Besançon à Rioz.

La marche fut donc entamée très tardivement par la route de Fondremand à Hyet. Vers 9 heures du soir, la 1ʳᵉ brigade de la 2ᵉ division (1) occupait les bois de Filain et des Briottes, où elle bivouaqua. La 2ᵉ (2) occupait le Magnoray (92ᵉ de ligne), le bois de la Bouloye (régiment d'Afrique), au bivouac également par un froid terrible. Le quartier général de la division s'établit à la ferme des Laverottes, celui du corps d'armée à Pennesières.

---

(1) 12ᵉ chasseurs, 52ᵉ de marche, 77ᵉ mobiles.
(2) 92ᵉ de ligne, régiment d'Afrique.

La réserve d'artillerie avec le 49ᵉ de ligne était à Quenoche, les deux batteries à cheval à Pennesières (1).

Division de cavalerie. Dès 6 heures du matin, le 2ᵉ hussards de marche et les 1ᵉʳ et 4ᵉ escadrons du 3ᵉ lanciers de marche avaient quitté Clans (2), mais point du tout pour reconnaître l'ennemi. Entre 10 et 11 heures ces six escadrons arrivaient à Noidans-le-Ferroux, où ils restèrent jusqu'à 4 heures du soir, occupés à se procurer des vivres. A six heures du soir, le 2ᵉ hussards cantonnait à Rosey; les lanciers continuant leur route vers le Sud arrivaient à 11 heures du soir seulement à Grandvelle. Des deux escadrons de lanciers, qui étaient avec les divisions d'infanterie, le 2ᵉ avait dès 6 heures du matin quitté Baignes pour aller à Rosey, d'où il fut, dans la soirée, envoyé à Mailley, le 3ᵉ était parti de Mailley, dès le matin, et avait été cantonner à Authoison.

C'est dans la soirée seulement que cette cavalerie avait fait quelques reconnaissances. Le 2ᵉ escadron du 2ᵉ hussards (cap. d'Esclaibes) avait été dirigé par le général Billot sur Andelarrot et avait trouvé ce point abandonné par l'ennemi.

Quant à la brigade Charlemagne (3), elle s'était portée sur Quenoche (5ᵉ cuirassiers) et Pennesières (5ᵉ dragons). Cependant un peloton (lieutenant Demouchy) avait été envoyé vers l'Ouest et avait atteint Scey-sur-Saône, que les troupes d'étapes allemandes abandonnaient au moment où il y entrait et où il passa la nuit.

La cavalerie n'ayant rendu que peu de services au point de vue des reconnaissances, c'était par la 3ᵉ division, qui

---

(1) *Historique* des 16ᵉ et 17ᵉ batteries du 19ᵉ.
(2) *Journaux* de marche des 2 corps.
(3) 5ᵉ cuirassiers de marche, 5ᵉ dragons de marche. (Journal de la Division de cavalerie. Succession Billot.)

avait passé la nuit au contact de l'ennemi, qu'on devait avoir quelques renseignements.

Dès 3 heures du matin, le 84ᵉ mobiles avait évacué Velle-le-Châtel, se retirant sur Rosey, où il resta à l'abri de 7 heures du matin à 4 heures du soir. Mais, au moment où il quittait Velle-le-Châtel, une reconnaissance de 20 hommes du IIᵉ bataillon du 4ᵉ zouaves (lieutenant Boulay) y était entrée, une autre de même force (cap. Boerner) atteignit à 6 heures Mont-le-Vernois qu'on sut avoir été évacué par l'ennemi dès 4 heures du matin. Jusqu'à midi le 4ᵉ zouaves devait occuper ces deux localités ainsi que Baignes.

Dès 6 heures, la 2ᵉ brigade, bivouaquée aux Évêques, avait pris les armes, et, par un brouillard très épais (1), une reconnaissance dirigée par le lieutenant-colonel Bremens, commandant la brigade en personne et forte d'un bataillon (2) avait été poussée sur Andelarrot. Bientôt arrêtée, elle reprit sa marche vers 8 heures et « constata l'occupation par l'ennemi de Velle-le-Châtel, Andelarre et Andelarrot (sic) (3) ». « Quelques hommes ayant profité du brouillard pour dépasser, malgré la défense, la ligne des avant-postes, sont enlevés par les ulans à Andelarre; les plus habiles parviennent à s'échapper, après avoir été pris (sic) (4). » Il semble donc que quelques dragons badois restèrent à Andelarre, après le départ du 5ᵉ badois, mais, en tous cas, on n'essaya rien pour s'assurer de ce qu'on avait devant soi et, jusqu'à 5 heures du soir, la 2ᵉ brigade resta en position aux Évêques (5).

---

(1) *Journal* de la brigade. (Archives de la Guerre.)
(2) Probablement le 14ᵉ bataillon de chasseurs dont l'*Historique* fait défaut. Le 62ᵉ mobiles arrivait seulement à Gy ce jour-là à 6 heures du soir avec le grand parc.
(3) *Journal* de la 2ᵉ brigade.
(4) *Ibid.*
(5) *Ibid.*

1ʳᵉ division. La première division était restée tout aussi inactive devant Lévrecey. Au matin cependant, une reconnaissance du 42ᵉ de marche (1), qui avait passé la nuit sur les hauteurs au Sud du village, constata qu'il avait été évacué depuis la veille, « 9 heures du soir, et que l'ennemi s'était retiré très au loin » (2). Mais, au lieu de pousser plus au Nord, on rappela le 42ᵉ autour de Mailley, où toute la division se massa. Dans l'après-midi, le 44ᵉ de marche et 2 batteries vinrent « prendre position à deux kilomètres en avant de Mailley sur les hauteurs à droite (3) de la route de Vesoul ». Ces troupes y restèrent jusqu'à 10 heures du soir.

Retraite des 3ᵉ et 1ʳᵉ divisions. La retraite commença par la gauche et par les troupes les plus avancées vers le Nord.

A midi, le 4ᵉ zouaves abandonnait Velle-le-Châtel, Mont-le-Vernois puis Baignes, et se retirait sur Rosey, où il retrouvait le 81ᵉ mobiles, et les 2 régiments se portaient sur Mailley, où ils arrivaient à 8 heures du soir. — Le IIIᵉ bataillon du 81ᵉ bivouaqua en avant de la ferme les Burney (4), le IIᵉ sur les hauteurs des Garennes (*sic*) dans la direction de Lévrecey (5). Le IIᵉ bataillon du 4ᵉ zouaves occupait le bois de Lévrecey, soutenu par le Iᵉʳ, le IIIᵉ cantonnait à Mailley (6). Ces positions furent prises entre minuit et 2 heures du matin.

A 5 heures du soir, la 2ᵉ brigade de la 3ᵉ division quitta les Évêques et se dirigea sur Mailley. Elle s'établit à l'Ouest du village face au Nord et à l'Ouest :

---

(1) Le IIᵉ bataillon dirigé par le lieutenant-colonel.
(2) *Journal* du 42ᵉ de marche.
(3) Cote 419 ou cote 367. (*Journal* du 44ᵉ.)
(4) Sud de Mailley.
(5) *Journal* du 81ᵉ. Il semblerait qu'on fît face à l'Est.
(6) *Journal* du 4ᵉ zouaves : « 4 zouaves déguisés en paysans vont jusqu'à Andelarre occupé par l'ennemi (*sic*).

deux bataillons au Nord de la route de Rosey, deux bataillons au Sud (1).

Entre 10 et 11 heures du soir, la 1re division abandonna ses positions autour de Mailley, où la remplaçait la 3e. Le 9e bataillon de chasseurs arriva à 2 heures du matin à Authoison; il y fut suivi par le 44e de marche et s'arrêta à 3 heures du matin à Courboux, où le 73e mobiles ne fut installé qu'à 5 heures (2).

Cette triste journée avait été l'occasion de souffrances et de fatigues extrêmes. Le froid était terrible, la neige épaisse. Enfin les 1re et 3e divisions du 18e corps, privées de leur convois, n'avaient pas reçu de distributions. C'était la troisième nuit que les soldats passaient, presque tous au moins, en plein air. On s'explique ainsi, mieux que par la difficulté de faire rejoindre les trains de vivres, la nécessité où se trouva le général en chef d'accorder le lendemain un repos.

24e corps. 2e division. A 8 heures du matin, le 21e bataillon de chasseurs de marche quittait Tournans, et, à 3 heures du soir (*sic*), il occupait Romain, sur la grand'-route de Baume-les-Dames à Rougemont. Dès 5 heures du matin, 7 compagnies des Ier et IIe bataillons du 61e de marche, avec 1 section d'artillerie et 1 escadron de chasseurs, sous les ordres du commandant Bertrand, quittaient Avilley et se dirigeaient sur Montbozon par Maussans et Besnans, suivant la rive gauche du Doubs. Puis le IIIe bataillon, venant de Tallans, passait l'Ognon et venait, avec les compagnies laissées d'abord en grand'garde, prendre position à l'Ouest de Montbozon (3). On ne

---

(1) *Journal* du 53e de marche. « Les chevaux n'ont eu ni avoine ni orge depuis 2 jours. »

(2) Les troupes bivouaquèrent sur la lisière d'un bois en avant du village et près de la route de Besançon à Vesoul. Les plus malades seuls purent être cantonnés. (*Historique* du 73e mobiles, par le colonel de Rancourt de Mimerand.)

(3) *Journal* du 61e de marche.

trouva personne dans la ville et le 61ᵉ se retira sur Avilley, d'où, par Rognon et Puessans, il gagna Gondelans, où il cantonna.

Le 60ᵉ de marche, sous la protection du IIᵉ bataillon, qui, dès le matin, occupait Huanne et Mésandans, avait, pendant ce temps, poussé le Iᵉʳ bataillon sur Cièse, le IIIᵉ sur Romain, le IIᵉ vint ensuite occuper Gondenans-les-Moulins (1).

Plus au Nord encore, la compagnie des francs-tireurs girondins avait occupé Cubrial, d'où elle signalait que la route de Rougemont à Villersexel était libre d'ennemis (2).

Pendant ce mouvement vers l'Est, la 2ᵉ brigade était venue se placer à hauteur de la 1ʳᵉ. Parti à 6 heures du matin de Rigney, suivi de l'artillerie et du 87ᵉ mobiles, le 14ᵉ mobiles arriva à 3 heures du soir à Rougemont (3), où s'établirent toutes ces troupes. — L'ennemi avait disparu et le contact ne fut pas repris. — Le 7ᵉ de marche de dragons était d'ailleurs en arrière de l'infanterie à Servigney.

3ᵉ division. Dans l'après-midi la 3ᵉ division vint se placer en arrière de la droite de la 2ᵉ.

La 1ʳᵉ légion du Rhône occupa Rillans, Tournans et Trouvans; la 2ᵉ, Huanne (4), Puessans et Mésandans. L'artillerie était à Rillans. Quant aux 2 bataillons du 89ᵉ mobiles (Loire et Var), débarqués le matin même à Besançon, ils vinrent le soir coucher à Marchaux.

1ʳᵉ division. Enfin la 1ʳᵉ division resta immobile à

---

(1) *Journal* du 60ᵉ.

(2) *Lettre* du vicomte de Sainte-Colombe. Il semble qu'ils avaient, avant de quitter Mésandans, tiré par erreur sur l'escadron de hussards qui revenait de Rougemont. (Voir *rapport* du capitaine-commandant. Archives de la Guerre.)

(3) *Journal* du 14ᵉ mobiles.

(4) Le 4ᵉ bataillon de la Loire était avec les 2 légions du Rhône mais son *Historique* ne précise pas son cantonnement.

Baume-les-Dames et sur les positions au Nord de ce point.

15ᵉ corps. L'arrivée à 5 heures du soir du 1ᵉʳ train portant des troupes du 15ᵉ corps détermina chez M. de Serres une étrange illusion.

De Serres à général Bourbaki, Voray (faire suivre).

6 janvier, minuit 25 matin. Reçu Besançon, 2 heures matin.

Les arrivages attendus commencent ce soir. Un train est en gare. Le général Rolland n'ayant pas d'instructions me consulte. Je le prie, *suivant nos conclusions de ce matin*, de les pousser sur Clerval. A la gauche, une division arrive ce soir sur Clerval, Santoche et Chaux, les deuxième et première divisions vers Saint-Georges, Auteuil et Glenans. Prière d'envoyer des instructions pour demain au général Rolland et à Martineau, qui, sans doute, sera ici prochainement. Je reçois de l'inspecteur du point de départ la dépêche suivante : Dernière batterie de réserve est partie à trois heures, ce soir. Il ne reste plus que les trois batteries qui couvrent la retraite, et que je ne dois expédier que dans la nuit du 6 au 7 suivant ordre de la Taille. Voici certainement un joli résultat comme embarquement. Les trains se succéderont ici de demi-heure en demi-heure, et notre extrême droite sera dès demain bien appuyée : à bientôt. Je pars demain matin vous rejoindre. Je n'ai pas vu les officiers auxquels je devais délivrer les cartes. Je porterai celles-ci avec moi pour les remettre demain.

De Serres.

On va voir combien peu le résultat répondit à cette attente. De plus, les termes de cette dépêche permettent de fixer un point historique important. La responsabilité d'avoir décidé de pousser le débarquement du 10ᵉ corps sur Clerval n'incombe en rien à M. de Freycinet. Cette funeste décision fut prise d'accord entre le général Bourbaki et M. de Serres, et en conformité avec le projet, signalé dans les dépêches du Général en chef, de diriger ces troupes vers Montbéliard. Les avertissements des représentants des Compagnies de chemins de fer, cités plus haut, furent donc ignorés au Quartier général, ou méconnus. Mais les faits auraient dû, dès le premier jour, ouvrir les yeux sur le danger de la mesure prise.

Le 1ᵉʳ train portant une partie du 34ᵉ de marche (3ᵉ division du 15ᵉ corps) était arrivé à Clerval à 3 heures du matin le 6 janvier. Le train qui lui succéda immédiatement arriva 12 heures plus tard, à trois heures du soir (1).

En effet, à l'arrivée de ce second train, qui portait de l'artillerie, on voulut appliquer de façon étroite l'ordre qui prescrivait de débarquer les troupes de cette armée à Besançon, et on voulut les faire rétrograder (2).

Le temps perdu par cette singulière interprétation des ordres s'augmenta peut-être par une déplorable exigence du général Peytavin, qui voulut faire coucher les hommes dans les wagons (3).

---

(1) *Historique* du 34ᵉ de marche.

(2) *Chef gare à inspecteur principal.*

Bulletin remis le 6 janvier 1871 à 2 h. 49 soir, Clerval, 2 h. 30.

Réponse. Par ordre du chef d'État-Major nous avons dû différer le déchargement de la cavalerie et de l'artillerie qui, d'après lui, sont remis ici par erreur et doivent retourner à Besançon. Officier attend ordre du général Durieu, auquel il a passé dépêche.

(3) *Chef gare à inspecteur principal.*

Bulletin remis le 6 janvier à 5 h. 35 du soir. Clerval, 5 h. 15.

Le général de division Peytavin défend expressément tout nouvel envoi de troupes à Clerval. Que faire?

Chef gare à inspecteur principal.

Bulletin remis le 6 janvier 5 h. 35 du soir, Clerval, 5 h. 20.

Par ordre de MM. les généraux Durieu et Peytavin je garde ici le matériel des trains 17 et 21 pour y coucher leurs hommes et leurs chevaux qu'ils ne peuvent placer ailleurs. Il m'est donc impossible de recevoir aucun autre train.

A 6 heures du soir, arrivait le 1ᵉʳ bataillon du 27ᵉ de marche; les 2 autres, parvenus à Besançon à 5 h. 30 du soir, descendirent du train, sur l'ordre du général Rolland, et allèrent cantonner aux Chaprais. Ce fut tout pour la 3ᵉ division.

De la 1ʳᵉ brigade de la 1ʳᵉ division, il débarqua seulement à Clerval les deux premiers bataillons du 12ᵉ mobiles et la section du génie qui s'occupa immédiatement de construire un pont sur le Doubs. On dut le faire d'une seule portée et de 29 m. 50 de longeur (1). Les 2 bataillons du 12ᵉ mobiles passèrent la rivière en barques et vinrent s'établir à Anteuil.

Grâce aux fausses mesures adoptées, ces arrivages si restreints avaient complètement obstrué la ligne. Arrivé à midi à Cercy, le général Martineau télégraphiait qu'il était encore immobilisé dans son train à 7 h. 30 du soir (2). Le général Durieu de la 1ʳᵉ division était arrêté à Baume-les-Dames. Aussi, à 4 h. 10 du soir, le général Rolland rendait compte qu'il prenait sur lui de faire débarquer à Besançon 2 escadrons du 6ᵉ hussards et proposait de faire arrêter en ce point toute la cavalerie. Ainsi qu'on l'a vu il prit aussi sur lui de faire descendre à Besançon le soir même 2 bataillons du 27ᵉ de marche.

La petite affaire de l'Isle-sur-Doubs, relatée ci-dessus, avait eu aussi une certaine influence sur les débarquements à Clerval.

Le détachement Ostrowski avait eu affaire à la compagnie du bataillon du Haut-Rhin (cap. Reyer), de grand'-garde à l'Isle-sur-le-Doubs.

Dès qu'il connut ce qui se passait, le général Martinez, commandant la 2ᵉ brigade de la 3ᵉ division du 15ᵉ corps, avait envoyé de ce côté une partie du 34ᵉ de marche par la

---

(1) *Historique* de la 1ʳᵉ section de la 19ᵉ compagnie de sapeurs.
(2) Archives de la Guerre.

rive droite, tandis que 3 compagnies du bataillon du Haut-Rhin s'y rendaient par la rive gauche.

Général Martinez à général commandant la 7ᵉ division, Besançon.

Pour Besançon de Clerval, 6 janvier, 2 h. 10 soir.

Je reçois à l'instant la dépêche suivante du capitaine Reyer du 5ᵉ bataillon mobiles du Haut-Rhin commandant la compagnie de grand'garde établie à l'Isle-sur-le-Doubs.

Nous nous battons, j'ai 108 hommes avec moi; ils sont 400, un peu d'artillerie; nous avons coupé la colonne en deux dont la moitié sont mutilés, l'autre moitié est à l'Isle; dépêchez-vous de venir; nous les prendrons. Je n'ai encore aucun homme de blessé; je vais dans le lit du canal, arrivez par Rang.

Le capitaine,
Signé : REYER.

Aussitôt la dépêche précédente, j'ai fait partir sur l'Isle par la rive droite M. le colonel Mesny, du 34ᵉ de marche, avec 800 hommes de son régiment et par la rive gauche dans la même direction les 3 compagnies de mobiles du Haut-Rhin qui étaient disponibles, sous le commandement de son chef de bataillon. Les 2 bataillons du 12ᵉ mobiles passent le Doubs pour surveiller le mouvement et prendre leur cantonnement qui se trouve être de ce côté-là.

Le général commandant la 2ᵉ brigade de la 3ᵉ division du 15ᵉ corps d'armée,

MARTINEZ.

Puis, le général Martinez offrit de partir avec les 2 bataillons du 12ᵉ mobiles (1), qui venaient d'arriver à Clerval, « pour protéger nos arrivages par chemin de fer ». A cette offre, le général Rolland avait répondu par le « conseil de se porter entre Glainans et l'Isle-sur-le-Doubs (2), de garder le défilé dans les bois et de s'opposer à tout prix à ce que l'ennemi, débouchant de l'Isle-sur-

---

(1) Archives de la Guerre.
(2) Archives de la Guerre.

le-Doubs, rive gauche, vienne prendre position sur la route de Clerval à Pont-de-Roide, et tourne les troupes détachées pour la défense du plateau de Blamont, gagnent ainsi le temps nécessaire pour que le 15ᵉ corps se porte lui-même sur cette position... » Ces dispositions avaient été approuvées par le général Bourbaki (1).

C'est ainsi que le général Rolland avait envoyé au général Durrieu à Clerval l'ordre suivant :

Général commandant la 7ᵉ division militaire à général Durrieu, à Clerval (D. T.).

Besançon, 6 janvier 1871.

Le général en chef ordonne que toutes les troupes du 15ᵉ corps seront envoyées à *Clerval*, d'où elles marcheront pour aller occuper le plateau de Blamont.

Ces troupes marcheront une brigade à la fois, avec artillerie.

Il est urgent, pour préparer ce mouvement, d'empêcher l'ennemi, qui menace l'Isle, de déboucher sur la rive gauche pour venir couper la route de Clerval à Blamont, et d'occuper à cet effet, avec toutes vos forces, les pointes de Glainans et de Hyémondans, de garder le défilé qui conduit de Glainans à l'Isle-sur-le-Doubs.

Il y a déjà 3 bataillons de mobilisés à Pont-de-Roide, Voujaucourt et Blamont.

Pendant ce temps, une reconnaissance envoyée par le général Debschitz sur Bondeval par Vandoncourt était

---

(1) *Général Bourbaki à général Rolland, Besançon.*

Montbozon, 6 janvier 1871, 6 h. 30 soir.

J'approuve les dispositions prises au sujet de la direction à donner aux deux escadrons du 6ᵉ hussards. J'approuve également ce que vous avez ordonné pour la défense de l'Isle.

S'il devenait nécessaire de recourir à l'emploi d'une partie des troupes du 15ᵉ corps, pour protéger le mouvement général ordonné, vous n'hésiteriez pas à le faire, tout en m'en rendant compte.

l'occasion d'un combat avec les troupes qui occupaient le plateau de Blamont.

Colonel de l'Étoile à général division à Besançon.

Pour Besançon de Pont-de-Roide, 6 janvier, 10 h. 15.

Le capitaine Vallet m'annonce qu'on tire le canon dans la direction de Thulay, Roches, le 2ᵉ bataillon du Doubs doit être arrivé à Blamont, j'y monte.

De l'Étoile.

Lieutenant-colonel 54ᵉ à général division, Besançon.

Pour Besançon de Pont-de-Roide, 6 janvier à 12 h. 50 matin, reçu à 2 h. 30 soir.

Nous nous sommes battus depuis midi jusqu'à 6 heures du soir. Le IIᵉ bataillon appuyé par notre artillerie de montagne a attaqué une colonne ennemie qui voulait le tourner près de Vandoncourt. Ce bataillon, avec un sang-froid extraordinaire, a commencé le feu à 150 pas, a complètement culbuté l'ennemi. Nous nous sommes emparés de tous les sacs de tous les blessés et de quelques prisonniers sains et saufs. La colonne ennemie s'est enfuie du côté de Montbéliard à la nuit tombante. J'ai fait sonner la retraite; alors l'artillerie ennemie très nombreuse et presque sans infanterie nous a couverts d'obus. IIᵉ bataillon, 4 tués, 11 blessés ; zouaves, 4 tués ou blessés. M. de Lavallière est parti avec sa compagnie pour Saint-Hippolyte disant que ses hommes avaient besoin de se refaire ; je l'ai autorisé à regret; le IIIᵉ bataillon à Croix avec le colonel Bourras a incendié le village sans résultat sérieux. Mes hommes sont exténués ; une journée de repos est nécessaire.

De Vezet.

Tous ces combats furent démesurément grossis, de plus des renseignements très nombreux annoncèrent les uns le passage de troupes à Villersexel ; les autres l'arrivée de troupes en nombre considérable à Arcey. Mais, comme toujours, l'évaluation des forces ennemies était exagérée ; rien qu'à Arcey, on parlait de 6 régiments de Landwehr (1). Tout cela fit donc considérer les débarquements à Clerval comme menacés. Mais, au lieu d'en conclure à la nécessité d'arrêter les troupes à Besançon, il semble qu'au contraire on y ait un argument pour pousser les troupes le plus loin possible. C'est ainsi qu'on chercha à se servir des premières arrivées, pour couvrir les directions qu'on croyait dangereuses. Ainsi s'explique l'envoi de toute une brigade sur la rive gauche du Doubs vers Glainans.

L'embarquement de la division de cavalerie se termina le 6 par le départ du 6e dragons de Vierzon avec 1 détachement du 3e dragons de marche, la prévôté, et l'État-Major de la division de cavalerie. Le dernier train partit à 5 heures du soir (2).

La 2e division exécuta son mouvement vers l'Est dans les conditions suivantes :

Le 5e bataillon de chasseurs de marche, le 39e de ligne, le régiment étranger, le 25e mobiles, c'est-à-dire toute la 1re brigade vint à Mehun. A la 2e brigade, le 2e zouaves de marche campa à Neuvy-sur-Barangeon, le 30e de marche vint à Mehun avec le 29 mobiles et l'artillerie. Ces troupes avaient formé l'arrière-garde et parties de Vierzon à 2 heures seulement n'arrivèrent qu'à 7 heures du soir pour bivouaquer.

Division Cremer. La division Cremer était restée immobile pendant la journée du 5 et la nuit du 5 au 6. A midi le 86e mobiles quitta Arnay et Acelot, pour se rendre à Ruffey et Échirey. Le 83e, poussé plus à l'Ouest, occupa Bellefond, Asnières et Ahuy. Le reste de la division resta à Orgeux.

---

(1) Voir mission du lieutenant Scheffe. (Archives de la Guerre.)
(2) *Journal* de la division de cavalerie.

III

Les opérations du côté allemand.

Si le maréchal de Moltke avait persisté dans son erreur pendant toute la journée du 5, malgré les dépêches de plus en plus alarmantes du général v. Werder, un nouveau télégramme, parvenu à Versailles le 6 janvier à 7 h. 36 du matin (1), était cette fois si précis qu'il n'y avait plus moyen de douter de la présence de l'armée de Bourbaki au Sud de Vesoul.

Cette fois le Grand État-Major prit ses dispositions avec rapidité et clairvoyance.

A 10 heures du matin, l'ordre est envoyé au général v. Treskow de faire sauter un ou deux ponts de chemin de fer difficilement réparables sur le Doubs, entre Montbéliard et Clerval. A 1 h. 30, ordre à la 14ᵉ division, qui est encore à Mézières, de se porter en chemin de fer sur Châtillon-sur-Seine. Avis au général de Zastrow de se tenir prêt à marcher vers l'Est. Ordre au commandant du IIᵉ corps, qui est à Montargis, de pousser la 3ᵉ division le lendemain sur Courtenay.

Toutefois, ces deux commandants de corps d'armée ne sont pas avisés du changement qui vient de s'accomplir dans la situation stratégique, et l'on verra que c'est le 7 seulement que le maréchal de Moltke se décidera, et encore sous une forme dubitative, à reconnaître que

---

(1) Daté de Vesoul, 6 h. 54 matin.

Werder peut avoir devant lui des forces « en effectif notablement supérieur ». Enfin, lorsqu'à 2 h. 36 du soir on apprend (1) que ce général a suspendu tout mouvement offensif, en raison des difficultés du terrain et de la marche débordante du 20ᵉ corps français et projette d'attaquer ce corps le lendemain, le maréchal de Moltke répond (2) :

« Votre décision sur l'offensive est approuvée. En cas d'insuccès, basez vous sur l'Alsace et couvrez Belfort. Si l'ennemi perce par Langres, dans la direction de nos principales communications (et vous devez l'apprendre par des détachements d'observation envoyés sur votre front), attachez-vous à ce mouvement. Pendant ce temps le VIIᵉ corps d'armée sera rassemblé à Châtillon, et, si cela est nécessaire, sera renforcé encore par un corps d'armée. »

Ce télégramme, parvenu seulement au général Werder dans l'après-midi du 7 par suite d'une rupture de la ligne entre Marcey et Vesoul, n'eut aucune influence sur les opérations du XIVᵉ corps. Mais on ne peut qu'admirer l'énergie que désire donner aux opérations le maréchal de Moltke, et la clairvoyance avec laquelle il discerne ce qui devrait être pour les Français le but de la campagne : la marche sur Langres. Toutefois, l'ordre de prendre l'Alsace comme base des opérations du XIVᵉ corps consacre la séparation d'avec le VIIᵉ et procure au général Bourbaki, s'il veut vraiment se porter vers le Nord, la ligne d'opérations intérieure, avec la chance de mettre successivement chacun de ses adversaires hors de cause. Seule l'indécision manifestée par le commandement français devant Vesoul pouvait légitimer la manœuvre prescrite par le maréchal de

---

(1) *Historique* du 15ᵉ.
(2) Télégramme daté du 6 janvier, 1 h. 40 soir, de Vesoul.
(ε) Télégramme du 6 janvier, 7 heures soir.

Moltke, manœuvre qui, en toute autre circonstance, aurait été grosse de dangers.

Corps Zastrow. A midi l'avant-garde de la *13*ᵉ division entra dans Auxerre. On installa dans la ville le bataillon de fusiliers du *15*ᵉ. Les Iᵉʳ et IIᵉ bataillons du *55*ᵉ avec la 6ᵉ batterie lourde et 2 escadrons du *8*ᵉ hussards et le colonel v. Delotz prit les fonctions de commandant d'armes. Le bataillon de fusiliers du *55*ᵉ resta à Chablis avec l'artillerie de corps. On envoya un escadron de hussards et le IIᵉ bataillon du *15*ᵉ sur Villefargeau, et, à Ballan, le Iᵉʳ bataillon du *15*ᵉ, avec 1 escadron de hussards. Arrivé à 2 heures du soir à Villefargeau, le colonel v. Paunitz envoya des patrouilles sur Toucy, Château-Renard et Appoigny (1).

« Le gros de la division atteignit Auxerre et occupa la ville ainsi que Quennes, Augy, Venoy et Egriselles (2). La colonne de l'artillerie de corps, des trains et convois atteignit Chablis, les 2 batteries à cheval Beines. A Tonnerre, on établit comme relais 2 compagnies du Iᵉʳ bataillon du *73*ᵉ pour y garder le dépôt de chevaux et la boulangerie de campagne. La deuxième moitié du Iᵉʳ bataillon du 73ᵉ gagna Beines et devait arriver le 7 à Auxerre.

« La flanc-garde v. d. Bussche atteignit Saint-Bris et Champs (3).

Détachement Dannenberg. Le major v. Einecke se porta d'Étais sur Aisey-sur-Seine avec le IIᵉ bataillon du *72*ᵉ, et détacha 2 pelotons de la 6ᵉ compagnie avec 4 hussards à Chemin-d'Aisey. Les patrouilles ne signalèrent rien, et la communication fut établie avec Coulmier-le-Sec (4), où arriva dans la journée du 6 le major v. Köller avec 2 compagnies de fusiliers du *60*ᵉ et 1/2 peloton de

---

(1) On verra plus loin le résultat de ces reconnaissances.
(2) Les IIᵉ et IIIᵉ bataillons du 73ᵒ étaient à Beines, Quennes et Venoy.
(3) *Ibid.*
(4) *Historique* du 72ᵉ.

hussards. Une rupture de la ligne télégraphique entre Montbard et Nuits valut à la première de ces villes une amende de 1 000 francs. Dans la soirée on eut une alerte sur la route de Semur à Montbard. C'étaient les éclaireurs de Ricciotti Garibaldi qui s'était porté avec sa brigade de Précy-sous-Thil sur Semur. « A ce moment Loste, avec les francs-tireurs réunis, était toujours à Saint-Seine; Eudeline, avec les francs-tireurs de Colmar à Val-Suzon; Cruchy, avec le bataillon d'Oran, à l'Ouest de Saint-Seine à Verrey, Salmaise, et Villotte; Kauffman, avec les pontonniers du Rhône, entre Montlay et Saulieu... L'état-major de Menotti avait été porté d'Arnay-le-Duc à Vandenesse » (1).

Quant à Lobbia, ce fut le 6 seulement qu'il partit d'Autun pour se porter sur Saulieu (2).

Pendant qu'une nouvelle dépêche du colonel Gauckler (3) faisait connaître la dissolution dont l'armée de Garibaldi était menacée, M. de Freycinet annonçait au général Pélissier l'envoi à Dijon de 15 000 mobilisés (4) et, tout en prescrivant à M. de Serres « d'arrêter avec Bordone un plan de coopération très précis » (5), il faisait connaître au chef d'Etat-Major de l'armée des Vosges le désir du Gouvernement de voir entamer des opérations actives.

Guerre à colonel Bordone, Autun, communication à de Serres, Besançon.
Bordeaux, 6 janvier 1871, 3 h. 20 soir.

J'envoie auprès de vous M. de Serres pour examiner les

---

(1) Fabricius.
(2) Bordonne, p. 264.
(3) Télégramme du 6 janvier, 3 heures soir, Autun. (*Enquête.* Archives de la Guerre.)
(4) Télégramme 6 h. 25 soir (Archives de la Guerre) forme réponse à la demande de Bordone contenue dans sa dépêche du 6 janvier, 8 h. 15.
(5) Télégramme 10 h. 30 matin. (Archives de la Guerre.)

questions pendantes et me proposer des solutions. Mais, en attendant, il serait très utile que vous ne restiez pas enfermé à Autun, sans participer d'aucune manière à ce qui se passe autour de vous.

Vous pourriez nous rendre de très grands services en ce moment en faisant des démonstrations dans diverses directions, de manière à inquiéter l'ennemi et à le retenir dans le territoire environnant. Je crois que vous feriez bien de transporter votre quartier général à Bligny, si la position n'est pas mauvaise sur ce point, car à Bligny, vous couvririez Dijon et Chagny. Vous examineriez ensuite avec M. de Serres, si vous ne devez pas avancer davantage vers le Nord-Est. J'avais toujours compris, quant à moi, que votre mission était de couvrir Dijon.

C. DE FREYCINET.

A cela Bordone ne répondit que par des récriminations.

Etat-Major armée des Vosges, à Guerre, Bordeaux.

Autun, 6 janvier 1871, 7 h. 45 soir.

Il faut que jusqu'à la fin on soit injuste. A peine arrivé, il me faut réparer désorganisation imminente, conséquence d'absence commandée, et cependant, aujourd'hui même, j'ai fait partir expédition, dont j'espère que vous entendrez parler bientôt. C'est une erreur, d'ailleurs, de croire que je suis inactif. Engagement de Chanceaux a déterminé retour à Auxerre de colonne Zastrow et empêché retour sur Dijon, que protégeons mieux d'ici, ainsi que Lyon, que de Dijon même. Le fait est que nous sommes réellement sur les flancs de l'ennemi, que nous inquiétons, et servons d'éclaireurs à nos voisins. Enfin de Serres est arrivé et sait vérité.

BORDONE.

Renseignements fournis par les patrouilles allemandes.

Le lieutenant comte Ambourg, envoyé à Toucy avec 1 peloton de hussards, rendait compte que, le 5, à Pourrain (8 kil. Ouest de Villefargeau), 10 francs-tireurs étaient passés en marche sur Aignol (1) et que la nuit

---

(1) Fabricius.

précédente 100 francs-tireurs avaient traversé Toucy on ne savait dans quelle direction.

Une patrouille de hussards poussée de Vallan sur Courson fit 2 prisonniers et prit 2 voitures chargées de sacs neufs. Elle apprit par des voyageurs et des habitants que 2 compagnies de mobiles se trouvaient à Courson, et que Clamecy était très fortement occupé.

A Château-Renard (17 kil. Est de Montargis) une patrouille de hussards rencontra le 4ᵉ escadron du 2ᵉ dragons. La liaison était établie entre le IIᵉ et VIIᵉ corps.

Une patrouille d'ulans envoyée à 7 heures du matin de Vermenton sous les ordres du lieutenant Stoebe, par Lucy-le-Bois, Girolles et Voutenay, rendait compte qu'Avallon était toujours occupé par une force dont on ignorait l'effectif. Quelques patrouilles de cavalerie ennemie s'étaient montrées à des distances telles qu'on n'avait pas pu les attaquer. Dans la forêt de Lucy-les-Bois, un petit poste d'observation avait été aperçu. En outre, il avait appris que de Cravant, le 5, environ 50 hommes d'un bataillon de marche étaient partis dans la direction de Coulanges.

Les diverses patrouilles annoncèrent que le terrain au Nord d'Auxerre et à l'Ouest de la ligne Toucy-Aillant était libre d'ennemis.

Intentions du général von Zastrow. Le général von Zastrow tenait pour nécessaire, « même dans le cas où le corps d'armée devrait marcher vers le Nord-Ouest pour opérer sa jonction avec le IIᵉ corps » (1), de porter un coup sérieux aux corps francs de la région, et de diriger pour cela un coup de main sur Avallon ou Clamecy : mais, dans ce but, il tenait à rappeler à lui le plus tôt possible tout le détachement Dannenberg.

Dans son rapport détaillé, envoyé au comte de Moltke après son arrivé à Auxerre, sur les mesures qu'il avait

---

(1) Fabricius.

prises, depuis l'arrivée de l'ordre de marche, il basait, d'abord, la nécessité de laisser un détachement à Montbard, sur les nouvelles apprises, du 2 au 4, par ses colonnes volantes, sur Crémer de les Garibaldiens, et par la communication de Werder, reçue le 5, qui lui signalait l'impossibilité où il se trouvait, vu les menaces sur Belfort et l'Alsace, et de se porter sur Langres et Dijon et de se mettre en liaison avec le colonel Dannenberg.

Mais comme ce détachement formait presque le tiers des forces dont il disposait en ce moment, il priait le chef d'État-Major général de voir si « on ne pourrait pas assurer d'une autre manière une protection suffisante de la voie ferrée Châtillon, Nuits, Tonnerre ».

Après le départ de ce rapport, arrivait de Vesoul la dépêche de Werder, du 6 :

« L'armée de Bourbaki est sur mon front, je m'attends à une bataille aujourd'hui. »

Les cantonnements du VIIe corps le 6 au soir furent les suivants :

QUARTIER GÉNÉRAL. — AUXERRE.

13e Division. — Auxerre.

25e brigade.......
- 13e régiment. Ier bataillon. — Saint-Bris.
- — IIe — — Auxerre.
- — Fusiliers. — Champs.
- 73e Rég^t. Ier bataillon. — Tonnerre, Beines
- — IIe — — Quennes.
- — Fusiliers. — Venoy.
- 1re compagnie de pionniers. — Auxerre.

26e brigade.......
- 15e régiment. Ier bataillon. — Vallan.
- — IIe — — Villefargeau.
- — Fusiliers. — Auxerre.
- 55e régiment. Ier bataillon. — Auxerre.
- — IIe bataillon. — Auxerre.
- — Fusiliers. — Chablis.
- 7e bataillon de chasseurs. — Auxerre.

Brig^de Dannenberg.
- 60e régiment. Fusiliers. 2 Cies. — Nuits.
- — — Coulmier.
- 60e Rég^t. Ier et IIe bataillons. — Châtillon.
- 72e Rég^t. 1er B^on et fusiliers. — Montbard.
- — IIe bataillon. — Aisey-sur-Seine, Chemin-d'Aisey.

1er hussards de réserve. 1er et 2e escadrons. — Auxerre.
1er hussards de réserve. 3e escadron. — Montbard.
1er hussards de réserve. 4e escadron. — Nuits, Coulmier, Aisey.
8e hussards. 1er escadron. — Villefargeau.
— 2e — — Vallan.
— 3e et 4e escadrons. — Auxerre.
5e ulans de réserve. 1er et 2e escadrons. — Saint-Bris.
5e ulans de réserve. 3e esc. — Châtillon.
— 4e esc. — Tonnerre.
3e batterie légère. — Châtillon.
4e — — Montbard.
5e — — Auxerre.
6e — — Saint-Bris.
5e batterie lourde. } Auxerre.
6e — }
Batteries à cheval. — Chablis.
Convois. — Chablis.

IIe corps. « Le 6 janvier, le IIe corps appuyait sur Montargis et disposait la ligne de ses avant-postes, du château de Platteville (route de Ladon, 3 kil. O. de Montargis) à la route de Courtenay, en passant par Villemandeur (2 kil. S. de Montargis) et Amilly-Saint-Firmin (4 k. S.-E., sur la route de Château-Renard) » (1).

L'État-Major du corps d'armée entra à Montargis dans la journée (2).

La *3e* division resta sur ses positions ou dans ses cantonnements.

---

(1) Relation du grand État-Major allemand, p. 99.
(2) Fabricius, II, p. 47.

La 4ᵉ division arriva à Château-Landon, poussant son avant-garde jusqu'à Préfontaine.

Les cantonnements du IIᵉ corps, le 6 au soir, furent les suivants :

QUARTIER GÉNÉRAL. — MONTARGIS.

3ᵉ Division.

Mêmes cantonnements que le 6, sauf :
IIᵉ bataillon du 2ᵉ et 42ᵉ régiment. — Mignères.
1ʳᵉ compagnie de pionniers. — Souppes.

4ᵉ Division. — Château-Landon.

7ᵉ brigade........ { 9ᵉ régiment. Iᵉʳ et IIᵉ bataillon. — Dordives.
— Fusiliers. — Souppes.

8ᵉ brigade........ { 21ᵉ régiment. IIᵉ bataillon. — Fontaine-le-Fossé, Jallemain.
21ᵉ régiment. Iᵉʳ bataillon et fusiliers. — Château-Landon.
61ᵉ régiment. Iᵉʳ bataillon. — Villevoque.
— IIᵉ bataillon. — Préfontaine, Préoville, Les Fanchons, La Vallée.
61ᵉ régiment. Fusiliers. — Petit-Jouy.
2ᵉ et 3ᵉ Cⁱᵉˢ de pionniers. — Château-Landon.

11ᵉ dragons.
Artillerie. } Château-Landon.
Convois. — Souppes, Gasson.
Artillerie de corps. — Corquilleroy.
Convois. — Treilles, Corquilleroy.

IV

Ainsi qu'on l'a vu plus haut, le commandant en chef avait reçu, dans la nuit du 5 au 6, de M. de Serres, l'annonce de l'arrivée à Besançon du 1ᵉʳ train portant des troupes du 15ᵉ corps, et l'avis que, suivant « nos conclusions », les arrivages étaient poussés sur Clerval.

On se souvient aussi de l'influence qu'avait eue à ce sujet l'annonce des petits combats livrés sur le Doubs. L'ordre adressé au général Martineau définit quel rôle le général Bourbaki voulait faire jouer au 15ᵉ corps, et achève de déterminer la responsabilité au sujet du choix de Clerval comme point de débarquement. Cette pièce présente en outre une gravité particulière, car elle dévoile le projet tout nouveau de marcher sur Montbéliard et Belfort avec toute l'armée, projet dont le gouvernement n'a pas et n'aura pas de longtemps connaissance.

Général Bourbaki à général Martineau, commandant le 15ᵉ corps, Besançon, Baume-les-Dames, Clerval; communication à général Rolland, et de Serres, Besançon.

Rioz, 6 janvier 1871, midi.

L'ennemi opère une concentration à l'est et au sud-est de Montbéliard dans le triangle formé par cette ville par Delle et par Abbévillers. Il importe, dans ces conditions, d'occu-

---

(1) *Dépêche* de minuit 25. Citée ci-dessus.

per fortement la position de Blamont. Je vous charge de cette opération, vous dirigerez vos troupes sur Blamont au fur et à mesure de leur arrivée à Clerval, où elles devront toutes débarquer s'il est possible. Cette marche sera exécutée par fraction constituée d'une brigade au moins avec artillerie. Le général commandant la division dont font partie les premières troupes dirigées sur Blamont marchera avec ces troupes. Vous vous y rendrez de votre personne le plus promptement possible. Vous vous renseignerez de votre mieux sur les positions et les forces de l'ennemi. Vous ferez exécuter tous les travaux nécessaires pour accroître les propriétés défensives de la position, et vous ne négligerez aucune occasion d'inquiéter et d'attaquer l'ennemi; vous ne vous engagerez qu'à bon escient; vous vous tiendrez en relations fréquentes avec moi. *Je me propose de marcher sur Montbéliard et de débloquer Belfort*; dès que vous entendrez mon canon, vous ferez des efforts sérieux. Je n'ai pas besoin de vous recommander d'agir vigoureusement, et de vous porter jusqu'à Montbéliard même, dès que votre corps d'armée sera réuni, si vous jugez la chose possible. Vos ravitaillements en vivres et en munitions d'artillerie et d'infanterie et vos évacuations devront être opérées par Clerval. La brigade Questel a reçu l'ordre de quitter Dijon; elle couchera aujourd'hui à Mirebaux, demain sept à Gray. Je la dirigerai ensuite de façon qu'elle vous rejoigne le plus promptement possible. Cantonnez vos troupes, mais sans assurer leur bien-être aux dépens de leur sécurité. En votre absence, le général Rolland prendra toutes les mesures nécessaires pour assurer l'exécution des ordres qui précèdent. Mon quartier général sera aujourd'hui à Montbozon.

Signé : BOURBAKI.

En l'absence du général en chef, qui se rendait dans la journée de Voray à Montbozon pour rejoindre enfin ses troupes, le seul qui eût qualité pour régler le débarquement du 15ᵉ corps, ne pouvait plus être que M. de Serres. C'était là une question purement technique, qu'on pouvait le croire capable de résoudre. Malheureusement, après s'être mêlé de beaucoup de choses qui n'étaient pas de sa compétence. M. de Serres allait se montrer tout à fait insuffisant sur un sujet de son métier. Il doit ainsi porter la responsabilité des retards et des inconvénients de tous genres, qui résultèrent de la dangereuse tentative de faire débarquer plus de 100 trains à la petite station de Clerval.

Ainsi qu'on verra plus loin, au sujet du transport du 15ᵉ corps, on n'eut pas longtemps à attendre pour être fixé sur le danger de cette mesure. Dès l'après-midi du 6 janvier, la voie entre Clerval et Besançon était absolument encombrée. Les trains s'arrêtèrent jusqu'au point de départ et les ravitaillements, tentés de ce côté, furent immédiatement suspendus.

Est-ce à cette circonstance qu'il faut attribuer la décision, prise ce jour-là par le général en chef? Cela est possible. Peut-être d'autres raisons vinrent-elles s'y joindre.

Ainsi qu'on va en avoir la preuve, le général Bourbaki resta toute la journée sans relations avec le 18ᵉ corps. Quant au 20ᵉ, il le rejoignit à Montbozon et ce fut là que, pour la première fois depuis le commencement du mouvement, il vit ses troupes. L'aspect de la 3ᵉ division du 30ᵉ corps, qui arriva entre midi et 3 heures, fit-il particulièrement impression sur le commandant en chef? Fut-il péniblement affecté du peu de goût témoigné par le général Clinchant pour le nouveau projet d'opérations? Avait-il été frappé pendant la route des difficultés qu'avaient les convois à se mouvoir sur ces routes glissantes ou couvertes de neige? Toujours est-il qu'il prit la résolution de donner un jour de repos aux troupes et s'en expliqua avec le ministre en ces termes.

Général Bourbaki à Guerre, Bordeaux.

Montbozon, 6 janvier 1871, 7 h. 30 soir (petit dictionnaire).

Le mouvement que je vous ai annoncé hier par télégramme chiffré (petit dictionnaire) est exécuté. Je n'ai pas encore reçu le compte rendu du général Billot. J'envoie près de lui un de mes officiers d'ordonnance, qui est chargé de me rapporter tous les renseignements nécessaires. Mon quartier général et celui du 20ᵉ corps sont à Montbozon, celui du 24ᵉ à Rougemont, celui du 18ᵉ probablement à Pennesière, à 6 kilomètres en avant de Rioz.

Les reconnaissances des 18ᵉ et 20ᵉ corps se sont rencontrées hier avec l'ennemi. Une colonne de 6 000 hommes avec artillerie et cavalerie est passée hier sur la route de Muray à Dampierre ; son mouvement était couvert par des tirailleurs à hauteur de Filain. Elle a échangé des coups de fusil avec les avant-postes du 20ᵉ corps, tiré sur eux quelques coups de canon, et les a forcés à se replier. Nous n'avons eu que quelques blessés. Le village d'Echenoz-le-Sec a été évacué hier par l'ennemi et incendié par lui. L'ennemi manœuvre de son côté, pendant que nous manœuvrons du nôtre. Je me renseigne sur les forces occupant Villersexel. C'est là probablement qu'aura lieu le premier choc. Les convois arrivent très difficilement par le temps actuel ; les routes sont très glissantes.

Je serai probablement obligé de ne pas faire mouvement demain. Je n'ai d'ailleurs connaissance, quant à présent, que de l'arrivée d'une seule brigade du 15ᵉ corps à Besançon, *ce qui me retarde encore*. Je ne suis encore relié directement avec aucune ligne télégraphique. Ceci vous expliquera le retard des communications que je vous adresserai.

Peu auparavant, M. de Freycinet lui avait télégraphié qu'il approuvait « ses dispositions », c'est-à-dire le détour vers l'Est, mais à la condition d'aller vite.

Guerre à général Bourbaki, Voray (faire suivre).

Bordeaux, le 6 janvier 1870, 3 h. 15 du soir.

J'ai reçu et lu avec intérêt votre dépêche d'hier au soir de Voray. Les dispositions que vous m'indiquez me semblent bien prises, et j'espère que l'exécution répondra à la conception. Je considère avec vous que la place de Dijon n'est plus sérieusement menacée, et vous avez bien fait d'en retirer la brigade du 15ᵉ corps. Quand vous jugerez que la division

Cremer n'y est plus utile, il conviendra, selon moi, de diriger cette division vers Langres, plutôt que vers Vesoul; au surplus vous apprécierez. Je ne saurais trop insister, en ce qui concerne l'ensemble de vos opérations, sur la nécessité d'aller vite, pour les motifs que vous savez. En prévision du cas où les sièges de certaines places seraient levés devant vous, et où, par conséquent, des troupes deviendraient disponibles dans ces places, tenez-vous pour informé que vous avez le commandement général de ces troupes, et que, par conséquent, vous avez le droit de retirer des places, pour les incorporer dans votre armée, toutes les troupes que vous ne jugerez pas indispensables à la place. Cette remarque s'applique notamment à Langres, qui, à un moment donné, pourra vous fournir 10,000 hommes. Ne négligez aucune occasion de grossir ainsi votre armée.

C. F. DE FREYCINET.

La question des vivres. La question des vivres a parfois été invoquée pour justifier la déplorable résolution, prise par le général Bourbaki, de ne pas persévérer dans sa marche vers Vesoul.

Il est nécessaire de traiter ce sujet d'ensemble, et, pour cela, de revenir en arrière.

Lorsque, le 19 décembre, le plan de campagne dans l'Est fut adopté, les ressources en vivres rassemblées en gare de Bourges représentaient le contenu de 177 wagons; celles qui encombraient les gares voisines occupaient 1,005 wagons (1). C'est dire que les approvisionnements existaient pour un laps de temps considérable.

Pendant la très longue période des embarquements, les troupes paraissent avoir reçu assez régulièrement leurs vivres. Si, pendant le transport, on souffrit parfois de la faim, ce fut plutôt par désordre et mauvaise utilisation des ressources que par pénurie de moyens, car le contenu des convois des 18ᵉ et 20ᵉ corps fut trans-

---

(1) *Étude sur la Campagne de l'Est* par le colonel Poullet. *Rôle de l'Intendance* par M. Friant.

porté en chemin de fer et arriva sur la base de débarquement en temps utile.

Mais cela ne pouvait suffire longtemps et, les voies étant encombrées par les trains chargés de troupes, il fallut dès le 29 décembre demander à tirer des ressources de Lyon (1). L'Intendant demanda à diriger sur Dôle les ambulances et les convois, puis à recevoir à Besançon 20,000 quintaux de farine, 6,000 de biscuit, 1,000 de sucre, 1,000 de café, 3,000 de riz, 20,000 d'avoine, 2,000 de lard ou conserves. — Le 1er janvier, il demandait autant pour Auxonne, et éventuellement des approvisionnements préparés pour Langres et Belfort.

Le 29 décembre, il pouvait écrire de Chalon : « Les vivres abondent et n'ont jamais été donnés d'une manière aussi large. »

En fait, à cette même date du 29 décembre, au moment où le 18e corps partait des environs de Chagny, les troupes avaient eu l'ordre de toucher :

2 jours de vivres de réserve,

2 jours de vivres froids (sic),

2 jours d'avoine.

En outre, une ration supplémentaire avait été accordée à titre de gratification.

D'après l'ordre de mouvement du 18e corps, les convois divisionnaires devaient se compléter à Chagny avant le départ.

La première période du mouvement consista pour le 18e corps à se porter de Chagny à Auxonne, soit 60 à 70 kilomètres suivant les itinéraires. Ce mouvement occupa les journées des 29, 30, 31 et 1er janvier.

On ne pouvait compter, pendant ce temps, que sur les vivres portés par les hommes et ceux des convois divisionnaires, puisque le convoi du corps d'armée était

---

(1) *Dépêches* de M. Friant au ministre, 29 décembre. (Archives de la Guerre.)

encore à Nevers le 3 décembre, et n'en partit que ce jour-là, sous l'escorte du 82e mobiles.

Il résulte des journaux de marche que, le 30 au soir, les convois divisionnaires rejoignirent les troupes dans leurs cantonnements. L'ordre pour le 31 prescrivait qu'il en serait de même.

Avec les 2 jours emportés par les hommes, sans compter les vivres de réserve, le commandement devait donc compter que les distributions seraient assurées jusqu'à Auxonne. Il n'en fut rien.

Le 1er janvier, la 2e division devait toucher ses vivres à Champdôtre, de façon à se trouver alignée à 4 jours. Cette distribution n'eut pas lieu. Le colonel Bremens signala que le 53e n'avait ni pain ni biscuit depuis la veille, mais il avait avec lui de la viande sur pied pour la journée du 1er janvier. De toute la 3e division, un seul bataillon avait le biscuit pour jusqu'au 3. La vérité semble avoir été que les hommes avaient dissipé ou jeté le biscuit, « d'ailleurs trop dur » (1). Cependant, grâce à la précaution d'avoir toujours du bétail sur pied et de former dans chaque corps des équipes de boulangers, les hommes ne souffrirent pas de la faim.

Le 1er janvier, le 18e corps arrivait autour d'Auxonne; les 4 jours de marche avaient à peu près détruit les six jours de vivres emportés de Chagny.

L'ordre du corps d'armée prescrivit que huit jours de vivres seraient emportés d'Auxonne, tant sur les hommes que sur les convois divisionnaires. Cela aurait dû largement suffire pour aller à Vesoul. Mais les intentions du général Billot ne furent pas réalisées.

L'intendant Friant répondit que « le chemin de fer, absorbé depuis 8 jours par le transport du personnel et du matériel, ne donnait pas de trains » (2). Il avait

---

(1) *Journal* de la 2e division.
(2) *Dépêches* des 2 janvier et 3 janvier.

expédié la veille 314 bœufs de Chalon à Dôle par la ligne Mâcon-Bourg, rien n'était arrivé à destination. « Les employés du chemin de fer, disait-il, devraient tous être fusillés. »

Au 18ᵉ corps, on constatait pendant ce temps que le 9ᵉ chasseurs et le 42ᵉ de marche n'avaient de vivres que jusqu'au 3; le 19ᵉ mobiles n'en touchait que pour la journée du 2.

« Pendant toute la campagne, dit l'amiral Penhoat, il n'a jamais été possible de donner aux troupes plus de 3 jours de vivres sur les sacs dans les divisions les mieux approvisionnées. Les ordres concernant le ravitaillement n'ont jamais pu être mis à exécution comme ils étaient donnés, et les distributions ont eu lieu bien des fois à l'heure où les troupes avaient l'ordre de se mettre en marche. »

« Les convois composés de charrettes de réquisition étaient toujours en retard. Les voituriers dételaient souvent leurs chevaux sans ordre laissant les voitures en travers de la route. En marche les voitures se doublaient et obstruaient toute la route. La prévôté assez mal recrutée elle-même ne pouvait parvenir que difficilement à organiser un peu d'ordre dans ce service. »

Du côté du 20ᵉ corps les choses se passèrent mieux. Les fractions qui quittèrent Chalon-sur-Saône le 30 décembre avaient leurs vivres au complet. Tout put se compléter à Dôle où les convois arrivèrent le 31 décembre dans la soirée (1). Aucun des historiques ne signale des privations jusqu'au départ de cette ville.

Période du 2 au 6 janvier. En partant d'Auxonne le 18ᵉ corps n'avait pas ses huit jours complets. La journée du 2 janvier devait être consacrée à réapprovisionner les convois à Auxonne, tandis que les troupes commenceraient à franchir l'Oignon. Il en résulta que, le 2, les

---

(1) *Ordre* de mouvement pour le 30. Pièces annexes.

convois ne furent pas avec les troupes. Le 3, celles-ci devaient atteindre Gy. Les convois ayant l'ordre de ne pas dépasser Chaumercenne, les 1re et 3e divisions ne touchèrent rien. La 2e, restée en arrière vers la Résie et Chevigney, se trouva seule à portée des voitures à vivres.

Pour la journée du 4, les convois devaient, d'après l'ordre du 18e corps, rester à 8 kilomètres derrière les troupes, qui avaient à garder une position défensive en avant de Gy. Il était prescrit au convoi de la 1re division de rester à Chaumercenne, à celui de la 2e et à celui de la cavalerie d'aller à Charcennes, enfin à celui de la 3e de se placer entre Gy et Citey. Les vivres devaient être distribuées à Gy même pour jusqu'au 7 inclus pour la 3e division.

De fait, une fois cantonnée à Frasne-le-Château et Vaux-le-Moncelot, la 1re division vécut sur réquisition (1), la 2e, arrivée tard à Bucey-le-Château, y trouva fort peu de chose, la 3e, parvenue à 8 heures du soir seulement près de Saint-Gand, y trouva moins encore.

Cette fois les plaintes furent générales; la plupart des hommes n'avaient plus rien sur eux, et le commandement dut ordonner aux convois de rejoindre les troupes pendant la nuit (2). Le général Billot exigea qu'un rendu compte fût fourni le lendemain matin des distributions réellement effectuées et rappela que la responsabilité des chefs de corps, et de service, qui n'avaient pas prévenu le commandement de la non exécution des ordres d'alimentation, était gravement engagée.

Pour le 5 janvier, le convoi de la 1re division dut rester à Frasne-le-Château, ceux des 2e et 3e devaient pousser jusqu'à Frétigney. Mais il semble que ces éléments n'avaient pas rejoint pendant la nuit, ainsi qu'il

---

(1) *Journal* de marche.
(2) *Ordre* daté de Frasne-le-Château.

avait été ordonné, car, le 5 au matin, le général Billot dut envoyer à l'amiral Penhoat un officier de son état-major et l'intendant Robert, pour « assurer une distribution que vous ferez faire à l'endroit que vous jugerez convenable au moyen d'une réserve de vivres qui existe en avant de Gy ».

Cette distribution eut lieu près de Grandvelle dans la journée du 5, mais on ne put donner aux troupes que 2 jours de vivres (1). Dans une longue lettre, datée du même jour, l'intendant du 18e corps signala que les convois divisionnaires avaient tout prélevé sur la réserve du quartier général et n'avaient tiré aucune ressource des achats ou réquisitions. En ordonnant de procéder de la sorte à l'avenir, il prescrivait, en cas de besoin, de substituer une triple ration de viande au pain et au biscuit qui faisaient défaut.

Pour la marche de flanc du 6 janvier, tous les convois furent dirigés sur Rioz, les uns par Bucey-les-Gy, Oiselay, Villers-Boubon, Tresilley. « Ceux qui n'avaient pas dépassé Pesme » par Chaumercenne, Marnay, Boulot, Boult et Sorans.

Ce mouvement des convois se fit avec une telle difficulté que, le lendemain, « une partie d'entre eux était encore engagée sur la route de Vesoul à Pesme », et que le maintien autour de Mailley de la 3e division et de la brigade de la cavalerie Charlemagne eut pour cause principale la nécessité de couvrir cette direction qu'on croyait menacée. Néanmoins l'éloignement des convois divisionnaires mit les troupes, surtout celles de la 3e division, dans une situation critique. « Depuis 24 heures, disent les journaux de la 3e division (2), les troupes n'ont pu se procurer ni pain ni farine; les chevaux se nourrissent de feuilles sèches et d'écorce d'arbres. » Néan-

---

(1) *Journal* de la 2e division.
(2) 2e brigade, 53e de marche.

moins on distribua du biscuit à Mailley dans la journée du 6, non seulement pour les soldats de la 3ᵉ division, mais encore pour les chevaux à défaut d'orge ou d'avoine (1). La situation du 18ᵉ corps sous le rapport des vivres se trouvait donc tout à fait critique le 7 janvier.

En somme, d'Auxonne à Mailley, il avait franchi environ 60 kilomètres, pendant les journées des 2, 3, 4 et 5. Le 6, il avait appuyé vers l'Est, le 7, il devait faire séjour. Cela avait suffi pour rendre impossible l'alimentation par les convois. Dès le 3 janvier, l'intendant du 18ᵉ corps avait demandé à réapprovisionner ses voitures à Gray, où l'intendant en chef, M. Friant, aurait envoyé 150,000 rations. Ce dernier avait refusé de le faire sans ordre du général en chef. « Il me paraît surprenant, disait-il, qu'on porte des approvisionnements dans un pays peu sûr et en arrière quand on va en avant (2) ».

20ᵉ corps. En quittant Dôle, le 2 janvier au matin, le 20ᵉ corps avait ses convois au complet. Ceux des divisions rejoignirent les troupes dans leurs cantonnements le soir même, celui du quartier général resta à Rochefort, à une quinzaine de kilomètres en arrière du front.

Pour le lendemain 3, la 1ʳᵉ division, qui devait franchir l'Oignon à Voray, devait être suivie de son convoi ; ceux des 2ᵉ et 3ᵉ suivraient ensemble la colonne formée par ces deux divisions. Le convoi du quartier général, poussé

---

(1) 2ᵉ brigade, 53ᵉ de marche.
(2) Télégramme du 3 janvier. (Archives de la Guerre.)
Intendant en chef à général Bourbaki à Dôle.

3 janvier, 8 h. 30 matin, reçu 9 h. 40.

Je ne suis pas maître du chemin de fer. J'ai beau prendre soit la voie pour Mâcon, soit la voie directe, je n'obtiens rien. Intervenez. Les employés du chemin de fer devraient être tous fusillés ! Vous ne manqueriez de rien si tout ce que j'ai fait partir d'ici en temps bien utile était arrivé.

FRIANT.

sur Chevigney et Emagny, devait se trouver à 8 ou 10 kilomètres en arrière du front. Mais le convoi de la 2ᵉ division ne put le rejoindre le 3 au soir, et n'arriva que le 4 au matin.

Tous les convois divisionnaires se trouvèrent vides, lorsqu'on exécuta l'ordre de donner aux hommes 2 jours de vivres de réserve (biscuit, riz, sucre, café), 1 jour de lard, et, en outre, dans le sac, 1 jour de pain, 1 de viande et 1 de vivres de campagne.

Dans l'ordre pour le 4, d'après lequel les troupes devaient aller jusqu'à Echenoz, Filain et Vellefaux, tous les convois devaient venir à Rioz et ceux des divisions devaient y être ravitaillés à 2 jours. En outre, dans chaque division, on dut emmener un jour de viande sur pied.

Le mouvement fut écourté d'après l'ordre du général Bourbaki, mais ce jour-là on n'eut rien des convois.

Le lendemain 5, pendant qu'on occupait une position défensive, le ravitaillement se fit par le moyen des voitures des corps, qui furent réunies à la Malachère et envoyées de là à Rioz aux convois qui y étaient restés. On trouva en outre du pain sur place.

Il faut croire que l'on dut néanmoins faire appel aux convois divisionnaires, car l'ordre pour le 6 prescrivit de les recompléter à 2 jours à Rioz, puis, à partir de 10 heures, de les diriger sur Authon et Loulans et, de là, respectivement sur Fontenoy-lès-Montbozon (1ʳᵉ division), Loulans (2ᵉ), Montbozon (3ᵉ), tandis que le grand convoi irait à Maussans.

Ce fut, pour ce dernier surtout, un mouvement très difficile, sur de mauvaises routes très accidentées et couvertes de verglas. C'est celui dont fut témoin le général en chef, et de là lui vint sans doute l'impression qui le détermina à interrompre sa marche pendant la journée du 7.

En somme, en ce qui concerne les 18ᵉ et 20ᵉ corps, on

peut dire que les ressources et les moyens de transport étaient parfaitement suffisants pour atteindre Vesoul. Si l'on avait été victorieux le 6 ou le 7, on se serait trouvé fort à court de vivres à la vérité, mais on aurait eu le moyen d'utiliser la voie ferrée de Gray et de reconstituer rapidement les vivres consommés, de façon à pouvoir poursuivre l'ennemi.

Le détour dans l'Est compliqua gravement la question du ravitaillement, en éloignant les convois des troupes, et en les obligeant à des marches de flanc considérables sur de mauvaises routes. Ce mouvement ne put se faire pour le 18ᵉ corps en temps utile, et obligea à laisser des troupes à la garde de la route de Pesmes.

L'arrêt du 7 janvier se trouva donc à peu près indispensable, mais, il faut bien le remarquer, il fut bien plus une conséquence que la cause de la funeste résolution prise par le général Bourbaki de se détourner vers l'Est.

24ᵉ corps. Pour le 24ᵉ corps, la question du ravitaillement se compliqua à la fois du manque de voitures et d'une grave lacune dans les mesures prises par le commandement.

« L'intendant en chef de l'armée, dit M. Friant, n'a connu l'adjonction du 24ᵉ corps à l'armée que le 5 au matin, il n'a été prévenu que fortuitement de l'arrivée du 15ᵉ... Le 5, à 5 heures du matin et à son arrivée à Besançon, il a entretenu de la situation M. le général en chef avant son départ pour Rioz... Il y avait pour lui urgence à ce qu'on constituât fortement les charrois. Il ne s'agissait alors que des 18ᵉ et 20ᵉ corps, dont les attelages auxiliaires s'étaient malencontreusement disjoints dans le trajet de la Charité, Nevers à Chalon, et il ne s'agissait ni du 15ᵉ, ni du 24ᵉ corps, dont il ne soupçonnait ni la présence ni la mise en route... Par télégraphe, il fit demander 400 voitures à chacun des Préfets de l'Ain, du Jura, de Saône-et-Loire et 200 à celui de la Côte-d'Or. Le Doubs, en 2 ou 3 jours, en fournit plus de 600, dont 400 se sont heureusement trouvées à Baume-les-Dames, centre d'un magasin alimenté par les convois de chemin de fer... On parvint à dominer la situation périlleuse où nous étions. Les 20ᵉ et 18ᵉ corps eurent chacun de 600 à 700 voitures, le 24ᵉ, 400, le 15ᵉ, 200. Le grand quartier général en avait 900. Il les avait conservées avec soin et portait secours tantôt à l'un tantôt à l'autre. »

Le 2 janvier, le 24ᵉ corps était autour de Besançon, avec une brigade à Baume-les-Dames. D'après un télégramme de l'intendant du corps d'armée Perrot, il manquait à chaque division 200 à 250 voitures et 300 au quartier général.

Les régiments du colonel Irlande, transportés à Baume-les-Dames, n'y trouvèrent pas de ressources. Le 3 au matin, le colonel signalait que le 60ᵉ n'avait pas de vivres pour la journée (1). Cependant un train de vivres était parti la nuit précédente à minuit pour Baume-les-Dames, et l'intendant de la 2ᵉ division put établir que le 60ᵉ avait reçu 25 000 rations de biscuit et petits vivres avec 30 bœufs, et que le 60ᵉ avait touché 10 200 rations pour la période du 1ᵉʳ au 4 janvier (2). 115 quintaux de biscuit avaient été en outre expédiés par chemin de fer à Baume-les-Dames. Mais, sans fonctionnaire de l'intendance, le service des distributions confié à un simple soldat commis, s'était fait avec un extrême désordre. Bientôt on ajouta le complément en pain et viande pour jusqu'au 5 inclus et en vivres de campagne jusqu'au 8.

En outre, le général Bressolles prescrivit à la 1ʳᵉ division, qui devait former détachement, d'opérer le plus souvent possible par réquisition. Le lendemain 4, on

---

(1) Télégramme de 8 h. 35 matin.
(2) *Id.* 5 h. 15 soir.

commença à organiser, par les soins de la place de Besançon, un convoi de 6 jours de vivres pour la 1re division (1). Mais, malgré les mesures prises, le colonel Irlande ne put partir de Baume-les-Dames qu'à midi, ayant attendu jusqu'à ce moment le convoi qui lui était promis (2).

Pour les 2 autres divisions, les convois restèrent à Sçay-la-Tour, à 8 kilomètres en arrière du front des premières troupes. Le 5, le 24e corps n'ayant pas bougé, se ravitailla facilement. Mais quand il s'agit de se mettre en route le 6 au matin, on s'aperçut qu'il ne restait presque rien. « J'ai à peine le tiers des voitures qu'il me faudrait, » écrivait le général Bressolles à l'intendant Testa. Néanmoins la marche s'effectua. On laissa à Sçay-la-Tour le convoi du quartier général ; celui de la 2e division rejoignit les troupes autour de Montuisaint, celui de la 3e vint à Luxiol, à courte distance de cette division qui était cantonnée à Tournans.

Quant à la 1er division, elle ne paraît pas avoir eu alors de convoi bien organisé. Le 7, le général Dariès écrivait au général Bourbaki.

« Permettez-moi, mon général, d'appeler votre attention sur le service des subsistances. J'ai la plus grande difficulté à me procurer de la viande fraîche et du pain. Jusqu'à présent je n'ai pu réussir qu'à faire des distributions partielles et encore en limitant la ration de viande à 250 grammes... »

Cependant les *Historiques* des corps signalent que la réquisition suffit pour ce détachement, dont l'effectif n'atteignait pas 5,000 hommes et 250 chevaux, tant qu'il fut isolé, pour obtenir le pain et la viande fraîche. Une fois sa réunion effectuée avec les 2e et 3e divisions, le 24e corps allait se trouver dans une situation assez difficile.

---

(1) *Ordre* du général commandant la 7e division.
(2) *Lettre* de 7 h. 15

Pourtant il était le plus rapproché de la ligne de chemin de fer, et, à Baume-les-Dames, il y eut très vite des denrées en abondance. En outre et en réponse aux plaintes de l'Intendant du 24ᵉ corps, M. Friant expédia en ce point toute la réserve des voitures du grand quartier général, moins 200 véhicules, 50 avaient déjà été prêtés au 20ᵉ corps.

Étant donné que Baume-les-Dames n'était pas à plus de 15 kilomètres du front des 24ᵉ corps et 20ᵉ, ces mesures auraient sans doute suffi, si le transport des troupes du 15ᵉ corps n'avait pas compromis le ravitaillement par chemin de fer (1).

Dès le 8 janvier, M. Friant signalait que 7 trains portant des troupes du 15ᵉ corps, encombraient la ligne entre Besançon et Baume-les-Dames et empêchaient d'envoyer des vivres, alors qu'on en regorgeait à Besançon.

A partir du 7, le général Rolland s'occupa d'intercaler des trains de vivres partant de Besançon, entre les trains de troupes qui allaient au delà à Clerval. On ne peut

---

(1) *Général Bourbaki à Intendant en chef Friant, hôtel du Nord, Besançon.*
7 janvier 1871, 8 heures soir.

Réunissez le plus d'approvisionnements possible, et requérez toutes les voitures nécessaires pour faire parvenir aux corps d'armée les vivres dont ils ont besoin et qui vont leur faire défaut, si les convois, retardés par les difficultés que présentent les routes, ne pouvant transporter qu'une quantité de denrées beaucoup moindre, ne sont pas plus nombreux. Dirigez ceux du 18ᵉ corps et du grand-quartier général sur Montbozon, ceux du 20ᵉ et du 24ᵉ sur Rougemont. Le 15ᵉ reçoit l'ordre de se porter sur ce dernier point.

Général Bourbaki à lieutenant-colonel Tricoche et à général Rolland, Besançon (Dépêche télégraphique).
Montbozon, 7 janvier, 8 h. 45 soir.

Faites diriger les munitions que je vous ai demandées pour le 18ᵉ corps sur Corcelles, Sçay-la-Tour, et non sur Rioz, comme portait ma première dépêche.

dire que les stations de chemin de fer manquèrent jamais de vivres.

Mais ce qui fit défaut, ce fut la distribution aux troupes et sous ce rapport l'ordre général du 7 janvier est caractéristique.

Ordre général du 7 janvier 1871.

Les situations journalières signalent un manque absolu de distributions de pain ou biscuit. A défaut de pain ou de biscuit, MM. les chefs de corps ne doivent pas hésiter à réquisitionner de la farine et à la faire distribuer à raison de 500 grammes la ration. Les hommes feront des galettes ou de la bouillie.

Signé : BOURBAKI.

Ordre général.

7 janvier 1871.

Lorsqu'en raison des circonstances de guerre il ne sera pas possible de faire des distributions réglementaires de pain, biscuit ou vivres de campagne, il sera fait une distribution à titre de substitution de viande réquisitionnée par le corps, à raison de 350 grammes de viande en remplacement de pain, 200 grammes en remplacement de sucre, café, riz, etc.

Signé : BOURBAKI.

(Note recueillie par les officiers du 42e de marche.)

Journée du 7 janvier.

I

Opérations.

18ᵉ corps. D'après les ordres du général Billot, les bivouacs si pénibles devaient être conservés (1). Le quartier général de la 3ᵉ division devait venir à Chazelot, ouvrant la route de Courboux à Pennesières. De plus, on renouvelait l'ordre d'envoyer le convoi de cette division à Hyet, ce qui devait priver les troupes de toute possibilité d'être ravitaillées. La brigade de cavalerie Charlemagne (2ᵉ hussards et 2 escadrons du 3ᵉ lanciers) devait continuer à éclairer le flanc gauche.

Le général Bonnet prescrivit de son côté de faire occuper par des bataillons constitués les hauteurs à l'Est de Levrecey, la ferme Burney, les bois du Rosey et du Chaillotet. On ne devait abriter qu'un bataillon du 53ᵉ à Mailley, le 14ᵉ bataillon de chasseurs et le génie à Chazelot.

On évacuait le poste des Évêques et « ceux que la division pourrait avoir dans la direction de Vesoul ».

Du côté de la 3ᵉ division d'infanterie et de la brigade

---

(1) *Ordre* du général commandant le corps d'armée (Archives de la Guerre) : « Le cantonnement de Mailley pouvant être trop dangereux et celui de Chazelot étant insuffisant, la division Bonnet aura la plus grande partie de son monde dans les bois ».

légère Charlemagne, la journée du 7 janvier se passa sans le moindre incident. Ils n'en fut pas tout à fait de même à la 2ᵉ division, qui paraît avoir eu contact avec l'ennemi à Vellefaux (1).

Le lieutenant Le Mouton du 5ᵉ dragons (2), chargé avec 12 cavaliers de reconnaître ce village, y trouva une barricade et essuya des coups de feu qui le blessèrent ainsi que 2 de ses hommes.

On se souvient que le IIᵉ bataillon du 4ᵉ badois était depuis le 6 au matin au bivouac, gardant les bois de Maurogneux et le chemin d'Andelarrot. Le 7, à 3 heures du soir, une patrouille commandée par le lieutenant Quilling avait été dirigée sur Échenoz-le-Sec (3). Elle avait rencontré à Vellefaux le parti des dragons français et ne poussa pas plus loin, « ayant aperçu des avant-postes d'infanterie ennemie dans les parcelles de bois vers Échenoz-le-Sec (4) ».

C'est à cet incident insignifiant que se bornèrent les événements de la journée. Une reconnaissance de 50 hommes, envoyée le matin par le 92ᵉ d'infanterie sur Vellefaux, avait trouvé le village évacué. L'annonce que de l'infanterie y avait reparu dans la soirée ne fit qu'augmenter les inquiétudes, auxquelles on était trop portées, et contribua à maintenir pour les troupes ce mode de stationnement si pénible par cette température de -15 à -18°, ces factions de presque tout le monde l'arme au pied. Pourtant tous les renseignements s'accordaient à signaler la retraite de l'ennemi au Nord de Vesoul.

20ᵉ corps. Pendant que les troupes restaient dans leurs cantonnements, le général Clinchant avait ordonné des reconnaissances fortes de 200 hommes d'infanterie et

---

(1) Ce jour-là le 82ᵉ mobiles de la 3ᵉ division laissé à Auxonne arrivait à Rioz avec le convoi.
(2) *Historique* du corps.
(3) *Historique* du 4ᵉ badois.
(4) *Ibid.*

1 peloton de cavalerie sur Vy-les-Filain, Dampierre-sur-Linotte et Presle, Thieffrans et Chassey (1). Les lanciers devaient envoyer des patrouilles sur Esprels et Vallerois-le-Bois.

Chose assez singulière, pas un seul des *Historiques* des corps ne parle d'une de ces reconnaissances. La journée paraît avoir été employée à des revues passées par les généraux de division, à des distributions, et à la réparation de l'équipement et de la ferrure.

24ᵉ corps. Les troupes conservèrent leurs emplacements. Vers midi, une fausse alerte fit prendre les armes à Rougemont (2) et détermina l'envoi d'une reconnaissance du 14ᵉ mobiles (3), qui rentra à 4 heures, n'ayant trouvé que des ouvrages défensifs abandonnés entre Tressandans et Bonnal (4).

A 5 heures du soir, arrivèrent à Mésandans et Huanne les deux bataillons du 89ᵉ mobiles, qui rejoignaient la 3ᵉ division (5).

Il n'y eut à signaler sur le Haut Doubs que l'avis, donné par le lieutenant-colonel de Vezet, du recul de l'ennemi au Nord de Montbéliard et de son mouvement vers Arcey.

Réserve générale et brigade de Boërio. Le 38ᵉ de ligne vint à Aubertans, Ruhans et Villers-Pater.

L'artillerie à Baumotte-lès-Montbozon.

Le 3ᵉ dragons à Maussans.

15ᵉ corps. Dans la nuit du 6 au 7 débarquèrent à Clerval : 1 batterie (18/15) de la 2ᵉ division, le 1ᵉʳ zouaves (6) et 1 batterie (18/7), le tout de la 2ᵉ division. Puis, à 7 heures du matin, arrivèrent en un seul train le IIIᵉ bataillon du

---

(1) Cahier d'ordres du 20ᵉ corps. (Archives de la Guerre.)
(2) *Historique* du 87ᵉ mobiles.
(3) *Historique* du 14ᵉ mobiles.
(4) *Id.* et de la 22ᵉ batterie du 6ᵉ.
(5) Venant de Marchaux.
(6) Moins son IIIᵉ bataillon.

12ᵉ mobiles et le bataillon de la Savoie, tous deux de la 1ʳᵉ division.

On se trouva donc disposer de la 1ʳᵉ brigade de la 1ʳᵉ division (12ᵉ mobiles, 1ᵉʳ zouaves, bataillon de la Savoie, section du génie) sans artillerie, et de 4 bataillons de la 3ᵉ (34ᵉ de marche et Iᵉʳ du 27ᵉ de marche) avec 2 batteries.

Aussitôt descendus de wagon, à 5 heures du matin, les zouaves franchirent le Doubs en bac. Toute la 1ʳᵉ brigade se trouva ainsi réunie sur la rive droite vers 9 heures du matin et alla occuper Glainans, Hyermondans (1ᵉʳ zouaves), Anteuil (12ᵉ mobiles), Saint-Georges (bataillon de la Savoie).

Dans la journée, le lieutenant-colonel Messy, commandant le 34ᵉ de marche, poussa une reconnaissance sur l'Isle-sur-le-Doubs ; il rentra le soir à Clerval.

Tout le reste de la journée allait se passer sans qu'un seul train de troupes vînt débarquer à Clerval. Cette interruption fut due à plusieurs causes.

Arrivé la veille à 4 h. 30 du soir, le général Peytavin avait rendu compte de la situation dans les termes suivants :

Général Peitavin, à Général commandant 7ᵉ division, Besançon.

Pour Besançon de Clerval, déposé le 7 janvier à 1 h. 20 matin, reçu à 2 h. 45 matin.

Une seule voie à Clerval et une seule aiguille pour les manœuvres ; quai de débarquement pour chevaux et matériel très incommode. Opération très lente, difficile d'envoyer dans la nuit les hommes cantonner. Je ne quitte pas la gare et j'active les départs dans la nuit tant que possible. Le génie demande 4 jours pour établir un pont à Clerval. Le général Durrieu a requis cette nuit des barques pour assurer passage. Général Martineau pas encore arrivé. 3ᵉ division n'a de vivres que pour la journée du 7, peux pas mettre en route sans en recevoir.

Général Peytavin à Général division, Besançon.

Pour Besançon de Clerval, 7 janvier à 5 h. 10 matin, reçu à 5 h. 45 matin.

Je fais possible pour dégager la voie, si elle ne l'est pas cela tient, comme je l'ai dit cette nuit, à ce que tous les trains sont partis à la fois de grandes gares Vierzon, Bourges pour arriver à une petite gare à une voie où tout manque, même le personnel.

Je ne puis être responsable de rien : je surveille néanmoins, je ne bouge pas de la gare.

Peytavin.

Général Peytavin à général commandant 7° division Besançon.

Pour Besançon de Clerval, 7 janvier à 7 h. 45 matin.

Je n'ai rien reçu au départ, toutes les troupes arrivées ont été débarrassées, ne peux assumer aucune responsabilité, ces mouvements de trains concernent l'administration des chemins de fer; il n'est guère possible d'aller plus vite dans la petite gare de Clerval, où tout manque. La responsabilité est à l'administration de Besançon, qui aurait dû prendre des mesures.

En rendant compte au général Bourbaki de ce fâcheux état de choses, le général Rolland attribua l'encombrement au temps qu'auraient passé en wagon certaines troupes avant de débarquer.

Général commandant la 7ᵉ division militaire, au général Bourbaki.

Besançon, 7 janvier 1871.

Deux brigades du 15ᵉ corps arrivées à Clerval, mais n'ayant pas pris assez vite position, étant restés en partie en wagon, la voie est encombrée au loin en arrière de Besançon. Des trains de chevaux et artillerie sont arrêtés, ayant consommé leurs vivres. Je fais des réquisitions dans les communes riveraines pour subvenir aux plus pressants besoins.

Je transmets avec instances au 15ᵉ corps de marche de Clerval, par brigade, sur Blamont, pour dégager la voie. Dans le même but, je dois faire cantonner deux trains de troupes à Besançon.

Il avait annoncé à 8 heures du matin que le premier train à partir de Besançon emporterait des vivres aux troupes débarquées à Clerval et dont la situation allait se trouver critique sur le rapport de l'alimentation.

Les troupes débarquées n'avaient pas de convois, et rien n'avait été préparé à Clerval avant leur arrivée. L'intendant Friant ne savait ni que le 15e corps allait arriver, ni qu'il avait laissé ses convois. Tout ce qu'il put faire sur le moment fut d'envoyer 100 voitures qui lui restaient (1). Mais, en attendant leur arrivée à Clerval, la voie ferrée était le seul moyen de faire parvenir aux troupes les vivres qui leur étaient immédiatement nécessaires.

C'est, semble-t-il, à cette mesure, dont la nécessité s'imposait, qu'il faut attribuer l'interruption des envois de trains de troupes entre Besançon et Clerval pendant la journée du 8. L'accusation portée contre le général Peytavin d'avoir refusé de faire débarquer les troupes pendant la nuit, n'est pas confirmée par aucun des *Historiques* des corps et, lorsqu'elle fut portée par le général Rolland, sans doute, sur une plainte d'agents de la compagnie, le général Peytavin protesta formellement :

---

(1) *L'intendant en chef au général commandant le 18e corps.*

Besançon, 7 janvier 1871.

Mon général,

J'ai l'honneur de vous faire connaître que je donne l'ordre à M. Lemaitre, sous-intendant du grand quartier général à Montbozon, d'envoyer cent voitures à Clerval pour votre service des subsistances. Je ne puis vous en donner davantage. Si j'avais été prévenu de votre mouvement et de l'abandon de vos convois, j'aurais fait mes efforts pour vous en constituer d'autres. J'ai réquisitionné dans cinq départements; mais les voitures n'arriveront que lentement. Si toute autre personne peut mieux faire que nous, je serais bien heureux d'avoir son concours.

FRIANT.

Général Peitavin à général 7ᵉ division, Besançon.

Pour Besançon de Clerval, 7 janvier 1871, à 12 h. 50 soir, reçu à 6 h. 35 soir.

Suis arrivé à Clerval hier 4 h. 30, depuis ce moment et toute cette nuit j'ai fait opérer moi-même et aussi rapidement que possible le débarquement des troupes. J'ai fait tout ce qui était possible de faire. Je ne puis faire l'impossible. Le général Durieu plus ancien que moi est ici; consultez-le sur la situation : la 3ᵉ division n'a de vivres que pour aujourd'hui.

Mais une autre question, celle du passage du Doubs, pour lequel le génie demandait 4 jours, eut sans doute une importance assez grande dans l'arrêt des débarquements à Clerval. Les dépêches du général Durieu sont fort explicites et montrent bien qu'il se soucia fort peu d'entasser des troupes à Clerval avant que leur débouché au delà du Doubs ne fût assuré.

Général Durieu à général Rolland, Besançon.

Pour Besançon de Clerval, 7 janvier à 2 h. 35 soir reçu à 5 h. 50 soir.

Les moyens de passage du Doubs se réduisent encore à un bateau et quelques batelets, les glaces empêchent de réunir les autres rares moyens de passage du pays.

Le général continue à réclamer pour rétablissement le pont de Clerval. Il y a lieu de faire passer le Doubs au 15ᵉ corps sur autres ponts en arrière si l'on veut assurer l'exécution de l'ordre du général en chef, personne, ici, ne peut assumer la responsabilité d'une situation amenée par la force même des choses. Il me paraît très imprudent de continuer à accumuler ici des troupes avant que leurs débouchés ne soient assurés.

Général Durieu.

Général Durieu à général Rolland, à Besançon.

Pour Besançon de Clerval, 7 janvier 1871, à 5 h. 10 soir, reçu à 6 h. 55 soir

Longueur de la brèche est de 27 mètres.

Le génie de la 2ᵉ division seul ici y travaille et demande 4 jours pour la réparation. Impossibilité de faire mieux, pas de bateau ni de radeau à disposition. Envoyez les moyens de franchir le Doubs qui arrête seul le mouvement en avant.

Général Durieu à général Rolland, Besançon.

Pour Besançon de Clerval, 7 janvier à 7 h. 35 soir, reçu à 9 h. 40 soir.

Le passage du 15ᵉ corps entier par Clerval dans les conditions déjà signalées est matériellement impossible. L'arrivée de nouveaux trains ne fait que compliquer la question ou augmente l'encombrement. Les instructions du général Bourbaki ne peuvent être remplies que par l'envoi sur Saint-Hippolyte par la voie de terre des troupes qui se trouvent encore à Besançon ou à Baume; celles qui sont déjà à Clerval seraient dirigées dans ce cas sur le même point par les marches les plus rapides, il est essentiel dans tous les cas d'assurer le plutôt possible ravitaillement des 5,000 hommes de la 1ʳᵉ division actuellement cantonnée sur la rive gauche du Doubs et des 3,000 hommes de la 3ᵉ également débarquée et attendant le moment où ils pourront passer la rivière.

Général DURIEU.

La première conséquence de cette interruption des débarquements fut qu'on dut renoncer au mouvement ordonné au 15ᵉ corps vers Montbéliard. Le général Rolland (1) estimait que ce mouvement ne pourrait commencer avant 3 jours.

Puis l'arrêt de tous les trains causa aux troupes des souffrances extrêmes, et créa pour certaines une situation critique. De Dannemarie, le colonel du 6ᵉ hussards rendait compte que, parti le 4 au matin, il avait ses vivres et demandait à débarquer (2). Le commandant de l'artillerie de la 1ʳᵉ division du 15 corps arrêté à Lisle et en wagon depuis 96 heures, demandait à débarquer et à rejoindre Besançon par terre. Ce n'était que

---

(1) Au général Bourbaki. (Archives de la Guerre.)
(2) Télégramme de 1 h. 10.

le début d'une triste série qui devait se continuer pendant de longs jours.

Mouvement de la 2ᵉ brigade de la 1ʳᵉ division (Questel). De Mirebeau, la brigade Questel (1) se rendit à Gray. Se trouvant ainsi à la gauche de l'armée, isolée, sans convoi, elle allait avoir, pour rallier son corps d'armée, à exécuter une marche considérable, ayant d'abord le flanc exposé aux tentatives de l'ennemi. Puis quand elle dut passer derrière les 18ᵉ, 20ᵉ et 24ᵉ corps, elle se trouva hors d'état d'être employée aux opérations actives avant un délai considérable.

Tel fut cependant l'ordre qui lui fut donné :

Le Général commandant en chef au Général commandant e 24ᵉ corps. Avilley.

Montbozon, 7 janvier 1871.

Mon cher Général,

J'ai l'honneur de vous faire connaître que M. le général Questel, commandant une brigade du 15ᵉ corps, se rendant de Gray à Clerval, suit l'itinéraire suivant :

Le 8 janvier à Bucey-les-Gy.
Le 9 janvier à Rioz.
Le 10 janvier à Avilley.
Le 11 janvier à Clerval.

Cette brigade n'a pas de convoi de subsistance je vous prie de donner des ordres à M. l'Intendant de votre corps d'armée, pour qu'il soit distribué des vivres à cette troupe à son passage à Avilley, dans le cas où M. le général Questel en réclamerait.

Par ordre, le chef d'État-Major général,
BOREL.

Embarquement de la 2ᵉ division à Bourges. A 3 heures du matin, la 1ʳᵉ brigade de la 2ᵉ division partit pour

---

(1) 4ᵉ chasseurs de marche, tirailleurs algériens, 18ᵉ mobiles, 2 batteries.

Bourges, où elle arriva à 9 heures. L'artillerie fut embarquée à partir de 11 heures du matin (1).

Puis le 25ᵉ mobiles (2) partit en 2 trains à 3 heures et à 4 heures du soir, le régiment étranger à 8 heures et 9 heures du soir, le 5ᵉ bataillon de chasseurs à 11 heures du soir. Le 39ᵉ ne devait partir qu'à 2 heures du matin (3).

Quant à la 2ᵉ brigade et au 11ᵉ chasseurs à cheval leurs départs ne devaient commencer qu'après ce moment.

On verra l'odyssée de ces malheureuses troupes qui, de toutes, subirent les plus rudes souffrances dans cet interminable trajet en chemin de fer.

---

(1) La 1ʳᵉ batterie de montagne arrive à Besançon le 13 à 4 heures du matin. La 14ᵉ de la garde, la 18ᵉ du 12ᵉ, la 18ᵉ du 9ᵉ arrivent le 12 à Besançon.

(2) Garé à Dijon à 2 kilomètres de la gare à partir de 7 heures du soir, y resta 4 jours.

(3) Il arriva le soir du 8 à Dijon.

II

M. de Freycinet, qui avait accepté sans enthousiasme le détour dans l'Est, auquel il voyait à juste titre l'inconvénient de retarder une solution déjà trop différée, ne pouvait approuver l'arrêt des opérations pendant la journée du 7 janvier. S'il ne tenait peut-être pas un compte suffisant des difficultés du ravitaillement, il était parfaitement fondé à contester l'argument tiré du retard du 15ᵉ corps, car il n'avait pas été question d'employer ces troupes à l'opération concertée contre Vesoul. De fait, le général Bourbaki, en pensant à les envoyer vers Blamont, avait lui-même écarté toute possibilité de les faire agir dans cette direction.

Guerre à général Bourbaki, Montbozon (extrême urgence).

Pour Pennesières de Bordeaux, déposé le 7 janvier à 11 h. 45 matin.

Votre dépêche de ce matin 1 h. 30 m'annonce que, probablement, vous ne ferez pas de mouvement aujourd'hui et que, d'ailleurs, vous n'avez connaissance que de l'arrivée d'une brigade à Besançon. Je suis surpris que cette dernière circonstance puisse causer votre inaction, car votre mouvement avait été entrepris, sans qu'il fût même question de faire venir le 15ᵉ corps, et le mouvement de celui-ci a été plus rapide qu'il n'était permis de l'espérer, puisque 45,000 hommes auront été embarqués en 3 jours et demi. Je ne m'expliquerais donc pas que ce fût là un motif de retarder vos opérations. Je ne saurais trop vous recommander au contraire de les accélérer, car, d'une part, Paris mange toujours et, d'autre part, il arrive contre vous des renforts qui, si vous procédez trop lentement, finiront par vous constituer en infériorité de nombre. Voilà déjà beaucoup de temps écoulé, et je vous engage à activer tous ces mouvements. La difficulté des routes, que vous mettez en avant, n'arrête pas les Prussiens, dont la marche est pour le moins deux fois aussi rapide que la vôtre.

Vous avez annoncé vous-même que vous seriez à Vesoul le 5 ou 6 janvier et je voudrais être sûr que vous y serez le 8. Je vous envoie un ingénieur des mines, M. Lebleu, natif de Belfort et qui connaît parfaitement les Vosges. Il pourra renseigner à l'occasion votre État-Major.

De Freycinet.

Guerre à général Bourbaki, à Montbozon (faire suivre).

7 janvier, 1 h. 35 soir.

Je reçois une dépêche du quartier général de Garibaldi permettant d'opérer une prochaine occupation de Dijon par les troupes de ce général. Vous feriez bien d'entrer en communication directe avec lui, afin de retirer, le cas échéant, la division Crémer, dès que vous jugerez sa présence inutile à la protection de Dijon. Une dépêche Havas, que je vous communique aujourd'hui, semble indiquer la levée du siège de Langres et un acheminement des troupes de siège sur Vesoul. Vous verrez s'il n'y aurait pas à combiner en ce cas une double action de la division Crémer avec une colonne formée à Langres, de manière à opérer vigoureusement sur les derrières de l'ennemi, et à empêcher la jonction des renforts venant de Châtillon ou de Chaumont. Ainsi que je vous l'ai dit, je crois que Langres peut fournir 10 à 12 mille hommes à l'armée de campagne.

C. de Freycinet.

---

(1) Dépêche Havas, Bordeaux. « *Times*, Berlin. 5. — Siège Langres levé, brigade Goltz étant nécessaire à Vesoul pour renforcer Werder qui menacé par Bourbaki, Garibaldi. Plus grosse artillerie réservée pour bombardements forts sud de Paris. »

Guerre à Général Bourbaki à Montbozon (faire suivre).

Munich, 7 janvier 1871, reçu le 7 à 4 h. matin.

Je crois devoir appeler votre attention sur l'opportunité qu'il pourra y avoir, à un moment donné, à se servir de la division Crémer non pour vous grossir entre Vesoul et Belfort, mais pour marcher dans la direction de Langres et couper ainsi les colonnes ennemies en train de se replier de Vesoul sur Chaumont. Je crois que Crémer est appelé effectivement par vous à quitter Dijon et à vous seconder; il jouera peut-être un rôle plus efficace de la manière que je viens d'indiquer qu'en se groupant purement et simplement avec votre armée, je vous livre cette idée à laquelle vous donnerez telle suite que vous jugerez convenable d'après les circonstances.

De Freycinet.

Il ne paraît pas que le général Bourbaki ait répondu.

D'autre part, le matin même, Bordone avait offert de transporter à Dijon le quartier général de Garibaldi tout en continuant à tenir Autun (1). M. de Freycinet lui avait prodigué à ce sujet les éloges et les encouragements (2). Il crut pouvoir faire fonds sur les promesses de l'État-Major de l'armée des Vosges, et c'est ainsi qu'il télégraphia par deux fois au général Bourbaki que la division Crémer allait devenir disponible par suite de l'occupation de Dijon par les Garibaldiens. M. de Freycinet conseillait de lancer Crémer vers Langres, dont le siège était levé ainsi que l'apprenaient les journaux anglais.

Ce projet était bien, en effet, dans le programme tracé par le plan de campagne. Mais le général Bourbaki, toujours désireux d'augmenter ses forces, voulait appeler Crémer sur Gray, tandis que les francs-tireurs Bombonnel, qui étaient déjà dans cette ville, remonteraient la Saône. Tel fut le but des dépêches de 8 heures du

---

(1) Télégramme de 7 heures matin, reçu à 8 h. 6 matin.
(2) Télégramme de 12 heures soir.

soir, qui, avec l'ordre de mouvement destiné aux 18ᵉ, 20ᵉ, 24ᵉ corps, et à la réserve générale, ainsi qu'avec les prescriptions spéciales relatives au 15ᵉ corps, forment un ensemble qui doit être cité *in extenso*.

Général Bourbaki à général Crémer, à Ruffey, par Orgeux (faire suivre).

Montbozon, 7 janvier 1871, 8 h. soir.

Les renseignements que vous me donnez tendent à me démontrer que votre présence à Dijon n'est plus nécessaire. Portez-vous dès demain sur Gray, à moins de nécessités impérieuses pouvant se produire subitement, et dont vous me rendriez compte. Remontez ensuite le cours de la Saône. Tenez-vous en communication avec moi, afin que je sois en mesure de vous donner des instructions pour la suite des opérations. Le 18ᵉ corps forme la gauche de l'armée marchant sur Vesoul. Avertissez-moi quand vous serez à sa hauteur.

Général Bourbaki à Colonel Bombonnel, Gray (faire suivre).

Montbozon, 7 janvier 1871, 8 h. soir.

Remontez le cours de la Saône, éclairez les deux rives, toutes les fois que ce vous sera possible. Tenez-vous en communication avec le général Billot, commandant le 18ᵉ corps, formant la gauche de l'armée marchant sur Vesoul. Signalez-moi votre présence au fur et à mesure que vous avancerez. Donnez-moi tous les renseignements que vous vous procurerez.

Ordre de mouvement.

L'ensemble de l'armée doit, en vue des opérations ultérieures, appuyer vers la droite. Ce mouvement s'exécutera demain 8 janvier de la manière suivante :

Le 18ᵉ corps profitera des divers passages sur la Linotte, notamment de ceux de Loulans, de Roche-sur-Linotte et de Sorans-les-Cordiers pour s'établir en avant de Montbozon entre la Linotte et l'Oignon, à Fontenois-les-Montbozon, Bouhans et Cognières.

Le 20ᵉ corps se portera sur la rive gauche de l'Oignon, en s'assurant des divers moyens de passage existant sur cette rivière; il s'établira à Rougemont, à Cuse et dans les villages situés en avant tel que Tressandans, Bonnal et Cubrial.

Le 24ᵉ corps, y compris la division d'Ariès, prendra position à Nans, Uzelle, Cubry et Abbenans.

La réserve se portera de ses cantonnements actuels aux villages de Chazelot et de Montferney-sur-l'Oignon.

La brigade de réserve de cavalerie sera cantonnée à Gondenans-les-Moulins.

Le grand quartier général continuera d'être établi à Montbozon.

Les points de passage des divers ruisseaux ou rivières permettant aux corps d'armée soit de communiquer entre eux, soit de se porter en avant, et ceux par lesquels l'ennemi pourrait déboucher seront reconnus avec le plus grand soin. Les travaux nécessaires seront exécutés.

Les avant-postes de chaque corps d'armée resteront en position jusqu'à l'achèvement du mouvement de ce corps ou jusqu'à ce que l'espace occupé par eux ait été couvert par les avant-postes voisins.

Toutes les autres dispositions nécessaires pour assurer la sécurité des troupes, comme pour dissimuler le mieux possible notre mouvement à l'ennemi, seront ordonnées par les commandants de corps d'armée.

Montbozon, le 7 janvier 1871.

Le général commandant en chef,
Par ordre,
Le général chef d'État-Major général,
BOREL.

Le général Bourbaki au général commandant le 15ᵉ corps, à Clerval.

Grand quartier général Montbozon, 7 janvier 1871.

Mon cher général,

Les 18ᵉ, 20ᵉ et 24ᵉ corps d'armée reçoivent l'ordre d'exécuter demain, 8 courant, un mouvement à la suite duquel, le 18ᵉ formant la gauche de l'armée, établira son quartier général à Montbozon; ceux des 20ᵉ et 24ᵉ corps seront à Rougemont et Cuze, celui de l'armée restera à Montbozon.

J'ai décidé, en raison des renseignements qui me sont

parvenus sur la disposition des forces ennemies, que la totalité des troupes du 15ᵉ corps débarquées à Baume et à Clerval, moins une brigade et une batterie d'artillerie, seraient demain sur Fontaine, Gondenans et Fontenelle, formant ainsi l'extrême droite de l'armée. La brigade et la batterie d'artillerie seront, suivant les ordres antérieurs, dirigées sur Blamont. L'officier général placé à leur tête exercera, sous les ordres de M. le général Roland, le commandant des forces auxquelles est confiée la défense du cours et des ponts du Doubs.

Dans la position que vous allez occuper, ne négligez rien pour vous éclairer au loin.

Vous vous rallierez, dès votre arrivée à Fontenelle, au reste de l'armée. Rendez-moi compte.

BOURBAKI.

Général de division au général commandant, Clerval.

Clerval de Besançon. Nº 7548 (319 mots), déposée le 8 janvier à 9 heures matin. (Urgent.)

Par ordre du général Bourbaki, commandant en chef l'armée de l'Est, les 18ᵉ, 20ᵉ et 24ᵉ corps exécuteront aujourd'hui un mouvement à la suite duquel le quartier général du 18ᵉ corps sera établi à Montbozon, près de celui de l'armée. Ceux du 20ᵉ et 24ᵉ à Rougemont et à Cuse : le général Martineau se portera aujourd'hui de Baume et de Clerval à Fontaine, Gondenans et Fontenelle pour l'extrême droite de l'armée, avec la totalité des troupes de son corps d'armée qui seront débarquées, moins une brigade et une batterie d'artillerie qu'il dirigera suivant les ordres antérieurs sur Blamont. En vertu du même ordre je suis chargé avec toutes les ressources dont je puis disposer, d'assurer la possession du cours et des ponts du Doubs et j'aurai sous mes ordres le général de brigade qui sera chargé de l'occupation de Blamont, lequel commandera aussi les autres troupes que je charge de la défense des passages et des ponts. Je vous prie en conséquence de vouloir bien hâter le passage sur la rive gauche à Clerval du reste de la brigade qui s'y trouve déjà ainsi que d'une batterie, et de me faire connaître le nom du général qui la commande.

Je vous prie également de lui faire connaître qu'il aura sous ses ordres le 54ᵉ régiment de marche, mobiles du Doubs, commandé par le lieutenant-colonel de Vezet qui occupe déjà Pont-de-Roide, Blamont, Voujaucourt et que j'envoie pour occuper le passage de l'Isle-sur-le-Doubs le bataillon de la garde mobile des Hautes-Alpes, pour occuper Clerval le 3ᵉ bataillon des Vosges, et pour occuper Baume le 4ᵉ bataillon mobilisé de la Haute-Saône.

Ces trois bataillons seront sous les ordres du lieutenant-colonel Bousson, qui connaît parfaitement le pays ainsi que M. de Vezet.

Par ordre :
De Bigot.

Général de division à général Durieu, commandant division du 15ᵉ corps, Clerval.

Clerval de Besançon. N° 7389 (250 mots). 4 h. 10 soir. Urgence.

L'ennemi menaçant en forces le plateau de Blamont au delà de Montbéliard et de Pont-de-Roide d'où nous pouvons déboucher sur ses derrières, le général en chef a décidé que le 15ᵉ corps d'armée serait chargé de l'occupation de cette importante position.

Je décide en conséquence que toutes les troupes du 15ᵉ corps seront envoyées jusqu'à Clerval d'où elles se porteront en fractions d'une brigade à la fois avec l'artillerie sur Pont-de-Roide et Blamont. Mais en attendant l'ennemi menaçant l'Isle-sur-le-Doubs, saillant de la rivière vers le Nord, il est très urgent de l'empêcher de déboucher sur la rive gauche et de venir prendre position vers Glainans et vers Hyémondans, coupant ainsi la route de Clerval à Blamont.

Il y a donc lieu de porter ce dont vous pouvez disposer à Glainans et Hyémondans, de garder le défilé qui de Glainans conduit à l'Isle à travers les bois : là sont déjà préparés les travaux de défense. A Pont-de-Roide, Voujaucourt, Audincourt, Blamont, etc., nous avons déjà trois bataillons de garde mobile très solides connaissant parfaitement le pays et un bataillon de mobilisés nouvellement formé avec une batterie de montagne.

Je vous ferai suivre les autres instructions du général Bourbaki. Il y a lieu pour le moment d'empêcher l'ennemi de déboucher de l'Isle sur la rive gauche et de garder libre votre communication avec le plateau de Blamont.

Par ordre :
De Bigot.

Général Bourbaki à général Rolland, Besançon.

Montbozon, 7 janvier 1871, 8 h. soir.

Les 18e, 20e et 24e corps exécuteront demain un mouvement à la suite duquel le quartier général du 18e sera établi à Montbozon, ceux du 20e et du 24e à Rougemont et à Cuse, celui de l'armée restant à Montbozon. Je prescris au général Martineau de se porter demain de Baume et de Clerval à Fontaine, Goudenans et Fontenelle, pour former l'extrême droite de l'armée, avec la totalité des troupes de son corps d'armée qui seront débarquées, moins une brigade et une batterie d'artillerie, qu'il dirigera, suivant les ordres antérieurs, sur Blamont. Prenez vos mesures pour que toutes les forces dont vous pouvez disposer assurent la possession du cours et des ponts du Doubs. Le général commandant la brigade chargée de l'occupation de Blamont exercera, sous vos ordres, le commandement de ses forces.

En ce qui concerne le rôle du 15e corps, il y avait eu, semble-t-il, un autre projet, établi par le général en chef, si l'on en juge par la pièce suivante qui ne fut pas expédiée (1).

Général Bourbaki à général Martineau, commandant 15e corps et général Duricu à Clerval (faire suivre).

Montbozon, 7 janvier 1871.

Dirigez le plus promptement possible sur Villersexel, en passant par Rougemont, et surveillant avec grand soin

---

(1) Dépêche trouvée sur la minute des dépêches du général Bourbaki, et écrite de sa main. Sur cette minute, elle est barrée. (Archives de la Guerre.)

votre flanc droit, les deux divisions de votre corps d'armée qui débarqueront les dernières à Clerval. Je suis dans l'obligation de renoncer, quant à présent, à l'opération sur Blamont. Je regrette de vous obliger à faire passer à nouveau sur la rive droite du Doubs la division débarquée la première. Cette division se portera en avant de Clerval, de façon à assurer complètement Clerval et à protéger au besoin l'Isle-sur-le-Doubs. Elle ne rejoindra que sur de nouveaux ordres le reste du corps d'armée. Le cours et les ponts du Doubs seront gardés par les troupes dont dispose le général Rolland.

Ce mouvement n'aurait pu se concilier avec la marche latérale ordonnée au gros de l'armée. En appelant le 15ᵉ corps sur Villersexel par Rougemont, le général Bourbaki ne pouvait plus assigner d'autre zone d'action au reste de ses troupes que la rive droite de l'Oignon, dans la région entre Vesoul et Villersexel. Ceci impliquait une attitude nettement offensive, dirigée presque exactement sur le gros des forces ennemies. C'était la reprise, un peu tardive, mais encore féconde en bonnes chances, du projet général consistant à attaquer et à battre Werder.

Quelle nouvelle et déplorable influence amena le général Bourbaki à rayer la dépêche, qu'il venait d'écrire de sa main, et à y substituer un mouvement sans objectif réel, inefficace comme menace, et pourtant dangereux, puisque le 18ᵉ corps allait rester seul sur la rive droite de l'Oignon, exposé à l'attaque de toutes les forces allemandes, et sans aucune chance d'être secouru?

La responsabilité de ce funeste conseil n'a pu être établie, mais il semble qu'elle doive être limitée à deux personnes : le colonel Leperche et M. de Serres. On ne sait qui doit en porter le poids.

En tous cas, voici comment le général en chef exprimait ses intentions au général Chanzy.

Général Bourbaki à général Chanzy, au Mans (chiffre des directeurs).

Montbozon, 7 janvier 1871, 10 h. 30 soir.

Mon quartier général est à Montbozon, il y sera encore demain, celui du 18ᵉ corps, ceux du 20ᵉ et du 24ᵉ seront à Rougemont et à Cuze.

Le 15ᵉ corps est dirigé sur Clerval. Une brigade sera détachée à Blamont, menaçant Montbéliard. Le reste du corps sera dirigé, au fur et à mesure des débarquements, dans la direction de Fontenelle et formera l'extrême droite. J'ai quitté Bourges pour faire évacuer Dijon, Gray, Vesoul et faire lever le siège de Belfort. Les garnisons de ces deux premières villes, menacées de se voir couper leur retraite sur le Haut-Rhin, se sont retirées sans combat. Je continue l'exécution de mon programme. Les avant-postes ont eu quelques engagements avec l'ennemi. Il peut se faire que notre première rencontre sérieuse ait lieu à Villersexel.

Quels que soient les moyens employés, je me propose, une fois Belfort débloqué, de me porter sur les communications de l'ennemi. Mes mouvements ont été retardés par la difficulté de faire vivre les troupes, lorsqu'elles s'éloignent des voies ferrées, comme par l'état des chemins et des routes, qu'une couche de verglas rend peu praticables.

On m'assure que l'ennemi n'occupe plus Orléans et qu'il dirige des forces considérables vers l'Est. J'ai demandé que les troupes du général de Pointe à Nevers fissent des démonstrations et tinssent l'ennemi en respect du côté de Clamecy et sur les bords de la Loire.

Vous penserez sans doute, puisque vous êtes prêt, qu'en prenant maintenant l'offensive vous faciliterez et la tâche des défenseurs de Paris et la mienne.

Je chercherai le plus promptement possible à couper les communications de l'ennemi, mais je crois qu'il convient de ne jouer son va-tout qu'à bon escient.

III

Les ordres pour le 8.

18ᵉ corps. Le mouvement vers l'Est devait commencer par la 1ʳᵉ division, qui était en seconde ligne, et qui avait à se porter par un mauvais chemin d'Authoison à Sorans-les-Cordiers, pour « gagner de là Bouhans-les-Montbozon, Cognières et Thieffrans, avec toute une brigade en grand'gardes dans les bois en avant (*sic*) » (1).

La 3ᵉ division devait suivre ce mouvement, en passant derrière la 2ᵉ, par Courboux, Authoison, Roche-sur-Linotte, et venir cantonner à Montbozon, Thiénans, Ormenans et Loulans.

La 2ᵉ division avait à couvrir ce défilé, puis à replier sa brigade de gauche établie au Magnoray, en la faisant défiler derrière la brigade de droite, tout en laissant ses grand'gardes en position jusqu'à la nuit tombante. La brigade de gauche devait venir à Fontenay-les-Montbozon avec « 3 bataillons en grand'garde »; la brigade de droite, partant à la nuit tombante seulement, viendrait à Sorans-les-Cordiers et Roche-sur-Linotte.

La brigade formée du 5ᵉ cuirassiers et du 5ᵉ dragons, avec le 49ᵉ de ligne, devait rester à Pennesières et Quenoche; la brigade légère (Charlemagne) devait avec les 2 batteries à cheval venir à Villers-Pater.

La réserve d'artillerie à Montbozon.

---

(1) *Ordre* de mouvement. (Archives de la Guerre.)

Ces précautions excessives, alors qu'on était à 15 kilomètres de l'ennemi, devaient retarder le mouvement et le rendre plus pénible pour les troupes déjà si éprouvées.

20ᵉ corps. Le mouvement vers le Nort-Est devait être couvert par le 2ᵉ lanciers, qui, partant à 7 heures de Bouhans-les-Montbozon, devait, par Tressandans et Bonnal, venir à Pont-sur-l'Oignon. La 3ᵉ division avait à se porter de Montbozon sur Cuse et Cubrial par la grand' route de Besançon à Villersexel. La 2ᵉ division, cantonnée à Fontenois, avait à longer la rive droite de l'Oignon jusqu'à Thieffrans, pour venir occuper Bonnal et Tressandans. La 1ʳᵉ devait se diriger d'abord vers le Sud-Est, passer l'Oignon à Avilley, et, suivant la 3ᵉ division, venir à Rougemont avec la réserve d'artillerie. Les convois devaient rejoindre les divisions en fin de marche.

24ᵉ corps. La 1ʳᵉ division (1) devait se porter de Baume-les-Dames à Uzelle. La 3ᵉ, avec la réserve d'artillerie, viendrait à Abbenans en avant de la 1ʳᵉ. La 2ᵉ, passant à la droite, occuperait Fallon et Bournois, « détachant de fortes grand'gardes à Melecey, Grammont et Accolans. Le 24ᵉ corps s'établirait donc derrière le couvert formé par les grands bois de Villersexel, dissimulé par ce masque, mais sans qu'aucune mesure eût été prescrite pour qu'on se procurât des vues au delà.

Le quartier général devait être à Cubry.

---

(1) Renforcer de bataillon du Haut-Rhin venant de Clerval.

IV

Mouvements des Allemands.

Détachement v. Brédow. Dans la journée du 7, le détachement v. Brédow, formé par la réunion des troupes amenées le 6 à Arcey avec celles du colonel Ostrowski, se trouvait tout entier à Arcey, Onans et Désandans (1), fort de 5 bataillons, 3 batteries et 2 escadrons. Ces troupes allaient donc se trouver sur le flanc de l'armée française. En voyant que, contre toute attente, les Français n'avaient pas prononcé d'attaque pendant toute la journée du 6, le général Werder aurait eu un moment, si l'on en croit l'historien Löhlein, l'idée de prendre l'offensive.

« Dans la matinée du 7, il prescrivit au général v. Glümer (commandant la division badoise), et, tandis que le gros des forces conserverait ses positions, de prendre, avec la 2e brigade badoise, éventuellement soutenue par la 3e, avec la brigade de cavalerie Willesen et l'artillerie de corps, l'offensive vers Raze, contre l'aile gauche ennemie, attendu que le terrain rendait la même entreprise impossible contre le 20° corps français... Mais, dans la nuit du 6 au 7, on apprit par les prisonniers que, sur son aile gauche, l'ennemi commen-

---

(1) 67° et deux bataillons de landwehr : Gnesen et Insterburg. 2 batteries et 4 pièces (von Braunschweig, Grottke et Langenmarkt), 2 escadrons du 3° ulans de réserve.

çait à replier ses avant-postes. Au jour l'infanterie ennemie se fit sentir de plus en plus faible. Le général en chef décommanda l'offensive ordonnée, qui, d'après divers renseignements, aurait rencontré de fortes masses vers Noidans... »

On va voir, d'après les *Historiques* des corps, ce qu'il faut penser de l'état d'esprit du général v. Werder.

On se souvient que le *3ᵉ* badois, avec une batterie et un escadron, était venu, le 6 au soir, à Montigny-les-Vesoul. A 11 heures du soir, il fut prévenu d'avoir à prendre part à l'offensive projetée contre la gauche française, et qui devait commencer le 7 à 10 heures du matin. « Dès le point du jour on envoya des patrouilles d'officier dans toutes les directions jusqu'au contact. Le *3ᵉ* badois reconnut le terrain jusqu'à la Saône vers Chemilly et Vauchoux, sans rencontrer l'ennemi (1). »

« Le général Glümer, dit d'autre part l'*Historique* du *1ᵉʳ* leib-grenadiers badois, devait, avec 9 bataillons et la cavalerie, attaquer Aroz et Clans par Montigny et Pontcey. Deux autres bataillons devaient le soutenir, en attaquant Mont-le-Vernois et Velle-le-Châtel. « A 8 heures le régiment se mit en marche vers Montigny. Mais l'ennemi s'était retiré pendant la nuit, et les troupes furent renvoyées dans leurs cantonnements... »

D'autre part, le *2ᵉ* badois, cantonné avec le *1ᵉʳ* à Pusey, ne paraît pas avoir bougé. Les 2 bataillons du *4ᵉ* badois, cantonnés à Charmoille, semblent avoir été arrêtés dès le moment de leur départ pour Montigny, où resta le *3ᵉ* badois, rejoint par la 3ᵉ batterie légère, bientôt renvoyée à Pusey. Le *3ᵉ* badois signale seulement l'envoi dans l'après-midi d'un peloton de la 5ᵉ compagnie (lieutenant Rost), avec 6 dragons, sur Mont-le-Vernois, d'où il aurait signalé des partis de cavalerie française vers Baignes.

---

(1) *Historique* du 3ᵉ badois.

Enfin la brigade Willisen fut rappelée à Auxon, après un court trajet vers Montigny (1).

Au contraire, les *Historiques* des 5e et 6e badois signalent le rassemblement de la *3e* brigade vers midi à Vaivre. En termes très vagues, ils parlent de l'envoi de plusieurs colonnes sur Baignes et Raze. Enfin, à 6 heures, on aurait fait demi-tour, pour reprendre à 10 heures les cantonnements précédents.

Il paraît fort douteux que des forces considérables aient atteint Baignes ou Raze, car le 2e hussards français, resté à Rosey, ne signala rien, et il est beaucoup plus probable que la *3e* brigade badoise passa la journée à Vaivre, se contentant des renseignements envoyés par les patrouilles du *3e* dragons badois (2).

La brigade v. der Goltz fut rassemblée vers 11 heures sur la route de Luxeuil, à l'exception des Ier et IIe bataillons du *34e*, laissés à la défense de Quincey et de Frotey (3). A 1 h. 30 les troupes furent envoyées dans leurs cantonnements.

La IVe division de réserve resta à Vesoul.

A ce moment aussi, il y avait comme troupes d'étapes : à Port-sur-Saône, le bataillon de landwehr Cupen fort de 6 compagnies, 2 compagnies du *1er* chasseurs de réserve, 1 escadron du *4e* hussards de réserve, 1 batterie lourde de réserve du VIIe corps prussien, et la batterie légère saxonne n° 2 ; à Saint-Loup, 3 compagnies du *4e* wurtembergeois ; à Xertigny, les 2 compagnies restantes du *1er* bataillon de chasseurs de réserve.

« Le 7 au soir les colonnes et trains du XIVe corps étaient échelonnés jusqu'à Épinal de la façon suivante (4) :

---

(1) *Historique* du *1er* dragons, un lieutenant blessé d'une chute de cheval.

(2) Le verglas était très fort ce jour-là et la marche des plus difficiles pour les troupes à cheval.

(3) *Historique* du *34e*.

(4) Heeres Bewegungen (Grand État-Major allemand).

« 1ᵉʳ échelon, route Vesoul, Saulx, Luxeuil, avec la colonne de munitions de la IVᵉ division de réserve, à Colombier, avec la 1ʳᵉ colonne badoise de munitions d'infanterie, renforcée de 2 voitures de la 3ᵉ colonne prussienne de munitions d'infanterie.

« La 1ʳᵉ colonne badoise, les 1ʳᵉ et 3ᵉ colonnes prussiennes de munitions d'artillerie, à Saulx.

« Le reste, c'est-à-dire une partie du 2ᵉ échelon, était resté à Épinal, sauf la colonne badoise de réserve de munitions restée à Lunéville.

« En fait de vivres, la 2ᵉ colonne badoise et la 5ᵉ colonne de parc attelé étaient à Vesoul, et avaient abandonné leurs approvisionnements au magasin qui y avait été établi. » On a vu que tout avait été distribué aux soldats au moment où le général Werder se croyait forcé à la retraite.

« Les 1ʳᵉ et 2ᵉ colonnes prussiennes de vivres, venant d'Épinal, étaient arrivés le 7 à Saint-Loup-les-Luxeuil, la 3ᵉ colonne de parc attelé, à Bains, la 2ᵉ colonne de parc attelé vide était en retraite sur Épinal et Saint-Loup.

« Sur l'autre ligne de communication, par Luxeuil, se trouvaient la colonne de vivres de la 4ᵉ division de réserve à Luxeuil, la boulangerie de campagne badoise à Saint-Sauveur. Le reste était à Épinal, la boulangerie de campagne y fontionnait (1). »

On s'explique difficilement que l'attitude gardée pendant toute cette journée par les troupes sous ses ordres ait permis au général v. Werder de télégraphier à 1 h. 30 du soir à Versailles « que son mouvement offensif était en cours d'exécution (2) ». Une telle annonce aurait été de nature à maintenir l'État-Major allemand dans l'incertitude, où il avait été si longtemps, au sujet des forces que v. Werder avait véritablement

---

(1) Heeres Bewegungen.
(2) Reçu à 4 h. 32. *Correspondance* de de Moltke.

devant lui. Mais quand cette dépêche lui parvint, le maréchal de Moltke, complètement édifié cette fois, avait déjà expédié ses ordres.

Ceux-ci forment un ensemble remarquable.

Au Général d'infanterie de Bonin, Nancy.

Versailles, le 6 janvier, n° 592 (expédiée le 7 dans l'après-midi).

D'après les rapports du général de Werder, il n'est pas invraisemblable que les troupes ennemies, qui se trouvent en face de lui avec un effectif notablement supérieur, ne se rassemblent pour l'offensive. Leur but peut être, aussi bien de faire lever le siège de Belfort, que d'apporter un trouble permanent à nos communications.

Pour s'y opposer, le VII° corps va incessamment être rassemblé à Châtillon-sur-Seine avec 31 bataillons, et, s'il en est besoin, sera renforcé par le II° corps.

Cependant, il n'est pas impossible, qu'avant que ces forces ne puissent faire sentir leur action, l'ennemi ne parvienne, pendant quelque temps, à gagner du terrain dans la direction de notre principale ligne de communications. Dans ce cas, le rôle de Votre Excellence serait de rassembler les troupes du gouvernement, dispersées sur les différents points des lignes d'étapes, etc., de faire observer exactement la marche éventuelle de l'ennemi, et de se préoccuper d'assurer à Toul une garnison et un armement suffisants.

L'organisation défectueuse de l'armée ennemie, le manque de convois de vivres et de munitions, l'obligeront à lier sans cesse ses opérations aux lignes ferrées. La destruction opportune de ces dernières aurait pour conséquence, sinon de condamner l'ennemi à l'inaction, au moins de ralentir considérablement ses progrès.

En conséquence, Votre Excellence voudra bien faire préparer sur quelques points la destruction des lignes de Langres, Chaumont et Saint-Loup, Épinal, de manière que les réparations exigent au moins huit jours et au plus quatorze. En ce qui concerne la section d'Épinal-Saint-Loup, il suffirait éventuellement de ramener en arrière les bois de charpente, réunis pour le rétablissement du viaduc d'Aillevilliers, mais non encore utilisés.

Au général-lieutenant comte de Bismarck-Bohlen, Strasbourg.

Versailles, le 6 janvier 1871 (N° 593, expédié, le 7 dans l'après-midi).

D'après les rapports reçus du général d'infanterie de Werder, il n'est pas invraisemblable que les troupes ennemies ne se rassemblent en face de lui avec un effectif notablement supérieur en vue de prendre l'offensive. Leur but peut être tout aussi bien de faire lever le siège de Belfort que d'apporter un trouble permanent à nos communications.

Le général de Werder cherchera à assurer la protection immédiate du siège de Belfort, et, par suite, la sécurité de l'Alsace contre une invasion venant du Sud, d'autre part, le VIIe corps va se rassembler aux environs de Châtillon ; on projette de le faire renforcer s'il y a lieu par le IIe corps. Ces dispositions répondent à la préoccupation de voir l'ennemi se porter par Langres, etc., contre notre principale ligne de communications.

Le rôle de Votre Excellence consiste à empêcher toute insurrection sur les derrières du général de Werder et à prendre des mesures pour assurer en temps utile l'occupation et l'armement des places de Schlestadt, Neufbrisach, Phalsbourg et Strasbourg.

Au colonel de Dannenberg (1), *Châtillon-sur-Seine* (éventuellement Montbard).

Versailles, le 7 janvier 1871, midi (télégramme n° 595).

Restez dans les environs et couvrez le débarquement de la *14e* division à Châtillon. Le général de Zastrow marche de nouveau pour se réunir à vous. Envoyez dorénavant, pour quelques jours, vos rapports directement au grand quartier général.

---

(1) Commandant le *60e* d'infanterie. On se souvient qu'il avait été laissé dans les environs de Montbard avec 6 bataillons, 3 escadrons et 2 batteries pour couvrir la ligne Chaumont, Nuits-sur-Armançon, Tonnerre, lorsque le VIIe corps se mit en marche sur Auxerre.

Au général-major de Rantzau, Gien.

Versailles, le 7 janvier 1871, midi (télégramme n° 596).

Adressez chaque jour un compte rendu directement au grand quartier général. Envoyez des reconnaissances au loin vers le sud, dans les directions de Nevers et de Clamecy.

Au général de la cavalerie baron Manteuffel, Amiens.

Versailles, le 7 janvier 1871, midi (télégramme n° 597).

Sa Majesté a décidé de confier à Votre Excellence le commandement d'une armée composée des IIe, VIIe et XIVe corps d'armées. Arrivez le plus vite possible à Versailles pour recevoir des instructions détaillées. Transmettez le commandement de la Ire armée au général de Goeben, dont vous renforcerez l'état-major en conséquence. Le reste de l'état-major et de l'adjudantur de la Ire armée partira immédiatement par voie ferrée pour Châtillon-sur-Seine où la 14e division d'infanterie débarquera maintenant.

Au général de l'infanterie de Zastrow, à Auxerre par Sens et Châtillon.

Versailles, le 7 janvier 1871 (télégramme n° 598).

Marchez sur Châtillon-sur-Seine pour vous réunir à la 14e division. Le IIe corps se porte de Montargis sur Nuits (1) par Joigny et Tonnerre. Les deux corps sont placés sous les ordres du général Manteuffel, qui arrivera à Châtillon dans quelques jours.

Faire connaître ici les emplacements de votre quartier général.

Au général de l'infanterie de Fransecky, Montargis.

Versailles, le 7 janvier 1871, 1 h. soir (télégramme n° 599).

Le général Zastrow part demain d'Auxerre pour Châtillon-sur-Seine. Sa Majesté ordonne que le IIe corps se porte, à grande marche et sur un large front, sur Nuits, par Joigny et Tonnerre. Les deux corps sont placés sous les ordres du général de Manteuffel, qui arrivera à Châtillon dans quelques jours.

---

(1) Nuits-sur-Armançon.

Faites connaître ici les emplacements de votre quartier général.

En réponse à ce télégramme, le général de Fransecky fit connaître que l'État-Major du corps d'armée et la 3ᵉ division seraient le 9 à Joigny, le 4 à Sépaux, l'artillerie du corps à Saint-Julien au Nord-Ouest de Joigny.

Le comte de Moltke ordonna en conséquence :

Au Général de l'infanterie de Fransecky, Montargis.

Versailles, le 7 janvier 1871, 11 h. soir (télégramme n° 600).

Il faut hâter la marche du IIᵉ corps. La 3ᵉ division devra arriver le 12 à Nuits.

Au ministre de la Guerre du grand-duché de Bade, Carlsruhe.

Versailles, le 7 janvier 1871, 4 h. soir (n° 602).

Bien qu'actuellement il ne soit pas certainement vraisemblable que l'ennemi puisse réussir à pénétrer dans le sud de l'Alsace, on a cependant l'honneur de prier le ministère de la Guerre grand-ducal d'envoyer dans le sud du grand-duché de Bade une partie suffisante de troupes de dépôt. Ces troupes auraient, plus tard, si cela devenait nécessaire, à observer le cours du Rhin, et à interdire le passage à des corps de partisans ennemis.

On prendra soin au Grand quartier général, d'empêcher le grand-duché d'être l'objet d'une attaque sérieuse.

Au général de l'infanterie de Werder, Vesoul.

Versailles, le 7 janvier 1871, 4 h. soir (n° 601).

J'ai l'honneur de faire connaître à Votre Excellence que, d'après les renseignements que nous possédons maintenant, il est en effet très vraisemblable qu'elle a devant elle la plus grande partie de l'armée de Bourbaki. Dans cette circonstance, Sa Majesté le roi a ordonné au XVIIᵉ corps et IIᵉ corps d'armée de se rassembler sur la ligne Châtillon-sur-Seine, Nuits. Afin d'assurer l'unité de direction sur le théâtre d'opération de l'Est, Sa Majesté a daigné donner au général de la cavalerie baron de Manteuffel le commandement en chef de ces deux corps d'armée, ainsi que des troupes placées sous les ordres de Votre Excellence. Le général de Manteuffel arrivera très prochainement à Châtillon-sur-Seine.

Votre Excellence continuera à diriger en toute liberté les opérations des troupes placées jusqu'ici sous son commandement, et à correspondre directement avec le Grand Quartier général, jusqu'à ce que le général de Manteuffel ait pris effectivement le commandement de l'armée nouvellement formée. Je signale particulièrement à l'attention de Votre Excellence les points suivants :

1. Il faut couvrir le siège de Belfort, dans toutes les circonstances. Sa Majesté espère que, comme Votre Excellence est dégagée du soin de couvrir le terrain à l'Ouest des Vosges elle pourra, en rappelant à elle toutes les troupes, qui ne sont pas absolument indispensables au blocus, s'opposer avec succès à une offensive ennemie contre Belfort, jusqu'au moment où les deux corps ci-dessus désignés seront en mesure de faire sentir leur action. Votre Excellence aura seulement à se préoccuper de la sécurité de son flanc droit. A ce point de vue, il peut être important de faire détruire complètement les routes qui traversent la partie méridionale des Vosges et de les faire surveiller par des détachements.

2. Votre Excellence ne perdra pas de vue la nécessité de faire observer la marche éventuelle de l'ennemi à l'ouest des Vosges, et dans la direction du Nord. Elle voudra bien, à ce sujet, rester en relations avec le gouvernement général de Lorraine qui reçoit la même mission.

3. Le gouvernement général d'Alsace est invité à empêcher de toutes ses forces toute insurrection sur les derrières du XIVe corps. Si cette dernière éventualité venait à se produire dans le rayon d'action de vos troupes, les intérêts de celles-ci, comme ceux de la population même, réclament le châtiment sans ménagement des isolés et même des localités entières.

4. Dans le cas même ou Votre Excellence serait obligée de céder momentanément du terrain, elle devra s'efforcer de conserver le contact le plus étroit avec l'ennemi. De cette manière, si celui-ci s'affaiblit devant vous, vous pourrez immédiatement reprendre l'offensive et l'empêcher de se

jeter avec des forces supérieures sur les II⁰ et VII⁰ corps qui viennent de vous rejoindre.

5. L'armée ennemie, qui manque absolument de convois de vivres et de munitions, restera toujours liée aux voies ferrées. Une menace contre ces lignes en queue des troupes qui marcheront contre votre front, impressionnera considérablement l'ennemi, et cela dépend du moment où l'offensive sera décidée. Le gouvernement général de Lorraine est chargé de préparer la destruction des lignes de Langres, Chaumont et Épinal, Saint-Loup, et. en cas de nécessité, d'en assurer l'exécution. La section de Belfort-Mulhouse étant impraticable pour longtemps encore, Votre Excellence voudra bien, le cas échéant, prendre des dispositions pour que la section de Mulhouse à Bâle soit détruite. La destruction devra nécessiter des réparations d'une durée de huit à quinze jours.

6. Le ministre de la Guerre badois est invité à envoyer une partie suffisante de ses troupes de dépôt dans la partie méridionale du grand-duché, de manière à pouvoir plus tard, en cas de nécessité, surveiller le cours du Rhin et empêcher des partisans ennemis de franchir ce fleuve.

Il ressort de l'ordre adressé au général v. Werder que celui-ci doit, avant tout, couvrir le siège de Belfort, et que, si le gros de l'armée de Bourbaki a vraiment le projet de marcher vers le Nord. Werder doit agir sur son flanc droit, et Manteuffel sur son flanc gauche.

Le maréchal de Moltke se trouvait donc forcé d'abandonner à son adversaire la faculté d'opérer sur une ligne intérieure, avec des forces très supérieures à chacun des deux groupes formés par les forces allemandes et voués à agir sans liaison entre eux.

Mais, pour produire de grands résultats, les opérations sur une ligne intérieure exigent de la part du général, qui a recours à ce procédé, familier à Napoléon, un ensemble de qualités de tout premier ordre, et, de la part de ses troupes, une organisation et une mobilité supérieures. Le maréchal de Moltke paraît avoir justement apprécié le peu d'aptitude de ses adversaires à tirer parti des avantages qu'il leur abandonnait. Peut-être se souvint-il à ce moment que Benedeck, lui aussi, avait disposé d'une ligne d'opérations intérieure et que, faute de savoir s'en servir, il avait été amené à l'enveloppement tactique.

Corps Zastrow. Une fois installé à Auxerre avec le gros de la *13ᵉ* division, le général v. Zastrow avait annoncé au quartier général de Versailles « l'occupation par les Garilbadiens de Clamecy et d'Avallon, l'absence de tout indice permettant de croire à la présence dans la région de l'armée de Garibaldi, enfin il demandait des ordres » (1). La dépêche du maréchal de Moltke, datée du 6 janvier, 1 h. 30 du soir, qui annonçait au général Zastrow l'envoi par chemin de fer de la *14ᵉ* division à Châtillon-sur-Seine et faisait prévoir une nouvelle marche vers l'Est, parvint le 7 à 11 heures du matin à Auxerre, mais mal transmise et inintelligible (2).

La *13ᵉ* division se contenta donc d'envoyer des patrouilles; l'une parvint à Courson, où l'ennemi ne se trouvait pas, une autre sur Toucy, qui était également libre. On entendit pourtant des coups de feu vers le Sud, et on constata que les Garibaldiens occupaient Avallon.

C'est du côté du détachement Dannenberg qu'allaient survenir les événements les plus importants.

Un peloton de hussards de réserve parti de Montbard, à 8 heures du matin, avait marché sur Semur. Accueilli par des coups de feu, il avait fait demi-tour et, sans chercher à reconnaître la force de l'ennemi, il était rentré vers midi à Montbard (3).

De son côté Riccioti, « informé que mille rations

---

(1) Fabricius.
(2) *Ibid.*
(3) D'après Fabricius, qui attribue cette attitude à l'ignorance des cavaliers de réserve.

avaient été exigées à Champd'oiseau » (8 kil. N. de Semur), envoya « dans cette direction les 2 compagnies Savoyardes, sous les ordres du commandant Micharu et du capitaine Baily » (1), soit moins de 200 hommes. Ceux-ci arrivèrent à midi à Chevigny, d'où, par un brouillard intense, 1 sergent et 12 hommes furent dirigés vers Champd'oiseau (2).

« Avisé de la présence des Garibaldiens à Auxerre, et de l'arrivée à Nuits du bataillon de landwehr Mulhausen, le colonel v. Dannenberg prescrivit que les 2 compagnies du 60e, restées à Nuits, iraient à Coulmier-le-Sec, et que le détachement Köller (2 compagnies du 60e) irait de ce point à Aisey, de façon que le major Einecke, avec le IIe bataillon du 72e, put, à 5 h. 30 du soir, revenir d'Aisey par Coulmier-le-Sec sur Montbard. Il y arriva dans la nuit à 11 h. 30 (3). » En outre il ordonna, pour le 8, au lieutenant-colonel v. Schönholtz, une forte reconnaissance sur Semur.

Combat de Champd'oiseau. Mais, dès la rentrée du peloton envoyé sur cette ville, le lieutenant-colonel v. Schönholtz avait fait partir de Montbard, à 2 h. 30 du soir, le capitaine de hussards v. Hertel avec les 9e et 12e compagnies du 72e, 75 chevaux du 3e escadron de hussards et 2 canons vers Semur (4).

« Deux pelotons de hussards et un peloton de la 9e compagnie formèrent l'avant-garde, le gros se forma dans l'ordre suivant : 2 pelotons de la 9e compagnie, les 2 canons et la 12e compagnie. Après avoir reconnu à l'Est le village de Montigny, et occupé le hameau de Champd'oiseau, la marche fut continuée vers Semur. »

« A 4 h. 30 la 9e compagnie fut chargée de fouiller le

---

(1) Ricciotti, p. 74.
(2) Grenest, *l'Armée de l'Est*, p. 229.
(3) Fabricius.
(4) *Historique* du 72e.

bois de Daudarge, situé à l'Est et près de la route, lorsque que le peloton de hussards, qui était à la pointe, étant parvenu au coude de la route situé au Nord-Ouest, fut assailli par une vive fusillade... En même temps le peloton d'avant-garde de la 9ᵉ compagnie, en atteignant le sommet de la colline où est situé le bois de Daudarge, aperçut une colonne ennemie sur la route en formation serrée, couverte à courte distance par quelques tirailleurs et ouvrit le feu sur elle (1) ».

Un peloton de la 9ᵉ compagnie se plaça au bois de Daudarge et entre ce bois et la route ; un autre, à l'Ouest de celle-ci, se porta vers la hauteur cotée 436... ; les 2 canons, gardés par les hussards, s'établirent « sur une hauteur au Nord du carrefour des 2 routes » et ouvrirent le feu sur le bois... ; la 12ᵉ compagnie forma réserve près de la route ».

D'après Bordone (2), « les chasseurs des Alpes et du Mont-Blanc, au nombre de 250 environ, se déploient en tirailleurs, attaquent l'ennemi, le délogent du coteau et d'un petit bois et le refoulent dans Montbard... » « Pour quelque raison que ce soit, dit de son côté Ricciotti, après une demi-heure de fusillade, l'ennemi, bien que supérieur en nombre, commence à se retirer, emportant ses blessés et laissant quelques prisonniers entre nos mains... »

D'après l'*Historique* du *72ᵉ*, le capitaine v. Hertel avait estimé la force des Garibaldiens à 2 bataillons, et, « jugeant le but de la reconnaissance atteint (*sic*), il ordonna de rompre le combat... Il rassembla au Nord de Champd'oiseau la 12ᵉ compagnie, l'artillerie et la cavalerie, sous la protection du peloton de la 9ᵉ compagnie, qui occupa la sortie Sud du hameau. A 5 h. 45 les 2 pelotons de la 9ᵉ compagnie engagés furent rassemblés

---

(1) *Historique* du 72ᵉ.
(2) *Garibaldi*, p. 310.

en arrière du gros, sans difficulté, car l'ennemi se retirait de son côté (sic). On avait perdu 1 hussard tué et 2 fantassins blessés. Suivant les sources, les pertes des Garibaldiens varient entre 2 et 3 tués ou blessés. »

« Dès l'annonce de combat, le lieutenant-colonel v. Schönholtz fit mettre sous les armes le bataillon de fusiliers du 72e, et à 9 heures du soir fit seller l'artillerie et la cavalerie. On envoya une grand'garde (1 officier et 40 hommes) sur les hauteurs à l'Ouest de Montbard... (1). »

De son côté Ricciotti, qui avait quitté Semur pour Champ d'oiseau pendant le combat, y rentra sans avoir atteint le champ de bataille.

Ce fut dans la soirée que parvint au colonel Dannenberg l'ordre du grand État-Major relatif à la protection des débarquements qui allaient se faire à Châtillon-sur-Seine. Dans la soirée aussi arrivèrent l'État-Major de la brigade Pannewitz et 2 bataillons de la 14e division. Le colonel Dannenberg rendit compte de son intention de concentrer son détachement le 8 sur la ligne Aisey-sur-Seine, Etais, Montborel, et d'atteindre, le 9, la ligne Baigneux-les-Juifs, Alise-Sainte-Reine. Dans la nuit, il adressa au lieutenant-colonel v. Schönholtz à Montbard le télégramme suivant (2).

Demain 8, à 2 heures du soir, 1 bataillon du 60e et 1 batterie seront à Coulmier, Puits et Étais, 1 bataillon sera à Chemin-d'Aisey et Aisey-sur-Seine. — Le 9, 3 bataillons du 60e et 1 batterie occuperont la ligne Baigneux-les-Juifs Villeneuve. — Le 9, 2 bataillons, la cavalerie et l'artillerie devront être poussés sur Alise, et établiront la liaison avec moi à Baigneux-les-Juifs. Un bataillon du 72e occupera Montbard-Rémy.

14e *division*. Le bataillon de fusiliers du 39e (3) s'embarqua à Boulzicourt le 6, à midi, avec l'État-Major

---

(1) *Historique* du 72e.
(2) *Historique* du 72e.
(3) *Historique* du 39e.

de la 27ᵉ brigade : en passant par Reims, il arriva à Châtillon, le 7 entre 4 et 6 heures du soir, en deux trains, et trouva la ville occupée par deux bataillons du 60ᵉ.

Le 6, à 4 h. 30 du soir, le IIᵉ bataillon du 53ᵉ s'était embarqué pour Mitry (1). A Reims il avait reçu un télégramme annonçant qu'il devait être dirigé sur Châtillon. Il arriva le 7, à 8 h. 30 du soir, à Sainte-Colombe, près de Châtillon-sur-Seine, et vers 11 heures du soir prit ses cantonnements à Cérilly.

Les cantonnements du VIIᵉ corps, le 7 au soir, furent les suivants ;

13ᵉ Division.

Comme le 6 au soir.

Iᵉʳ bataillon du 73ᵉ. — Nangis.

Détachement Dannenberg.

72ᵉ régiment. — Montbard.

60ᵉ Régᵗ. Fusⁱᵉʳˢ. { 2 Cⁱᵉˢ. — Etais.
{ 2 Cⁱᵉˢ. — Aisey-sur-Seine.

— Iᵉʳ et IIᵉ bataillons. — Châtillon.

Artillerie et cavalerie. — Comme le 6 au soir.

14ᵉ Division.

27ᵉ brigade....... { État-Major et Iᵉʳ Bᵒⁿ du 39ᵉ. — Châtillon.
{ — IIᵉ Bᵒⁿ du 53ᵉ. — Cérilly.
{ Autres éléments. — En route.

IIᵉ corps. 3ᵉ division. Conformément à l'ordre du maréchal de Moltke reçu le 6, la 3ᵉ division se dirigea sur Courtenay en se faisant couvrir à droite par le 4ᵉ escadron du 3ᵉ dragons qui fut envoyé à Charny (route Courtenay-Toucy).

La 26ᵉ brigade marchait en tête, couverte par une avant-garde constituée avec 1 escadron de dragons, 2 bataillons de chasseurs, fusilliers du 54ᵉ.

Le IIᵉ bataillon du 42ᵉ fut chargé d'escorter l'artil-

---

(1) *Historique* du 53ᵉ.

lerie de corps, car la population se montrait plus hostile que dans la région traversée jusqu'alors, et on avait aperçu quelques francs-tireurs (1).

A midi 30, au moment où la tête du gros de la division atteignait Courtenay, ordre fut donné de gagner les cantonnements dans les localités situées à gauche et à droite de la route.

A 3 heures de l'après-midi, toutes les troupes étaient cantonnées. Quelques petits postes furent placés par le 54e à la sortie de Courtenay face au front menacé.

4e division. La 4e division vint à Montargis.

Les cantonnements du IIe corps, le 7 au soir, furent les suivants :

QUARTIER GÉNÉRAL. — MONTARGIS.

3e *Division.* — Courtenay.

5e brigade........ { 2e Régt. Ier Bon. — Les Ganguns, Le Pays
— IIe Bon. — La Chapelle.
— Fusiliers. — Fermes près de Courtenay.
42e Régt. Ier bataillon. — Saint-Philippeau.
— IIe bataillon. — Thorailles.
— Fusiliers. — Saint-Andresis.
Ire compagnie de pionniers. — Montargis.

---

(1) *Historique du 42e*, p. 49. « Comme la nourriture chez l'habitant avait été jusque-là insuffisante, et qu'il ne fallait attendre aucun secours des convois, les compagnies durent agir indépendemment les unes des autres. Dans ce but, chaque compagnie fut autorisée à requérir une voiture pour porter ses approvisionnements : les troupes requéraient suivant leur besoin, faisaient cuire le pain et abattre dans leurs cantonnements, de façon à pouvoir charger sur les voitures la nourriture nécessaire pour le jour suivant. Les boulangers et les bouchers restaient aux bagages de façon à pouvoir se mettre au travail, dès l'arrivée. Les habitants recevaient en outre des ordres pour soigner aussi bien que possible les cantonnements : ces 2 procédés assurèrent un état sanitaire excellent. Les bagages des troupes étaient ainsi considérablement augmentés, mais ils marchaient groupés derrière la division et, ainsi, ne gênaient pas les autres troupes. »

6e brigade
- 14e régiment. Ier bataillon et fusiliers. — Sud de Courtenay.
- 14e régiment. Fusiliers. — Courtenay.
- 54e régiment. — Courtenay.
- 2e bataillon de chasseurs. — Courtenay.

3e dragons.
- 1 escadron. — Charny.
- 3 escadrons. — Courtenay.

Artillerie. — Courtenay.
Convoi. — Saint-Hilaire.

4e *Division.* — Montargis.

7e brigade
- 9e régiment. Ier bataillon. — Avant-postes.
- — IIe bataillon. — Montargis.
- — Fusiliers. — La Chalette.
- 49e régiment. 2 bataillons. — Montargis.
- — 1 bataillon. — Avant-postes.

8e brigade
- 21e régiment. Ier bataillon. — Villemandeur.
- 21e régiment. IIe bataillon. — Fermes au Sud de Montargis.
- 21e régiment. Fusiliers. — Lisliden, La Brosse, Les Colombards.
- 61e régiment. Ier bataillon. — Minière, Gondreville, Le Pin, Girolle.
- 61e régiment. IIe bataillon. — La Manche, Le Yocric, Sainte-Catherine.
- 61e régiment. Fusiliers. — Arpajon.
- 2e et 3e compagnies de pionniers. — Montargis.

11e dragons. Artillerie. Convois.
- Montargis, Préfontaine et environs.

Artillerie de corps. — Préfontaine.
Convois du corps d'armée. — Saint-Hilaire.

Journée du 8 janvier.

I

Opérations.

15ᵉ corps. Pendant la nuit du 7 au 8, le 69ᵉ mobiles arriva à Clerval. De toute la journée suivante, les seules troupes qui débarquèrent furent : le 6ᵉ bataillon de chasseurs, appartenant à la 1ʳᵉ brigade de la 3ᵉ division, la 1ʳᵉ batterie du 14ᵉ (montagne), la 20ᵉ batterie du 7ᵉ (mitrailleuses) et la 18ᵉ du 7ᵉ.

La 2ᵉ brigade de cette division, réduite au 34ᵉ de marche et au Iᵉʳ bataillon du 27 de marche (1), partit à midi de Clerval avec la batterie de montagne et 1 batterie de 4. Le 1ᵉʳ bataillon du 27ᵉ de marche avec la batterie de montagne occupa Fontaine.

Le Iᵉʳ bataillon du 34ᵉ de marche, avec la batterie de 4 (Gondenans) vint à Montby.

Les IIᵉ et IIIᵉ bataillons du 34ᵉ de marche, vinrent à Fontenelle. Le 69ᵉ mobiles, parti de Clerval après ces troupes, laissa un bataillon à Fontaine, les 2 autres vinrent à Gondenans (2).

Quant à la 1ʳᵉ brigade de la 1ʳᵉ divivion, toujours cantonnée à Anteuil, Saint-Georges, Glainans et Hyermondans, on avait renoncé à la diriger le jour

---

(1) Les 2 autres partirent à midi de Besançon par la route et allèrent coucher à Roulans.

(2) *Rapport* du général de brigade Martinez et *Historiques* des corps. A Fontenelle étaient les lanciers du 20ᵉ corps.

(3) *Lettre* du général Durrieu. (Archives de la Guerre.)

même sur Blamont, à la nouvelle de la rupture du pont de Pont-de-Roide.

Il y avait alors 7 trains engagés entre Besançon et Clerval. En ce point, on s'apercevait que les wagons de la compagnie d'Orléans ne pouvaient tourner sur les plaques et que la pente à décharger n'était pas abordable (1). L'intendant en chef de l'armée déclarait que tout ravitaillement allait devenir impossible, si, tout au moins, la cavalerie et l'artillerie n'étaient pas débarquées à Besançon (2). D'ailleurs le commandant de l'artillerie de réserve déclarait que les chevaux allaient être inutilisables, s'ils n'étaient pas débarqués d'urgence et pendant 24 heures au moins (3). A Clerval, le général Martineau avait reçu du pain et de la viande pour une partie de ses troupes et pour la journée seulement; d'autres corps n'avaient que du pain; aucun n'avait eu de sucre, de café, de riz ni de sel (4). Le train de vivres, parti la veille de Besançon. était encore arrêté, le 8 au soir, à la station de la Roche. Un déraillement, survenu la nuit précédente, avait encore augmenté le désordre.

Le rapport ci-dessous du général Martineau en donne une idée très nette.

Le général Martineau, commandant le 15ᵉ corps au général Bourbaki.

Besançon, 8 janvier 1871.

J'ai l'honneur de vous rendre compte, qu'arrivé hier, après 3 jours et 3 nuits passés en chemin de fer, je me suis arrêté à Besançon, pour me rendre compte de l'état du mouvement général des troupes et remédier autant que possible au désordre qui me paraissait régner en ce moment. J'avais en outre à assurer le service des vivres, tant pour les troupes déjà dirigées sur Clerval, que pour celles qui se trouvaient en

---

(1) Bulletin de 11 h. 15 matin. (Archives de la Guerre.)
(2) Télégramme de 1 heure soir. (Archives de la Guerre.)
(3) Télégramme de midi. (Archives de la Guerre.)
(4) *Lettre* datée de Gondenans. (Archives de la Guerre.)

arrière de moi, arrêtées, comme je l'ai été, depuis plusieurs heures sur la voie, et ayant épuisé les 3 jours de vivres que j'avais fait prendre au départ. Une grande confusion s'était produite, par suite de la mesure prise de diriger à la fois des trains par Dijon et par Chalon; il en est résulté que les fractions de troupes, parties dès le premier jour de l'embarquement à Vierzon, et que je croyais déjà arrivées, ne sont passées que cette nuit à Besançon. En outre, le pont de Dijon n'a pas été réparé aussitôt que l'on supposait, et il en est résulté des arrêts de 15 à 20 heures en pleine voie pour la plupart des trains. Pour tous ces motifs, la situation actuelle, au sujet de laquelle je dois vous dire la vérité tout entière, est celle-ci :

La 1re division a une brigade à Gray, la 2e brigade n'est pas encore en entier à Clerval, bien qu'elle se soit embarquée parfaitement constituée; mais quelques-unes de ses troupes ayant été dirigées, sans que j'en aie le moindre avis, par une autre ligne, et ayant été ensuite, par suite d'encombrement, refoulées sur la ligne suivie par le gros du corps d'armée, il y a eu un morcellement regrettable.

La 3e division n'est pas encore en entier arrivée. La 2e division ne s'est embarquée qu'hier à Bourges et ne pourra certainement, en calculant d'après le temps que mettent les autres troupes, arriver à Besançon avant le 10. La cavalerie est en route. Un seul régiment est arrivé et part aujourd'hui pour Clerval par étapes. Quant à l'artillerie de réserve, les trains qui la portent commencent à arriver.

Mais un grave inconvénient se produit : le quai de débarquement de Clerval est complètement insuffisant, et, en ce moment, 8 train chargés de troupes, de matériel de chevaux embarqués depuis 4 jours sont arrêtés sur la voie entre Besançon et Clerval, ne pouvant avancer à cause de l'encombrement de la gare de Clerval, où, en raison de difficultés insurmontables, le débarquement ne s'effectue plus qu'avec une extrême lenteur.

Aussitôt que cette situation a été portée à ma connaissance, j'ai donné des ordres pour que tous les trains d'artillerie et de cavalerie arrivant à Besançon soient arrêtés à la gare de cette ville et y soient débarqués, afin d'être dirigés par étapes sur Clerval, où il ne pourraient jamais arriver sans cela; seront seuls continués par chemin de fer les trains chargés d'infanterie, et leur débarquement devra simultanément s'opérer à Baume-les-Dames et à Clerval. J'espère pouvoir ainsi accélérer le mouvement, mais je ne puis espérer avoir réuni mon corps d'armée avant 5 jours au moins. Mon parc de réserve viendra ensuite et ne pourra me rejoindre que plus tard. Je dois en outre vous rendre compte que je n'ai embarqué, par ordre du ministre, aucune voiture de mes convois, les corps n'ont avec eux que quelques voitures régimentaires, et mes voitures de convoi, dirigées par terre de Vierzon sur Besançon, ne me rejoindront pas avant 15 jours.

Je n'aurai, pour assurer le service de ravitaillement de mes troupes, que 100 voitures de réquisition que M. l'Intendant général Friant me promet. Ce chiffre, tout à fait insuffisant, ne me permettra pas de me porter en avant, tant que je ne serai pas à proximité d'un chemin de fer.

Les chevaux de mon artillerie, par suite du séjour prolongé en chemin de fer, dans une saison si rigoureuse, sont en ce moment en fort mauvais état et je m'attends à en perdre un certain nombre, ce qui me fera d'autant plus défaut que les 200 chevaux, que je devais recevoir à Nevers pour combler mes vides, ont été livrés au 20e corps à son passage dans cette ville, et que je n'ai reçu aucun détachement pour remplacer celui qui m'était destiné.

Aussitôt que l'encombrement de la voie aura cessé, et permettra le passage de mon train; je me rendrai à Clerval d'où je gagnerai Fontaine, où se trouveront déjà les troupes débarquées de mon corps d'armée, en vertu de l'ordre émanant de vous, et dont je reçois seulement à présent communication.

Toutefois, mon général, l'exposé de ma situation vous fera sans doute reconnaître que vous ne pouvez compter en ce moment sur mon corps d'armée d'une manière aussi complète que votre dépêche semble l'indiquer. J'ai tenu à vous donner tous les détails qui précèdent, afin que vous puissiez vous rendre compte de ma position et je charge l'officier de mon État-Major, qui vous remettra cette lettre, de compléter de vive voix toutes ces explications.

Lorsque j'ai reçu à Vierzon l'ordre relatif à ce mouvement, que monsieur le Ministre de la Guerre avait d'abord prescrit d'exécuter en 48 heures, en y comprenant l'embarquement de toutes les voitures du convoi, et pour lequel il a ensuite accordé 3 jours, indépendamment de l'embarquement d'une division à Bourges et sans le convoi, j'ai fait connaître à monsieur le Ministre que les ordres me paraissaient impossibles à exécuter, et que, si l'embarquement pouvait être fait dans le temps prescrit, le débarquement ne pourrait s'opérer dans les mêmes conditions, et le corps d'armée ne pourrait être réuni aussi vite qu'on le pensait. Mes observations n'ont pas été prises en considération. Je suis parvenu à surmonter d'immenses difficultés provenant de diverses causes et notamment de la disposition des gares d'embarquement de Vierzon et de Mehun.

J'ai embarqué en 3 jours toutes mes troupes sauf une division et un régiment de cavalerie, que j'ai dû conserver à Vierzon pour couvrir le mouvement, et qui ont été ensuite embarqués à Bourges, où sera aussi embarqué le parc. Mais la suite des faits, tout à fait indépendant de ma volonté, et au sujet de laquelle je ne pouvais pour ma part prendre aucune mesure, a démontré la justesse de mes prévisions.

J'éprouve des difficultés insurmontables pour réunir mes divisions, parties toutes en bon ordre, et une partie de mon corps d'armée est en ce moment en chemin de fer, sans qu'il soit possible de dire d'une manière certaine à quel moment il pourra se trouver établi sur les positions que vous indiquez, et de prévoir de quelle manière, après sa réunion, il pourra être mis en marche, si des moyens d'assurer son ravitaillement jusqu'à l'arrivée de mes convois ne sont indiqués.

J'apprends à l'instant qu'un convoi de vivres, que j'avais dirigé hier soir sur Clerval, pour les troupes arrivant sans vivres d'aucune nature, est arrêté depuis 15 heures à la station de la Roche, ne pouvant avancer en raison de l'encombrement. Un déraillement a eu lieu cette nuit, quelques hommes ont été contusionnés, mais cet accident a produit un long temps d'arrêt.

2ᵉ *brigade de la 1ʳᵉ division*. La brigade Questel se rendit à Bucey-les-Gy.

2ᵉ *division*. Les troupes de la 1ʳᵉ brigade, embarquées la veille, arrivèrent, le 8 avant la nuit, soit en gare de Dijon, soit un peu avant. Là on s'arrêta. Le 25ᵉ mobiles devait rester dans cette situation pendant 4 jours, la première fraction du régiment étranger du 8 au 14, sans que les hommes quittent les wagons (1). L'artillerie, qui était partie en tête, ne fut pas plus favorisée : la 18ᵉ batterie du 12ᵉ resta à Beaune du 8 au 12, la 14ᵉ de la garde, après avoir passé la journée à Dijon, en repartit le soir pour Auxonne, où elle devait rester jusqu'au 12. Ce jour-là elle arriva à Besançon.

Quant à la 2ᵉ brigade, elle avait commencé son embarquement à Bourges dans la nuit du 7 au 8.

Les 2 trains qui emportaient le 30ᵉ de marche furent arrêtés, l'un à Montchanin, l'autre à Étang, ils y devaient être immobilisés jusqu'au 13, presque sans vivres. Le 29ᵉ mobiles restera en wagons 8 jours pleins, le 2ᵉ zouaves à peu près autant (du 8 à midi au 16 à 8 heures du matin).

« Les souffrances furent inouïes (2). »

Les trains de la division de cavalerie furent arrêtés vers Dôle. Les 2 convois qui emportaient le 11ᵉ chasseurs, partis le 8 au soir de Bourges, ne devaient arriver que le 15 à Besançon.

20ᵉ corps. A 7 heures du matin, le 2ᵉ lanciers de marche quittait Bouhans-les-Montbozon et venait occuper Pont-sur-l'Oignon. Le 1ᵉʳ escadron se plaça sur la route d'Esprels, le 2ᵉ à Villersexel, avec un demi-escadron entre ce point et Pont-sur-l'Oignon. Dans la soirée, la grand'garde de Villersexel signala l'ennemi (3).

---

(1) *Historiques* des corps.
(2) *Historique* du 30ᵉ de marche.
(3) Voir ci-dessous.

Le 7ᵉ chasseurs avait suivi ce mouvement et était venu s'établir à Bonnal, lançant des patrouilles sur la rive gauche de l'Oignon (1).

A 7 heures du matin, la compagnie du génie de la 3ᵉ division (2) avait été employée à consolider le pont de Pont-sur-l'Oignon, trop peu solide pour l'artillerie et les convois. A 10 heures, le travail était terminé et l'artillerie pouvait effectuer son passage.

Celui-ci avait commencé dès 7 heures du matin par l'infanterie de la 3ᵉ division. Celle-ci suivit le chemin qui rejoint la route de Besançon à Rougemont à 3,500 mètres au Nord d'Avilley, puis suivit la grand'-route. A Rougemont, elle tourna vers l'Est.

La 2ᵉ brigade, qui avait marché en tête, atteignit Cubrial vers 3 heures. Dès l'arrivée, le Iᵉʳ bataillon des Pyrénées-Orientales fut envoyé à Pont-sur-l'Oignon (3), tandis que 2 compagnies du 58ᵉ mobiles (Vosges) se plaçaient en grand'garde à 2 kilomètres en avant de Cubrial, sur la route de Villersexel. Le reste des troupes cantonna à Cubrial.

Toute la 1ʳᵉ brigade et l'artillerie s'arrêtèrent à Cuse.

2ᵉ division. A 8 heures du matin, la 2ᵉ division précédée du 25ᵉ bataillon de chasseurs de marche (4) quitta Fontenois-les-Montbozon et se dirigea sur Bouhans, puis sur Thieffrans. De là, le 25ᵉ chasseurs fut envoyé « vers Chassey, pour occuper les hauteurs qui dominent l'Oignon, afin de protéger le passage en cas d'attaque des troupes prussiennes (*sic*) » (5). Jusqu'à 11 heures du soir, ce bataillon resta en position dans la neige. Il fut enfin rappelé à Thieffrans, d'où on le conduisit à Bonnal, où il était à 1 heure du matin.

---

(1) *Journaux* du corps d'armée et de la 3ᵉ division.
(2) *Journal.*
(3) *Journal.*
(4) *Historique.*
(5) *Ibid.*

Sous cette protection, le reste de la division avait franchi l'Oignon à Tressandans. Le reste de la 1re brigade (34e mobiles, 2e bataillon de la Savoie) avait gagné Bonnal. La 2e brigade (3e zouaves de marche et 68e mobiles) avec l'artillerie resta à Tressandans.

1re division. A 8 heures du matin, la 2e brigade de la 1re division quitta Ormenans, se dirigeant sur Maussans, franchit l'Oignon entre ce point et Avilley et se porta sur Rougemont qu'elle atteignit vers 5 heures du soir. Toute la division, avec la réserve d'artillerie, qui paraît avoir marché entre les 2 brigades, cantonna à Rougemont.

Le parc d'artillerie resta à Chazelot; le parc et la réserve du génie se placèrent à Montferney.

Vers 11 heures du soir, l'escadron de lanciers qui était à Villersexel, ayant demandé du renfort, le capitaine commandant le demi-escadron, placé entre Villersexel et Pont-sur-l'Oignon, avait envoyé la compagnie des francs-tireurs de Nice mise à sa disposition.

A 2 heures du matin, sur l'ordre du général Ségard, commandant la 3e division, transmis par le colonel Simonin, commandant la 2e brigade, les 3e et 4e compagnies du Ier bataillon du 58e mobiles recevaient l'ordre de se porter au pont de Villersexel, distant de Cubrial de 7 kilomètres et de le défendre à outrance. En même temps, ordre était donné de pousser sur Esprels le 1er bataillon des Pyrénées-Orientales. Ces deux détachements exécutèrent immédiatement les prescriptions données. Celui d'Esprels resta dans le village même, celui de Villersexel construisit une barricade au pont et l'occupa (1).

24e corps. 1re division. Vers 8 heures du matin, les troupes du général d'Ariez quittaient Baume-les-Dames, sous la protection du Ier bataillon de Tarn-et-Garonne, rassemblé à Autechaux et qui prit la gauche de la colonne,

---

(1) Général Bernard, *Mémoire.* (Archives de la Guerre.)

avec la mission d'escorter le convoi. La division suivit la grand'route de Rougemont jusqu'à Romain ; là, elle tourna à droite sur Fontenelle et Uzelle. Le 15ᵉ bataillon de chasseurs et le 63ᵉ de marche s'établirent au bivouac au Sud de ce dernier village (1) avec l'artillerie.

Le régiment mixte (Tarn-et-Garonne, Haut-Rhin, Haute-Garonne) bivouaqua également avec les parcs et convois au Sud de Fontenelle (2).

2ᵉ division. Les troupes de la 2ᵉ brigade, qui étaient à Rougemont, partirent les premières vers 8 heures du matin pour Cuse, le 14ᵉ mobiles, avec 1 section de la 22ᵉ batterie du 6ᵉ, formant l'avant-garde. Le IIᵉ bataillon de ce régiment vint se placer en grand'garde en avant de Grammont, les Iᵉʳ et IIᵉ à Fallon (3). Le 87ᵉ mobiles occupa Fallon, détachant en avant de lui son 1ᵉʳ bataillon en grand'garde à Melecey (4) avec 2 pièces de canon (5).

Quant à la 1ʳᵉ brigade, elle se rallia à Cuse (6) et se dirigea sur Cubry, où resta à 11 heures le 21ᵉ bataillon de chasseurs de marche (7).

Les 60ᵉ et 61ᵉ de marche, avec l'artillerie, vinrent à Bournois, plaçant des grand'gardes sur les hauteurs entre ce point et Accolans.

2ᵉ division. La 3ᵉ division, rassemblée à Huanne et Messandans, dès 8 heures du matin, n'en partit qu'à 11 heures

---

(1) 2 heures du soir. *Historique.*

(2) Le sol était si détrempé que les hommes ne purent se coucher et passèrent la nuit autour des feux. (*Journal* de Tarn-et-Garonne.)

(3) *Journal* du 14ᵉ. Ce *Journal* ne parle pas d'une surprise qui aurait été exécutée par la 6ᵉ compagnie du 87ᵉ prussiens contre un poste qui eut 9 prisonniers. Voir ci-dessous.

(4) Sauf la 5ᵉ compagnie restée à Fallon. (*Journal.*)

(5) *Journal* de la 22ᵉ batterie du 6ᵉ.

(6) Le 61ᵉ de marche venant de Gouhelans avait passé par Rougemont. (*Journal.*)

(7) *Journal.*

du matin (1). Elle marcha par Gondenans-les-Moulins, et se dirigea vers Abbenans, où elle arriva entre 4 et 5 heures du soir.

La 1re légion du Rhône, établie à Abbenans, détacha 2 compagnies en grand'garde aux Magny (2).

La 2e se plaça partie à Abbenans, partie au Grand-Magny. Le 89e mobiles et l'artillerie étaient à Abbenans.

Le 7e dragons de marche était cantonné à Cubry.

Quant au 7e régiment de cavalerie mixte, il s'était porté de Mésandans sur Accolans (3).

Enfin, dans la réserve d'artillerie, les batteries étaient réparties entre Rougemont (25/14), Fallon (19/19), Abbenans (24/13) (4).

A Fallon était aussi le génie du corps d'armée. A Accolans, le 7e de cavalerie mixte avait signalé « 150 fantassins ennemis et quelques ulans marchant sur le village » (5). A ce moment y arrivait le colonel Irlande, commandant la 1re brigade de la 2e division, qui venait y placer un bataillon en grand'garde. Après un petit engagement dans des conditions obscures, l'ennemi se retira.

18e corps. 1re division. Ainsi qu'il était prescrit, le mouvement commença par la 1re division, dont la première brigade (sauf le 9e bataillon de chasseurs arrivé à 2 heures du matin seulement à Authoison et qui y resta en repos) partit d'Authoison à 7 heures du matin,

---

(1) *Journaux* du 89e.

(2) D'où elles furent, dans la soirée, dirigées sur Villersexel. (*Journal* de la 1re légion.) — En réalité 40 hommes seulement. (*Rapport* du cap. Dugas. Archives de la Guerre. Voir ci-dessous.)

(3) *Journal* du 7e de cavalerie mixte.

(4) Quartier général, château de Bournel. Services administratifs, Cubry. Grand convoi sur la route de Cuse à Cubry. (*Journal* du 6e d'artillerie.)

(5) Voir son *rapport* et comparer avec l'*Historique* du 7e de cavalerie.

se dirigeant sur Sorans-les-Cordiers, où elle franchit la Linotte. De là elle se dirigea sur Fontenois, Bouhans, Cognières et Thieffrans. Le 42ᵉ de marche fut envoyé bivouaquer (1), le centre à la ferme de la Perrière, la gauche du IIᵉ bataillon au bois de Petit-Pas, le Iᵉʳ bataillon au Mont-Jésus observant les bois de Chassey, une compagnie à la ferme (cote 373), le IIIᵉ bataillon au bois de la Côte. « Le 19ᵉ mobiles campait aussi dans le bois qui est entouré d'un large fossé qui, au besoin, aurait pu servir de ligne de défense (2). »

La 2ᵉ brigade avec l'artillerie avait suivi le mouvement de la 1ʳᵉ. Vers midi le 73ᵉ cantonna à Bouhans avec quelques compagnies à Cognières, où se plaça le quartier général de la 1ʳᵉ division. Les grand'gardes fournies par le IIᵉ bataillon étaient sur les hauteurs boisées au Nord-Ouest (3). L'artillerie, avec 2 compagnies du 73ᵉ, avait pris position en avant de Cognières (4), où cantonnait un bataillon du 44ᵉ de marche, fournissant une grand'garde sur la route de Dampierre. Le reste du 44ᵉ avec le génie était à Thieffrans. Le quartier général de la 1ʳᵉ division à Cognières (5).

3ᵉ division. A 2 heures du matin, le 9ᵉ bataillon de chasseurs rejoignit la division.

Celle-ci avait à suivre le mouvement de la 1ʳᵉ, en passant derrière la 2ᵉ.

Vers 8 heures du matin, la 1ʳᵉ brigade, ayant rappelé les 2 bataillons du 4ᵉ zouaves détachés au Sud de Lévrecey, se rassembla près de Mailley et se porta par le Magnoray, Courboux, sur Ormenans, où le 4ᵉ zouaves arriva à

---

(1) *Journal.*
(2) « La nuit fut bien longue au gré de tous ». (*Journal* du 19ᵉ mobiles.)
(3) *Journal* du 73ᵉ.
(4) *Journal* de la 1ʳᵉ division.
(5) « La route avait été très pénible, néanmoins les traînards étaient fort rares ». (*Journal* de la 1ʳᵉ division.)

8 heures du soir. Le 81ᵉ mobiles devait cantonner à Loulans, mais le village était déjà occupé par une partie de la réserve générale (38ᵉ de ligne), de sorte que toutes les troupes de la 3ᵉ division durent bivouaquer dans la boue et dans la neige (1).

A 10 heures du matin, on avait rappelé sur Chazelot les 2 bataillons du 53ᵉ détachés à l'Ouest de Mailley sur la route de Rosey. « Ce mouvement se fit sous la protection de 2 lignes de tirailleurs espacées de 500 mètres (2). »

Précédée de deux pelotons de lanciers et du 14ᵉ bataillon de chasseurs de marche, la colonne comprenant les 3 batteries divisionnaires, 2 bataillons du 53ᵉ et le génie, traversa Authoison et Loulans et vint cantonner à Montbozon.

Pendant ce temps, le 82ᵉ mobiles, qui était à Rioz, en était parti à 7 heures du matin, et était venu à 5 heures du soir occuper Maussans (3).

Le IIIᵉ bataillon du 53ᵉ était resté à Mailley jusqu'à 2 heures du soir. Rejoint par le 2ᵉ hussards il se porta sur Montbozon, où il se cantonna avec le reste de la 2ᵉ brigade. Le 9ᵉ bataillon de chasseurs occupa Thieffrans.

Cavalerie. Les hussards, qui « avaient conservé le contact par leurs nombreuses reconnaissances (4) » cantonnèrent à Aubertans. Quant aux 2 escadrons du 3ᵉ lanciers de marche qui étaient à Grandvelle, ils se rendirent à Beaumotte en passant par Rioz. Les 2 escadrons attachés aux divisions cantonnèrent le 2ᵉ à Thiénans, le 3ᵉ à Thieffrans (5).

Les 2 régiments (5ᵉ cuirassiers et 5ᵉ dragons), restés au

---

(1) *Journal* du 81ᵉ mobiles.
(2) *Journal* de la 2ᵉ brigade. Le *Journal* du 53ᵉ porte 8 heures.
(3) 2 bataillons au bivouac, 1 dans les fermes. (*Journal* du 82ᵉ.)
(4) *Journal* du 2ᵉ hussards de marche.
(5) *Journal* du 3ᵉ lanciers de marche.

général de Brémond d'Ars, restèrent respectivement à Quenoche et Pennesières avec le 49ᵉ de ligne.

La réserve d'artillerie était à Aubertans; les 2 batteries à cheval (16 et 17ᵉ batteries du 9ᵉ régiment) à Loulans (1).

Le quartier général du corps d'armée s'installa à Montbozon.

2ᵉ division. Tout ce mouvement s'était opéré sous la protection de la 2ᵉ division, où « les plus grandes précautions furent prises pour éclairer la gauche d'où l'on pouvait être menacé » et dans laquelle « on ne se mit en marche que successivement, les troupes les plus éloignées partant les premières et laissant jusqu'à la nuit de forts avant-postes pour dissimuler le mouvement » (2).

Le 52ᵉ de marche ne quitta son bivouac qu'à 8 heures du soir, laissant de grands feux allumés, et vint au milieu de la nuit camper à Roche-sur-Linotte.

Un peu auparavant, le 92ᵉ de ligne avait quitté le Magnoray et, passant par Authoison et Sorans-les-Cordiers, il était venu à Fontenois-les-Montbozon. Il y avait été précédé par le régiment d'Afrique, qui avait commencé sa retraite dès 3 heures du soir, et qui, arrivé à 10 heures du soir, avait placé ses 2 bataillons en grand'-garde de part et d'autre de la route de Dampierre (3). L'artillerie divisionnaire s'installa aussi à Fontenois-les-Montbozon.

Malgré les précautions prises, tous les *Historiques* signalent que le mouvement n'avait pas échappé à l'ennemi, dont les éclaireurs furent constamment aperçus.

---

(1) Note de M. le général Perrodon alors commandant la 17ᵉ batterie du 19ᵉ.
(2) *Journal* de la 2ᵉ division.
(3) *Journal* du régiment d'Afrique.

II

Situation le 8 au soir.

Le 8 janvier 1871, au soir, l'armée du général Bourbaki, se trouvait ainsi occuper le front Pennesières, Bonnal, Magny, Grammont, couvrant la station de Clerval, où le 15ᵉ corps avait commencé à débarquer.

Les emplacements étaient les suivants :

Grand quartier général du général Bourbaki...............................	Montbozon.

18ᵉ Corps (Général Billot).

Quartier général......................	Montbozon.
1ʳᵉ *Division* (Feillet-Pilatrie)............	Cognières.
1ʳᵉ brigade : 42ᵉ de marche..........	Au bivouac au mont Jésus et bois de la Côte.
— 19ᵉ mobiles.............	Au bivouac bois du Petit-Pas.
— 9ᵉ chasseurs...........	Cantonné à Thieffrans (y arrive le 9 à 2 heures du matin).
2ᵉ brigade : 73ᵉ mobiles..............	Cantonné à Bouhans et Cognières.
— 44ᵉ de marche..........	Thieffrans.
Artillerie (trois batteries).............	Cognières.
Génie.................................	Thieffrans.
Un escadron du 2ᵉ lanciers de marche.	*Ibid.*
2ᵉ *Division* (amiral Du Penhoat)........	Fontenois-les-Montbozon.

1re brigade (Perrin) :
  12e bataillon de chasseurs.......... Roche-sur-Linotte, en grande partie au bivouac.
  52e de marche.................... Ibid.
  77e mobiles...................... Ibid.
2e brigade (Perreaux) :
  92e de ligne............... .... Fontenois-les-Montbozon.
  Régiment d'Afrique............... Ibid.
  Artillerie (trois batteries)............ Ibid.
  Génie.......................... Ibid.

3e *Division* (Bonnet)................ Montbozon.
  1re brigade (Goury) : Ibid.
    4e zouaves de marche............. Ormenans.
    81e mobiles..................... Au bivouac près de Loulans.
  2e brigade (Brémens) :
    14e bataillon de chasseurs de marche. Montbozon.
    53e de marche................... Ibid.
    82e mobiles..................... Maussans.
  Un escadron du 2e lanciers de marche. Thiénans.

Division de cavalerie (De Brémond d'Ars).
  1re brigade (Charlemagne) :
    2e hussards de marche............. Aubertans.
    2e lanciers de marche (deux escadrons)...................... Beaumotte.
  2e brigade (Gaitié) :
    5e dragons de marche............. Quenoche.
    5e cuirassiers de marche.......... Pennesières.
  Artillerie (deux batteries à cheval..... Loulans.
  49e de ligne..................... Pennesières.
  Réserve d'artillerie :
    2 batteries de marine............. Aubertans.
    2 batteries de mobiles............ Ibid.
    1 batterie de mitrailleuses......... Ibid.
    1 batterie de montagne........... Ibid.

Le 18e corps se trouvait donc en entier sur la rive droite de l'Oignon, ayant derrière lui la réserve générale de l'armée (Pallu de la Barrière), savoir : le 38e de ligne et le régiment de marche de marine à Loulans; l'artillerie à Mondon. Son mouvement, ainsi qu'on l'a vu, avait été pénible, surtout pour la 2ᵉ division, qui avait eu à couvrir la marche, et qui était arrivée très tard à ses points de stationnement.

Il n'y avait pas d'organisation d'ensemble des avant-postes, chaque troupe se gardant pour son compte. Ce qui ressort des divers historiques ce sont les précautions prises dans la direction de l'Ouest, mesures justifiées par la présence de l'ennemi à Vesoul. Une compagnie du 42ᵉ régiment de marche (1) était au bois de la Côte près de Vallerois. Les bois à l'ouest de Bouhans étaient occupés par des grand'gardes du 73ᵉ mobiles (2), la route entre Dampierre et Roche-sur-Linotte était gardée par deux bataillons du régiment d'Afrique (3). Vers le Nord-Est, au contraire, on n'avait personne du 18ᵉ corps; quelques francs-tireurs étaient vers Esprels, d'autres dans les bois au Nord de Marast (4).

20ᵉ Corps (Général Clinchant).

Quartier général	Rougemont.
1ʳᵉ *Division* (Polignac)	*Ibid.*
1ʳᵉ brigade (Logerot)	*Ibid.*
50ᵉ mobiles (2 bataillons)	*Ibid.*
11ᵉ mobiles (2 bataillons)	*Ibid.*
55ᵉ mobiles (2 bataillons)	*Ibid.*
2ᵉ brigade (Brissac)	*Ibid.*
67ᵉ mobiles	*Ibid.*
24ᵉ mobiles (2 bataillons)	*Ibid.*
4ᵉ bataillon de mobiles de Saône-et-Loire	*Ibid.*

---

(1) *Historique* du 42ᵉ.
(2) *Historique* du 73ᵉ mobiles.
(3) *Journal* du régiment d'Afrique.
(4) Renseignements des habitants d'Esprels et de M. Huot, ancien capitaine de francs-tireurs, actuellement receveur-buraliste à Vesoul.

2 escadrons du 6ᵉ cuirassiers de marche.	Rougemont.
Artillerie (2 batteries)..................	*Ibid.*
Génie...............................	*Ibid.*

2ᵉ *Division* (Thornton).

1ʳᵉ brigade (Bernard de Seigneurens)....	Bonnal.
25ᵉ bataillon de chasseurs de marche..	Bonnal (y arrive le 9, à 1 heure du matin).
34ᵉ mobiles........................	*Ibid.*
2ᵉ bataillon de mobiles de la Savoie..	*Ibid.*
2ᵉ brigade (Vivenot)...................	Tressandans.
3ᵉ zouaves de marche...............	*Ibid.*
68ᵉ mobiles........................	*Ibid.*
2 batteries........................	*Ibid.*
Génie.............................	*Ibid.*
1 escadron du 6ᵉ cuirassiers de marche..	*Ibid.*

3ᵉ *Division* (Ségard).

1ʳᵉ brigade (Durochat).................	Cuze.
47ᵉ de marche.....................	*Ibid.*
Mobiles de la Corse (2 bataillons, le 2ᵉ fort de 230 hommes seulement)...	*Ibid.*
2ᵉ brigade (Simonin)...................	Cubrial.
1ᵉʳ et 2ᵉ bataillons de mobiles des Pyrénées-Orientales...................	*Ibid.*
58ᵉ mobiles (2 bataillons).............	*Ibid.*
2ᵉ bataillon de la Meurthe...........	*Ibid.*
2 batteries........................	Cuze.
1 escadron du 6ᵉ cuirassiers de marche.	Cubrial.
Cavalerie : 7ᵉ chasseurs................	Bonnal.
— 3ᵉ lanciers de marche.......	Pont-sur-l'Ognon. 50 hommes à Villersexel, 50 à la ferme Rullet, un escadron sur la route d'Esprels.
Réserve d'artillerie : 3 batteries de 12, 1 de mitrailleuses...................	*Ibid.*
2 compagnies du Génie.......	*Ibid.*

Comme dispositions de sureté, on avait placé à Pont-sur-l'Oignon le gros du 3ᵉ lanciers (1) avec le 1ᵉʳ bataillon des Pyrénées-Orientales (2). De là une compagnie et un escadron avaient été envoyés vers Esprels (3). A Villersexel il y avait d'abord 50 lanciers, un même nombre était à la ferme Rullet, à mi-chemin entre Pont-sur-l'Oignon et Villersexel. A 2 kilomètres au Nord de Cubrial étaient deux compagnies du 58ᵉ mobiles (Vosges) (4). Il se trouva, en outre, qu'à la ferme Rullet vinrent deux compagnies des mobilisés du Rhône appartenant au 24ᵉ corps (5). Ainsi la ligne de marche du 18ᵉ corps était gardée vers Esprels par des fractions du 20ᵉ; sur celle qu'allait suivre ce dernier, on trouvait des fractions du 24ᵉ corps.

24ᵉ Corps (général Bressolles).

Quartier général......................	Château de Bournel.
1ʳᵉ *Division* (D'Ariès).	
1ʳᵉ brigade (Des Vaux du Lys).........	Uzelle.
1ᵉʳ bataillon de chasseurs de marche.	Au bivouac au Sud d'Uzelle.
63ᵉ mobiles......................	*Ibid.*
2ᵉ brigade (d'Ollone) :	
Régiment mixte (Haut-Rhin, Haute-Garonne, Tarn-et-Garonne)........	Au bivouac au Sud de Fontenelle.
Artillerie (3 batteries)................	*Ibid.*
2ᵉ *Division* (Comagny-Thibaudin).	
1ʳᵉ brigade (Irlande) :	
21ᵉ bataillon de chasseurs de marche.	Cubry.

---

(1) *Journal* de marche du 3ᵉ lanciers de marche, communiqué par M. le colonel Alliot.

(2) *Journal* de marche des mobiles des Pyrénées-Orientales. Renseignements donnés par M. de Lacroix, ancien lieutenant aux mobiles des Pyrénées-Orientales.

(3) *Rapport* du commandant Devaux. Note de M. de Lacroix.

(4) *Journal* du corps.

(5) *Historique* de la 1ʳᵉ légion du Rhône.

69ᵉ bataillon de marche............	Bournois.
61ᵉ de marche....................	Ibid.
2ᵉ brigade (Brancas) :	
14ᵉ mobiles....................	Fallon.
87ᵉ mobiles....................	Ibid.
Artillerie (3 compagnies)............	Bournois (sauf 2 sections aux avant-postes).
3ᵉ *Division* (Carré de Busserolle)........	Abbenans.
1ʳᵉ légion du Rhône...............	Ibid.
2ᵉ légion du Rhône...............	Abbenans et Grand-Magny.
89ᵉ mobiles......................	Abbenans.
Artillerie........................	Ibid.
7ᵉ dragons de marche...............	Cubry.
7ᵉ mixte de cavalerie...............	Accolans.
Réserve d'artillerie.................	1 batterie à Rougemont, 1 à Fallon, 1 à Abbenans.
Génie..........................	Fallon.

La 2ᵉ division, se trouvant à la droite de l'armée, devait se garder sur son flanc vers l'Est, en raison de la présence de l'ennemi à Arcey et Saulnot. Un bataillon et le 7ᵉ de cavalerie mixte étaient Accolans, d'où l'on avait repoussé une reconnaissance ennemie. En avant du front se trouvaient, au Nord de Grammont, un bataillon du 14ᵉ mobiles avec deux pièces de canon ; deux compagnies de la 1ʳᵉ légion du Rhône étaient à la ferme Rullet.

15ᵉ corps. Les éléments du 15ᵉ corps débarqués à Clerval comprenaient seulement :

La 1ʳᵉ brigade (Minot) de la 1ʳᵉ division (Dastugne).

1ᵉʳ zouaves de marche..............	Anteuil, Saint-Georges, Hyémondans sur la rive gauche du Doubs.
12ᵉ mobiles......................	Ibid.
1ᵉʳ bataillon mobiles de la Savoie.....	Ibid.

et de la 2ᵉ brigade de la 3ᵉ division :

Le Ier bataillon du 27e de marche.....	Fontaine.
1 batterie de montagne...............	*Ibid.*
Le Ier bataillon du 34e de marche.....	Gondenans, 2 compagnies à Montby.
1 batterie de 4......................	*Ibid.*
IIe et IIIe bataillons du 34e de marche.	Fontenelle.
69e mobiles	Gondenans et Fontaine.

La brigade Minot, détachée au loin sur la rive gauche du Doubs, était d'abord destinée à aller occuper Blamont. A ce moment elle devait donner la main aux détachements chargés de défendre les passages du haut Doubs en raison de la présence de ce côté de la brigade Debschitz.

Ordres pour le 9.

Comment le général Bourbaki entendait son rôle, quel but il poursuivait, c'est ce qui ressort clairement de la curieuse dépêche qu'il adressa, le 8 janvier, à M. de Freycinet.

Le général Bourbaki au Ministre de la Guerre, Bordeaux (D. T.).
Montbozon, 8 janvier.

L'armée a continué aujourd'hui et poursuivra demain le mouvement commencé les jours précédents. Aujourd'hui, les quartiers généraux des 18e, 20e et 24e corps sont respectivement établis à Montbozon, Rougemont et Cuze. La 3e division du 15e corps, réunie en grande partie, occupe les villages de Fontenelle, Montby, Gondenans et Fontaine. Je recommande au général Martineau de hâter le plus possible le mouvement des autres troupes de son corps d'armée. Je lui ai prescrit de conserver sur la rive gauche du Doubs une brigade d'infanterie et une batterie d'artillerie, afin d'appuyer les troupes du général Rolland chargées de la défense du cours et des ponts du Doubs. Tout d'abord, je me proposais d'envoyer cette brigade à Blamont, mais les nouvelles que je reçois des mouvements de l'ennemi me font penser que ce serait inutile; j'attends la confirmation de ces nouvelles pour donner suite à ce projet ou pour rappeler à moi cette brigade.

Je porterai demain mon quartier général à Bournel, sur la route de Rougemont à Vellechevreux, entre les villages de Cuze et de Cubry.

La partie disponible du 15e corps s'établira dans le voisinage de la route de l'Isle à Belfort. Le 24e corps, occupant entre autres villages Vellechevreux, appuiera sa droite au ruisseau de Scey, le 18ᵉ sa gauche au bois de Chassey, à Esprels et Villersexel; ces deux villages ont été évacués par l'ennemi; le 20ᵉ corps, placé entre les deux autres, occupera notamment Villargent.

La partie qui suit n'a pas été adressée au Ministre, mais elle est d'un très grand intérêt.

Je comprends à merveille l'intérêt qui existe aujourd'hui de ne pas perdre de temps. Je fais tous mes efforts pour atteindre ce but; mais je suis forcé de compter avec les difficultés inhérentes au déplacement d'une armée considérable, opérant par le plus mauvais temps, ne possédant pas encore tous les charrois nécessaires pour les vivres et ne communiquant pas directement avec un chemin de fer. La ligne qui longe le Doubs ne peut, d'ailleurs, être utilisée en ce moment pour notre alimentation, en raison du transport des troupes du 15ᵉ corps, qui s'opère beaucoup moins vite qu'on ne l'avait espéré.

Deux partis pouvaient être pris : ou bien attaquer les forces que je savais s'être concentrées à Vesoul, ou manœuvrer pour faire évacuer cette ville comme avaient été évacuées Dijon et Gray.

On ne saurait attaquer qu'avec la certitude de réussir. Subir un insuccès dans les conditions actuelles, pourrait avoir des conséquences très regrettables au point de vue moral et en nous obligeant à nous replier sur Besançon, nous priver de la possibilité d'agir promptement sur les communications de l'ennemi, opération qui, seule, sera susceptible de venir en aide à Paris. J'ai donc recours au second moyen, persuadé que vous regretteriez autant que moi de laisser aux chances d'un combat qu'il n'est pas nécessaire d'engager, une part qu'on ne saurait trop chercher à réduire. La position que je fais occuper se prête parfaitement à la défensive, puisque le front en est couvert par l'Ognon, et que la rive gauche de cette rivière domine la rive droite. Je l'ai choisie parce qu'en occupant le nœud des routes de Vesoul à Montbéliard et de Lure à Besançon je me trouve prêt à me porter avec la totalité de mes forces contre un des points occupés par l'ennemi, me contentant d'observer les autres directions. J'espère faire tomber de la sorte Montbéliard et Vesoul. Si cette prévision ne se réalise pas, je marcherai sur Montbéliard et Belfort sans regretter la manœuvre que j'aurai exécutée, puisque chaque jour je me serai rapproché de ces deux places. Si mes espérances sont justifiées par les événements, je me trouverai plus tôt prêt à remonter vers le Nord, pour accomplir, en passant par Épinal et Chaumont, la partie capitale de nos opérations. En tout cas, soyez assuré que je demanderai aux hommes que je commande toute l'activité qu'ils sont susceptibles de déployer, au prix des fatigues qu'il sera possible de leur imposer, sans dépasser les limites de leurs forces.

Si peu précis que soit ce document au sujet de la situation de l'ennemi, il contient cependant d'une façon implicite, mais formelle, l'assurance que le gros des forces allemandes est encore à Vesoul. C'est en effet ce que savait alors le général Bourbaki. Outre de très nombreux renseignements recueillis le 5 et le 6, lorsque ses troupes étaient au Sud de Vesoul, il avait connu, de façon à n'en pouvoir douter, le passage à Villersexel, dans la journée du 5 janvier, de fortes colonnes en marche vers l'Ouest. Dans la journée du 8, les généraux Bressolles et Billot lui avaient fait connaître que ce point n'était plus occupé par les Allemands, et, dans une dépêche très catégorique, le commandant du 18ᵉ corps avait signalé la concentration, au Nord de Vesoul, de la masse principale des troupes du général von Werder (1). Le général Bourbaki était donc parfaitement fixé sur la position de son adversaire. Ce n'était pas dans l'incerti-

---

(1) *Bulletin de renseignements* (succession Leperche). Notamment renseignements de M. de Grammont, du 7 janvier; du général Bressolles, du 8 janvier, 10 h. 10 matin; du général Billot, du 8 janvier (sans indication d'heure); du cantonnier Ariez, 7 janvier, etc.

tude ou sur de faux renseignements qu'il avait pris sa décision.

La deuxième partie de la dépêche, celle qui ne fut pas transmise et qui a été copiée sur le registre de correspondance du général Bourbaki (1), est particulièrement révélatrice de l'état d'esprit où se trouvait alors le commandant en chef.

Si, après avoir avoué qu'avec plus de trois corps d'armée il n'avait pas cru pouvoir attaquer les quelque 35,000 h. de Werder, le général Bourbaki avait pensé sérieusement à continuer sa marche vers Épinal et Chaumont, sans avoir au préalable remporté un succès tactique, ou tout au moins fixé l'ennemi, une telle conception militaire ne pourrait être sérieusement discutée. Mais un mot de sa lettre révèle que telle n'était pas sa pensée, et que, pour ne pas valoir mieux, son projet s'appuyait sur d'autres considérations.

Profondément imbu des funestes idées qui s'étaient répandues dans le haut commandement français de 1866 à 1870, le général Bourbaki était convaincu de la supériorité de la défensive sur l'offensive avec les fusils à tir rapide. S'il avait pu être ébranlé par les déplorables exemples de ce que nous avait coûté notre attitude passive dans les batailles d'août 1870, le manque absolu de confiance qu'il avait et professait pour ses jeunes troupes, l'amenait à les considérer comme absolument incapables d'une attaque de vive force.

Tout son espoir avait été que les Allemands prissent l'offensive. Les dispositions gardées trop longtemps devant Vesoul en avaient été la preuve manifeste. Ce plan avait échoué par suite de l'attitude passive prise par ses adversaires. C'est alors que le général Bourbaki, voyant qu'ils ne voulaient pas venir l'attaquer, avait conçu un autre projet. En venant se poster dans une

---

(1) Archives de la Guerre.

attitude défensive sur la route de Vesoul à Belfort, il espérait que Werder serait forcé cette fois de prendre l'offensive, se ferait battre, et qu'alors l'armée de l'Est pourrait, après un succès tactique, reprendre sa mission générale.

Ce qui confirme cette hypothèse, c'est cette phrase caractéristique d'une dépêche que devait le lendemain écrire M. de Serres au milieu même de la bataille (1).

« Comme le faisaient entrevoir ma dépêche (2) de cette nuit et la précédente, le mouvement sur Villersexel a forcé l'ennemi à nous disputer cette clef du champ de nos opérations... (*sic*). »

D'ailleurs, plus tard, dans sa déposition devant la Commission d'enquête, M. de Serres revendiqua pour

---

(1) La date donnée à cette dépêche dans la collection de la commission d'enquête est forcément fausse. Ce ne peut être que dans la nuit du 9 au 10.

(2) Cette dépêche était la suivante :

De Serres à de Freycinet, Guerre, Bordeaux.

Montbozon, 9 janvier 1871, 2 h. 47 matin.

Le programme pour demain et pour toute l'armée est la continuation du mouvement à la distance d'une étape, qui la portera à la hauteur d'Esprels, Villersexel, Vellechevreux, nous rendant absolument maîtres de l'unique route Montbéliard-Vesoul et de l'une des deux routes Belfort-Vesoul. Le 15e corps, qui commence à arriver à Clerval, avec à peu près une division, a pour ligne d'opérations pour deux divisions la partie de la route Baume-les-Dames-Belfort, entre Fontaine et Belfort. J'espère que, dans trois jours, il pourra avoir cette force vers Arcey et peut-être au delà, c'est-à-dire à notre extrême-droite, menaçant directement l'investissement de Belfort.

Rien de bien précis encore sur les mouvements de l'ennemi. Le Généralissime a traversé lui-même Esprels et les environs (dévastés ou débarrassés?) des avant-postes. L'ennemi doit avoir quitté Noroy-le-Bourg, où je vous signalais hier un poste, pour se porter sur Lure ou dans des positions au Nord de Vesoul. Les coureurs et quelques petits détachements restent encore au Sud de cette ville, soit pour couvrir le mouvement, soit peut-être, ce

lui, une part de l'idée déterminante des opérations du 9 janvier.

« Le général Bourbaki, dit-il, était personnellement l'auteur de l'ordre du mouvement; il avait été écrit sous sa dictée, en ma présence, après que nous avions arrêté ces dispositions dans notre entretien du 9 (en réalité 8) au soir, suivant le conseil tenu au château de Montbozon. Dans ces entretiens, qui se reproduisaient chaque jour, je ne cessais de faire valoir le plus possible l'idée que nous devions attaquer le moins possible des positions de front. De même qu'à Coulmier, nous aurions dû nous rejeter sur la gauche pour tourner la position, de même à Villersexel, il fallait se jeter sur la droite. Il fallait chercher à faire ce que les Prussiens ont fait tant de fois : des mouvements plus ou moins tournants. Nos soldats de l'armée du Rhin n'avaient pas réussi en attaquant de front; à plus forte raison ceux que nous avions alors devaient-ils échouer... Je disais toujours : faisons des mouvements et non des attaques de vive force... Il n'est pas question d'un plan, mais d'une idée... Personnellement, je ne me rappelle pas avoir apporté un ordre, une consigne militaire... »

Toute l'économie du projet a donc bien été de forcer l'ennemi à attaquer à Villersexel, pour reconquérir sa

---

que nous saurons demain, pour masquer une concentration sous cette ville.

Je crois pouvoir affirmer que les mouvements d'aujourd'hui, comme aussi ceux de demain, tout en nous élevant, améliorent sensiblement nos positions. Nous restons maîtres de choisir la droite ou la gauche pour notre opération ultérieure, réalisée avec la masse totale des forces, celles de l'ennemi se trouvant fatalement, dans les 36 heures qui vont suivre, divisées en deux parties, l'une à Belfort, qu'il doit couvrir, l'autre vers Vesoul et sur la route de Luxeuil, qu'il paraît vouloir conserver.

Je vous transmettrai demain une dépêche chiffrée confidentielle sur celui que vous savez.

De Serres.

ligne de marche de Vesoul à Belfort. On se dira victorieux parce qu'on sera resté maître à Villersexel d'un point de cette route.

Ce calcul n'avait aucune chance de succès. Rien n'obligeait Werder à venir se heurter face au Sud à la ligne Esprels, Villersexel, Vellechevreux, car l'occupation de ces points par des troupes gardant une attitude passive ne l'empêchait pas le moins du monde de venir rejoindre le corps de siège. Le mouvement qu'il devait ordonner sur Vy-les-Lure, puis sur Lure en devait être la preuve manifeste. Si une telle marche de flanc pouvait devenir dangereuse pour les Allemands, c'était à la condition expresse que l'armée française prît vigoureusement l'offensive.

Laisser passer Werder hors de la portée efficace de ses fusils et de ses canons, c'était pour Bourbaki l'obligation fatale, soit de renoncer à son entreprise, soit, et c'est ce qui arriva, de se trouver avant peu forcé, lui qui n'avait pas cru devoir attaquer Werder isolé, de l'aborder sur la Lisaine, presque doublé de forces et dans une position formidable.

Les termes de l'ordre général rédigé pour le 9 janvier n'étaient pas faits pour mettre les commandants de corps d'armée, ni les troupes au courant de ce qui était réellement attendu de leurs efforts.

Ordre de mouvement pour le 9 janvier 1871.

8 janvier.

L'armée continuera demain, 9 du courant, le mouvement commencé les jours précédents.

La partie disponible du 15ᵉ corps occupera les positions qui s'étendent le long de la route de Fontaine à Belfort par Arcey, depuis la Guinguette jusqu'au village d'Onans.

Le 24ᵉ corps appuiera son extrême droite au ruisseau du Scey, il occupera Vellechevreux et s'étendra par sa gauche jusqu'à Georfans et Grammont. Le 20ᵉ corps occupera les villages de Villargent, Villiers-la-Ville et les Magny.

Le 18ᵉ corps occupera Villersexel, Autrey-le-Vay, Esprels, le bois de Chassey.

La réserve occupera Abbenans et Cubry.

La réserve de cavalerie sera cantonnée à Fallon.

Le grand quartier général sera établi à Bournel, entre le villages de Cuze et de Cubry.

Toutes les dispositions prescrites les jours précédents, pour assurer la sécurité des troupes pendant la durée du mouvement, comme pour dissimuler le mieux possible notre marche à l'ennemi et pour relier les corps entre eux, seront scrupuleusement observées.

Tous les convois du 18ᵉ corps seront tenus sur la rive gauche de l'Ognon.

Les troupes laissées sur la rive droite recevront des instructions précises pour passer l'Ognon, si elles se trouvaient obligées de se replier devant des forces supérieures.

Les reconnaissances seront poussées au loin et faites avec le plus grand soin.

Les commandants de corps d'armée feront connaître au général en chef le point choisi par eux pour établir leur quartier général.

A cet ordre était joint le croquis ci-contre qui était loin d'éclairer le texte avec lequel il était en désaccord.

Il indiquait en effet que Villersexel devait être tenu par le 20ᵉ corps; en outre, il comprenait les deux points de Moimay et Marast dans la zone que devait occuper le 18ᵉ.

Pourtant il était apparent que l'intention du général en chef avait été de faire serrer tous ses corps d'armée sur leur tête, et, de plus, que le 18ᵉ corps devait se trouver tout entier sur la rive droite de l'Ognon.

La « continuation » du mouvement voulait donc dire que l'armée allait gagner environ 4 kilomètres vers le Nord. Si c'était un simple déplacement, il était de peu d'étendue; s'il s'agissait de se préparer à une bataille défensive, c'est à peine s'il était indiqué sur quelle ligne on devait se battre.

Un tel ordre n'orientait en rien les commandants de corps d'armée sur la situation générale, ni sur le but que se proposait le général en chef. Ses subordonnés n'avaient rien qui pût les diriger dans le choix de leurs dispositions de détail. Aucune heure n'était indiquée; il était fatal que l'incohérence la plus complète marquât les premières opérations de la journée.

Si, de plus, on devait admettre de la part du général Bourbaki la prévision d'une attaque de l'ennemi, on ne peut qu'être frappé du danger auquel on exposait le 18e corps, laissé seul sur la rive droite de l'Oignon, plus près de l'ennemi que tout autre, et hors d'état d'être secouru, sinon par un petit nombre de passages. Si vraiment le général de Werder avait eu l'intention, que lui ont prêtée les auteurs allemands, d'attaquer le flanc de l'armée française, il se serait porté vers Esprels plutôt que sur Villersexel, et, dans ce cas, la situation du 18e corps aurait été critique.

Si vague, si insuffisant qu'ait été l'ordre général de l'armée, il n'en devait pas moins exercer sur toutes les opérations du 9 janvier une déplorable et tyrannique influence. C'est pour se conformer à sa lettre que certains hésiteront longtemps à s'engager, et que d'autres ne s'engageront pas du tout. On verra mieux encore : des troupes victorieuses seront arrêtées pour occuper les cantonnements prescrits la veille; d'autres seront rappelées en plein combat pour le même motif. Un tel document révèle moins les erreurs de ceux qui les rédigèrent que l'état d'esprit de l'armée qui l'appliqua avec une absence radicale d'initiative et de sens militaire.

Les mesures de détail ordonnées dans les corps d'armée furent les suivantes :

18e corps. La 1re division, partant à 7 heures du matin des environs de Thieffrans, devait venir par la rive droite de l'Oignon occuper la ligne Esprels et Autrey-le-Vay et en arrière Pont-sur-l'Oignon sur la rive gauche.

La 2º division avait à suivre la rive droite jusqu'à Bonnal, puis à passer sur la rive gauche, une brigade à Bonnal, l'autre à Tressandans, pour venir occuper Villersexel.

A 11 heures du matin seulement, et après avoir assuré ses distributions et fait la soupe, la 3º division se mettrait en marche et viendrait occuper Chassey, Thieffrans, Bonnal, Tressandans et le bois du Petit-Pas.

La réserve d'artillerie, passant à Montbozon, avait à s'installer à Pont-sur-l'Oignon. La cavalerie à Bouhans et Montbozon. Les convois devaient passer sur la rive gauche.

Enfin le quartier général devait quitter Montbozon à 11 heures du matin seulement, pour venir à Esprels.

En somme, pendant la plus grande partie de la journée, la 1re division devait se trouver isolée sur la rive droite, loin de tout secours, exposée à une attaque, qui pouvait aussi bien venir du Nord que de l'Ouest, et que la cavalerie ne devait en rien prévenir. Plus tard, le 18e corps devait se trouver sur une longueur de près de 20 kilomètres, de Villersexel à Montbozon, exposé pour la presque totalité, à combattre avec une rivière à dos.

De plus, la 2e division devait couper la route de la 3e, et en outre empiéter sur la zone de marche du 20e corps. On désignait, pour exécuter cette longue oblique vers le Nord-Est, les troupes arrivées les dernières à leurs cantonnements et celles qui, les jours précédents, avaient eu à subir les plus fortes fatigues.

20e corps. A 7 heures du matin, la 3e division devait se porter de Cuze et Cubrial sur les Magny.

A 8 heures, la 2e division devait partir de Bonnal et Tressandans, puis, par la route de Pont-sur-l'Oignon, que l'ordre du 18e corps avait attribuée à la marche de la 2e division, gagner Magny et Villers-la-Ville.

A la même heure, la 1ʳᵉ division, quittant Rougemont, se porterait par Abbenans et Melecey sur Villargent. La réserve d'artillerie devait rester à Melecey. Quant à la cavalerie, le 7ᵉ chasseurs irait de Bonnal à Melecey, sans avoir de service d'éclaireurs à fournir (1). Au contraire, le 3ᵉ lanciers de marche, partant à 7 heures de Pont-sur-l'Oignon, gagnerait Villersexel, par la rive gauche ; il y rallierait sa grand'garde et viendrait à Beveuge, avec un escadron à Villafans et un à Étroite-Fontaine.

24ᵉ corps. L'ordre, daté du 9 janvier, était exécutoire une heure après sa réception.

Tout le corps d'armée avait à appuyer vers l'Est, pour se relier au 15ᵉ à Onans.

La 2ᵉ division à Courbenans, Gémonval et Marvelize ; la 3ᵉ à Villechevreux, Mignafans et Sécenans, avec la réserve d'artillerie ; la 1ʳᵉ à Courchaton et Grammont ; la cavalerie avec la 3ᵉ division. Le mouvement devait se faire sous la protection des avant-postes.

Sauf pour le 24ᵉ corps, aucune des mesures prescrites ne vise l'éventualité d'une rencontre avec l'ennemi. Au moment où ils rédigèrent leurs ordres, ni le général en chef, ni les commandants de corps d'armée ne paraissent s'être attendus à une bataille pour le 9 janvier.

Cependant, si, comme le montrera la suite des événements, le général Bourbaki resta longtemps dans ce sentiment de quiétude, il n'en fut pas de même dans les états-majors subordonnés, spécialement à celui du 20ᵉ corps. Dans la soirée, une paysanne venue de Vesoul vint annoncer au général Clinchant que des forces allemandes étaient parties de cette ville dans la direction de

---

(1) Un tour de service avait été établi entre les deux régiments de lanciers et chasseurs. Les premiers avaient seuls à opérer le 9 janvier. Les cuirassiers servaient comme cavalerie divisionnaire.

Villersexel (1). Le fait fut porté dans la nuit à la connaissance du général en chef (2).

L'importance de cette localité fut signalée au général Ségard, commandant la 3ᵉ division du 20ᵉ corps, dans une correspondance en partie disparue (3), et une reconnaissance forte d'un peloton de cuirassiers (4) fut dirigée, le 8 au soir, sur Villersexel, déjà occupé par un faible escadron de lanciers.

On verra plus loin le détail des mesures qui furent prises de ce côté pendant la nuit; mais, dès à présent, on peut dire que, lorsque, le 9 janvier, au point du jour, le général Clinchant monta à cheval, il était assuré qu'un combat allait s'engager (5).

---

(1) « Nous considérâmes une rencontre comme imminente. » (Note inédite de M. le général Varaigne, alors colonel chef d'État-Major du 20ᵉ corps.)

(2) L'État-Major accusa réception de ce renseignement. (*Ibid.*)

(3) *Ibid.* De plus, une lettre du général Ségard au colonel Simonin annonce que l'envoi le 8 au soir de deux bataillons à Villersexel est remis au lendemain en raison de l'heure avancée.

(4) Un peloton du 3ᵉ escadron du 6ᵉ cuirassiers de marche, conduit par le capitaine Lefèvre et le sous-lieutenant Paulze d'Ivoy. Renseignements donnés par Paulze d'Ivoy. Le capitaine Hérissant, de l'État-Major du général Ségard, accompagnait la reconnaissance. (Renseignements fournis par M. le commandant Hérissant.)

(5) Note du général Varaigne. Renseignements fournis par les généraux Chevals et Clamorgan, alors à l'État-Major du 20ᵉ corps.

Situation des Allemands le 8 au soir.

Les forces et les emplacements des troupes allemandes pendant la nuit du 8 au 9 janvier furent les suivants :

Commandant en chef, général de l'infanterie von Werder.

Quartier général. — Vesoul.

4ᵉ Division de réserve, général von Schmeling, Noroy-le-Bourg.
    Brigade combinée (colonel Knappe von Knappstadt).

25ᵉ d'infanterie (1ᵉʳ rhénan). I, Noroy-le-Bourg; II, Autrey-les-Cerre; III, Borey.
2ᵉ combiné, Prusse orientale, Noroy-le-Bourg.
Brigade de Prusse orientale, Noroy-le-Bourg.
1ᵉʳ combiné, Prusse orientale, Noroy-le-Bourg.
3ᵉ combiné, Prusse orientale, Noroy-le-Bourg.
1ᵉʳ ulans de réserve, Noroy-le-Bourg.
3ᵉ ulans de réserve, 2 escadrons, Noroy-le-Bourg.
Cinq batteries, Noroy-le-Bourg.

    Division badoise (colonel Von Glümmer).
        1ʳᵉ brigade (général von Wechmar), Vesoul.

1ʳᵉ leib-grenadiers, Vesoul.
2ᵉ grenadiers, Vesoul.

        2ᵉ brigade (général von Degenfeld).

3ᵉ badois, I, II, Pusey; III, Montigny-les-Vesoul.
4ᵉ badois, I, III, Charmoille; II, Échenoz-la-Meline.

        3ᵉ brigade (général Keller).

5ᵉ badois, Vesoul.
6ᵉ badois, II, Vesoul (faubourg Sud); I, Vaivre, III, Noidans-les-Vesoul.
3ᵉ dragons badois, réparti dans les cantonnements.
Cinq batteries réparties dans les cantonnements.

    Brigade prussienne combinée (von der Goltz).

30ᵉ d'infanterie (4ᵉ rhénan), I, II, Frotey; III, Coulevon.

34ᵉ d'infanterie (fusiliers poméraniens), I, II, Quincey; III, Colombier.

2ᵉ dragons de réserve, dans les cantonnements.

2ᵉ hussards de réserve, dans les cantonnements.

Trois batteries dans les cantonnements.

 Brigade de cavalerie badoise (colonel von Willisen).

1ᵉʳ dragons badois, Auxon.

2ᵉ dragons badois, Auxon.

Artillerie de corps (trois batteries), Vesoul.

A ces forces s'ajoutaient le petit détachement de Port-sur-Saône, 8 compagnies, 1 escadron, 2 batteries (1) et celui, plus important de Bredow, 5 bataillons, 3 batteries et 2 escadrons à Arcey (2), détachant le IIᵉ bataillon du 67ᵉ d'infanterie avec un peloton et une batterie à Saulnot, et le Iᵉʳ bataillon du 67ᵉ à Onans.

« Dans la journée du 8, le colonel v. Bredow avait envoyé d'Arcey, la 4ᵉ compagnie du 67ᵉ d'infanterie sur Gonvillars (2 k. 5 au N.-O.), puis les compagnies 5ᵉ, 6ᵉ et 7ᵉ avec la batterie Langenmarkt et 1 peloton sur Lolans-sur-Aibre, Villers et Saulnot (3), et mis Arcey en état de défense. »

Pendant la nuit, la 6ᵉ compagnie surprit une grand'-garde du 14ᵉ mobiles (Yonne, 2ᵉ brigade de la 2ᵉ division du 24ᵉ corps), placée entre Vellechevreux et Grammont, et lui fit 9 prisonniers, une patrouille d'ulans surprit aussi un poste de sentinelles doubles.

Pendant ce temps, le bataillon de Gnesen avait été chargé de reconnaître les ponts du Doubs et éventuel-

---

(1) Bataillon Eupen (six compagnies), deux compagnies du 1ᵉʳ chasseurs de réserve, un escadron du 4ᵉ hussards de réserve, une batterie lourde du VIIᵉ corps prussiens, batterie légère saxonne nᵒ 3.

(2) Régiment d'infanterie nᵒ 67ᵉ, bataillon Gnesen et Insterburg, trois batteries (Braunschweig, Grottke et Langenmarkt), deux escadrons du 3ᵉ ulans de réserve.

(3) *Historique* du 67ᵉ prussiens.

lement de les faire sauter. La 9ᵉ compagnie du 67ᵉ avait à se porter d'Onans sur Étrappe et l'Isle-sur-le-Doubs, couvrant le flanc droit du bataillon Gnesen. Cette reconnaissance fut terminée dans la matinée et ne donna pas de résultats, le bataillon Gnesen ayant reçu des coups de feu vers Longueville. La reconnaissance poussé sur Accolans avait aussi constaté la présence des Français.

A 6 heures du soir le détachement Bredow fut alarmé et prit une position de combat sur la hauteur au Nord d'Onans, à la nouvelle de l'approche de l'ennemi. A 11 heures du soir les troupes furent renvoyées dans les maisons, mais le bataillon de fusiliers du 67ᵉ et 1 peloton d'ulans restèrent en position jusqu'à 1 heure du matin.

Ajoutons que les instructions du maréchal de Moltke datées du 7 (1) ne devaient parvenir au général de Werder que dans la journée du 10 janvier, et n'eurent, par suite, aucune influence sur les résolutions du commandant allemand.

Les ordres du Grand État-Major étaient en complète opposition avec l'attitude gardée jusque-là par le général de Werder, qui, prévenu depuis vingt-quatre heures au moins du changement de direction vers l'Est de l'armée française, restait immobile à Vesoul et ne faisait rien pour se placer entre son adversaire et Belfort.

Si le projet que lui prêtent les historiens allemands, d'attaquer l'armée de Bourbaki sur son flanc gauche, avait été réellement formé par le général v. Werder, ce ne pouvait être qu'à la condition de conserver sa ligne de retraite à l'Ouest des Vosges, ainsi que le montre clairement l'emplacement de ses éléments de ravitaillements échelonnés sur la ligne Vesoul-Saulx-Luxeuil-Épinal. Si, par ce moyen, il entendait couvrir le siège de

---

(1) *Correspondance* du général de Moltke. Voir ci-dessus.

Belfort, à coup sûr ce n'était pas en barrant directement le chemin à l'armée française.

L'attitude gardée par les troupes allemandes dans la journée du 8 janvier montre qu'en réalité le commandement allemand, très mal renseigné, était encore dans un état d'incertitude extrême.

Dès le matin du 8, le 2ᵉ dragons de réserve s'était porté sur Noroy-le-Bourg et Aillevans et avait fait reconnaître Villersexel, où les Français n'avaient pas encore paru. Mais « il constata la présence d'un faible parti de gardes mobiles à Saint-Ferjeux » (*sic*) (1). « Au contraire, le 2ᵉ hussards de réserve, envoyé sur Montbozon, vit une colonne de 15,000 hommes, infanterie et artillerie en marche d'Authoison sur Montbozon (2). » Ceci était plus exact et se rapportait au mouvement des 2ᵉ et 3ᵉ divisions du 18ᵉ corps.

D'après l'*Historique* du *30ᵉ* régiment d'infanterie, la reconnaissance aurait comporté deux compagnies (numéros 1 et 4), cantonnées à Froley, et un escadron de hussards.

« Le détachement partit à 7 heures du matin, traversa Quincey et Neurey, se dirigeant sur Dampierre-les-Montbozon, tourna le bois situé au Nord de ce village par sa lisière Ouest, et se posta à la ferme des Goichots, d'où

---

(1) Monographie rédigée par le Grand État-Major allemand intitulée *Heeres Bewegungen*. Peut-être de la 2ᵉ division du 24ᵉ corps, mais il est très douteux que le bataillon du 14ᵉ mobiles, placé au Nord de Grammont, soit allé jusqu'à Saint-Ferjeux. On sait au contraire qu'à Villechevreux, à 2 kil. 5 à l'Est de Saint-Ferjeux, se trouvait la compagnie de francs-tireurs Huot (3ᵉ du Doubs) qui, dans la journée du 8, reçut à coups de fusil d'abord à midi, une reconnaissance de seize cavaliers allemands, puis, à trois heures, une patrouille de trois cavaliers et leur tua un homme. (*Rapport* du général Comagny, daté de Fallon, 8 janvier, 9 h. 30 soir.)

(2) *Ibid.* Voir aussi major Kunz, *Die Entscheidungs Kämpfe des Generals v. Werder*. Berlin, 1895, Wengen.

furent détachées des patrouilles de cavalerie, avec un demi-peloton d'infanterie sur Filain et Dampierre. La patrouille envoyée sur ce dernier point fut accueillie par des coups de feu, mais elle signala la marche de grosses colonnes au Sud de Dampierre. On lui ordonna de s'abriter et de ne pas riposter. Les capitaines Rundstedt et Kreckel se portèrent alors sur la hauteur au Nord de Dampierre, à la lisière Sud de la forêt. Il constatèrent, à une distance d'environ 2,000 mètres, la marche d'une colonne d'au moins 15,000 hommes, d'Authoison sur Dampierre. Ce ne pouvait être que l'armée de Bourbaki en marche sur Belfort. Grâce à la négligence de l'ennemi, qui n'avait pris aucune mesure de sûreté sur son flanc,... cette importante nouvelle put parvenir à 1 heure du soir au quartier général du général v. Werder, sans que l'ennemi se fût douté qu'il était découvert. »

En outre, une compagnie du même *30ᵉ* régiment, la 12ᵉ (venant de Lure où elle avait escorté les bagages), avait joué un rôle dans la reconnaissance faite par le *2ᵉ* dragons de réserve. Nous la retrouverons un peu plus loin.

Les autres reconnaissances effectuées par le XIVᵉ corps ne donnèrent que des renseignements négatifs.

Dans la matinée, une patrouille du IIᵉ bataillon du *4ᵉ* badois, resté au bivouac sur la route de Rioz, avait saisi à Andelarrot deux zouaves et deux chasseurs venus en maraude, mais qui ne paraissent pas avoir donné de renseignements (1). Dans l'après-midi, ce bataillon, très fatigué par le service qu'il avait fait, fut rappelé à Échenoz-la-Méline; les deux autres restaient à Charmoilles. L'autre régiment de la brigade, *3ᵉ* badois, fut rappelé dans l'après-midi à Pusey, ne laissant à Montigny-les-Vesoul que le bataillon des fusiliers et le peloton de dragons.

---

(1) *Historique* du *4ᵉ* badois.

Toute la 1re brigade badoise et son artillerie vinrent dans la journée de Pusey à Vesoul.

Toute la matinée se passa donc dans l'attente d'un renseignement positif. On était si peu fixé à midi encore, qu'à ce moment, à la nouvelle de la marche des Français sur Andelarrot, on fit prendre les armes à la 3e brigade badoise. Le 1er bataillon du 5e badois marcha sur Vellefaux, le IIe sur Andelarrot. A 4 heures, n'ayant rien rencontré, ils firent demi-tour et revinrent à Vesoul. La brigade de cavalerie badoise semble être restée aussi inactive que les jours précédents.

Cependant, on reçut vers 1 heure l'importante nouvelle de la marche d'une colonne française vers Fontenois-les-Montbozon. Puis arriva une dépêche de Bâle annonçant « que Bourbaki était en contact avec Garibaldi et l'armée de Lyon, et que son projet était de débloquer Belfort et d'envahir l'Alsace et le pays de Bade (1) ». Les troupes avaient reçu trois jours de vivres de réserve et deux jours d'avoine; elles étaient donc aptes à des mouvements rapides et le général v. Werder en rendit compte au chef d'État-Major général (2). En même temps, il donna l'ordre au général v. Schmeling de se mettre en marche le soir même et de venir occuper, à l'Est de Vesoul, Colombe, Essernay, Dampvalley et Noroy-le-Bourg, tandis que le 25e d'infanterie, qui lui était adjoint, occuperait Autrey et Borey (IIe bataillon et fusiliers) et enfin Norey (1er bataillon) (3).

Le premier ordre de mouvement daté de Vesoul, 9 heures du soir, était ainsi conçu (4).

« Jusqu'à présent, 9 heures du soir, les renseignements sur l'ennemi sont les suivants : il occupe Scey-

---

(1) Löhlein.
(2) *Heeres Bewegungen.*
(3) *Historique* du 25e d'infanterie.
(4) Major Kunz.

sur-Saône, Rosey, Mailley et divers villages de Filain à Vallerois-le-Bois. Dans l'après-midi d'aujourd'hui, des gardes mobiles sont venus cantonner à Saint-Ferjeux. Demain 9, à 6 heures du matin, la 3ᵉ brigade badoise se rassemblera près des Côtets (1); elle se portera vers le Sud et reconnaîtra, après avoir repoussé les avant-postes ennemis, si des masses supérieures se déploient. Une fois le fait constaté, elle se repliera sur son ancienne position près de Vesoul; en cas contraire, elle attendra sur place de nouveaux ordres.

« Le reste de la division badoise sera concentré à 7 h. 30 du matin à Vesoul et Pusey.

« La brigade de cavalerie enverra, dès le jour, des patrouilles sur Aroz et Raze; la cavalerie, qui est aux avant-postes, en enverra sur Mailley.

« Le détachement v. der Goltz fera, dès le point du jour, prendre le contact de l'ennemi vers Vallerois par sa cavalerie. Il se tiendra à côté de Frotey prêt à marcher.

« La IVᵉ division de réserve, qui est à Noroy-le-Bourg, fera éclairer par sa cavalerie le terrain depuis les bois au Nord de Vallerois-le-Bois jusqu'à Marast, en restant en liaison avec le 2ᵉ dragons de réserve.

« Le général-major v. Treskow a aujourd'hui enlevé le village fortifié de Dammartin et pris 2 officiers supérieurs, 14 officiers subalternes et 700 hommes.

« En cas d'attaque de l'ennemi, je compte tenir les positions de Vesoul (sic) ».

Ce texte montre bien quelle était encore, le 8, à 9 heures du soir, l'incertitude du général v. Werder sur la situation de son adversaire. Il le croyait encore au Sud de Vesoul, et comptait diriger sur la route de Rioz une reconnaissance offensive. Il pensait, en tous cas, que l'armée française était encore presque tout entière sur la rive droite de l'Oignon.

---

(1) Au sud d'Échenoz, sur la route de Vesoul à Rioz.

Les nouvelles, qui arrivèrent après l'expédition de cet ordre, devaient transformer les projets du général allemand.

A 9 h. 30 du soir, la 8ᵉ compagnie du *1ᵉʳ* leib-grenadiers badois partait de Vesoul se dirigeant sur Andelarrot, tandis que la 6ᵉ du même régiment marchait sur Vellefaux et Echenoz-le-Sec. La seconde de ces reconnaissances constata de nouveau l'évacuation d'Echenoz-le-Sec; la première, arrivée à minuit à Andelarrot, se divisa. Deux pelotons allèrent à Velleguidry et Levrecey, le troisième poussa sur Mailley. On trouva des bivouacs abandonnés où les feux brûlaient encore (1). Ce renseignement typique fut rapidement transmis à Vesoul. Vers la même heure, on apprenait que Dampierre-les-Montbozon et Bonnal étaient occupés, enfin que de Villersexel étaient partis des coups de feu.

Ce dernier renseignement, qui allait décider de la bataille, avait été obtenu dans des conditions assez particulières.

On a vu plus haut que la 12ᵉ compagnie du *30ᵉ* d'infanterie avait, dans la matinée, appuyé le *2ᵉ* dragons de réserve, qui s'était porté sur Noroy-le-Bourg puis Aillevans, d'où il avait envoyé une patrouille sur Villersexel, inoccupé à ce moment.

Dans l'après-midi, le commandant de cette compagnie, capitaine Fischer, reçut l'ordre, directement envoyé par le commandant en chef, de se porter sur Vy-les-Lure, en soutien de la cavalerie. De là, il détacha dans la soirée une reconnaissance vers le Sud. A 11 heures du soir, le lieutenant Gros parvint à la sortie du bois au Nord de Villersexel, avec 20 hommes, et trouva le groupe de maisons au Nord du pont occupé par les Français. « La patrouille revint rapidement annoncer cette nouvelle qui fut transmise le plus vite possible au général en chef. »

---

(1) *Historique* du *1ᵉʳ* badois.

La cavalerie ayant dans la matinée trouvé Villersexel inoccupé, ce fut sans doute le premier avis que reçut le général v. Werder de l'apparition des Français en ce point. A l'heure à laquelle arriva la patrouille allemande, on se souvient qu'il n'y avait encore là que le 2ᵉ escadron du 2ᵉ lanciers de marche (1).

A 3 heures du matin, enfin arrivait, par l'intermédiaire du général de Treskow, l'annonce que le détachement Bredow, poussé sur Arcey et Onans avait, dans la soirée, rencontré des forces françaises vers Geney, et que les villages d'Accolans et Vellechevreux étaient occupés (2).

Cette fois, il n'y avait plus à douter que les Français fussent venus menacer la route la plus directe de Vesoul à Belfort, et, si Werder voulait réellement s'interposer entre Bourbaki et la place assiégée, il ne restait qu'à tâcher de réparer le temps perdu. Immédiatement, les troupes furent mises sous les armes, et le commandant du XIVᵉ corps donna l'ordre suivant, qui, transmis aux troupes vers 4 heures du matin (3), allait déterminer la bataille de Villersexel.

« L'ennemi occupe fortement (*sic*) Villersexel ; il a retiré ses avant-postes d'Echenoz-le-Sec. La division grand-ducale badoise va se porter immédiatement par Vy-les-Lure sur Athesans. La division Schmeling va se porter sur Villersexel, en conservant son gros à Aillevans. Le général von der Goltz va lancer sa cavalerie sur les Moulins et Vallerois-le-Bois, et se porter avec son détachement sur Noroy-le-Bourg, où il recevra de nouveaux ordres. Le général Keller, commandant la *3ᵉ* brigade

---

(1) Ce fut cette reconnaissance qui détermina l'envoi à Villersexel d'abord des francs-tireurs de Nice, puis de deux compagnies du 58ᵉ mobiles, et telle fut l'origine de la bataille du lendemain.

(2) *Heeres Bewegungen.*

(3) *Historiques* des divers corps.

badoise, n'exécutera pas de reconnaissance vers le Sud. Deux bataillons de la division badoise (du 4ᵉ régiment, colonel Bayer), autant que possible, ceux qui sont aux avant-postes, resteront, sous les ordres d'un colonel ou d'un lieutenant-colonel, à Vesoul, pour garder la ville, si elle n'est pas attaquée par des forces très supérieures, et pour faire des reconnaissances vers le Sud et vers Combeaufontaine (route de Langres). Dans ce but, le major Schack avec six compagnies, un escadron et deux batterie se portera sur Vesoul, le major Paczinski, avec deux compagnies de chasseurs de réserve, et un escadron qui est à Port-sur-Saône sera à sa disposition. »

Les intentions du général de Werder sont donc manifestes. Il veut se rapprocher vivement de Belfort en passant au Nord de Villersexel, sous la protection d'une flanc-garde fournie par la IVᵉ division de réserve, qui doit « conserver son gros à Aillevans ». Voir dans ces dispositions le plan d'une « offensive qui arrêterait le mouvement des Français » (1) est vraiment peu aisé.

Si le commandant du XIVᵉ corps avait compté sur une attaque de flanc, pour retarder la marche des Français vers la place, il n'aurait pas commencé par envoyer la moitié de son monde, les trois brigades badoises, vers Vy-les-Lure, et dispersé ses troupes sur les 15 kilomètres qui séparent Noroy-le-Bourg d'Athesans. Il les aurait concentrées dans une direction permettant une vigoureuse et efficace offensive, et il est fort peu probable qu'il aurait justement choisi comme point d'attaque celui de Villersexel, qui était tout à l'avantage de la flanc-garde qu'auraient pu y placer les Français.

Si l'on pouvait douter des intentions réelles du commandement allemand, l'ordre complémentaire ci-dessous, daté de 6 heures du matin et que ne cite pas le récit du grand état-major allemand, fixerait, semble-t-il, la question.

---

(1) *Grand État-Major allemand*, fascicule 18, p. 994.

« La première brigade badoise avec deux batteries et un peu de cavalerie, va se porter sur Lure, Roye, Lyoffans, Belverne, directement sur Couthenans. Le reste du mouvement est maintenu. Le général Schmeling s'efforcera de gagner le passage de Sénargent (1). Je me porte sur Noroy et Aillevans. »

Mais il y a mieux encore ; non seulement, nous avons ainsi la preuve du mouvement général vers l'Est que le général de Werder voulait exécuter le 9 janvier, mais nous allons connaître la méprise, sur les intentions de son adversaire, qui avait déterminé les résolutions du général allemand.

Avant de partir de Vesoul, il télégraphia au général de Treskow, sous la forme caractéristique que voici :

Télégramme du général v. Werder au général v. Treskow, n° 129 (1).
Au général de Treskow à Bourogne.

Le colonel Wechmar avec la 1re brigade se portera directement par Lyoffans sur Couthenans. *Je présume que vous serez attaqué dès aujourd'hui.* Tenez-moi au courant par le télégraphe, par Lure,

v. Werder.

Ainsi se dissipe la légende de Werder, voulant attaquer le flanc de l'armée française, et, par une habile et énergique manœuvre, ralentir sa marche vers Belfort. C'est de propos délibéré que le général allemand allait entreprendre une dangereuse marche de flanc devant le front de son adversaire, et tenter d'arriver au secours du corps

---

(1) Major Kunz. *Historique du 4e badois.* L'*Historique* du *3e* badois, qui contient le même ordre *in extenso*, dit qu'il fut donné à la nouvelle envoyée par le général de Treskow que les détachements du corps de siège avaient vu des colonnes françaises en marche à Onans à 2 milles à l'Ouest de Montbéliard. D'après l'ouvrage *Heeres Bewegungen*, rédigé d'après les Archives de la Guerre à Berlin, il porte le n° 124 et est daté de Vesoul le 9 janvier, 6 heures du matin.

de siège. On sera donc en droit de dire que le mouvement des Allemands sera enrayé par le combat, et point du tout, comme on l'a trop longtemps prétendu, celui des Français.

Détachement Dannenberg. « Conformément aux décisions prises la veille, le détachement v. Dannenberg commença le 8 ses mouvements de concentration : dans la matinée, le IIe bataillon du *60e* quitta Châtillon, les compagnies numéros 5, 7 et 8 vinrent à Etais, la 6e se porta à midi avec la batterie légère sur Coulmier-le-Sec. Dans l'après-midi le colonel v. Dannenberg, avec son état-major, le Ier bataillon du *60e* et l'escadron d'ulans, vint à Ampilly-le-Sec, où l'on prit des cantonnements d'alerte, avec un poste au moulin de Baucey, gardant le passage de la Seine (1). »

Combat de Montbard ou de Crépan. Le IIe bataillon du *72e* était, comme on l'a vu plus haut, arrivé à Montbard le 7 à 12 h. 30 du soir. « A 2 heures lui arriva l'ordre de faire prendre le 8, à 8 heures du matin, les avant-postes par 2 compagnies numéros 5 et 6. Cet ordre fut exécuté et ces 2 compagnies furent relevées à midi par les 7e et 8e. Dans la matinée, à 10 heures de matin, la 10e compagnie (lieutenant Windhorn) était venue à Saint-Remy et avait mis cette localité en état de défense, pour couvrir la droite du détachement dans la direction de Semur et se relier aux troupes qui occupaient Nuits. Le lieutenant Windhorn plaça 2 grand'gardes dans des petits bois aux issues Sud et Ouest avec des postes sur la route d'Aisey, sur le chemin de Quincerot et vers le bois de Chaumour. Le peloton de tirailleurs s'établit en soutien au moulin de Rivière, situé à l'Est de Saint-Remy et au Nord de la route (2). »

Entre l'Armançon à l'Ouest et la Brume ou le canal de

---

(1) *Historique* du 72e.
(2) *Historique* du 72e.

Bourgogne à l'Est et au Nord, s'étend au sud de Montbard un haut plateau, large de 2 lieues, long d'une demie, coupé en 2 parties par le ruisseau de la Dandarge, qui se jette dans l'Armançon près de Montbard. La partie Ouest, haute de 400 mètres au-dessus du niveau de la mer, domine de 30 mètres environ la partie Est. A Crépan, Montfort, Montigny et Villiers, quelques ravins à pic mènent des deux côtés du plateau dans la vallée de la Dandarge, qui suit la route de Champd'oiseau à Semur. Cette vallée étroite est bordée de chaque côté par des murs de rochers à pic.

Le bois de Chaumoux, situé sur le côté Nord du plateau de l'Ouest, entre Saint-Remy, Quincerot et Crépan, permet d'approcher sans être vu très près de Montbard, qui est situé sur les deux rives de là Brenne, sur le même coteau que le château, et est dominé par toutes les hauteurs environnantes. De la route de la vallée de la Dandarge, se détache à Pont-de-Chevigny, une deuxième route entre Semur et Montbard, qui, à Saint-Remy, rejoint la route de Montbard à Nuits. De nombreux chemins conduisent de la route de l'Armançon, sur le plateau de l'Ouest, en particulier ceux de Villaine à Crépan, de Senailly à Crépan et Saint-Remy: ils se croisent avec d'autres chemins venant de l'Est, et du Nord au Sud.

« Conformément à l'ordre donné la veille par le colonel Dannenberg, le major Panse partit à 9 heures du matin avec le Ier bataillon du 72e, 1 escadron de hussards et 4 canons vers Semur. Le détachement se dirigea obliquement par la hauteur située au Sud de Montbard, à l'Est de la route directe, laissant sur sa droite la grand'garde du bataillon de fusiliers et le village de Montigny, et se portant dans la direction de Lantilly. Sur la hauteur de ce village, la cavalerie d'avant-garde signala une patrouille de 6 cavaliers ennemis, avec qui elle échangea quelques coups de feu, à la suite de quoi cette patrouille se retira au Sud du village. Le village de Lantilly et le bois de Dandarge furent fouillés par l'avant-garde, puis le détachement se dirigea vers Vulsain et le pont de pierre de Villays.

« On apprit que des troupes ennemies, venant de Semur, s'étaient dirigées sur Montbard par Villaines-les-Prévotes, risquant ainsi de dépasser le détachement et sans que la cavalerie ait rien signalé. »

« De fait, la patrouille de hussards détachée sur le flanc droit avait bien observé la marche de la brigade de Ricciotti-Garibaldi, mais elle avait porté ce renseignement à Montbard, sans aviser le major Panse, qui continua sa marche sur Semur. On vit sortir de la ville 10 à 12 cavaliers français à qui on envoya 8 obus qui les firent se replier. On ne voyait pas d'autres troupes garibaldiennes (1). »

En réalité il ne restait à Semur que quelques malades et un détachement de dragons de passage (2).

Après cette marche ininterrompue et fatigante, le major Panse dut donner un peu de repos à ses hommes. Il semblait certain que les Garibaldiens n'étaient plus à Semur. L'entrée dans la ville eût fait perdre du temps et la nuit arrivait.

« Soudain, entre 3 et 4 heures, le bruit du canon se faisant entendre au loin, dans la direction du Nord-Ouest, on crut à une attaque de la voie ferrée Nuits-Ravières, ne pouvant s'imaginer que le détachement Ricciotti était devant Montbard. D'après l'*Historique* de 72ᵉ, au contraire, c'est dans la crainte de cet événement, que le major Panse, jugeant nécessaire de se relier de suite au lieutenant-colonel von Schönholtz, ordonna la retraite. Elle se fit à travers le plateau. »

« En arrivant à hauteur de Montigny, le détachement du major Panse entendit la fusillade vers Montbard, et

---

(1) *Historique* du 72ᵉ.
(2) Thiébault.

tout le détachement fut convaincu de la présence de Ricciotti en ce point. »

« Le lieutenant Kohnemann, qui commandait l'arrière-garde, et auquel le lieutenant Heck, adjudant de bataillon, venait porter l'ordre de se porter plus à l'Est, chargea celui-ci de faire remarquer au major la nécessité de se porter au Nord-Ouest. »

« Les deux plus anciens commandants de compagnie et le commandant de l'artillerie appuyèrent vivement cette proposition et conseillèrent de faire porter les pièces, à une allure vive, sous la protection des hussards, dans la direction de Crépan. Mais le major Panse se souciait surtout de sa liaison avec le lieutenant-colonel von Schönholtz, et ses patrouilles de hussards lui rendant compte qu'on ne pouvait plus avancer à cause de l'ennemi, au lieu de se frayer un chemin dans le dos de celui-ci, ce qui l'eût conduit par le plus court chemin au lieutenant-colonel von Schönholtz, il se dirigea encore plus à droite vers Nogent-les-Montbard. »

« Il se hâtait tellement que l'arrière-garde avait peine à suivre et se trouvait bientôt à une demi-heure de distance du gros. Le lieutenant Kohnemann eut un moment le projet d'attaquer, sous sa propre responsabilité, mais il avait l'ordre formel de suivre le détachement. »

« Il était 6 h. 30 et le combat était fini depuis longtemps quand le bataillon Panse entra à Montbard. »

A 11 heures du matin la patrouille de droite du major Panse était, comme il a été dit plus haut, arrivée à Montbard annonçant l'arrivée d'une forte colonne ennemie (1). Le commandant des avant-postes, major Bentivegni, fit une reconnaissance à cheval, mais ne voyant rien, crut que cette patrouille avait pris le détachement Panse pour l'ennemi et fit rentrer les avant-postes, qui avaient déjà pris leurs positions de défense.

---

(1) Fabricius et *Historique du 72e*.

A 1 heure seulement, une vedette, placée sur la hauteur, descendit à toute bride, et, hors d'haleine, rendit compte qu'environ deux bataillons ennemis semblaient venir du bois de Saint-Germain. Le capitaine von Blankenburg et le lieutenant Barth, qui, seuls, à pied, reconnaissaient leurs emplacements de petits-postes pour le lendemain, durent rentrer rapidement, ayant failli être pris par des cavaliers ennemis, qui s'avançaient sur la grand'route. Les avant-postes, et après eux tout le détachement, prennent les armes. Les petits postes du front Dijon et Châtillon sont rappelés et rassemblés place de la Poste. Mais une heure se passe sans que l'ennemi se montre, et aucun cavalier n'est envoyé dans la direction menaçante.

On crut encore à une erreur et les avant-postes déposèrent les armes. Cependant, le major von Bentivegni ordonna au capitaine von Posek, avec la 11ᵉ compagnie, de faire une reconnaissance sur Crépan. Celui-ci suivit la route qui mène au plateau Sud-Ouest de Montbard, et se dirigea sur le village de Villays, situé au Sud dans un ravin, et qu'on lui avait signalé comme occupé par l'ennemi. Il envoya un peloton (vicefeldwebel Kohlschütter) qui descendit la pente menant au village, et occupa le mur d'un vignoble à proximité de celui-ci : il ne put rien découvrir sur l'ennemi et une patrouille de hussards reconnut qu'il était inoccupé.

« Le bataillon de fusiliers du 72ᵉ fournissait les avant-postes au Sud et à l'Ouest de Montbard. A la 12ᵉ compagnie, un peloton était de piquet à la station, un demi-peloton, en grand'garde dans une maison près de la route de Saint-Remy, près du passage du canal, un autre demi-peloton était sur la route de Semur dans une ferme à 300 mètres de la station. La grand'garde de gauche (1 peloton) était dans une bergerie sur la pente Nord du plateau. Elle détachait sur la gauche un poste de 9 hommes et 1 sous-officier observant le chemin de terre qui monte de la station sur la hauteur.

De son côté, Ricciotti Garibaldi avait appris qu'une colonne allemande forte, disait-on, de 2 500 hommes était sortie de Montbard se dirigeant sur Semur. Il résolut « de la tourner et d'attaquer Montbard, dont la garnison devait être affaiblie par le départ de ces troupes » (1).

« Les bagages furent expédiés sur la route de Flavigny qu'on disait entièrement libre et la brigade prit la route de Montbard. Des 2 côtés sur les hauteurs, on voyait des ulans. »

« Nous venions à peine de passer Montfort, que nous laissions sur notre gauche, lorsque nous trouvons

---

(1) Ricciotti page 75. L'effectif de la 4ᵉ brigade de l'armée des Vosges le 6 janvier 1871, était le suivant (d'après la situation d'effectif). (Archiv. hist. de la Guerre, carton G, 3).

	Officiers.	Soldats.
Commandant	4	»
État-Major		
Bataillon Nicolaï	10	231
Compagnie des éclaireurs de l'Allier (Prieur)	3	49
Compagnie des chasseurs des Alpes et de Savoie (Michard)	2	137
Francs-tireurs de l'Aveyron (Rodat)	3	67
Chasseurs dauphinois 1ʳᵉ Cⁱᵉ (Rostaing)	3	71
Chasseurs dauphinois 2ᵉ Cⁱᵉ —	3	114
Éclaireurs du Doubs (Begey)	2	38
Francs-tireurs de la Côte-d'Or (Godillot)	1	66
Francs-tireurs de Dôle (Habert)	1	45
Chasseurs du Mont-Blanc (Toppar)	4	99
Francs-tireurs de la Croix de Nice (Nivon)	2	51
— Toulousains (Grybovicky)	3	93
— des Vosges (Welker)	3	81
1ʳᵉ compagnie du Gers (Duluc)	2	48
Chasseurs de la Loire (Laberge)	4	76
Francs-tireurs de la Bigorne et Jonzac (Lacour)	4	73
Ambulance, train, télégraphie	8	23
	62	1 362

l'ennemi qui avait pris ses positions de défense à travers la route et sur la pente droite (1). »

D'après les historiques des corps francs, Ricciotti ne connaissait probablement pas la marche de la colonne Panse, et venait simplement attaquer Montbard.

A ce moment, parut sur la route derrière lui, à courte distance de sa brigade, tout son convoi, qui s'était trompé de route, et avait rétrogradé, croyant la route de Flavigny occupée par l'ennemi.

« Le capitaine Tarelli-Cox fut envoyé pour tâcher de sauver au moins quelques voitures de munitions. Il fit si bien, en travaillant constamment sous la plus vive fusillade des ennemis, que, surmontant mille difficultés, il parvint à traîner toutes les voitures jusqu'au sommet du plateau. Rien n'était perdu (2). »

Ricciotti se décida à attaquer l'ennemi : il fit gravir à ses compagnies le piton où se trouvent les ruines et le village de Montfort, tourner celui-ci par le Sud, franchir le ravin à l'Ouest, et monter sur le plateau. Il arriva ainsi sur le deuxième piton qui commande Crepan (piton appelé « la Potelle »).

Crepan se trouve à 2 kil. 500 au Sud-Ouest de Montbard, partie sur le flanc d'un ravin menant de la vallée de la Dandarge sur le plateau, partie dans le ravin. A la sortie du village, la route se dirige d'un côté sur « la sortie des Allemands », de l'autre à l'Ouest de la Potelle.

D'après le *Rapport* (3) du capitaine Rodat, commandant la compagnie des francs-tireurs de l'Aveyron, les Garibaldiens étaient ainsi répartis :

A gauche : les chasseurs des Alpes et du Mont-Blanc.

A droite : les compagnies de l'Aveyron et de l'Allier.

---

(1) Ricciotti, *ibid.*
(2) *Id.*, p. 77.
(3) Archives de la Guerre, carton M. 14.

En arrière au centre : les francs-tireurs de Toulouse, puis du Gers.

Le reste de la brigade était en réserve, sur la partie Nord du piton de la Potelle. Dans les *Souvenirs de Ricciotti*, les compagnies du Dauphiné sont indiquées comme ayant été au centre.

Le capitaine Posek (1), qui avait gardé avec lui deux pelotons groupés, aperçut au bout de quelque temps, sur la hauteur au Sud de Crepan (cote 335) deux cavaliers, et bientôt après une colonne d'infanterie en marche, qu'il prit d'abord pour le Ier bataillon du 72e qui rentrait : mais le désordre de la marche, le manque d'artillerie et de cavalerie (d'après Fabricius), les premiers coups de fusil partis du village de Crépan (d'après l'*Historique* du 72e) vinrent dissiper son erreur.

Avec une très grande rapidité, les Garibaldiens, formant de longues lignes de tirailleurs suivies de leurs soutiens, occupèrent Crépan et les environs, et ouvrirent un feu très vif, auquel purent seulement riposter d'abord une douzaine de chasseurs que possédaient la 11e et la 12e compagnies.

Le capitaine Posek avait aussitôt fait face de ce côté, et, descendant du plateau avec ses 2 pelotons, faisait rappeler son peloton de tirailleurs. Ce dernier fit face à droite, mais dut se disperser pour descendre le flanc du plateau, recevant un feu violent de Crépan ; il s'établit dans un vignoble et ouvrit le feu contre le moulin de Houdot, où les Garibaldiens s'étaient établis, voulant franchir la Dandarge en ce point. Les 2 autres pelotons le prolongeaient à droite (2).

---

(1) *Historique* du 72e.
(2) *Rapport* du capitaine Rodat, commandant les compagnies de l'Aveyron et de l'Allier ce jour-là : « Au lieu de rester sur le plateau en face de l'ennemi, je descendis malgré une grêle de balles un coteau rapide et nu, et plaçai mes hommes le long d'un ruisseau bordé d'arbres, qui longe le village de

La 12ᵉ compagnie (1) avait, dès les premiers coups de feu, pris ses positions de défense : le sergent Schramme avait occupé le mur de la ferme tourné vers Crépan, et avait ouvert le feu à trop grande distance. Le capitaine Dusterlho avait amené son piquet sur la hauteur, et occupait une carrière d'où, à 12 ou 1,300 mètres de l'ennemi, il ouvrit un feu lent contre la hauteur (335) au Sud de Crépan.

Ricciotti, faisant alors franchir le ruisseau à son centre, s'avança des deux côtés de la route sur une longue ligne de tirailleurs. La 11ᵉ compagnie dut faire replier successivement ses pelotons.

Pour s'assurer la possession de la hauteur (347) qui commande Montbard, le lieutenant-colonel von Schönholtz envoya de ce côté la 5ᵉ compagnie (colonel Hellwig) qui se plaça dans la carrière ; une partie prolonge la 12ᵉ.

La 6ᵉ compagnie (premier lieutenant Tepler) alla occuper le remblai de la voie ferrée, près du confluent de la Dandarge dans la Brenne, d'où il pouvait enfiler toute la vallée jusqu'à Crépan.

La 7ᵉ compagnie occupait la sortie vers Dijon, la 9ᵉ était au château.

Crépan, que j'avais à ma gauche. Sur ma droite, un petit bois me permettait, si j'avais été coupé du côté du village, de battre assez sûrement en retraite ; sur ma gauche, au delà de Crépan, étaient les compagnies du Mont-Blanc et les chasseurs des Alpes ; derrière moi, sur le bord du plateau, les francs-tireurs de Toulouse. »

. . . .

« J'ai commencé le feu à 250 mètres de l'ennemi et résisté avec énergie jusqu'au soir... Nous avons eu à soutenir des efforts opiniâtres de la part de l'ennemi, protégé par un moulin placé à notre gauche. »

(1) *Historique* du 72ᵉ et Fabricius.

(2) *Rapport* du capitaine Rodat : Le colonel, s'apercevant que nous étions menacés de l'autre côté du village par une colonne

Il restait en réserve la 8ᵉ, un escadron et les 2 pièces.

Le mouvement de la 5ᵉ compagnie, menaçant leur flanc droit, arrêta les Garibaldiens et le feu continua sur place.

Le lieutenant Tepler (6ᵉ compagnie) ne tarda pas à voir l'ennemi déboucher de la direction de Saint-Germain-les-Senailly (commandant Michard) et se préparant à descendre dans la vallée. Comprenant l'importance d'occuper la hauteur 337 au Nord de Crépan, mais lié à sa place par l'ordre formel qu'il avait reçu, il demanda des volontaires. Sous le commandement du feldwebel Kruger, environ le 1/3 de la compagnie, presque tous du peloton de tirailleurs, gravirent les pentes presque inaccessibles qui mènent au plateau, et vinrent occuper la lisière Sud-Est du bois de Crémoux. Ils ouvrirent le feu sur les Garibaldiens établis à Crépan et à l'Ouest de ce village.

Le lieutenant Windhorn avec le 10ᵉ compagnie, ayant entendu vers midi le bruit de la fusillade, rappela ses petits postes et se porta au pas de course sur Montbard. Le major Bentivegni le fit placer à côté de la 6ᵉ compagnie, et envoya un peloton (lieutenant Sauerteig) qui, montant sur le plateau, vint se placer, à travers le bois de Chaumoux, à la droite du peloton de la 6ᵉ compagnie, et de la crête du ravin, d'où on apercevait Crépan, il

---

nombreuse, venant sur la route de Châtillon (?), craignant probablement que je ne fusse trop engagé, vint en personne m'ordonner la retraite, qu'il fit protéger par les francs-tireurs du Gers, qui occupèrent le bas du village de Crépan, et qui dirigèrent un feu oblique sur les Prussiens que j'avais en face, pendant que ceux de Toulouse, toujours sur le plateau, tiraient directement, faisant passer leurs balles sur notre tête. Grâce à ces dispositions, et aux arbres qui bordaient le ruisseau, les forces de l'ennemi ayant sensiblement diminué sur ce point, je fus assez heureux pour me retirer, n'ayant qu'un homme grièvement blessé et un autre légèrement.

(1) *Rapport* du capitaine Rodat : « Malheureusement, pendant que le colonel était descendu dans le village, la position de

ouvrit le feu sur ce village, et surtout sur les forces importantes ennemies, qu'on apercevait sur la hauteur 335 (réserve).

Les Garibaldiens, qui avaient franchi la Dandarge, ignorant l'effectif de l'ennemi qui arrivait sur leur gauche, s'arrêtèrent : profitant de cet arrêt, une partie de la 11ᵉ compagnie se porte en avant, reprend le moulin Houdot, que le reste de la compagnie vint occuper, et riposte de là au feu que les Garibaldiens ouvrent du village.

Pendant ce temps, le lieutenant Tepler, confiant à la 10ᵉ compagnie la mission qu'il avait reçue, monta sur le plateau avec ses 2 autres pelotons et, se déployant à la droite du peloton de la 10ᵉ compagnie, ouvrit de là un feu violent sur la cote 335. Les Garibaldiens, rece-

---

notre aile gauche avait changé ; les compagnies des Alpes et du Mont-Blanc, qui la maintenaient, prirent pour le clairon de la brigade celui des républicains de la Loire, qui sonna la retraite, et lui obéirent à regret, car le brave commandant Michard, qui était là, occupait, à ce qu'il m'a dit, une position des plus avantageuses et ses 3 compagnies étaient excellentes.

« Le colonel Ricciotti, ignorant cette circonstance, m'ordonna d'aller soutenir cette position et de me porter sur un plateau qui dominait la gauche du village, en faisant face à l'ennemi, sur lequel on arrive par un sentier très raide et tellement étroit qu'il ne permet pas à 2 hommes de passer de front... J'allai me jeter au milieu d'une compagnie de Prussiens qui l'occupaient... Se plaçant rapidement derrière un mur, les hommes arrêtèrent l'ennemi par un feu d'une telle précision que chaque coup portait.

« Les forces de l'ennemi, moins compactes en face de nous, étaient très nombreuses sur le plateau qu'elles occupaient par une longue ligne de tirailleurs et elles se portaient rapidement sur nous. Non seulement la position ne me parut plus tenable, mais je me crus perdu... Une compagnie de la Loire étant venue à notre secours, nous pûmes tous gagner un chemin creux bordé d'un mur, et nous retirer après avoir été presque complètement cernés, ne laissant qu'un mort. »

vant des balles sur leur flanc et par derrière, évacuèrent Crépan, où la 11ᵉ compagnie entra sur leurs talons, faisant quelques prisonniers : la compagnie de l'Aveyron faillit même être cernée. Les Garibaldiens, étant réduits à la défensive, le lieutenant-colonel Schönholtz décida de passer à l'offensive, et, pour préparer son attaque, il fit placer ses deux pièces sur une terrasse au Sud de la ferme de Courtangy : elles tirèrent 4 ou 5 coups sur le bois et la hauteur 335.

L'entrée en ligne de l'artillerie, la crainte de voir sa droite tournée par des forces prussiennes importantes, décidèrent Ricciotti Garibaldi à accélérer la retraite et à évacuer le champ de bataille. Les Prussiens aperçurent bientôt le mouvement de recul qui, sous la protection de quelques fractions, s'opérait pour l'aile gauche par le bois à l'Ouest de Saint-Germain, pour les autres fractions, à l'Ouest de Montfort.

A 5 h. 30 le feu cessait.

Quelques faibles patrouilles seulement, envoyées par la 6ᵉ et la 11ᵉ compagnies, observèrent la retraite de Ricciotti : elles ne durent pas aller loin, car elles ne découvrirent pas que Ricciotti rassemblait sa petite brigade, à peine à 2 kil. 1/2 au Sud de Crépan, immédiatement à côté de la grand'route, dans les rochers de Montfort, pour y passer la nuit.

Les 12ᵉ et 7ᵉ compagnies reprirent leurs positions, la 10ᵉ revint à Saint-Rémy, les autres compagnies s'établirent en cantonnement d'alerte.

Les pertes prussiennes s'élevaient à 2 morts et 18 blessés; les trois compagnies de fusiliers avaient tiré 6,500 cartouches.

Les Prussiens déclarent avoir fait 4 prisonniers et pris 1 cheval.

Les Français signalent 3 ou 4 morts et une vingtaine de blessés.

Le service des patrouilles de nuit ne fut pas très étendu,

car la présence de l'ennemi à si courte distance ne fut pas éventée ; on apprit seulement que dans les forêts les plus proches, on apercevait quelques Garibaldiens et on se tint prêt à combattre.

D'après Bordone les avant-postes se touchaient.

La situation de Ricciotti était critique. Il ne pouvait plus songer à pousser de l'avant. Il dit lui-même dans ses *Souvenirs*, page 78 :

« Avant d'abandonner Crépan, nous avions vu, avec les jumelles, la route de Montbard à Châtillon noire de troupes en mouvement. Le sifflet incessant des locomotives nous indiquait clairement l'arrivée continuelle de renforts par chemin de fer. La colonne ennemie, qui avait marché sur Semur, ayant eu connaissance du combat de Crépan, était retournée en arrière pour nous barrer la retraite. Enfin un autre corps était signalé à Vulsain. De sorte que c'était pour nous une nécessité absolue de sortir aussitôt de ce cercle. »

« Un petit détachement, sous le commandement d'un officier énergique, fut envoyé par les bois dans la direction de Semur, avec ordre de rapporter du pain, si c'était possible. »

« Quelques braves jeunes gens du pays furent chargés de parcourir les environs pour avoir des informations précises sur l'ennemi.

« Vers minuit la petite troupe envoyée à Semur était de retour. Ils avaient bien réussi d'abord : le sous-préfet leur avait donné un chariot de pain pour nous, mais, en approchant de Montfort, ils tombèrent dans une grosse patrouille ennemie et durent abandonner le précieux chariot.

« Presque en même temps rentraient aussi nos explorateurs, nous rapportant que tous les environs étaient parcourus par les patrouilles de l'ennemi ; mais que le plateau de l'autre côté de la vallée où se trouvait la grand'route paraissait être libre. On pouvait descendre de Montfort jusqu'à la grand'route, la traverser, et on gagnait d'un autre côté le lit d'un torrent qui montait directement sur le plateau, facilement praticable, puisque, parfois, les paysans l'utilisaient comme passage pour leurs charrettes.

« On se décida de tenter cette voie de sortie. Au pis, nous pouvions rencontrer quelque patrouille prussienne, mais, avant qu'elle appelât des renforts, nous serions certainement passés.

« En effet, à 1 heure après minuit, avec les roues des chariots enveloppées d'étoffe, et toutes les précautions imaginables, la colonne se mit en marche.

« La grand'route fut trouvée libre, et nous la traversâmes rapidement. Pour remonter le lit du torrent, ce fut plus difficile, surtout à cause de nos chariots de munitions très pesants. Mais, en somme, avec 4 chevaux aidés par une centaine d'hommes, on put les traîner jusqu'au sommet.

« Bientôt nous arrivions devant Grignon, mais, ayant appris par des paysans du lieu que leur village était occupé par les Prussiens, nous fîmes un détour pour l'éviter.

« Avec une fatigue excessive, par des routes impraticables, nous arrivâmes au point du jour à la station de Lannes, et c'est à Alise, située tout près, que nos francs-tireurs trouvèrent enfin un peu de nourriture.

« Notre section télégraphique, sous les ordres du capitaine Pascalis, tenta sans succès d'établir des communications avec Semur. Après deux heures de halte, nous reprenions la direction de Flavigny ; les Prussiens évidemment nous suivaient, car il ne s'était pas écoulé 15 minutes, depuis que nous eûmes quitté Lannes, que déjà les Prussiens l'occupaient. Mais nous n'étions pas en état d'accepter un combat. »

A 4 heures du soir, Ricciotti arrivait à Flavigny, où il apprenait que la 2e brigade (colonel Lobbia) était à Vitteaux : cette circonstance fit que Ricciotti donna à ses troupes fatiguées un jour de repos. Il se couvrit par de forts avant-postes, et fit patrouiller ses guides (fortement renforcés par les fractions qui avaient fini de s'instruire et de s'équiper à Château-Chinon) dans toutes les directions (1).

« Dans l'après-midi et la soirée du 8, le lieutenant-colonel Schönholtz avait tenu le colonel Dannenberg au courant du combat de Montbard, de la retraite de l'adversaire, de la non-occupation de Montbard. Il ajoutait, le soir, qu'il ne pensait pas pouvoir faire, le 9, son mouvement sur Alise. »

« Dannenberg lui ordonna de rester à Montbard, et d'observer vers Dijon et Semur : lui-même se porterait sur la ligne Montbard-Saint-Marc. »

« Il recevait le 8 au soir un ordre du général Zastrow, qui lui communiquait son départ pour Châtillon, et sa route de marche : Dannenberg devait avoir évacué pour le 10 les abords immédiats de Châtillon. Le général

---

(1) La situation de R. Garibaldi après le combat de Crépan causa les plus vives inquiétudes à son père.

Général Garibaldi à major Castellazzo, Précy.

Dijon, 9 janvier, 10 h. 9 du matin.

Donnez-moi nouvelles de Ricciotti, et, s'il est engagé, tâchez de le soutenir avec toutes les forces qui sont à votre portée et auxquelles vous communiquerez cet ordre.

Signé : Général GARIBALDI.

Le chef d'escadron Louis Castellazo à général Garibaldi, Dijon.

Précy, le 9, à 1 heure du soir.

Oui, bonne nouvelle de Riccioti. Ce qui m'a été télégraphié de Semur me dit qu'il s'est dégagé complètement, que maintenant il marche sur Vitteaux. Je pars pour Vitteaux. Je ferai de mon mieux pour le faire soutenir par les guides de Farlatti et par tous les corps que je trouverai, dans la route, de disponibles.

Signé : CASTELLAZO.

désirait qu'il poussât un fort détachement sur la ligne Lenglay-Recey (sur les routes conduisent par Moloy et Is-sur-Tille à Dijon) et qu'il réunît son gros dans le triangle Montbard-Coulmiers-Aisey-sur-Seine, pour être en état d'observer les routes menant de Dijon à Châtillon. Il désirait pour le 9 l'envoi de fortes patrouilles, de Montbard sur l'Isle et Noyers, pour augmenter la sécurité de sa marche. » (2)

14ᵉ division. Dans la journée du 8, aucun élément de la 14ᵉ division n'arriva à Châtillon.

Le bataillon des fusiliers releva de leur garde les deux bataillons du 60ᵉ, qui partirent vers le Sud, et, du 8 au 10, il eut constamment 2 compagnies de garde et 2 compagnies en cantonnements d'alerte (1).

La 7ᵉ compagnie fut dirigée sur Laignes pour couvrir un magasin d'approvisionnements. Les autres compagnies du 2ᵉ bataillon eurent repos les 8 et 9 janvier (2).

Les cantonnements du VIIᵉ corps, le 8 au soir, furent les suivants :

QUARTIER GÉNÉRAL. — CHABLIS.

13ᵉ Division. — Chablis.

25ᵉ brigade.......
- 13ᵉ régiment. Iᵉʳ bataillon et fusiliers. — Saint-Cyr-les-Colons, Préhy.
- 13ᵉ régiment. IIᵉ bataillon. — Chablis.
- 73ᵉ régiment. Iᵉʳ bataillon. — Fley.
- — Fusiliers. — Poinchy.
- — IIᵉ bataillon. — Milly.
- 1ʳᵉ compagnie de pionniers. — Chablis.

26ᵉ brigade.......
- 55ᵉ régiment. Iᵉʳ et IIᵉ bataillon. — Auxerre.
- — Fusiliers. — Tonnerre.
- 15ᵉ régiment. — Auxerre.
- 7ᵉ bataillon de chasseurs. — Chablis.

---

(1) Fabricius.
(2) *Historique* du 39ᵉ.
(3) *Historique* du 35ᵉ.

Détachement Dannenberg.

60ᵉ régiment. 1ᵉʳ bataillon. — Ampilly-le-Sec.
60ᵉ régiment. IIᵉ bataillon. — Coulmiers (6ᵉ); Étais, Puits (5ᵉ, 7ᵉ, 8ᵉ).
60ᵉ régiment. Fusiliers. — Aisey, Chemin d'Aisey.
72ᵉ régiment. — Montbard.
1ᵉʳ hussards de réserve. 1ᵉʳ et 2ᵉ escadrons. — Chablis.
1ᵉʳ hussards de réserve. 3ᵉ escadron. 3/4 4ᵉ escadron. — Montbard.
1ᵉʳ hussards de réserve. 1/4 4ᵉ escadron. — Aisey.
8ᵉ hussards. 1ᵉʳ et 2ᵉ escadrons. — Auxerre.
— 3ᵉ et 4ᵉ escadrons. — Chablis.
5ᵉ ulans de réserve. 1ᵉʳ et 2ᵉ escadrons. — Saint-Cyr, Fréhy.
5ᵉ ulans de réserve. 3ᵉ escadron. — Ampilly-le-Sec.
5ᵉ ulans de réserve. 4ᵉ escadron. — Tonnerre.
3ᵉ batterie légère. — Coulmiers.
4ᵉ batterie légère. — Montbard.
5ᵉ batterie légère. — Chablis.
6ᵉ batterie légère. — Saint-Cyr, Préhy.
5ᵉ batterie lourde. — Chablis.
6ᵉ batterie lourde. — Auxerre.
Batterie à cheval.

14ᵉ Division.

39ᵉ régiment. Fusiliers. — Châtillon.
53ᵉ Régᵗ. IIᵉ Bᵒⁿ. { 1 Cⁱᵉ. — Laignes.
{ 3 Cⁱᵉˢ. — Cerilly.
Autres éléments. — En route ou à Mézières et environs.

IIᵉ *corps.* La *3ᵉ* division franchit l'Yonne au pont suspendu de Saint-Julien-du-Sault et vient cantonner à Villecien et environs (1).

---

(1) Fabricius.

Le *14ᵉ* régiment cantonné, à Villevalier (2 bataillons) et Arneau (1 bataillon), détacha une compagnie à la garde du pont de l'Yonne : cette compagnie y plaça un poste commandé par le lieutenant von Zwehl (1).

La *4ᵉ* division se porta sur Courtenay (2).

« Chaque jour de marche allait imposer aux troupes de très grandes fatigues (3) ; une température douce avait succédé à un froid très vif, pour changer de nouveau peu après : les chemins couverts d'abord de neige fondante et glissante, devinrent ensuite si durs et si glissants que hommes et chevaux avaient peine à avancer. Les dragons, qui assuraient seuls le service de sûreté, avaient particulièrement à souffrir de ces circonstances.

Les cantonnements du IIᵉ corps, le 8 au soir, furent les suivants :

QUARTIER GÉNÉRAL. — COURTENAY.

3ᵉ Division. — Villecien.

5ᵉ brigade........
- 2ᵉ régiment. Iᵉʳ bataillon. — Moullineaux, Les Buteaux, Verlin, La Vallée Dieux.
- 2ᵉ régiment. IIᵉ bataillon. — Courtenay.
- — Fusiliers. — Saint-Julien-du-Sault, Vauguillin.
- 42ᵉ régiment. Iᵉʳ bataillon et fusiliers. — Saint-Julien-sur-Yonne.
- 42ᵉ régiment. IIᵉ bataillon. — Courtenay.
- 1ʳᵉ compagnie de pionniers. — Courtenay.

6ᵉ brigade........
- 14ᵉ Régᵗ. Iᵉʳ Bᵒⁿ et fusiliers. — Villevalier.
- — IIᵉ bataillon. — Arneau.
- 2ᵉ bataillon de chasseurs. — Villecien.

3ᵉ dragons. — Villecien.
Artillerie. — Villecien.
Convois. — Villeneuve-sur-Yonne.

---

(1) *Historique* du *14ᵉ*.
(2) Fabricius. Cependant d'après l'*Historique* du 21ᵉ, le 86ᵉ régiment était à Château-Renard et les Gribolets.
(3) *Historique* du *54ᵉ*, p. 91.

4ᵉ Division. — Courtenay.

7ᵉ brigade........
- 9ᵉ Régᵗ. Iᵉʳ Bᵒⁿ et fusiliers. — Triguières.
- — IIᵉ Bᵒⁿ. — Les États.
- 21ᵉ Régᵗ. — Château-Renard, les Gribollets.

8ᵉ brigade........
- *61ᵉ régiment. Iᵉʳ bataillon.* — Courtenay, Le Martin, Le Breton.
- *61ᵉ régiment. IIᵉ bataillon.* — Château-Marchery, La Bernillière, Le Veau, Chenoy.
- *61ᵉ régiment. Fusiliers.* — Girouille, Mause.
- 2ᵉ et 3ᵉ compagnies de pionniers. — Courtenay.

11ᵉ dragons. — Château-Renard et env.
Artillerie. — Château-Renard et env.
Convois. — Saint-Germain, Château-Renard.
Artillerie de corps. — Courtenay.
Convois. — Saint-Phal.

Journée du 9 Janvier.

LA BATAILLE DE VILLERSEXEL

I

Description du terrain.

Le champ de bataille est séparé par l'Oignon en deux régions très différentes et dans chacune desquelles les opérations devaient être distinctes.

Sur la rive gauche, entre les ruisseaux de Peute-Vue et celui du Scey se présente une région très découverte et très mamelonnée, marquée à l'Ouest par le bois de Chailles, à l'Est par celui du Petit-Fougeret, entre lesquels on trouve seulement un petit bois à 500 mètres environ au Nord du Petit-Magny.

Le sens général de l'inclinaison descendante des pentes est vers l'Ouest et le Sud-Ouest.

L'observateur placé à peu près au milieu de ce terrain, à hauteur de l'angle Nord-Est du bois de Chailles, et de quelques mètres à l'Est de la route de Cuse à Villersexel (1), faisant face au Nord, voit devant lui une arête qui monte lentement jusqu'à des vergers entourant la partie Sud-Est de Villersexel. A droite, son horizon est limité par la route de Villersexel à Villers-la-Ville, dont on aperçoit le clocher à l'angle Nord-Ouest du bois du Petit-Fougeret. Au milieu de cet espace, apparaît le bois des Breuleux et un peu à gauche, les peupliers de la cote 313.

De l'arête dont il vient d'être question descendent

---

(1) Point où se tint le général Clinchant pendant presque toute la journée.

vers l'Ouest une série de mouvements de terrain, séparés par les vallées parallèles, qui coupent la grand'route, et dont les pentes sont surtout raides à l'Est de cette dernière.

La croupe, sur laquelle est bâtie la ville de Villersexel, a son point culminant à la sortie Sud-Est de la localité à la cote 311. Elle descend très brusquement vers le Nord jusqu'à l'Oignon, et très lentement vers l'Ouest. La ligne de niveau, cotée 290, décrit une courbe dont la concavité est tournée vers le Nord et présente une importance particulière.

Passant à l'angle Nord-Est du château, elle rejoint la place de l'Église à la grille du parc, suit la Grande-Rue-Haute, passe au carrefour, à la place Neuve, et, de là, contourne la hauteur cotée 313. Pendant tout ce parcours, elle limite, vers l'Est et le Nord, des pentes excessivement raides. C'est d'abord un talus couvert d'arbres et de buissons, qui place en angle mort, par rapport au château, la grille Nord-Est du parc et le moulin. La ruelle de la Colombière, qui monte du moulin vers la place de l'Église, en est séparée par un mur, qui soutient les terres jusqu'à la maison du régisseur, et qui est ensuite remplacé par une grille au-dessus d'une maçonnerie d'un mètre à peine de hauteur. Les trois rues qui relient la partie basse de la ville à la Grande-Rue-Haute ont, juste au-dessous de celle-ci, des pentes très accentuées et courtes. Il en résulte que l'observateur, qui regarde Villersexel de la rive Nord de l'Oignon, voit distinctement deux étages de constructions superposées : d'abord celles qui bordent l'Oignon, puis, au-dessus, le château, la maison qui forme l'angle de la rue de la Colombière avec la place de l'Église, enfin, celles qui bordent le côté Nord de la Grande-Rue-Haute, et celles de la place Neuve. Ce sont deux lignes très nettes dont l'importance sera rendue manifeste par les événements.

Le château (1) constituait en 1871, un énorme édifice de 1 700 mètres de superficie. Placé au sommet d'une terrasse gazonnée descendant vers l'Oignon, il était presque rejoint du côté de l'Ouest par une futaie bordant le mur Sud du parc, et s'étendant à l'Ouest jusqu'à une dérivation de la rivière.

Celle-ci était franchie, près de l'angle Sud-Ouest du parc par une passerelle suspendue par trois fils de fer ; son tablier formé de planches, en partie enlevées le 9 janvier, se trouve à 5 mètres environ au-dessus de l'eau.

Longue de 40 mètres environ, n'ayant pour garde-fous que de simples lattes, peu solide et très mouvante, cette passerelle constituait un moyen de passage des plus précaires, praticable au plus pour des hommes isolés.

Bien autrement importante pour les opérations devait être une écluse située à l'angle Nord-Ouest du parc, et dont le bief, alors à découvert par suite de l'abaissement des eaux, constituait un passage large de 1 m. 50 et absolument sûr. Il mettait en relations directes la forge, reliée à la rive droite de l'Oignon par un pont en pierres, et le parc. On débouchait à la vérité dans un terrain découvert, vu du château à environ 400 mètres. Mais, en quelques pas, on pouvait gagner l'abri de la futaie et par là arriver absolument à couvert jusqu'à la cour du Nord.

Celle-ci était séparée de la place de l'Église par deux grilles, entre lesquelles se trouvait une cour antérieure.

Elle était bordée au Nord par la maison du régisseur, puis au Nord-Est par ce mur bas surmonté d'une

---

(1) Le château actuel a son angle Nord-Est à l'emplacement de l'angle Nord-Ouest de l'ancien édifice. Il fait face au Nord, alors que l'ancien faisait face au Nord-Nord-Ouest.

grille, dont il a été question plus haut. A son origine, près de la maison, on pouvait voir le pont et enfiler une ruelle, en pente excessivement raide, qui relie la rue du Moulin à la ruelle de la Colombière.

La face Sud-Ouest de la cour antérieure était constituée par un mur très élevé, faisant partie d'un groupe de maisons particulières, auxquelles se rattachait au Nord-Ouest la maisonnette du concierge.

De gros arbres isolés étaient répartis entre celle-ci et le solide bâtiment des écuries.

Au Sud de ces dernières était situé un potager avec deux bâtiments : cuverie et orangerie.

Les entrées du parc, outre la grille Nord-Est, celle de la place de l'Église, la passerelle et l'écluse dont il a été déjà question étaient :

Une porte près des écuries; deux petites portes en bois percées dans le mur Sud et permettant d'entrer dans le potager; une brèche située à peu près au milieu du mur Sud du parc; enfin une grille en fer tenue toujours ouverte, près de la passerelle.

En arrivant à Villersexel par la route de Cuze, on est constamment dominé par les vergers de la partie Sud-Est de la ville. Au contraire, vers l'Ouest, une haie perpendiculaire à la route permet d'arriver à couvert des feux de la lisière Sud jusqu'à la Croix Marmin. A partir de là au contraire, on se trouve séparé, par le champ de foire et un espace découvert, d'une ligne très forte formée par le mur Sud du parc, et ceux des propriétés dont la face Nord est sur la place de l'Église.

Certains de ces murs, notamment à l'angle Nord-Est du champ de foire, sont d'une hauteur qui permet leur occupation par les tirailleurs sans aucuns travaux.

En retrait de cette ligne est la mairie, reliée à la Croix-Marmin par une large route, qui se divise, à droite et à gauche du bâtiment, avant de rejoindre la place de l'Église. On peut aussi arriver par une ruelle passant plus à l'Ouest, sous une porte voûtée. Un autre passage voûté (1) marquait l'extrémité de la Grande-Rue-Haute à son débouché au carrefour, situé à l'extrémité de la rue dite des Fossés qui descend vers le pont.

Ce dernier, construit en pierres et long de près de 200 mètres, relie la ville à un groupe de maisons, gendarmerie, abattoir, etc., à la rencontre des routes d'Aillevans, de Grange-d'Ancin (2) et du chemin de Moimay.

Entre l'Oignon et le bois du Grand-Fougeret, le terrain est découvert, mais assez accidenté pour donner d'excellents défilements, si l'on veut cheminer de la lisière vers le pont, à l'abri du feu de la rive gauche.

Le jour du combat les eaux étaient, comme il a été dit, très basses; de plus elles étaient gelées, mais, bien que le thermomètre dût, le 9 janvier, descendre à — 24° centigrades, la glace n'était pas partout praticable. Les Allemands ne s'y aventurèrent jamais lors de leurs attaques, mais à deux reprises, au Nord du château, et en aval et près du grand pont, ils passèrent par là dans leurs mouvements rétrogrades.

Au Sud du ruisseau de Peute-Vue se trouve une série de hauteurs, courant d'une façon générale de l'Est à l'Ouest et que couvrent les bois de Noire-Bouze et des Grands-Bois. Leur lisière Nord entoure un mamelon, alors complètement déboisé, coté 292, à l'Ouest de la route de Cuze. A l'Est de celle-ci est une croupe ayant la même altitude. Ces deux mouvements de terrain constituèrent la principale position de l'artillerie du 20e corps, position d'où il était d'ailleurs impossible de préparer efficacement une attaque contre la lisière Sud du parc et de la ville de Villersexel. En avant de cette ligne, deux points furent temporairement occupés par des pièces françaises, l'un à 20 mètres environ à l'Est

---

(1) Aujourd'hui démoli.
(2) Ni le chemin de fer ni la gare n'existaient en 1871.

de la route de Cuze et à hauteur de la corne Nord-Est du bois de Chailles (1), l'autre à 500 mètres environ au Nord-Est du Petit-Magny, à l'angle d'un verger qui existe encore.

Les positions d'où les canons allemands eurent une action dans cette partie du champ de bataille se trouvèrent d'abord au débouché du bois du Grand-Fougeret, près et à l'Est de la route de Grange-d'Ancin. Les vues étaient restreintes à la ville de Villersexel; le terrain au Sud échappait en grande partie, et les pièces françaises des deux cotes 292 ne devaient se révéler que par leur fumée. Beaucoup plus importante devait être la croupe de Moimay, d'où l'on balayait le terrain au Nord et au Nord-Est du bois de Chailles. L'attaque de Villersexel ne fut possible qu'après la retraite des batteries allemandes de Moimay. De leur position, celles-ci virent assez bien les pièces de la cote 292 de l'Est. Mais ces dernières n'eurent réellement à souffrir que lors de l'apparition de l'artillerie du général von Schmeling le long de la route de Villersexel à Villers-la-Ville, à la sortie Sud-Est de la première des localités. En arrière, l'ennemi trouva une dernière position à la cote 313.

Si, avec les idées tactiques et les procédés d'aujourd'hui, il devait s'agir d'une attaque en règle de Villersexel par le Sud, on peut dire qu'on arriverait assez facilement à border la ligne formée par la lisière Nord du bois de Chailles, et son prolongement dans la direction de l'Est jusqu'au bois du Petit-Fougeret.

Un mouvement direct à partir de là serait très hasardeux, surtout si l'éperon de Moimay était occupé par l'artillerie adverse, en raison surtout de la presque impossibilité où on serait de préparer par le canon l'attaque de la lisière Sud de la ville et du parc. Par la force des choses, on serait amené à reprendre ce qui ne

---

(1) Qui, alors, ne rejoignait pas la route comme aujourd'hui.

fut qu'esquissé le 9 janvier 1871, un mouvement par la droite sur le Petit-Fougeret, pour de là gagner le bois des Breuleux, et surtout la cote 313 au Nord-Est de Villersexel, véritable clef du champ de bataille.

Sur la rive droite de l'Oignon les détails du terrain sur lequel le 18ᵉ corps allait opérer sont reproduits par la carte d'état-major à une trop petite échelle pour expliquer certaines particularités de la lutte. Il est nécessaire de les préciser, car les mouvements et les emplacements des troupes furent intimement liés aux divers mouvements de ce sol tourmenté.

Tout le champ de bataille est dominé à l'Ouest par le bois de La Bouloye, dont la corne Nord-Est, au-dessus de Marast, forme le point culminant, avec un relief remarquable.

De là, part une crête qui se dirige d'abord nettement vers le Sud et est marquée par le chemin qui d'Esprels va rejoindre le bois de la Bouloye.

A peu près à mi-chemin, entre Esprels et le bois, cette crête s'infléchit vers l'Est, passe au Nord du village en formant un mamelon formé par une croix et par le cimetière et vient mourir un peu au Nord du bois dit la Forêt, au bord de l'Oignon.

Les flancs de ce mouvement de terrain sont très raides vers le Nord et l'Est, spécialement près du bois de la Bouloye, mollement inclinés vers le Sud et le Sud-Ouest.

De la corne Nord-Est du bois de La Bouloye part aussi une crête plus courte dirigée vers le Sud-Est. Elle coupe la route d'Esprels à Marast, à 200 mètres de ce dernier village, et s'éteint au Nord-Est d'Esprels. Une ramification parallèle au ruisseau d'Autrey supporte le

---

(1) Toutes les cartes portent au Nord d'Esprels un piton isolé. Celui-ci n'existe pas.

bois du Chanois, qui a par conséquent deux pentes : une très raide, s'abaissant vers le ruisseau, une autre plus douce, descendant vers la dépression qui se trouve au pied du cimetière d'Esprels, et où se trouve une sorte de combe remarquable.

Si l'on se place à 500 mètres au Nord-Ouest d'Esprels, au-dessus de cette dernière crête, apparaissent les toits des maisons de Marast, à gauche desquels on voit la partie de la route de la Grange-d'Ancin qui est hors des Grands-Bois. Au-dessus de l'espace découvert entre Marast et le Chanois, on voit la lisière du bois des Futayes. La crête qui supporte le bois des Brosses se découvre tout entière au-dessus du Chanois. La corne Sud-Est du bois des Brosses est très visible; de là, la crête s'abaisse vers l'Oignon, en passant au Nord-Est d'Autrey-le-Vay, et en coupant la route de Moimay à Autrey, à 200 mètres de ce dernier village.

Entre Autrey et le bois des Brosses, on aperçoit l'éperon placé au Sud et à l'Ouest de Moimay; position remarquable, d'où l'on domine la vallée de l'Oignon, le bois de Chailles, et d'où l'on peut battre toute la partie de terrain comprise entre Villersexel et ce bois jusqu'au delà de la route de Villersexel à Rougemont.

Entre l'éperon de Moimay et la crête qui supporte le bois des Brosses est située une dépression profonde, qui peut être battue de la crête militaire de l'éperon de Moimay, mais non pas de la lisière Sud et Ouest de ce village.

Toutes les parties non boisées dont nous avons parlé sont totalement découvertes. On ne trouve de buissons et d'arbres isolés qu'à l'Ouest du chemin de crête allant d'Esprels au bois de la Bouloye, sauf une haie à mi-chemin. Le terrain à l'Ouest et au Nord-Ouest de Marast est au contraire très couvert en dehors du bois, surtout vers la ferme de la Chafrerie. Tous les villages sont construits sur des pentes : celle de Moimay descend vers le Nord-Est, celle de Marast aussi; celle d'Esprels descend vers le Sud-Est, celle d'Autrey vers l'Est.

Il faut ajouter enfin, qu'en janvier 1871, les arbres, moins hauts qu'aujourd'hui et dépourvus de feuilles, permettaient à l'observateur, placé au Nord-Ouest d'Esprels, de découvrir assez bien le clocher de Moimay. Mais la lisière Ouest de ce village dans sa partie supérieure ne pouvait être facilement canonnée. Il en résulta une absence complète de préparation par l'artillerie française, lorsque fut tentée l'attaque de Moimay. Le manque de vues rendit également à peu près vaine la lutte entre les batteries adverses, et la faiblesse des pertes subies en sera la preuve manifeste.

Quand on aura ajouté que de Marast à Villers-la-Ville il y a, à vol d'oiseau, 6 kilomètres; que, sur ce vaste champ de bataille, les mouvements étaient rendus fort difficiles par l'état du sol couvert de neige, on s'expliquera le caractère décousu de cet engagement, lorsqu'on verra surtout le chiffre excessivement restreint des troupes qui y prirent réellement part.

II

Premier combat de Villersexel.

A 4 heures du matin, par une nuit obscure et sous la neige qui tombait à gros flocons et qui ne cessa pas avant le lever du jour, les troupes badoises prirent les armes.

La 1re brigade (1er leib-grenadiers et 2e grenadiers) avait à gagner Couthenans par Lure. Mais, à un moment qui paraît devoir être limité entre 1 heure et 2, le général von Werder, alors près d'Aillevans, devait lui envoyer l'ordre de ne pas dépasser Lure. — En conséquence le 1er badois y cantonna; le 2e plaça le Ier bataillon et les fusiliers à Bouhenans, le IVe bataillon à Magny.

Cette brigade ne joua aucun rôle pendant la bataille.

Les 2e et 3e brigades se formèrent à 7 h. 30 sur la route de Pusey à Vesoul.

L'avant-garde était constituée par le bataillon de fusiliers du 3e badois; puis venait le reste de ce régiment et 1 seul bataillon (le Ier) du 4e badois. — Enfin les 5e et 6e badois, la brigade de cavalerie et l'artillerie de corps.

La marche était dirigée sur Calmoutier, Mollans et Vy-les-Lure.

En arrivant à Calmoutier, on entendit le bruit du combat vers Villersexel (1). Vers 2 heures on était

---

(1) *Historique* du 4e badois.

arrivé entre Mollans et Vy-les-Lure (1), lorsqu'on commanda : halte et demi-tour!

Il restait pour garder Vesoul le colonel Bayer avec les forces suivantes :

IIe bataillon et Fusiliers du 4e badois.

Bataillon de landwehr Eupen (major von Schark).

2 compagnies du Ier bataillon de chasseurs de réserve.

1 escadron de hussards de réserve.

2 batteries (1 prussienne et 1 saxonne).

Le IIe bataillon du 4e badois occupa le faubourg et la gare, le bataillon de landwehr eut à garder le front Ouest, les fusiliers étaient en réserve sur la place Neuve. Des patrouilles furent lancées vers Rioz, Grandvelle et Port-sur-Saône.

A 6 h. 45 du matin, l'avant-garde de la 4e division de réserve se rassembla à l'Est de Borey. Elle comprenait les Fusiliers et le IIe bataillon du 25e d'infanterie, le 3e escadron du 1er ulans de réserve, deux batteries lourdes (Otto et Glagau) et un détachement sanitaire, le tout sous les ordres du général von Treskow II. Elle avait pour mission de se porter sur Villersexel et, autant que possible, de s'assurer du pont de l'Oignon (2).

Elle prit en conséquence la route directe qui passe par la Grange-d'Ancin, précédée de l'escadron de ulans, la 9e compagnie du 25e (1re du IIIe bataillon, Fusiliers), formant la pointe.

D'autre part, la brigade von der Goltz se porta sur Noroy-le-Bourg, où elle arriva vers 8 heures du matin. Là, elle reçut l'ordre de continuer sa route sur Borey et Grange-d'Ancin, où sa tête devait parvenir vers 10 heures.

---

(1) *Historique* des 5e et 6e badois. Celui du 3e dit que le gros avait dépassé Mollans à 1 h. 45 et que l'ordre arriva à ce moment.
(2) *Historique* du 25e d'infanterie.

Il se trouva donc que l'avant-garde de la 4ᵉ division de réserve précéda la brigade von der Goltz, sur la route même que celle-ci allait suivre, et que la division de réserve n'eut pas d'avant-garde du tout.

Celle-ci comprenait dans l'ordre de marche le Iᵉʳ bataillon du 25ᵉ, le bataillon Wehlau du 1ᵉʳ régiment mixte de landwehr Prusse Orientale, le 2ᵉ régiment mixte Prusse Orientale n° 4/5 (bataillons Osterode, Ortelsburg, Graudenz et Thorn), les 1ᵉʳ, 2ᵉ et 4ᵉ escadrons du 1ᵉʳ ulans de réserve, les 1ʳᵉ, 2ᵉ et 3ᵉ batteries légères de réserve, la 2ᵉ compagnie de pionniers de forteresse du VIIᵉ corps et un détachement de pionniers. Rassemblée à 6 h. 45 à Noroy-le-Bourg, elle se porta sur Aillevans, par Borey et le mauvais chemin d'Oppenans. Elle avait ordre de continuer sa marche vers l'Est, en franchissant l'Oignon entre Aillevans et Longevelle, pour gagner de là Sénargent. Ce ne fut pas avant 9 h. 30 que le 1ᵉʳ bataillon du 25ᵉ atteignit Aillevans (distance de Noroy-le-Bourg, 10 kilomètres, chemin très mauvais par endroits, deux heures et demie de marche au moins).

Vers 8 heures, ou peut-être plus tôt, les premiers ulans apparaissaient à la sortie du bois du Grand-Fougeret sur la route de Grange-d'Ancin, et vers 8 h. 30 (1) (distance de Borey, 7 kilomètres, départ à 7 heures) la 9ᵉ compagnie du 25ᵉ, arrivant à la lisière, était saluée par une vive fusillade partant d'un groupe de maisons situées au Nord du pont de Villersexel (2).

Cette compagnie se déploya à l'abri du feu. Les trois

---

(1) Les heures qui viennent d'être citées concordent avec les témoignages allemands et avec les distances parcourues, en admettant le moment du départ fixé par les *Historiques* du 25ᵉ prussien, du 30ᵉ, du 34ᵉ, etc. Toutefois, il faut noter que tous les témoignages français, sans exception, qu'il s'agisse de militaires ou d'habitants de Villersexel, estiment que le combat commença bien plus tôt que ne le disent les Allemands.

(2) *Historique* du 25ᵉ prussien.

autres compagnies de fusiliers, 10°, 11° et 12° du 25°, vinrent se masser près de la lisière. Puis le général von Treskow II appela les deux batteries (Otto et Glagau), qui vinrent se placer à la sortie du bois, à droite (Sud) de la route de Grange-d'Ancin à Villersexel et immédiatement ouvrirent le feu sur une colonne qu'on voyait à 2,500 mètres environ sur la route de Cubrial à Villersexel, entre ce village et le bois de Chailles (1). C'était de la cavalerie française qui, prenant le trot, disparut bientôt derrière les maisons de Villersexel (2).

Voici ce qui s'était passé en ce point depuis la veille.

On se souvient que le capitaine Ducas, avec 50 lanciers du 2° escadron du 3° de marche, était arrivé à Villersexel, le 8 au soir. De tous côtés, habitants et francs-tireurs (en particulier la compagnie Huot) lui signalèrent le voisinage de l'ennemi.

Il rendit compte au général Ségard et demanda du secours au capitaine Fauquinon, de son régiment, qui avec un demi-escadron et les vingt-quatre francs-tireurs de Nice (3) était en grand'garde à la ferme du Rullet. A 10 heures du soir, quatorze francs-tireurs étaient arrivés au pont de Villersexel, et, vers 11 h. 30, quelques coups

---

(1) Varnhagen. *Le premier combat de Villersexel.*

(2) De la position prise par les deux batteries Otto et Glagau à la sortie du bois du Grand-Fougeret, on découvre la route de Cubrial, depuis la corne Nord-Est du bois de Chailles jusqu'à l'embranchement du chemin allant vers le Petit-Magny.

Dans cette partie, la route descend rapidement vers le Nord; elle remonte ensuite à partir d'un point situé à 300 mètres environ au Sud de la Croix-Marmin. Elle descend ensuite et remonte légèrement en arrivant au carrefour de la Croix-Marmin. Cette dernière crête est surmontée d'une haie parallèle au mur du parc et qui s'étend vers l'Ouest jusqu'au chemin allant de Villersexel au bois de Chailles.

(3) Dont il avait l'autorisation de disposer. (*Historique du 3° lanciers de marche. Rapport* du capitaine Ducas.)

de feu avaient déterminé la retraite de la 12ᵉ compagnie du *30ᵉ* prussien (1). Les dix autres francs-tireurs étaient au pont de Saint-Sulpice, à 1,500 ou 1,600 mètres au Nord-Est.

Sur les instances du capitaine Ducas, qui croyait à une nouvelle attaque, le chef des deux compagnies de la 2ᵉ légion du Rhône, qui étaient en grand'garde à la ferme Rullet, lui avait envoyé 40 hommes (2) de renfort.

Ceux-ci s'attardèrent sur la route et dans les maisons. Huit d'entre eux et un sergent seulement arrivèrent au pont (3).

Avec le concours des habitants, deux barricades s'élevaient pendant ce temps aux deux extrémités de ce pont, long d'un peu plus de 200 mètres. Au moyen de charrettes, de bois, de fascinage et de terre, on devait leur donner environ 1 m. 50 de hauteur et 2 mètres d'épaisseur (4).

Dans la soirée du 8, un peloton du 3ᵉ escadron du 6ᵉ cuirassiers avait été envoyé à Villersexel sur l'ordre du général Clinchant, par le général Ségard (5).

Ce dernier, apprenant au retour de cette reconnaissance que le capitaine Ducas se trouvait isolé et menacé, avait obtenu du général Clinchant l'autorisation (6) ou l'ordre d'y envoyer un peu d'infanterie (7).

---

(1) Voir ci-dessus.
(2) *Rapport* Ducas, et non pas les deux compagnies, comme le disent et les auteurs allemands et l'historique de la 2ᵉ légion du Rhône.
(3) *Rapport* Ducas. Les habitants disent que ces mobilisés arrivèrent par petits groupes et s'installèrent dans leurs maisons.
(4) *Rapport* du colonel Muller, du 58ᵉ mobiles (Vosges).
(5) *Rapport* du général Ségard. (Voir ci-dessus.)
(6) *Ibid.*
(7) Le rapport du général Clinchant dit simplement :
« Une grand'garde de cavalerie, soutenue par des francs-tireurs, avait rencontré l'ennemi à Villersexel. Le général commandant la 3ᵉ division, prévenu de cet engagement, avait envoyé

Les 3ᵉ et 4ᵉ compagnies du Iᵉʳ bataillon du 58ᵉ mobiles (Vosges), qui étaient en grand'garde en avant de Cubrial, furent mises sous les ordres du capitaine Antoine, commandant la 3ᵉ compagnie, et dirigées sur Villersexel. Elles y arrivèrent avant le jour (1).

La 3ᵉ compagnie, laissant quelques hommes à la barricade de la rive gauche, alla occuper le groupe de maisons, comprenant la gendarmerie et l'abattoir, qui est situé sur la rive droite au carrefour des routes d'Aillevans et de Grange-d'Ancin. Quant à la 4ᵉ (lieutenant Jarry), elle fut détachée à Saint-Sulpice, où elle s'installa

---

deux compagnies de mobiles des Vosges pour renforcer les avant-postes et pour garder le pont de l'Oignon. »

Dans une note inédite, le général Varaigne, alors chef d'état-major au 20ᵉ corps, s'exprime en ces termes : « Quelques souvenirs assez confus me sont restés d'une correspondance échangée dans la journée du 8 avec le commandant de la 3ᵉ division, pour lui signaler l'importance de Villersexel. »

Il en a été trouvé trace, mais le général Ségard revendique très nettement l'initiative de l'envoi à Villersexel des deux compagnies des Vosges : « Vous m'avez, dit-il dans son rapport adressé au général Clinchant le 22 fevrier 1871, donné l'ordre d'envoyer une reconnaissance de cavalerie à Villersexel. Cette reconnaissance y trouva un détachement de lanciers commandé par le capitaine Ducas. Ce capitaine, qui avait préalablement fait partie de la 3ᵉ division du 20ᵉ corps, me rendit compte qu'il était seul dans la place, sans aucune force d'infanterie. Aussitôt le retour de ma reconnaissance, j'envoyai au capitaine Ducas 300 hommes d'infanterie pris dans le régiment des Vosges et une compagnie de francs-tireurs. »

Dans un premier rapport, daté du 10 janvier 1871, et deux lettres particulières écrites à l'automne 1902, peu avant sa mort, le général Ségard se servit de termes absolument semblables. Dans la nuit du 8 au 9, à minuit, il écrivait de plus au colonel Simonin : « Avez-vous envoyé d'urgence à Villersexel deux compagnies pour soutenir les lanciers? Si vous avez sous la main les francs-tireurs de Nice ou du Puy-de-Dôme, envoyez-les à Villersexel avec les deux compagnies. »

(1) Le capitaine Muller dit qu'elles arrivèrent à 3 heures du matin. Le capitaine Ducas dit 6 heures.

avec un poste de 25 hommes face à l'Oignon, qu'on peut passer au gué situé à l'Ouest du village. Quatre hommes furent laissés au pont sur le Scey.

Enfin la 5ᵉ compagnie du IIᵉ bataillon du 58ᵉ mobiles (Vosges) (1) ayant été renvoyée en reconnaissance avant le jour dans la direction de Villersexel, son chef (capitaine Aubry) poussa jusqu'au village, où il arriva au moment où l'ennemi était signalé (2). Il se décida à prendre part à la défense ; détachant le lieutenant Cousin et 40 hommes au pont sur le Scey, il installa le reste de sa compagnie au pont de Villersexel et prit le commandement en ce point.

Au moment où commençait l'attaque, il n'y avait donc à défendre le pont de Villersexel que :

La 3ᵉ compagnie (Antoine), du Iᵉʳ bataillon du 58ᵉ mobiles (Vosges)....	120 hommes.
Une partie de la 5ᵉ (Aubry), du IIᵉ bataillon du 58ᵉ mobiles (Vosges)....	70 —
Une partie des francs-tireurs de Nice.	14 —
Les mobilisés du Rhône............	9 —
Quelques habitants.	
Soit moins de 250 hommes.	

Quant aux lanciers, ils avaient retiré leurs vedettes de la rive droite, tout en continuant à observer la passerelle et l'écluse à l'Ouest du parc.

La mise en batterie de l'artillerie allemande paraît avoir été très rapide (3). A peine les premiers coups de feu avaient-ils été échangés entre la 9ᵉ compagnie du 25ᵉ prussien et les défenseurs du groupe de maisons de la rive droite, que les deux batteries Otto et Glagau vinrent se poster à la sortie du bois, leur gauche à la route,

---

(1) *Rapport* du commandant Muller.
(2) 8 heures, dit le capitaine Ducas.
(3) Beaucoup d'habitants affirment avoir été réveillés par le canon. Le capitaine Ducas crut voir l'artillerie ennemie avant que le combat commençât.

et tirèrent sur le château, puis, au bout d'un instant, sur le 3ᵉ Lanciers de marche, qui apparaissait au Sud de Villersexel. Ce régiment arriva quelques instants après (1) sur la place de l'Église. Le colonel Alliot (2) rappela l'escadron Ducas et se dirigea sur Villers-la-Ville, puis de là au Grand-Magny, sans prendre part au combat (3).

Le 3ᵉ Lanciers était en effet parti de Pont-sur-l'Oignon à 7 heures du matin, se dirigeant sur Bévenge, et devant par suite entrer dans la partie Sud-Est de Villersexel. Il avait rallié le premier escadron, placé dans la direction d'Esprels, (4) au pont, et le demi-escadron Fauquinon à la ferme de Rullet. Il continuait son chemin par la grand'-route de Cubrial à Villersexel, précédé par le 4ᵉ escadron (Berthier de la Scelle), lorsqu'en arrivant entre le bois de Chailles et le village, il fut « canonné par une batterie prussienne placée sur une hauteur boisée de la rive droite de l'Oignon en face du village » (5). C'étaient les deux batteries Otto et Glagau, que le général de Treskow en personne avait placées à la sortie du bois du Grand-Fougeret, pour « tirer sur la colonne qu'il voyait à la lorgnette », tandis que les troupes faisaient halte (6).

---

(1) 9 heures, dit le capitaine Ducas.

(2) Le colonel Alliot avait précédé sa colonne et se trouvait au château au moment où apparut l'ennemi. Il retrouva son régiment sur la place de l'Église. (*Souvenirs* du colonel Alliot.)

(3) Il reçut du général Clinchant l'ordre de se tenir abrité au Sud du Grand-Magny et d'attendre les ordres. Le soir, le régiment alla à Abbenans. (Note du général Raimond.)

(4) L'*Historique* du corps dit que le 1ᵉʳ escadron était à Esprels. Les souvenirs des habitants sont concordants et formels sur ce point. Il n'y avait pas à Esprels de lanciers, mais seulement quelques francs-tireurs. Voir Opérations du 18ᵉ corps. Les *Souvenirs* du colonel Alliot et du général Raimond, conformes, fixent au pont l'emplacement de l'escadron qui gardait la route d'Esprels.

(5) *Historique* du 3ᵉ Lanciers de marche.

(6) Varnhagen. Ce fait doit être placé à 9 heures, comme le dit le capitaine Lucas. La distance de Pont-sur-l'Oignon à Viller-

Après le départ des derniers lanciers, il n'y eut plus personne à la garde de la passerelle, ni de l'écluse.

Dès que le gros du 3ᵉ Lanciers eut disparu, les deux batteries allemandes dirigèrent leurs feux sur le pont de Villersexel et les maisons de la rive droite, qu'elles prenaient d'écharpe.

La 9ᵉ compagnie du 25ᵉ prussien, déployée en travers la route de la Grange-d'Ancin, s'avança jusqu'à 600 pas du pont, soutenue par la 10ᵉ : la 11ᵉ et la 12ᵉ restaient en réserve à la sortie du bois. Vers 10 heures, la 8ᵉ compagnie reçut l'ordre d'aller observer Moimay (1), car on venait de signaler au général de Treskow des mouvements de troupes vers Autrey-le-Vay (2). Cette compagnie suivit le chemin de bois qui relie directement Aillevans à Moimay. Une fois à la lisière, elle envoya des patrouilles sur ce dernier village, et, sur l'annonce qu'il était libre, elle s'y porta. Elle y était probablement à 10 h. 30, en tous cas, avant 11 heures; mais elle resta dans le bas du village près de l'Oignon (3). D'autre part, le général de Schmeling, avant d'arriver à Aillevans avec le gros de la IVᵉ division de réserve, avait détaché la 1ʳᵉ compagnie du bataillon de Thorn vers la

---

sexel est de 6 kilomètres. Le 3ᵉ Lanciers avait dû perdre un peu de temps pour rallier son 2ᵉ escadron, et il avait marché au pas. Ceci confirme la solution admise par Varnhagen, limitant le début de l'attaque entre 8 h. 30 et 9 heures. Plus exactement, on peut admettre 8 h. 30 pour la prise de contact avec les ulans de pointe, 9 heures pour la mise en batterie des pièces Otto et Glagau.

(1) Varnhagen.

(2) Voir Opérations du 18ᵉ corps. En réalité, le 9ᵉ bataillon de chasseurs ne devait arriver à Autrey que vers 11 heures, mais Esprels était occupé par les troupes de tête du 18ᵉ corps à partir de 9 h. 30 du matin.

(3) Sans manifester sa présence. (Voir Opérations du 18ᵉ corps.) Note de M. le général de La Croisade, alors commandant du 9ᵉ bataillon de chasseurs de marche.

Grange-d'Ancin (1). Sur la demande du général Treskow II, il lui envoya, par le chemin d'Aillevans à Moimay (2), puis la route de Grange-d'Ancin à Villersexel, le Ier bataillon du 25e d'infanterie. Celui-ci arriva entre 10 h. 30 et 11 heures à la sortie du bois du Grand-Fougeret (3).

De son côté, le général de Schmeling s'était mis en mesure de franchir l'Oignon à Longevelle, pour continuer vers Belfort la marche ordonnée par le général von Werder. Il fit passer la rivière en ce point par le 2e escadron du 1er ulans de réserve et le fit suivre par les 3e et 4e compagnies du bataillon de Thorn, qui utilisèrent un bâtardeau (4). Les patrouilles lancées vers Saint-Sulpice reçurent des coups de fusil, mais, à Étroite-Fontaine et Athesans, il n'y avait personne. Le demi-bataillon de Thorn occupa Longevelle et les hauteurs voisines. Une fois soutenu par le bataillon de Wehlau, il suivit le chemin qui se dirige vers Saint-Sulpice, laissant la 4e compagnie près de Longevelle à la garde du pont, que la compagnie de pionniers (Jacoby) commença à construire. Un peu avant midi, Saint-Sulpice était occupé sans résistance, le faible parti français (compagnie Jarry du 58e mobiles et quelques francs-tireurs qui s'y trouvaient) s'étant retiré, à la nouvelle de l'entrée de l'ennemi, à Villersexel.

---

(1) Wengen.
(2) Dit chemin au Prêtre, qui traverse presque du Nord au Sud le bois du Grand-Fougeret.
(3) Distance d'Aillevans, 4 kilomètres. Il était arrivé en ce point à 9 h. 30. Temps nécessaire pour recevoir la demande de renfort, qui ne dut pas être envoyée avant 9 h. 30 : une demi-heure. C'est probablement à 11 heures, au moment de l'attaque décisive, qu'arriva ce bataillon.
(4) Les auteurs allemands disent que les hommes eurent de l'eau jusqu'au genou. C'est douteux, car les cours d'eau étaient complètement gelés.

La compagnie Jarry repassa le pont du Scey et suivit le chemin de terre qui mène directement à Villers-la Ville. Elle tint quelque temps sur la hauteur entre Villers-la Ville et le Scey, puis elle vint à la dernière maison à l'Est de Villers-la-Ville, où nous la retrouverons.

On se souvient que la 2ᵉ brigade de la 3ᵉ division du 20ᵉ corps occupait Cubrial ; le Iᵉʳ bataillon des Pyrénées-Orientales était détaché à Pont-sur-l'Oignon, observant Esprels. Il ne restait à la disposition du colonel Simonin que le IIᵉ bataillon des Pyrénées-Orientales, le Iᵉʳ bataillon du 58ᵉ mobiles (Vosges), placé en grand'garde à deux kilomètres au Nord de Cubrial, et dont les 3ᵉ et 4ᵉ compagnies étaient, l'une à Villersexel, l'autre à Villers-la-Ville, le IIᵉ bataillon du 58ᵉ mobiles (Vosges), moins la compagnie (Aubry) envoyée à Villersexel ; enfin deux compagnies de mobiles de la Meurthe (1). Toutes ces troupes avaient pris les armes dès le matin, et, en attendant d'être dépassées par la 1ʳᵉ brigade, elles s'étaient disposées « sur leurs positions de combat » (sic) (2), dès que le canon s'était fait entendre vers Villersexel (3). A 7 h. 15 (4) la 1ʳᵉ brigade, en tête de laquelle marchait la compagnie du génie (5), suivie des 1ᵉʳ et 2ᵉ bataillons de la Corse, puis du 47ᵉ de marche, avait quitté Cubrial, se dirigeant sur les Magny, où elle devait cantonner. Vers 9 h. 30, sa tête arrivait sur le ruisseau de Peute-Vue, près duquel se trouvait le général Ségard.

Celui-ci avait l'intention d'aller aux Magny, conformément à l'ordre du mouvement, et nullement de se porter sur Villersexel (6).

---

(1) Ce bataillon était réduit à deux compagnies et incorporé dans le 58ᵉ.
(2) *Journal* de la 1ʳᵉ brigade.
(3) C'est-à-dire à 9 heures.
(4) *Historique* du 2ᵉ bataillon de la Corse.
(5) *Journal* de la division.
(6) *Rapport* du général Ségard.

Mais il fut prévenu par le 3ᵉ escadron du 6ᵉ cuirassiers (1), qui formait la pointe d'avant-garde, et par un billet du capitaine Ducas, que l'ennemi attaquait le village, et, craignant pour la petite troupe envoyée à Villersexel, si l'ennemi attaquait ce point avec des forces sérieuses, il ordonna au lieutenant-colonel Parrant, commandant le régiment corse, « d'aller occuper avec le 1ᵉʳ bataillon (2) le village de Villersexel et de s'y maintenir jusqu'à l'arrivée du 18ᵉ corps pour rejoindre ensuite la division au Grand-Magny » (*sic*) (3). Il s'agissait au début, ainsi qu'on le voit, d'une simple flanc-garde. Mais un instant après, le général Ségard entendit le canon ; il crut donc devoir suspendre sa marche vers le Grand-Magny, et, au fur et à mesure de leur arrivée, ses troupes se massèrent vers la lisière Nord des Grands-Bois, dans le triangle formé par les deux cotes 292 et la ferme Rullet. La compagnie du génie fut employée à déblayer la route, et à préparer des passages sur le ruisseau de Peute-Vue (4).

Le rassemblement de la division dura vraisemblablement jusque vers 10 h. 30 du matin.

Pendant ce temps, le 1ᵉʳ bataillon des mobiles Corses avait franchi, vers 9 h. 30, le ruisseau de Peute-Vue, et, protégé par la 7ᵉ compagnie déployée en tirailleurs, marchait sur Villersexel, en colonne par quatre, sur la grand'route.

Une fois entré dans l'espace découvert, au Nord-Est du bois de Chailles, où le 3ᵉ Lanciers avait reçu des obus, il fut canonné de la rive droite de l'Oignon par les deux

---

(1) Le 3ᵉ escadron resta pendant la journée en soutien de l'artillerie et eut un blessé, le commandant Leclerc, qui eut en outre son cheval tué sous lui.

(2) Sept compagnies seulement, la première était restée en retard au départ de Cuse.

(3) *Historique* du 1ᵉʳ bataillon corse.

(4) *Rapport* du capitaine Autixier.

batteries Otto et Glagau, restées à la sortie Sud-Est du bois du Grand-Fougeret (1). Prenant le pas gymnastique, il se trouva bientôt à l'abri des maisons de Villersexel et entra dans le village (2).

Jusqu'à ce moment, c'est-à-dire depuis près de deux heures, les Allemands n'avaient fait aucun progrès dans leur attaque contre la poignée d'hommes qui défendaient les maisons au Nord du pont de Villersexel. Mais, une fois que les Corses eurent, en se rapprochant de l'entrée Sud du village, échappé aux coups de l'artillerie allemande, celle-ci reprit son tir contre les maisons de la rive droite (3), et avec tant d'efficacité, que le capitaine Antoine dut ramener son monde à la barricade de la rive gauche, où il s'établit solidement.

Là, il fut rejoint par les 7e et 8e compagnies du 1er bataillon corse (4); les 2e, 5e et 6e s'installèrent à leur gauche, le long de la rue de la Doue, qui borde le canal, leur gauche à la petite grille du parc, près du moulin. La 4e compagnie, gardant la droite, s'installa à l'abri dans le vaste enclos de l'hôpital (5). Enfin, la 3e compagnie (la 1re n'avait pas rejoint le bataillon), conduite par le lieutenant-colonel, vint occuper le château. De là, une section, guidée par le propriétaire, marquis de Grammont, vint à travers le parc se placer dans un fourré situé à quelques mètres à l'Est de la passerelle, mais

---

(1) Varnhagen et tous les témoins allemands et français cités par lui.

(2) Du ruisseau aux premières maisons de Villersexel, 2 kilomètres. Dans la neige, en comprenant le temps du déploiement de la 7e compagnie, cela fait au moins 30 minutes, même ayant pris le pas gymnastique. Il est peu probable que le 1er bataillon corse soit entré dans Villersexel avant 10 heures du matin.

(3) Varnhagen et *Rapport* Muller.

(4) *Historique* et *Rapport* Micheli.

(5) Verger qui domine le pont. La 4e compagnie avait ordre de réserver ses feux. (*Historique.*)

bientôt elle quitta son poste. Ramenée une seconde fois, elle se retira, dès que les premiers fantassins ennemis apparurent du côté de l'écluse située au Nord.

Une fois la 3ᵉ compagnie corse installée dans le rez-de-chaussée du château, elle s'était trouvée à portée (900 à 1 000 mètres) des deux batteries prussiennes (1), et leur avait envoyé une grêle de balles, auxquelles elles avaient répondu par des obus. De plus, le feu des compagnies placées entre le pont et le château, au bord de la rivière, contribua à arrêter les neuf ou dix compagnies prussiennes. Le combat resta stationnaire.

Mais, tandis qu'il se livrait, il s'était passé un gros incident.

A peine le lieutenant-colonel Parrant avait-il quitté le général Ségard, que celui-ci recevait du capitaine Antoine l'annonce d'une attaque sérieuse contre le pont de Villersexel (2). Craignant que les sept compagnies qu'il avait envoyées fussent insuffisantes, le général Ségard fit partir pour Villersexel le 2ᵉ bataillon corse (commandant de Gaffori), fort de quatre compagnies seulement, et deux pièces de la batterie Derennes (18/14), tandis que le lieutenant Laffon de Ladébat (3) était envoyé chercher une position d'artillerie dans le parc.

Dès que ce détachement eut dépassé la corne du bois de Chailles, et, en arrivant dans cet espace découvert, déjà fatal au 3ᵉ Lanciers et au 1ᵉʳ bataillon corse, il fut canonné par la batterie Glagau (4), dont le tir se trouvait tout repéré.

En quelques secondes, ces jeunes troupes se trouvèrent dispersées, la colonne fut coupée, et, tandis que la tête, réduite à une section conduite par le chef de

---

(1) Grenest et Varnhagen, d'après Treskow et V. Loos, *Historique* du 1ᵉʳ bataillon corse.
(2) *Rapport* Ségard.
(3) *Souvenirs* du général Laffon de Ladébat.
(4) Varnhagen.

bataillon, gagnait la sortie Sud de Villersexel, le reste se débandait, certains gagnant le bois de Chailles. Sous la conduite du capitaine Derennes, les deux pièces de canon franchirent rapidement l'espace dangereux, entrèrent à Villersexel et, tournant à droite, gagnèrent la place Neuve. Avec l'aide de quelques habitants, on s'occupait d'écrêter le mur de l'enclos de l'hôpital, pour tirer (1) dans la direction du pont (2), lorsque le lieutenant Laffon de Ladébat rejoignit le capitaine Derennes, et lui annonça que l'ennemi entrait dans le parc par l'Ouest, marchant vers le château. Cet officier fut chargé d'aller porter cette nouvelle au général Ségard.

Voici, en effet, ce qui s'était passé :

On a vu que le général de Treskow avait engagé, devant le pont de Villersexel, d'abord la 9ᵉ compagnie du 25ᵉ, puis la 10ᵉ. La 11ᵉ compagnie, soutenue par la 12ᵉ, s'était portée vers la forge, lorsque la résistance était devenue vive. Le IIᵉ bataillon du 25ᵉ, qui suivait les fusiliers, avait de bonne heure envoyé la 8ᵉ compagnie à Moimay, les 7ᵉ, 6ᵉ et 5ᵉ restant en réserve sous bois. Puis, le Iᵉʳ bataillon du 25ᵉ, qui était en tête du gros arrêté à Aillevans, était venu rejoindre le IIᵉ bataillon. Probablement vers 10 h. 30, le lieutenant Hertel, commandant la 11ᵉ compagnie, étant arrivé à la forge, par le pont de pierres qui franchit l'Oignon, avait découvert les deux passages, formés par l'écluse et par la passerelle, qui relient le parc avec l'île de la forge. Le premier de ces passages était solide et très praticable, les eaux étant assez basses (3) pour que le bief en pierres fût à

---

(1) Les servants n'avaient pas rejoint. Ce fait constaté par plusieurs témoins s'explique tout naturellement par l'allure vive qui avait été prise pour franchir l'espace découvert. Les hommes à pied avaient été distancés.

(2) Renseignements locaux (*Historique* du 1ᵉʳ bataillon corse de la 18ᵉ batterie du 14ᵉ régiment. *Souvenirs* du général Laffon de Ladébat.)

(3) Et d'ailleurs glacées.

découvert. En le franchissant, on se trouvait dans une prairie nue, à 400 mètres environ du château ; mais, à quelques pas, on trouvait au Sud l'abri donné par la futaie, qui permettait d'arriver par surprise jusque dans la cour du château. Peut-être quelques hommes utilisèrent-ils aussi la passerelle, très peu solide, tremblante, dépourvue ce jour-là de la majeure partie des lattes formant le tablier ; mais, à coup sûr, le bras de l'Oignon fut franchi presque exclusivement à l'écluse située à l'angle Nord-Ouest du parc (1).

Le lieutenant Hertel fit prévenir de sa découverte le major von Spangenberg et le colonel von Loos. Ce dernier, étant venu de sa personne à la forge, ordonna à la 12ᵉ compagnie de soutenir la 11ᵉ, qui allait franchir le bras de l'Oignon. Il appela aussi les 6ᵉ et 7ᵉ compagnies de son régiment, puis les 2ᵉ et 4ᵉ. L'attaque du grand pont resta confiée aux 9ᵉ et 10ᵉ compagnies, auxquelles fut jointe la 5ᵉ, les 1ʳᵉ et 3ᵉ restant en réserve (2).

La 11ᵉ compagnie franchit donc l'écluse et, se jetant à droite, gagna la futaie, qui la masquait des vues du château, vers lequel elle marcha. Elle fut suivie de la 12ᵉ, puis de quatre autres, 6ᵉ, 7ᵉ, 2ᵉ et 4ᵉ.

Dès qu'il avait été prévenu que les Allemands apparaissaient dans le parc, à l'Ouest du château, le colonel Parrant avait fait appeler le capitaine commandant la

---

(1) Le marquis de Grammont, propriétaire du château et témoin des événements, est très catégorique sur ce point. Les habitants de Villersexel, au contraire, parlent uniquement de la passerelle. On verra plus loin, qu'au cours même de la lutte, l'importance de ce passage fut exagérée par les guides du pays.

(2) *Historique* du 25ᵉ prussien. Tout ceci est postérieur à l'arrivée de l'avant-garde du 1ᵉʳ bataillon. Il en résulte que le passage du petit bras de l'Oignon doit être fixé vers 11 heures. Il y avait donc près de trois heures que l'avant-garde du général de Schmeling était arrêtée devant le pont de Villersexel.

3ᵉ compagnie, chargée d'occuper ce bâtiment, et dont l'attention était dirigée vers l'attaque du grand pont. Il lui avait ordonné de réunir sa compagnie et de tâcher d'arrêter l'ennemi (1); puis, de sa personne, il s'occupa à maintenir les hommes placés le long de l'Oignon, qui, pris d'enfilade par le feu venant de la forge et attaqués de front, commençaient à fléchir. Il y réussit, car l'attaque des 9ᵉ, 10ᵉ et 5ᵉ compagnies, parvenue très près de la rivière, fut arrêtée.

Le capitaine de la 3ᵉ compagnie corse, une fois rentré dans le château, s'occupa de rappeler ceux de ses hommes, qui, restés aux fenêtres, du côté du Nord et de l'Est, continuaient le feu très efficacement contre l'infanterie et l'artillerie prusiennes visibles sur la rive droite.

Le feu du château cessa donc, et, tandis que la 3ᵉ compagnie corse commençait à se rassembler dans la cour du Sud, pour se porter de là vers l'Ouest du parc, la 11ᵉ compagnie prussienne, qui avait cheminé à couvert par la futaie, à l'Ouest du château, arrivait dans la cour du Sud, pénétrait au rez-de-chaussée et surprenait la majeure partie de la 3ᵉ compagnie, qui était prise avec le sous-lieutenant. Le capitaine Fabiani, le lieutenant et quelques hommes parvenaient seuls à s'échapper.

La 11ᵉ compagnie, une fois maîtresse du château, vint garnir les fenêtres des faces Nord et Est prenant à revers les 2ᵉ, 5ᵉ et 6ᵉ compagnies corses placées au bas de la terrasse et le long de l'Oignon. La 12ᵉ compagnie, arrivée sur les talons de la 11ᵉ, vint lentement (2) occuper la grille du parc, qui donne vers le village, et occuper une petite porte percée dans le mur Sud (3).

---

(1) *Historique* des mobiles de la Corse.
(2) Major Kunz.
(3) C'est de là que devait partir le feu qui accueillit le 2ᵉ bataillon corse.

Mais, cette compagnie fut rappelée, quand les quatre autres (6ᵉ, 7ᵉ, 2ᵉ et 4ᵉ) eurent achevé de franchir le petit bras de l'Oignon et furent arrivées au château. Elle vint occuper la passerelle et l'écluse (1).

Nous avons laissé le chef du 2ᵉ bataillon corse occupé à rallier son monde, près du groupe de maisons au Sud de Villersexel, à environ 200 mètres de la Croix-Marmin. Lorsqu'il y eut partiellement réussi, il se mit en devoir de contourner le village par l'Ouest, et suivit la route qui mène directement à la mairie. En arrivant à hauteur de la route qui longe le mur Sud du parc, il fut

---

(1) La lenteur du passage, le rappel de la 65ᵉ compagnie dans le château, où elle avait d'ailleurs à garder ses prisonniers, tout cela explique que, du côté des Français, on eut peine à comprendre la situation. Les débris du 2ᵉ bataillon corse, qui avaient atteint Villersexel, après avoir reçu quelques coups de feu de la petite porte du parc, se rallient à l'auberge, sans être poursuivis; les deux pièces du capitaine Derennes restent sur la place Neuve sans être prises.

« Quand le général Clinchant arrive, il ne peut croire Villersexel aux mains de l'ennemi, et, de fait, il ne l'est pas encore. Mais il est reçu par des coups de fusil partant de la place, au Sud de la mairie. » (*Souvenirs* du général Clamorgan.)

Si l'on remarque qu'il n'y a guère moins d'un kilomètre de chemin entre la forge et l'église, on est conduit à admettre que c'est trois quarts d'heure après l'entrée de la 11ᵉ compagnie dans le château que les 6ᵉ, 7ᵉ, 2ᵉ, et 4ᵉ compagnies purent faire sentir leur action sur le gros du 1ᵉʳ bataillon corse, qui, pendant ce temps, repoussait une fois de plus l'attaque de front. Or, les 2ᵉ et 4ᵉ compagnies n'étant pas arrivées à la sortie du Grand-Fougeret avant 11 heures, c'est au plus tôt vers 11 h. 45, ou mieux, midi, qu'elles arrivèrent au château.

Remarques sur les heures. — Entrée du 1ᵉʳ bataillon corse à Villersexel, 10 heures. Mise en marche du 2ᵉ bataillon corse et deux pièces, à peu près au même moment. 1,300 mètres environ à franchir jusqu'à l'endroit où on reçoit des coups de canon, 10 à 15 minutes, soit 10 h. 15. D'autre part, le lieutenant Laffon de Ladébat, parti vers 10 heures du pont sur le ruisseau de Peute-Vue, arrive à 10 h. 20 au château, où il pleut des obus; donc,

assailli sur son flanc gauche par une vive fusillade. C'était la 12ᵉ compagnie prussienne, qui avait atteint la petite porte du parc. Les mobiles se débandèrent une seconde fois, et, avec une trentaine d'hommes seulement, le commandant Gaffori ne put que se maintenir au groupe de maisons situées au Sud de Villersexel.

A ce moment arrivait le général Clinchant avec une partie de son état-major.

Il avait rencontré sur la route le lieutenant Laffon de Ladébat, qui lui avait rendu compte de ce qui se passait, et qui, sur l'ordre du chef d'escadron commandant l'artillerie de la 3ᵉ division, alla prendre le commandement des quatres pièces de la 18ᵉ batterie du 14ᵉ restées au Sud du ruisseau de Peute-Vue, tandis qu'un sous-officier était envoyé pour rappeler le capitaine Derennes et ses deux pièces. Voulant s'assurer par lui-même de l'état

---

les Allemands n'y sont pas encore. Mais il voit l'ennemi tout près du bord de l'Oignon. Il revient à l'entrée de Villersexel, et y trouve le capitaine Derennes, vers 10 h. 30. Celui-ci l'envoie rendre compte, et le lieutenant rencontre le général Clinchant après avoir passé à travers champs par une neige épouvantable. C'est peut-être vers 11 heures. Temps de s'expliquer, 10 minutes. Le général part pour Villersexel, des abords du ruisseau de Peute-Vue, vers 11 h. 10. Il rencontre aux maisons, au Sud de Villersexel, le chef du 2ᵉ bataillon corse, qui a essuyé des coups de feu, mais n'a pas été poursuivi. Ces coups de feu, postérieurs à l'entrée de la 11ᵉ compagnie dans le château, sont compris entre 11 heures et 11 h. 50, probablement vers 11 h. 30. Enfin, quelques minutes après 11 h. 50, le général Clinchant reçoit des coups de feu sur le champ de Foire. La 11ᵉ compagnie est donc entrée dans le château vers 11 heures. La 12ᵉ compagnie, qui la suivait, garnissait la porte Sud du parc, probablement vers 11 h. 30. Si les 7ᵉ, 6ᵉ, 2ᵉ, et 4ᵉ compagnies ont commencé le passage sur les talons de la 12ᵉ, c'est-à-dire à partir de 11 h. 15, elles n'étaient pas au château avant midi.

C'est probablement à ce moment que commença l'attaque à revers contre le 1ᵉʳ bataillon corse.

Celui-ci aurait donc pu facilement se retirer.

des choses à Villersexel, le général Clinchant avait poussé sur le village. Près du groupe de maisons au Sud de Villersexel, il avait trouvé le commandant du 2ᵉ bataillon corse, qui lui annonça que l'ennemi avait tourné la position et était maître du village (1). Jugeant cette nouvelle très suspecte, le commandant du 20ᵉ corps, suivi de ses officiers, se porta vivement sur la Croix-Marmin et suivit le chemin de la mairie. Une grêle de balles l'accueillit; il fit donc demi-tour et regagna le bois de Chailles, tandis qu'un officier (commandant Clamorgan) était envoyé par l'Est de Villersexel à la recherche du lieutenant-colonel Parrant, pour lui ordonner de reprendre le village.

Mais la situation s'était tout à fait modifiée.

Une fois les 6ᵉ, 7ᵉ, 2ᵉ et 4ᵉ compagnies du 25ᵉ prussien arrivées au château, les deux premières furent lancées sur la place de l'Église et dans la Grande-Rue-Haute vers la place Neuve (2).

Le lieutenant-colonel Parrant, avec une partie de la 7ᵉ compagnie corse et les quelques hommes de la 3ᵉ échappés du château se trouvait au carrefour de la rue des Fossés, occupant le passage voûté, qui barre la Grande-Rue-Haute. Il fit sonner la retraite, et sa résistance permit à la 8ᵉ compagnie, qui était au bas de la rue des Fossés, près du pont, de le rejoindre. Mais ce petit détachement dut se retirer vers la place Neuve. Le capitaine Derennes s'y trouvait toujours avec ses deux pièces. Il fila rapidement par la route de Villers-la-Ville, tandis que le colonel Parrant, avec ce qu'il avait pu rallier, remontait la route de Magny, et s'arrêtait près des haies qui entourent Villersexel au Sud-Est. Le reste de

---

(1) *Rapport* du 2ᵉ bataillon corse.
(2) Elles se lancèrent au pas de course dans la Grande-Rue-Haute, poussant de grands cris et donnant des coups de crosse dans les portes. (*Souvenirs* du marquis de Grammont.)

son bataillon était pendant ce temps mis hors de combat.

En effet, les 2ᵉ et 4ᵉ compagnies prussiennes débouchant de la grille du château, à la suite des 6ᵉ et 7ᵉ, étaient venues, par la rue Basse, la ruelle de la Colombière et la rue du Moulin, tomber sur les derrières des trois compagnies corses (2ᵉ 5ᵉ, et 6ᵉ), placées le long du canal (1). Celles-ci se rendirent. Quelques hommes de la 7ᵉ avec le capitaine Balisoni, placés à la maison la plus rapprochée du pont, résistèrent énergiquement et ne furent faits prisonniers qu'après avoir brûlé leurs dernières cartouches. Les mobiles des Vosges, plus exposés encore par leur position au pont même, furent tous pris, ayant leurs trois officiers blessés (2). Seule la 4ᵉ compagnie corse, qui se trouvait dans l'enclos de l'hôpital, put gagner sans pertes la place Neuve, et, par la route de Magny, rejoindre le colonel Parrant sur la hauteur au Sud-Est de Villersexel.

Cette surprise avait triomphé de la résistance opposée de front au grand pont. Les 9ᵉ et 10ᵉ compagnies prussiennes le franchirent vers midi, et, avec les 1ʳᵉ et 3ᵉ, vinrent prendre possession des prisonniers, qui furent d'abord conduits au château.

Un peu après midi, les Allemands étaient donc entièrement maîtres de Villersexel. Leurs dispositions paraissent avoir été les suivantes. La 11ᵉ compagnie quitta le château et conduisit les prisonniers vers Aillevans. La 12ᵉ fut envoyée à la garde des passages du petit bras de l'Oignon, ayant derrière elle la 5ᵉ à la forge.

Les 2ᵉ et 4ᵉ allèrent du pont vers les deux chemins qui vont au Nord-Est, et déterminèrent la retraite du

---

(1) La Grande-Rue-Haute est horizontale ; les maisons qui forment son côté Nord dominent des pentes très raides descendant vers l'Oignon.

(2) Ils avaient perdu 60 hommes sur 200 environ.

détachement placé au pont Saint-Sulpice. La 1ʳᵉ occupa la cote 311, vers la route de Cubrial, et les maisons au Sud de la place Neuve, sur la route de Magny. Les 9ᵉ, 10ᵉ et d'abord la 3ᵉ restaient en réserve près du pont (1).

Cependant, le lieutenant-colonel Parrant avait tenté de reprendre l'offensive. Une partie du 2ᵉ bataillon, dirigée sur la Croix-Marmin, puis par la route qui mène au pont, était accueillie de front par un feu violent et mise en déroute par une offensive vigoureuse de la 6ᵉ compagnie prussienne, soutenue par un peloton de la 7ᵉ. La 4ᵉ compagnie du 1ᵉʳ bataillon corse, ayant rejoint le lieutenant-colonel Parrant sur la route de Magny, s'élança dans la rue étroite qui forme l'amorce de cette route et descend vers la place Neuve. Le lieutenant-colonel Parrant, qui marche avec elle, est tué (2). Néanmoins, la 4ᵉ compagnie (Ramolino) parvient sur la place Neuve. Là, attaquée sur la gauche par deux pelotons de la 7ᵉ prussienne, et, de front, par la 3ᵉ, qui arrivait du pont par la rue de l'Hôpital, elle est forcée de se rendre. Resté avec 25 hommes aux maisons au Sud de Villersexel, sur la route de Cubrial, le commandant Gaffori du 2ᵉ bataillon corse résista quelque temps encore et ne se rendit qu'à bout de munitions.

Les débris de deux bataillons corses furent ralliés par le commandant Micheli et se retirèrent vers Magny. Le 1ᵉʳ avait perdu 9 officiers et 300 hommes, le 2ᵉ, 4 officiers et 80 hommes tués, blessés ou prisonniers.

Quant aux deux pièces Derennes, elles avaient suivi la route de Villers-la-Ville, et le capitaine cherchait une position entre la route de Villers-la-Ville et celle de Saint-Sulpice, lorsqu'il tomba sur un escadron d'ulans

---

(1) La 8ᵉ était détachée à Moimay et pas encore rentrée à son corps.

(2) A environ 150 mètres de la place Neuve, près d'une statue de la Vierge, au coin de la dernière haie, avant d'arriver aux maisons.

(v. Wernsdorff), qui avait passé le pont de Villersexel à la suite de l'infanterie.

Percé de cinq coups de lance, le capitaine Derennes fut renversé de cheval et fait prisonnier (1). Les deux pièces purent échapper. Elles tirèrent quelques coups à mitraille, qui tinrent les ulans à distance, puis, traversant Villers-la-Ville, elles gagnèrent Villargent, où nous aurons à signaler leur présence.

D'autre part, la 3ᵉ compagnie des mobiles des Vosges (lieutenant Jarry) s'était retirée jusqu'aux dernières maisons à l'Est de Villers-la-Ville (2). Attaquée par le 2ᵉ escadron du *1ᵉʳ* ulans de réserve, venant de Villers-la-Ville, et par le *3ᵉ*, venant de Villersexel, elle fut prise, à l'exception d'une dizaine d'hommes seulement.

Il était alors 1 heure passée.

---

(1) Il fut porté à l'ambulance établie à la mairie de Villersexel et survécut à ses blessures.

(2) Renseignements pris sur place. Au moment où les ulans étaient apparus à l'Est de Villersexel, le général Clinchant avait ordonné à la batterie de 12 (Colson), qui venait d'arriver à la cote 292, d'ouvrir le feu contre eux. Les quatre premiers coups de canon ratèrent et les ulans disparurent au Nord du bois du Petit-Fougeret. (*Souvenirs* du général Chevals, alors sous-chef d'état-major du 20ᵉ corps.)

III

Opérations du 18ᵉ Corps dans la matinée.

Marche de la brigade von der Goltz. — A 4 heures du matin (1), les troupes avaient pris les armes, et à 6 heures, au moment où la neige cessait de tomber et où le froid devenait très vif, la colonne s'était mise en marche de son point de rassemblement à l'Est de Frotey sur la route de Noroy-le-Bourg.

Elle se dirigea vers ce point dans l'ordre suivant :
Avant-garde : lieutenant-colonel Nachtigall.
Iᵉʳ et IIᵉ bataillons du *30ᵉ* d'infanterie.
1 escadron du *2ᵉ* hussards de réserve.
2 batteries (Ulrich et Riemer).
Gros :
Fusiliers du *30ᵉ*.
34ᵉ régiment (moins la 10ᵉ compagnie envoyée à Saulx à la garde du convoi).
2ᵉ dragons de réserve.
3 escadrons du *2ᵉ* hussards de réserve.
1 batterie (Fischer) (2).

Une fois à Noroy-le-Bourg (3), on reçut du général

---

(1) *Historiques* des *30ᵉ* et *34ᵉ* Prussiens.
(2) Wengen, *loc. cit.*
(3) De Frotey à Noroy-le-Bourg, 10 kilomètres environ. C'est donc entre 8 h. 30 et 9 heures que cet ordre parvint. Le combat s'engageait alors devant Villersexel.

von Werder, qui s'y trouvait de sa personne, l'ordre de continuer sur Borey, puis sur Grange-d'Ancin.

La tête du gros y était vers 10 h. 30 du matin (1), l'avant-garde plus en avant dans le bois du Grand-Fougeret sur la route de Villersexel, lorsque le général von Werder fit faire halte et ordonna « de couvrir le flanc droit vers Moimay et Marast, et, éventuellement, de soutenir les troupes du général von Schmeling » engagées à Villersexel. — « Puis, de sa personne, le commandant en chef se rendit à Aillevans et se porta sur la hauteur voisine, d'où l'on avait des vues étendues (2). »

Ne sachant probablement pas que Marast était déjà occupé par la 1re compagnie du bataillon de Thorn (division de réserve), le général von der Goltz dirigea sur ce point les 2e et 3e compagnies du *34e* (qui étaient au gros), sous les ordres du capitaine Lödemann. Les neuf compagnies restantes du *34e* se portèrent vers Moimay, sous le commandement du lieutenant-colonel von der Osten-Sacken. — Ce détachement suivit probablement la grand'route d'Esprels jusqu'à l'embranchement du chemin allant de Moimay à Aillevans à travers le bois (3). Un peu après 11 heures, au moment où il apparaissait hors de la forêt des Grands-Bois, il fut assailli par le feu violent de 3 batteries (4) françaises « postées à Esprels et

---

(1) Il y a 18 kilomètres de Frotey à Grange-d'Ancin, soit 4 h. 30 de marche. C'est donc, au plus tôt, à 10 h. 30 que la tête de colonne aurait atteint Grange-d'Ancin. De fait, l'action de la brigade von der Goltz ne paraissant pas avoir commencé avant 11 heures, à la sortie Sud des Grands-Bois, à 1,000 ou 1,500 mètres de Grange-d'Ancin, l'heure d'arrivée en ce point doit être rapprochée de 10 h. 30.

(2) Wengen. Cote 394 Nord-Ouest d'Aillevans. D'après le major Kunz, on voyait de là fort bien à la lorgnette les mouvements des Français. La position est en effet remarquable.

(3) Dit chemin du Prêtre dans le pays.

(4) *Historique* du *34e*. En réalité à Esprels seulement. Celles du 20e corps ne pouvaient avoir d'action de ce côté.

au bois de Noire-Bouze ». En même temps, les 2 compagnies du *34ᵉ* (2ᵉ et 3ᵉ), apparaissant au Nord de Marast, recevaient le feu d'une batterie postée au Nord-Ouest d'Esprels.

Voici ce qui s'était passé.

Mouvement de la 1ʳᵉ division du 18ᵉ corps. — Dès le point du jour (1), le IIIᵉ bataillon du 42ᵉ avait été rappelé du bois de la Côte sur Chassey; 3 compagnies du Iᵉʳ bataillon restèrent au Mont Jésus, surveillant le bois de Chassey. Avant 8 heures, semble-t-il, le 9ᵉ bataillon de chasseurs, précédé du 3ᵉ escadron du 3ᵉ Lanciers, avait quitté Thieffrans (2), marchant sur Esprels par Chassey. Il était suivi de 2 batteries (3), puis du 19ᵉ mobiles; et, à Chassey, étaient entrés dans la colonne le IIᵉ bataillon du 42ᵉ de marche, puis le IIIᵉ, et enfin la moitié du Iᵉʳ (4). Ensuite venait la 2ᵉ brigade, puis une batterie (5) et la réserve divisionnaire de munitions d'infanterie (6).

Entre Thieffrans et Chassey, l'artillerie, au lieu de suivre le 9ᵉ bataillon de chasseurs, prit la route qui longe l'Oignon, pour éviter le chemin direct en mauvais

---

(1) Au crépuscule, dit le *Journal* du 42ᵉ de marche.

(2) Le 73ᵉ mobiles, le dernier corps de la colonne formée par la 1ʳᵉ division, serait parti à 7 heures de Bouhans et arrivé à Chassey à 8 h. 30 (distance 5 kil.). On doit admettre que, à cette heure, le 9ᵉ bataillon, formant tête de colonne et séparé du 73ᵉ par 3 régiments (19ᵉ mobiles, 42ᵉ et 44ᵉ de marche), était à 2,000 à 2,500 mètres en avant, soit à 3,500 à 4,000 mètres de Thieffrans. Le calcul donne 7 h. 30 comme heure de départ.

(3) 20/9 et 12/13 parties de Cognières (20/9 Girardin et 13/13 Villien).

(4) Note du général Soyer (commandant la 2ᵉ compagnie du Iᵉʳ bataillon).

(5) 14/13, qui ne fut pas engagée de toute la journée. (Note du général Villien.)

(6) *Rapport* du commandant de l'artillerie de la 1ʳᵉ division. Le 3ᵉ escadron du 3ᵉ Lanciers avait fourni des patrouilles sur le flanc gauche. (*Historique* du corps.)

état. Une fois à Chassey, les 2 premières batteries se trouvèrent en avant du 9° bataillon de chasseurs, et continuèrent leur route, n'ayant devant elles qu'une compagnie du 44° de marche (1).

A ce moment arriva le général Pilatrie, qui prescrivit au commandant des 2 batteries d'attendre, à l'embranchement de Chassey, le passage du 9° bataillon de chasseurs, puis l'autorisa à partir de sa personne avec la compagnie du 44° et une section de la batterie Girardin, pour reconnaître les forces ennemies qu'on signalait à 4 kilomètres d'Esprels (2). Or, il y avait au bois des Brosses, depuis la veille, une compagnie de francs-tireurs, et une autre à Esprels. Cette dernière, dès le point du jour, avait été en contact avec des éclaireurs ennemis venus par la grand'route qui passe aux Pateys. Un ulan avait été tué (3). Puis, apprenant que l'ennemi allait revenir en forces, les francs-tireurs s'étaient retirés en toute hâte dans le bois Bénard (4).

Le commandant d'artillerie Alips parvint à Esprels, sans rencontrer personne. Continuant sur la route de

---

(1) *Rapport* du commandant de l'artillerie. Probablement 1re du IIIe bataillon, cantonné à Cognières avec l'artillerie, et qui l'avait accompagnée depuis ce point.

Le canon tonnait à ce moment. Il était donc au moins 9 heures.

(2) Le *Rapport* du commandant Alips dit : une *section*. M. le général Villien affirme que sa batterie ne fut pas scindée. Il faut croire que cette section appartenait à la batterie Girardin.

(3) Les francs-tireurs étaient à la dernière maison d'Esprels, sur la route des Pateys. L'ulan et son cheval sont encore enterrés dans un champ, à la droite de cette route, à 400 mètres environ d'Esprels. (Renseignements pris sur place et Note de M. Lacroix, alors lieutenant au Ier bataillon des Pyrénées-Orientales.)

(4) D'après les *Historiques*, il aurait dû y avoir à Esprels le 1er escadron du 2e Lanciers de marche et le Ier bataillon des mobiles des Pyrénées-Orientales appartenant au 20e corps. En réalité, les lanciers restèrent au pont de Pont-sur-l'Oignon. C'est là que le 1er escadron fut rallié au passage par son régiment,

Marast, jusqu'au col que traverse cette route, à 200 mètres d'Esprels, il plaça ses pièces en batterie sur le mamelon marqué par la croix et le cimetière, leur gauche à la route, la compagnie du 44° en soutien des deux côtés.

Il devait être alors 9 heures (1).

Pendant ce temps, le 3° escadron du 3° Lanciers, qui avait fourni des patrouilles sur le flanc gauche, était arrivé à l'entrée Sud d'Esprels, où le général Feillet Pilatrie, arrivant, vers 9 h. 15, avec le 9° bataillon de chasseurs, le trouva pied à terre. — Il lui ordonna d'envoyer une patrouille sur Marast. Cinq cavaliers, dirigés sur ce village, y essuyèrent des coups de feu (2). Ils revinrent au galop, annonçant que l'infanterie ennemie occupait le village.

C'était en effet la 1re compagnie du bataillon de Thorn, que le général de Schmeling avait détachée sur son flanc droit par la route de Grange-d'Ancin, et qui dut parvenir à Marast vers 9 h. 15 (3). Elle avait détaché

---

lorsque celui-ci se porta vers Villersexel de bonne heure. Quant au 1er bataillon des Pyrénées-Orientales, il resta aussi à Pont-sur-l'Oignon ; mais une compagnie fut envoyée en grand'garde à Esprels. Elle resta à la sortie Sud-Est du village, jusqu'à l'arrivée des premières troupes du 18° corps.

(1) De Thieffrans à Esprels, il y a moins de 6 kilomètres, soit 1 h. 30 de marche, de sorte qu'on devrait admettre que le 9° bataillon serait parti de Thieffrans à 8 h. 30. Il dut en partir près d'une heure plus tôt, mais il y eut du retard par suite du détour fait par l'artillerie. Le général Billot (lettre au général Bourbaki) dit que la mise en batterie eut lieu à 9 heures, mais peut-être ne s'agit-il que de la compagnie du 44° et de la première section d'artillerie.

(2) *Historique* du 3° Lanciers. Ces cavaliers parvinrent jusqu'à la crête qui coupe la route à 200 mètres au Sud de Marast. (Renseignements pris sur place.)

(3) Tous les témoignages français s'accordent à déclarer que Marast fut occupé par l'infanterie ennemie dès le début de l'action. Or on a vu que le gros de la IV° division de réserve, parti à 6 h. 45 de Noroy-le-Bourg, ne put atteindre Aillevans (10 kil.)

un poste à la Chaffrerie au Nord-Ouest du village.

Le 9ᵉ bataillon de chasseurs, après avoir traversé le village d'Esprels, était venu se rassembler à la sortie de la route qui va vers Marast. Successivement, arrivaient le reste de la batterie Girardin (20/9) et la batterie Villien (13/13), le 19ᵉ mobiles, puis le 42ᵉ de marche.

Dès leur arrivée, les deux batteries s'établirent à côté de la section déjà postée, la 20/9 à gauche, la 13/13 à droite (1). En même temps, quelques coups de fusil éclataient vers le bois des Brosses, d'où l'on ramenait un lieutenant de francs-tireurs blessé (2). Depuis 3/4 d'heure environ, on entendait le canon allemand au Nord de Villersexel. Un combat paraissait imminent.

Pendant que ses troupes arrivaient à Esprels, et que le 9ᵉ bataillon de chasseurs se rassemblait à la sortie du village, près de la route de Marast, le général Feillet Pilatrie se porta de sa personne sur le monticule au Nord, près des pièces du commandant Alips, et, ayant vu le terrain, il appela les chefs de corps, auxquels il donna ses instructions (3).

---

avant 9 h. 15 du matin. Si la compagnie de Thorn avait été envoyée de ce point sur Marast, elle n'y serait arrivée que vers 10 h. 15 (distance 4 kil.). Mais, si elle fut détachée, comme il était rationnel, dès avant d'arriver à Oppenans, par le chemin qui va sur Grange-d'Ancin, elle put facilement arriver à 9 h. 15 à Marast.

(1) « Les hauteurs qui dominent au Nord le village d'Esprels, dit le rapport du commandant de l'artillerie de la 1ʳᵉ division, vont en mourant vers Autrey, tandis qu'elles se relèvent sur le côté gauche de la route, ayant leur point culminant à l'Ouest de Marast. Bientôt toutes les pièces des 2 batteries y prenaient position... Je fis relever les points principaux, le clocher de Marast, le versant au Nord de ce village, la sortie des bois couvrant Moimay, le clocher de cette localité. »

(2) Note de M. le général de Lacroisade, alors capitaine adjudant major, commandant le 9ᵉ bataillon de chasseurs.

(3) Note du général de Lacroisade.

Les « 3 pièces de la batterie de gauche (Girardin) surveillaient le débouché de la route de Vesoul (1); les 9 autres, embrassant un secteur, s'étendant de la droite du débouché au clocher du village de Moimay, perçant au-dessus du bois (des Brosses), toutes légèrement placées en arrière de la crête (2) ».

Le 42e de ligne, couvrant la gauche, que l'on considérait comme fort menacée, eut à placer « 2 compagnies du IIe bataillon en soutien de l'artillerie, les 4 autres, à l'ouest du village d'Esprels, *face à l'Ouest (sic)*, surveillant la route de Vesoul. 1 compagnie du IIIe bataillon se plaça à la corne Nord-Ouest du bois de la Boulàye, face au Nord, 1 autre du IIIe sur le chemin de Marast aux Pateys, face à l'Est. 4 compagnies du IIIe bataillon et les 3 compagnies du Ier étaient en réserve à la lisière du bois de la Bouloye sur les pentes descendant vers le Sud-Ouest (3). »

---

(1) Par la Grange-d'Ancin, dont on voit un bout au Nord de Marast jusqu'au bois.

(2) *Rapport* du commandant Alips.

(3) Renseignements fournis par M. le général Soyer, alors commandant une compagnie du 42e. Les emplacements du 42e mobiles, indiqués par l'*Historique* de ce corps, ne sont pas tout à fait ceux indiqués par le général Soyer, mais ils en diffèrent très peu.

« Vers la gauche, le 42e de marche avait à ce moment 2 compagnies du IIe bataillon sur le plateau d'Esprels avec la 3e batterie, les quatre autres à droite du bois de la Bouloye, la gauche à la route de Vesoul face à l'ouest (*sic*)... les Ier et IIe bataillons, masqués dans une clairière à la lisière Sud-Est du bois de la Bouloye, prêts à marcher au premier signal. Des patrouilles avaient été envoyées sur les sentiers de bois qui aboutissent au chemin de Baslières à Marast. La 1re compagnie du IIIe est en flèche à la pointe la plus orientale du bois de la Bouloye, la 2e du IIIe à l'angle Nord-Est du dit bois, au bord d'une clairière commune au bois de la Bouloye et à celui de la Genevraye, clairière que traverse le chemin de Marast aux Pateys. » (*Historique* du 42e.)

Le 19ᵉ mobiles devait occuper le centre (1). Le IIᵉ bataillon se déployant à droite de l'artillerie, son centre au cimetière, face au bois du Chanois. Le IIIᵉ bataillon se tint en réserve derrière le IIᵉ, entre Esprels et le cimetière. Le Iᵉʳ bataillon, désigné pour servir de soutien à l'artillerie, resta d'abord, pendant 1 heure environ, les faisceaux formés à l'intérieur du village. Quand le feu commença, il fut placé près des pièces, sur la hauteur au Nord et près d'Esprels (2).

Enfin, le 9ᵉ bataillon de chasseurs dut aller occuper Autrey-le-Vay. Il lui était recommandé « de faire fouiller le village, avant d'y entrer et, s'il pouvait s'y établir, d'y rester à tout prix (3) ».

Quant à la 2ᵉ brigade, en tête de laquelle marchait le 44ᵉ, elle était arrivée vers 8 h. 30 à Chassey. Le 73ᵉ s'y établit, gardant avec une compagnie la maison du Vaux (4 kil. Nord-Ouest de Chassey), et plaçant la moitié du Iᵉʳ bataillon au Mont Jésus. Le 44ᵉ fut arrêté au delà de Chassey, sur le chemin qui relie directement ce village à Esprels, lorsque sa tête de colonne se trouva à l'entrée du défilé formé par le bois de Chassey et le bois de la Côte (4).

---

(1) D'après la brochure : *Lettre d'un mobile du 19ᵉ* (lieutenant Luillier, Sancerre, 1871), le Iᵉʳ bataillon serait resté avec l'artillerie, les IIᵉ et IIIᵉ auraient été à Pont-sur-l'Oignon, y auraient pris leurs cantonnements (sic) à 11 h. 30 du matin, de là seraient revenus « en repassant l'Oignon » (sic), et au pas de course, se former en bataille sur le chemin d'Esprels à Autrey. Le IIᵉ bataillon aurait été engagé le premier, puis le IIIᵉ, dirigé sur Autrey. — Le reste de la narration est très confus.

(2) Note de M. l'intendant Sanglé Ferrière, alors lieutenant au 19ᵉ mobiles, Iᵉʳ bataillon. « Ce bataillon ne tira pas un coup de fusil de la journée. »

(3) Note du général de Lacroisade.

(4) Il forma les faisceaux sur la route et attendit jusque vers 2 heures (commandant Granderye). « La neige et les bois étouffaient le bruit du canon. On n'entendait rien. »

Les dispositions, ordonnées par le général Pilatrie, allaient avoir le grave inconvénient de disperser les 7 bataillons, dont il pouvait seulement disposer tout d'abord, sur la ligne brisée : corne Nord-Est du bois de la Bouloye, Esprels, Autrey-le-Vay, dont le développement dépasse 4 kilomètres. Mais, en fait, ces mesures étaient difficiles à éviter.

Il était impossible, en effet, de laisser à l'ennemi la faculté de venir occuper le bois de la Bouloye, dont la corne Nord-Est dominait toute la position. On ne pouvait abandonner Autrey, sous peine de perdre toute liaison avec le 20e corps, dont on voyait les colonnes sur la rive gauche de l'Oignon. Enfin, les précautions prises vers l'Ouest n'étaient que trop naturelles, dans la position critique, où se serait trouvé le 18e corps, si, isolé sur la rive droite, il avait été attaqué par toutes les forces de l'ennemi venant de Vesoul.

On doit surtout remarquer que le général Feillet-Pilatrie devait naturellement compter sur l'appui du reste du 18e corps, tout au moins, sur celui d'une division, et qu'il ne pouvait prévoir les retards de la marche. Il était à Esprels en avant-garde, et il semble avoir été parfaitement dans le rôle d'un commandant d'avant-garde, en occupant, dès le début, les points d'appui nécessaires au combat du corps d'armée, sans s'inquiéter de savoir, si le front qu'il allait garnir, correspondait à l'effectif de la première brigade.

L'occupation des positions prescrites ne donna lieu à aucun incident. « L'ennemi ne montrait qu'un petit poste d'infanterie au Sud de Moimay », avec lequel la compagnie du IIIe bataillon du 42e, une fois arrivée à la corne Nord-Est du bois de la Bouloye, échangea quelques coups de feu à 800 mètres de distance (1). On voyait quelques groupes vers la Chaffrerie; « la grange

---

(1) Général Soyer.

du Marnot paraissait occupée (1) ». Mais rien ne bougeait. Quant au 9ᵉ bataillon de chasseurs, il accomplissait sa marche sur Autrey-le-Vay, sans coup férir.

Le capitaine adjudant-major Lacroisade, commandant le 9ᵉ bataillon de chasseurs, dirigea la moitié de la 1re compagnie sur la pointe Sud du bois du Chanois, avec ordre de se rabattre ensuite sur Autrey-le-Vay, par le Nord : la moitié de la 2ᵉ compagnie, sur le bois dit la Forêt, pour entrer à Autrey par le Sud, et, précédé d'une autre demi-compagnie en avant-garde, il prit la route d'Esprels à Autrey avec le reste de son bataillon. Vers 11 heures, il entrait à Autrey, d'où une section de la 1re compagnie (lieutenant Prévost) était envoyée à la pointe Sud du bois des Brosses, pour garder le chemin qui va sur Moimay ; une autre (de la 2ᵉ compagnie, lieutenant Troller) à 300 mètres au Nord d'Autrey, sur la route de Moimay, en arrière de la crête qui descend du bois des Brosses vers l'Oignon (2).

Ces mouvements s'étaient accomplis sans qu'on ait eu à tirer un coup de feu. L'ennemi ne montrait que quelques vedettes entre Moimay et le bois des Brosses. La 8ᵉ compagnie du 25ᵉ prussien, qui, vers cette heure, devait arriver à Moimay, venant du Nord de Villersexel, ne révélait pas sa présence (3).

Vers 10 h. 30, on avait vu de la position des batteries au Nord d'Esprels « un va-et-vient d'officiers courant dans toutes les directions, comme pour étudier le terrain ; un quart d'heure après, une masse compacte et profonde apparaissait sur le plateau limité pour nous

---

(1) Général Soyer.
(2) Note de M. le général de Lacroisade.
(3) D'après les renseignements pris sur place, cette compagnie ne paraît pas être entrée à Moimay à ce moment. Elle semble être restée en dehors du village, sur le bord de l'Oignon, où elle fut vue par la batterie placée au Nord-Est du bois de Chailles. (Voir 1ᵉʳ combat de Villersexel.)

par le pignon de l'église de Marast et le toit le plus élevé des maisons à notre gauche. Cet ordre en colonne serrée indiquait évidemment que nos pièces n'avaient pas été aperçues. Au plus loin, un mouvement de voitures se dessinait à la gauche de Marast (1). Le feu commença par la 20ᵉ batterie qui tira à 1,800 mètres. Chaque obus éclata à bonne distance, le 3ᵉ projectile au milieu de la colonne, qui s'arrêta indécise. Toutes les autres pièces, faisant feu au commandement du capitaine, y déterminèrent un mouvement rétrograde, exécuté en toute hâte (2). »

C'étaient les 2 compagnies (2 et 3/34) du capitaine Lœdemann, qui, apparaissant au Nord de Marast, étaient surprises par la canonnade et se mettaient à l'abri sous bois.

Sur ces entrefaites, on entendit quelques coups de canon au Nord de Moimay. C'étaient les 2 batteries Ulrich et Riemer, qui débouchaient du chemin allant d'Aillevans vers Moimay, dit chemin du Prêtre, à l'Est duquel elles se plaçaient pour tirer sur la batterie Herment du 20ᵉ corps placée à la corne Nord-Est du bois de Chailles. De la hauteur au Nord d'Esprels, où se tenait l'artillerie française, on ne pouvait voir que la fumée des pièces allemandes. Le commandant Alips prescrivit donc au capitaine Villien de conduire sa batterie par le chemin, qui, d'Esprels, monte vers le bois de la Bouloye, et de prendre une position plus élevée. Celle qui fut occupée se trouve à peu près à mi-chemin entre Esprels et le bois de la Boulaye, « en arrière d'une haie parallèle au chemin à 20 mètres à l'Est de celui-ci » (3). Après quelques coups tirés contre les batteries Otto et Riemer, on vit

---

(1) La distance était d'environ 2,500 mètres. (Note de M. le général Villien.)
(2) *Rapport* du commandant Alips.
(3) Note de M. le général Villien. Le fait a été vérifié sur place.

celles-ci amener les avant-trains et disparaître dans la vallée qui sépare Moimay des Grands-Bois. Presque au même moment, les 2 compagnies Lœdemann apparaissaient de nouveau au Nord de Moimay. Les 2 batteries françaises recommençaient le feu, rendu plus efficace encore que la première fois, par la nouvelle position prise par la batterie Villien.

« Cette colonne, dit le commandant Alips, reformée en arrière de la 1re position, apparut de nouveau. La 20e, la prenant d'enfilade et le 13e, d'écharpe, en moins de quelques minutes, les dispersèrent dans le plus grand désordre. Le feu des 12 pièces fut porté sur le village. De tous les points, il en sortit des groupes ennemis gagnant les bois en arrière, le plus grand nombre la route de Marast à Moimay, couverte par un ressaut de terrain. Je fis cesser le feu, dès qu'on ne vit plus que des fuyards isolés. »

Effectivement, le général von der Goltz avait de sa personne donné l'ordre au capitaine Lœdemann « d'entrer dans Marast avec la 3e/*34* compagnie, tandis que la 2e marchait à l'abri vers la corne Nord-Ouest du bois des Brosses.

« Le feu était si violent que la 3e compagnie se replia jusqu'à la cote 292 (route de Marast à Grange-d'Ancin) (1) ». La 1re compagnie de Thorn, abandonnant Marast, se retira plus loin encore et rentra à son bataillon. Ces deux offensives allemandes avaient cédé devant le feu des 2 batteries, car le 42e de marche n'avait pris aucune part à leur échec (2). Enfin, simultanément, la 2e/*34* compagnie avait abandonné la corne Nord-Ouest du bois des Brosses, et, à l'abri, s'était dirigée sur Moimay.

---

(1) Major Kunz. *Entscheidungs Kämpfe.*
(2) Note du général Soyer. Cette offensive avait été peu énergique, puisque la 3e compagnie, qui marchait en tête, n'avait eu que quelques hommes hors de combat. (*Historique* du *34e*.)

Voici, de ce côté, ce qui s'était passé.

Lorsque, vers 11 heures, les 2 batteries Ulrich et Riemer se furent placées au Nord de Moimay, à l'Est du chemin du Prêtre, le *34ᵉ* régiment était venu se masser près d'elles « en arrière et dans la forêt » (1).

Peu après, les 6ᵉ et 7ᵉ compagnies du 30ᵉ eurent l'ordre de franchir le ruisseau de Lauzun et de venir occuper le bois des Brosses. Mais, en arrivant, un quart d'heure après, au carrefour situé sur la lisière Nord, les 2 compagnies reçurent quelques coups de feu des francs-tireurs embusqués dans le bois. Elles y prirent pied néanmoins, mais en restant sur la lisière Nord. La demi-compagnie du 9ᵉ chasseurs resta donc embusquée à la borne Sud-Est, sans tirer et sans révéler sa présence, ainsi qu'on en verra la preuve plus loin.

De leur position au Nord de Moimay, les 2 batteries Ulrich et Riemer voyaient mal la batterie Herment à l'angle Nord-Est du bois de Chailles, et ne voyaient pas du tout les 4 pièces du lieutenant Laffon de Ladébat, placées au Sud de ce bois à la cote 292 de l'Ouest (2). Leur station fut donc courte. Vers 11 h. 30, elles arrivaient à Moimay par le chemin du Prêtre, puis, suivant la route qui mène à Marast, elles vinrent se poster à 150 mètres de l'angle Ouest du village, sur l'éperon remarquable qui a été décrit (3).

---

(1) *Historique* du *34ᵉ*, Kunz, etc. C'étaient les compagnies 1ʳᵉ et 4ᵉ du Iᵉʳ bataillon, tout le IIᵉ bataillon, et 3 compagnies 9ᵉ, 11ᵉ et 12ᵉ des Fusiliers, soit 9 compagnies, sous les ordres du lieutenant-colonel v. Westernhagen.

(2) Voir *Varnhagen*, Kunz.

(3) Leur position est indiquée par quelques arbrisseaux, près du chemin de terre qui va d'Autrey à Moimay, 50 mètres à l'Est du monument, élevé depuis, et qui contient 75 cadavres.

De là elles prenaient complètement d'écharpe la batterie Herment. Avant midi, celle-ci, ayant fait des pertes sérieuses, était obligée à la retraite, et venait se placer à la cote 292 de l'Est, à hauteur de la batterie Laffon de Ladébat.

Mais, à leur tour, les pièces allemandes allaient prêter le flanc aux 2 batteries du 18ᵉ corps (1). La batterie Villien, abritée derrière une haie, à mi-chemin entre Esprels et le bois de la Bouloye, ouvrit un feu si efficace (2) que l'une des 2 batteries allemandes dut rapidement faire face à l'Ouest. Elle fut renforcée par la 3ᵉ batterie (Fischer) de la brigade von der Goltz, qui, un moment laissée en réserve dans le village de Moimay, vint se placer auprès des 2 autres et à leur droite (3). Leur tir fut néanmoins peu efficace contre les batteries du 18ᵉ corps, et il fut bientôt dirigé contre les batteries du 20ᵉ, qui se renforçaient à ce moment (4), et contre les tirailleurs du 47ᵉ de marche, qui se montraient à la lisière Nord du bois de Chailles.

Un peu après les deux premières batteries (Ulrich et Riemer) étaient arrivées à Moimay 8 compagnies du

---

(1) La 3ᵉ batterie de la 1ʳᵉ division ne fut pas employée de toute la journée. (Renseignement fourni par le général Villien.)

(2) Les batteries de la 1ʳᵉ division du 18ᵉ corps tirèrent environ 70 coups par pièce. En 6 heures de combat, personne ne fut blessé. « Les batteries n'ont eu à supporter qu'un feu d'artillerie loin de cette précision attribuée invariable à l'artillerie prussienne. » (*Rapport* du commandant de l'artillerie de la 1ʳᵉ division du 18ᵉ corps. M. le général Villien explique le peu d'effet du tir de l'ennemi, par la position qu'il avait pris à 15 mètres en arrière d'une haie, sur laquelle la batterie ennemie régla son tir avec une grande précision. Les obus percutants s'enfonçaient dans la neige sans produire de dommage.

(3) *Rapport* Riemer, d'après Varnhagen ; *Grand État-Major allemand.*

(4) Voir *Combat au Sud de Villersexel.* (Note du commandant Lyautey.)

34ᵉ **(1)**, la 11ᵉ étant restée aux Grand-Bois en réserve (2). Elles occupèrent le cimetière, placé à la face Sud du village, et un mur qui forme la lisière Ouest et qui fut crénelé (3).

Quant à la 8ᵉ compagnie du *25ᵉ*, elle avait été rappelée à son corps, maître alors de Villersexel. Les 7 compagnies du *30ᵉ* (1), qui, pendant la matinée, étaient restées en réserve à la Grange-d'Ancin, venaient d'être appelées sur le même point, dont le *25ᵉ* achevait alors la conquête. Il ne restait donc plus en face du 18ᵉ Corps que la 3ᵉ/*34ᵉ*, entre Grange-d'Ancin et Marast, à l'abri des bois, les 6ᵉ et 7ᵉ/*30ᵉ*, au Nord du bois des Brosses, et dix compagnies (4) du *34ᵉ*, à Moimay avec 3 batteries.

Jusqu'à une heure du soir, nulle part les infanteries adverses ne devaient être engagées : elles étaient hors de portée et ne se voyaient pas.

Mouvement d'ensemble du 18ᵉ corps. — Le général Billot paraît être arrivé à Esprels, au moment de la première canonnade, qui avait obligé les 2 compagnies Lœdemann, 2ᵉ, 3ᵉ/*34ᵉ*, venant de Grange-d'Ancin, à se réfugier sous bois. — Les dispositions prises par le général Feillet-Pilatrie ne furent pas modifiées, notamment en ce qui concerne la deuxième brigade, qui resta aux environs de Chassey, se couvrant vers l'Ouest (6). Toutefois, des officiers furent envoyés aux 2ᵉ et 3ᵉ divisions pour les appeler le plus tôt possible vers Esprels.

---

(1) 1ᵉʳ, 4ᵉ, 5ᵉ, 6ᵉ, 7ᵉ, 8ᵉ, 9ᵉ, 12ᵉ/*34ᵉ*.

(2) D'après l'*Historique* du *34ᵉ*. Kunz dit, de son côté, que 7 compagnies seulement vinrent à Moimay, les 11ᵉ et 12ᵉ restant aux Grands-Bois.

(3) Renseignements pris sur place. Il paraît certain qu'on ne dépassa pas le village vers le Sud.

(4) 3ᵉ, 4ᵉ, 5ᵉ, 8ᵉ, 9ᵉ, 10ᵉ, 11ᵉ, les 6ᵉ et 7ᵉ étaient au Nord du bois des Brosses.

(5) 1ᵉʳ, 2ᵉ (venant des environs de Marast), 4ᵉ, 5ᵉ, 6ᵉ, 7ᵉ, 8ᵉ, 9ᵉ, 11ᵉ, 12ᵉ.

(6) Voir ci-dessus.

Mais un grave contre-temps allait pour toute la journée gêner l'action du 18ᵉ corps.

On se souvient que, d'après l'ordre de mouvement du 8 janvier, la 2ᵉ division du 18ᵉ corps, cantonnée à Fontenois-les-Montbozon, Sorans-les-Cordier et Roche sur-Linotte, devait se porter sur Bonnal et Tressandans par la rive droite de l'Oignon, y passer la rivière, et se rendre de là à Villersexel par la rive gauche. Ce mouvement oblique devait fatalement couper le chemin à la 3ᵉ division, cantonnée à Montbozon, Ormenans, Bouhans et Maussans. Par suite, il avait été spécifié que la 3ᵉ division ne prendrait les armes qu'à 11 heures du matin, après avoir assuré ses distributions et fait la soupe, de façon à permettre à la 2ᵉ de s'écouler entre Bouhans et Thieffrans. D'autre part, la journée du 8 avait été très dure pour la 2ᵉ division, qui avait eu à couvrir le mouvement vers l'Est, et dont les troupes n'étaient arrivées à leurs points de stationnement que dans la nuit (1). On n'avait pu faire la soupe, de sorte que la matinée du 9 s'était passée pour la division Penhoat à effectuer les distributions indispensables (2).

Ce fut donc vers 11 heures seulement, qu'une colonne

---

(1) Après minuit pour le 53ᵉ de marche, minuit pour le 92ᵉ de ligne, 10 heures du soir pour le régiment d'Afrique, etc. (*Historique des corps*). Voir ci-dessus.

(2) *Rapport* de l'amiral Penhoat. (Archives de la Guerre.) « A 7 heures du matin, parvint à la division l'ordre de se mettre en mouvement. L'heure à laquelle cet ordre fut remis le rendait inexécutable; d'une part il fallait rallier tous les avant-postes, la brigade Perrin cantonnée en arrière à 7 kilomètres; d'autre part les troupes manquaient absolument de vivres; le convoi avait été retardé... les premières voitures arrivèrent assez tard, on fit la distribution aux troupes les plus à portée et l'on forma de suite une colonne légère. »

Rapport du colonel Perrin. « Je n'ai pu quitter Fontenois qu'à 11 heures, sans achever une distribution de vivres. »

Journal du 92ᵉ. « Départ à midi. »

légère, aux ordres du colonel Perrin, et composée, dans l'ordre de marche, du Ier bataillon du 52e de marche, du IIIe bataillon du même régiment, de la 21e batterie du 13e régiment, et du 12e bataillon des chasseurs, se mit en route sur Bouhans, avec l'ordre de gagner de là le pont de Villersexel. Mais lorsque, vers midi, le colonel Perrin parvint à Cognières, il reçut l'avis d'avoir à se diriger, non plus sur Bonnal, pour y passer l'Oignon, mais directement sur Esprels.

A peu près à ce moment, le reste de la division Penhoat quittait Fontenois par le même chemin, et le même ordre lui parvint avant qu'elle atteignit Bouhans.

Cependant, la 3e division s'était mise en marche à 11 heures, conformément à l'ordre de mouvement. La tête de colonne, avant d'arriver à Bouhans, se trouva coupée par la colonne Perrin, puis par le reste de la 2e division. L'encombrement s'accrut de l'arrivée de la division de cavalerie, venant de Loulans, et qui, arrivée à Bouhans, et trouvant la route occupée par la 2e division, laissa les deux batteries (16 et 17/*19*) entre Bouhans et Cognières, « parquées avec les bagages et sous la garde des lanciers » (1) et tenta de passer dans les champs. — Mais la neige était si épaisse qu'il fallut y renoncer, et, à Cognières, prendre la queue de la 2e division.

La 3e division resta donc les faisceaux formés, entre Montbozon et Bouhans, au moins jusqu'à 1 h. 30 du soir (2).

---

(1) Note de M. le général Perrodon, alors capitaine commandant la 17e/19{e} batterie. Jusqu'à la nuit elles attendirent des ordres et finirent par bivouaquer sur place.

(2) Ce délai fut employé à distribuer des effets d'habillement. (Archives de la guerre.) On n'arriva à Esprels que vers 5 heures, distance de Bouhans : 10 à 11 kilomètres, soit près de trois heures de marche, le départ serait donc de deux heures. Le retard de trois heures représente à peu près l'écoulement de la 2e division et de la division de la cavalerie.

Quant à la réserve d'artillerie, elle avait, conformément à l'ordre de mouvement, traversé Montbozon de bonne heure, passé l'Oignon en ce point, et, par la rive gauche, elle se dirigeait vers Pont-sur-l'Oignon, où elle était arrivée vers 1 heure du soir (1). Elle n'avait donc pas contribué au retard du 18ᵉ corps. Mais elle avait été gênée par la 2ᵉ division du 20ᵉ corps, qu'elle dut suivre entre Bonnal et Pont-sur-l'Oignon.

---

(1) *Rapport* du commandant Mazières des batteries de marine (Groussard et Laberge).

IV

Marche des 20ᵉ et 24ᵉ Corps dans la matinée.

Rôle du gros de la division Ségard. — On se souvient que, lorsqu'un peu avant 11 heures, le lieutenant Laffon de Ladébat eût rendu compte au général Clinchant de l'attaque imminente contre Villersexel, il avait reçu l'ordre du chef d'escadron Faivre, commandant l'artillerie de la 3ᵉ division, de prendre les 4 pièces restant de la batterie Derennes (18ᵉ/14ᵉ), et d'ouvrir le feu contre l'artillerie ennemie, signalée à l'Ouest de Villersexel, à la sortie du bois du Grand-Fougeret.

Ces 4 pièces s'établirent à la cote 292 de l'Ouest, près de la ferme du Rullet (1), en arrière du bois de Chailles, et, un peu avant 11 h. 30 (2), elles ouvrirent brusquement le feu contre la droite de la batterie Glagau, à environ 3 000 mètres (3). — Celle-ci répondit, avec l'aide de la bat-

---

(1) Cette colline était alors entièrement déboisée.

(2) Dans l'intéressante discussion qu'il a faite au sujet du rôle de l'artillerie, le professeur Varnhagen a cité les témoignages suivants relatifs à l'ouverture du feu par les 4 pièces de la batterie Derennes, alors commandée par le lieutenant Lafond de Ladébat, au Sud du bois de Chailles.

Treskow, 11 heures; Schaper, avant midi; Riemer, 11 h. 30; Ulrich, 11 h. 15; Nachtigall, entre 11 heures et midi. Wengen, d'après une correspondance privée, dit que la distance était de 3,000 mètres environ.

(3) Les 3 premiers coups portent en plein dans les pièces. (Général Chevals.)

terie Otto; mais, voyant très mal les 4 pièces françaises, « couvertes par le bois de Chailles et qui ne se révélaient que par la fumée » (1), leur tir eut peu d'effet (2). A ce moment, les 2 batteries allemandes Riemer et Ulrich se trouvaient sur la route de Grange-d'Ancin, entre ce point et la sortie du bois du Grand-Fougeret. — Elles reçurent l'ordre (3) « de prendre le sentier qui va vers le Sud, d'Aillevans à Moimay, et de venir prendre position à la lisière Sud du bois, au nord de Moimay, pour battre l'artillerie française, installée au sud du bois de Chailles, et que les batteries Otto et Glagau voyaient mal. » Pendant que ces deux batteries exécutaient ce mouvement, la 2ᵉ batterie de la 3ᵉ division du 20ᵉ corps (Herment, 14/10) avait été portée par le commandant de l'artillerie « en avant du ruisseau des Magny, sur un mamelon, entre la grand'route et le bois de Chailles (4) », c'est-à-dire près de la corne Nord-Est de ce bois, à l'endroit qui est marqué par de grands peupliers (5).

Le Iᵉʳ bataillon du 47ᵉ de marche (de Séré), qui marchait en tête du régiment, vint se placer derrière cette batterie, en soutien, formé en colonne serrée (6).

La batterie Herment ouvrit le feu contre Villersexel, lorsque l'ennemi apparut à la sortie Sud, mais bientôt, elle se trouva très exposée, ainsi que son bataillon de soutien.

---

(1) *Rapport* de Schaper cité par Varnhagen.

(2) Les 4 pièces du lieutenant Laffon de Ladébat tinrent toute la journée au même point, perdant 4 tués et 10 blessés. Elles eurent 1 affût brisé. Le lieutenant, blessé, resta à son poste jusqu'au soir. De nombreux témoins, Général Chevals, marquis de Massa, général Varaigne, etc., furent frappés par l'énergie de son attitude.

(3) Riemer d'après Varnhagen.

(4) *Rapport* et *Journal* du 20ᵉ corps.

(5) A l'Est et tout près de la route. L'endroit est très reconnaissable et les habitants s'en souviennent parfaitement.

(6) Notes de MM. Cammaerts et de Wignacourt, tous deux capitaines à ce bataillon.

Vers 11 h. 15 en effet, les 2 batteries Riemer et Ulrich franchirent le Lauzun, au Nord de Moimay, et vinrent prendre position sur l'éperon situé au Sud-Ouest de ce village (1), leur gauche au village. Si, là, elles prêtaient le flanc aux batteries du 18ᵉ corps, spécialement à la batterie Villien, placée au Nord-Ouest d'Esprels, et qui du reste était gênée dans son tir par le bois des Brosses, les 2 batteries Ulrich et Riemer, bientôt rejointes par la batterie Fischer, prenaient d'écharpe la batterie (2) Herment et pouvaient battre tout le terrain à l'Est de l'Oignon jusqu'au delà de la route de Cubrial, ainsi que le bois de Chailles, complètement dominé. — En outre, la 8ᵉ compagnie, dont on a signalé l'envoi à Moimay de bonne heure, se montrait dans la vallée de l'Oignon.

Enfin, les 2 batteries Otto et Glagau canonnaient de front, de leur position au Nord de Villersexel, le bataillon de Séré, qui, très exposé par sa position et sa formation, souffrit beaucoup. Un obus, tombant au centre de la 6ᵉ compagnie, tua ou blessa 18 hommes. Déployé après cet incident, le bataillon fit encore des pertes.

Vers midi, la batterie Herment, fortement éprouvée, fut rappelée par le général Clinchant sur la rive gauche du ruisseau de Peute-Vue.

Elle vint se placer à hauteur des 4 pièces du lieutenant Laffon de Ladébat, et à leur droite, à cheval sur la route (3). Quant au bataillon de Séré, il fut établi à l'abri du bois de Chailles, contre le talus de la route, et placé en réserve.

Après que la batterie Herment eut quitté sa première

---

(1) Voir Opérations du 18ᵉ corps. La position est entre le monument et l'angle S.-O. du mur, qui forme la lisière du village, à hauteur du cimetière.

(2) Le tir fut exécuté à 2,700 pas (2,000 m.). *Rapport* Ulrich cité par Varnhagen.

(3) 2 pièces à droite de la route, 4 à gauche. Voir : général Ségard, capitaine Autixier, lieutenant Laffon de Ladébat, etc.

position, les 3 batteries allemandes de Moimay, se trouvant prises d'écharpes sur leur flanc droit par la batterie Villien du 18ᵉ corps, celle de droite (Riemer) lui avait fait face. La batterie Ulrich, bientôt renforcée par la batterie Fischer, entretint le feu, tantôt contre les 4 pièces du lieutenant Laffon de Ladébat, par-dessus le bois de Chailles, tantôt contre ce bois, que les obus fouillèrent, causant aux troupes qui s'y abritaient des pertes sérieuses (1).

En effet, dès son arrivée sur le ruisseau de Peute-Vue, le général Ségard avait ordonné au commandant Pothier, du IIᵉ bataillon du 47ᵉ de marche, d'occuper le bois de Chailles : la 1ʳᵉ compagnie se plaça à gauche, en première ligne, à l'angle Nord-Ouest du bois, la seconde, au milieu de la lisière Nord, les 3ᵉ et 4ᵉ, au centre du bois (2), les 5ᵉ et 6ᵉ, sur la lisière Sud. — Lorsque le Iᵉʳ bataillon du 47 se fut retiré avec la batterie Herment, il fut remplacé, en travers de la route de Villersexel, à l'angle Nord-Est du bois de Chailles, par une ligne de tirailleurs formée de 3 compagnies du IIIᵉ bataillon du 78ᵉ de marche, incorporé dans le 47ᵉ de marche, sous les ordres du capitaine adjudant-major Martin. Les 3 autres compagnies de ce bataillon en seconde ligne, près du pont du ruisseau (3).

En réserve, étaient massés, à l'angle Sud-Ouest du bois de Chailles, le Iᵉʳ bataillon du 47ᵉ de marche (de Séré) et le 2ᵉ bataillon des Pyrénées-Orientales. Mais, lorsque le feu de l'artillerie ennemie devint efficace, ces bataillons

---

(1) Près de la Tuilerie, au pied de la hauteur 292 de l'Ouest, un obus tua 12 hommes, un autre 19. (Général Ségard, commandant Lyautey, général Chevals, etc.)

(2) Renseignements fournis par le commandant Lyautey, alors lieutenant, commandant la 3ᵉ compagnie.

(3) Ce bataillon du 78ᵉ est désigné dans les relations officielles sous l'appellation de « bataillon Martin », alors capitaine adjudant-major.

furent déployés « partie contre la lisière Sud du bois, partie dans la vallée, entre la route de Villersexel et le petit Magny (1). »

Quant aux mobiles des Vosges, ils restèrent en soutien de l'artillerie, sur la rive gauche du ruisseau de Peute-Vue, le Ier bataillon, à droite des 2 batteries, le 2e, à gauche, détachant la 3e compagnie (Geoffroy), en tirailleurs, face à l'Oignon (2).

Les débris des Corses, après avoir occupé quelque temps un petit bois au Nord du Petit-Magny, se replièrent sur la rive gauche du ruisseau, à la droite du Ier bataillon des Vosges; de là, ils allèrent à la Pâture, sur la route de Cubrial (3).

A Pont-sur-l'Oignon restait le Ier bataillon des Pyrénées-Orientales, dont la compagnie (Geoffroy), de grand'garde à Esprels, avait rallié à l'arrivée des premières troupes du 18e corps.

Ces dispositions étaient, on le voit, nettement défensives; les précautions prises au début, surtout du côté de l'Ouest, indiquaient aussi que l'on s'attendait à voir l'ennemi tenter de franchir l'Oignon, « ce qui aurait compromis la gauche (4) ». Tout d'abord, on avait cru que les batteries signalées près de Moimay appartenaient au 18e corps français. Il avait fallu une reconnaissance, exécutée par le capitaine anglais Metcalf, attaché à la 3e division du 20e corps, pour vérifier la présence de l'ennemi. L'immobilité du 18e corps, dont la présence ne se révélait que par les quelques coups du canon tirés à l'Ouest d'Esprels, fit penser que les troupes du général Billot étaient encore plus en retard qu'elles ne l'étaient

---

(1) *Rapport* Ségard.

(2) *Historique* du 1er bataillon des Vosges (1 tué, plusieurs blessés du 2e bataillon).

(3) *Historique* du Ier bataillon des Vosges. Note de M. le colonel de Tristan, alors commandant la batterie de mitrailleuses.

(4) *Rapport* du général Ségard.

réellement, et que le 20ᵉ pouvait être attaqué sur sa gauche. Il en résulta que, tout d'abord, la 2ᵉ division de ce corps d'armée fut massée en arrière et à gauche de la 3ᵉ, au fur et à mesure de son arrivée au débouché, près de la ferme de Noire-Bouze, de la route venant de Pont-sur-l'Oignon à travers les bois (1).

Partie vers 8 heures (2) de Bonnal et Tressandans, et précédée du 25ᵉ bataillon de chasseurs, qui marchait avec l'artillerie, la 2ᵉ division du 20ᵉ corps commença, vers 11 heures, à déboucher entre les Bois de Noire-Bouze et le ruisseau d'Auta. Elle s'y rassembla en ligne, la 1ᵉʳ brigade à droite (3), la 2ᵉ à gauche, l'artillerie formant le parc sur la route de Rougemont (4).

La réserve d'artillerie, partie à 8 h. 30 de Rougemont pour Melecey, derrière la 1ʳᵉ division, avait atteint Cubry, lorsqu'elle reçut l'ordre de tourner à gauche, pour rejoindre la route de Rougemont, et venir appuyer les 2 batteries de 4 de la 3ᵉ division.

3 pièces de 12 (batterie 23 du 6ᵉ, Colson), parties sans caissons (5), devaient arriver en ligne entre midi 30 et 1 heure.

La 1ʳᵉ division du 20ᵉ corps avait quitté Rougemont à 8 heures, pour gagner Villargent par Cuse et Abbenans. Une fois à Cubry, on fut arrêté par un convoi du 24ᵉ corps. A Abbenans, on se heurta à la 3ᵉ division du 24ᵉ corps, de sorte que le général de Polignac, entendant le canon vers Villersexel, se résolut

---

(1) *Historique* et *Journal* de la 2ᵉ division.
(2) L'*Historique* du 25ᵉ bataillon de chasseurs dit 7 heures, celui de la division 8 h. 30.
(3) 25ᵉ bataillon de chasseurs, 3ᵉ zouaves de marche, 34ᵉ mobiles, mobiles de la Savoie et du Haut-Rhin. (*Historique* du 25ᵉ chasseurs.)
(4) *Historique* de la 21ᵉ batterie du 6ᵉ.
(5) *Rapports* du commandant de l'artillerie du 20ᵉ corps et du capitaine commandant la 23ᵉ batterie du 6ᵉ.

à sortir de la route, et à franchir à travers champs l'espace compris entre Fallon (où arrivait sa tête de colonne [2ᵉ brigade] vers midi) et Villargent.

Mouvement du 24ᵉ corps. — *2ᵉ division.* — Le mouvement vers l'Est du 24ᵉ corps devait commencer par la 2ᵉ division. Mais l'heure tardive à laquelle les ordres parvinrent aux troupes retarda toute l'opération. C'est ainsi que le IIᵉ bataillon du 87ᵉ resta sous les armes, de 9 heures du matin à 11 heures, entre Fallon et Melecey, attendant le 14ᵉ mobiles, qui quitta Grammont et Fallon vers 11 heures seulement (1).

Ce ne fut pas avant midi que la colonne commença à se former vers Vellechevreux, où arrivaient, d'un côté, le 87ᵉ mobiles, par la route de Melecey, Géorfans, de l'autre, le reste de la division, par Courchaton. Un peloton du 7ᵉ de cavalerie mixte, formant l'avant-garde, était dirigé sur Secenans, et, voyant quelques ulans vers Mignafans, leur donna la chasse.

3ᵉ division. — D'autres causes encore avaient retardé le mouvement de la 3ᵉ division.

A 7 heures du matin, une partie des troupes avaient pris les armes et avaient été portées sur les hauteurs au Nord d'Abbenans (2), tandis qu'une reconnaissance du 89ᵉ mobiles était dirigée sur la route qui va à Villersexel. Puis, quand on entendit le canon de ce côté, il semble que la division fut d'abord dirigée sur Cubry, où elle vint se heurter contre les troupes du général de Polignac (3). Ce n'est donc pas avant onze heures du matin qu'elle reprit sa marche sur la route d'Abbenans à Fallon, Melecey et Saint-Ferjeux, où la tête arriva vers 1 h. 30 du soir.

---

(1) *Historique.* Il laissait une compagnie 5ᵉ du IIᵉ à Petit-Magny.
(2) *Historique* de la 1ʳᵉ légion du Rhône.
(3) *Historique* du 89ᵉ mobiles. *Journal* du 1ᵉʳ bataillon du 89ᵉ mobiles (Var) par le capitaine Porre Pierre de la 5ᵉ compagnie.

1ᵉʳ division. — La première division disposait d'une route indépendante, à la vérité très mauvaise, pour se rendre de Fontenelle et Uzelle sur Bournois, Grammont et Courchaton. Vers midi, sa tête de colonne arrivait à Bournois (1).

La réserve d'artillerie et l'escadron du 7ᵉ dragons suivaient la 3ᵉ division, et ne contribuèrent pas peu à l'encombrement de la route entre Abbenans et Fallon.

---

(1) *Historique* du 1ᵉʳ bataillon de Tarn-et-Garonne. La division avait à sa disposition un escadron du 10ᵉ dragons, qui la rejoignit à Uzelle. (*Historique* du 10ᵉ dragons.)

V

**Engagement du 18ᵉ Corps de 1 heure
à 3 h. 30 du soir.
Combats du bois des Brosses.**

De son observatoire entre Aillevans et Oricourt, le général Werder observait les mouvements des Français. « On voyait distinctement leurs longues colonnes en route vers l'Est, se détourner vers Villersexel, ou faire halte. C'était ce qu'on recherchait et qu'on espérait (*sic*). Tout d'un coup, vers une heure, la fusillade et la canonnade reprirent vigoureusement vers Moimay. De la cote 394, on ne voyait rien, mais il était clair que, de ce côté, il allait y avoir quelque chose de très sérieux. Tout d'abord, le général en chef espéra que le bruit allait se calmer, ainsi qu'il arrivait à Villersexel. Tout au contraire, le feu redoubla. — Il ne pouvait y avoir de doute : de ce côté on ne se trouvait pas sur le flanc des Français, on défilait devant leur front. »

« En conséquence, vers 1 h. 30, le général de Werder descendit de sa personne à Villersexel. Son chef d'État-Major alla à Moimay. Le rendez-vous était fixé au pont de Villersexel (1). »

Voici par quel incident imprévu la lutte s'était engagée entre Moimay et Autrey-le-Vay.

1ᵉʳ combat du bois des Brosses. — On a vu qu'après la

---

(1) Major Kunz.

retraite de la batterie Herment, de sa position au Nord-Est du bois de Chailles, les 3 batteries Ulrich, Riemer et Fischer avaient entamé la lutte contre l'artillerie du 20ᵉ corps, que la réserve commençait à renforcer, et qui s'était placée sur la ligne marquée par les 2 cotes 292, sur la rive gauche du ruisseau de Peute-Vue. Afin de chercher à prendre d'écharpe cette ligne de pièces, on décida vers 1 heure de faire avancer la batterie Fischer, et, dans la conviction que le bois des Brosses était occupé par les 6ᵉ et 7ᵉ compagnies du *30ᵉ*, cette batterie fut dirigée, entre 1 heure et 1 h. 30, vers le saillant Sud du bois des Brosses (1), à 60 ou 80 mètres de la lisière, en face du point où elle était occupée par la section Prévost de la 1ʳᵉ compagnie du 9ᵉ bataillon de chasseurs. Celle-ci avait sur sa gauche, dans le bois, les francs-tireurs, qui faisaient face aux 6ᵉ et 7ᵉ compagnies du *30ᵉ*, restées à la lisière Nord du bois des Brosses. Au moment, où, sans défiance, la batterie Fischer décrochait ses avant-trains et s'établissait face au Sud-Est, elle fut assaillie, à courte distance sur son flanc droit, par le feu des 50 chasseurs du lieutenant Prévost, tandis que la section Troller (2ᵉ compagnie du 9ᵉ chasseurs), apparaissant à l'Ouest de la route d'Autrey à Moimay, de derrière la crête, où elle était embusquée, la fusillait de front à environ 500 mètres. En même temps, l'autre moitié de la 1ʳᵉ compagnie sortait d'Autrey au pas de course, se dirigeant vers la corne Sud-Est du bois des Brosses. — La batterie Fischer tira quelques obus sur la section Troller, dont le chef fut blessé ; deux ou trois autres furent envoyés sur Autrey, et un ou deux coups à mitraille, par les 2 pièces de droite, contre le bois. Mais, au bout d'un instant, les avant-trains furent amenés, quatre pièces s'enfuirent à toute vitesse vers Moimay, tandis que les deux canons de droite restaient aban-

---

(1) Kunz, Varnhagen. *Mémoire* de M. le général de Lacroisade.

donnés. — La deuxième moitié de la 1ʳᵉ compagnie, conduite par le commandant du bataillon, capitaine de Lacroisade n'en était plus qu'à 200 mètres, lorsque les 6ᵉ et 7ᵉ compagnies du *30ᵉ* prussien, arrivant au pas de course de la partie Nord du bois des Brosses, bousculèrent les francs-tireurs, reprirent les 2 pièces et rejetèrent la section Prévost hors du bois, une partie vers l'Ouest, l'autre vers le Sud. Cette dernière fraction fut recueillie, par la compagnie amenée par le capitaine Lacroisade, à 100 mètres de la lisière qu'avaient atteinte les 6ᵉ et 7ᵉ compagnies prussiennes. Celles-ci ne tentèrent pas de déboucher du bois. Embarrassées par les 2 pièces, qu'elles avaient sauvées, elles se retirèrent vers leur première position, dans la partie Nord; de sorte que la 1ʳᵉ compagnie du 9ᵉ chasseurs réoccupa la corne Sud-Est (1).

Cependant les francs-tireurs, auxquels étaient mêlés quelques chasseurs de la section Prévost rejetés vers l'Ouest, s'étaient retirés jusque vers Esprels, où leur venue avait donné l'alarme. — Croyant à une attaque sérieuse contre le 9ᵉ bataillon de chasseurs, le général Billot (2) lui envoya comme soutien le IIIᵉ bataillon du 19ᵉ mobiles (capitaine Dierksen), sous la conduite du commandant d'État-Major Libermann, et le général Feillet-Pilatrie adressa au 44ᵉ de ligne, resté jusque-là près de Chassey, au bois de la Côte, l'ordre de marcher rapidement sur Esprels. — Ce régiment se mit en marche vers 2 heures du soir, et fut remplacé à l'entrée du défilé des bois de la Côte par le 73ᵉ mobiles, qui laissa seulement « une compagnie à la maison de Vaux et une autre à l'angle Sud-Ouest du bois de Chassey. Une partie du 1ᵉʳ bataillon fut placée sur la crête de Mon-

---

(1) Général de Lacroisade.
(2) Il avait interrogé lui-même le lieutenant Prévost. (Note du général de Lacroisade.)

taigu. » Il devait y rester toute la journée, sans prendre part à la bataille (1).

Vers le même moment (1 heure), la réserve d'artillerie, arrivée à Pont-sur-l'Oignon, y recevait l'ordre du général Billot de passer la rivière, et de venir prendre position près d'Esprels. Deux batteries de marine (34e, Groussard, et 35e, Laberge) s'y portèrent, mais il ne semble pas que leur feu ait commencé avant 3 heures du soir (2) contre Moimay.

Enfin, dès l'arrivée du Ier bataillon du 44e de marche à Esprels, vers 3 heures, semble-t-il, il fut placé au centre de la position, et à « la gauche du 19e mobiles, en avant du village d'Esprels » (3). C'est-à-dire un peu à l'Ouest du cimetière, où se plaça le Ier bataillon du 19e mobiles (capitaine Devaulx), tandis que le IIe bataillon (capitaine Chassoux), toujours déployé, se portait en avant, son centre ayant pour direction la corne Sud-Est du bois du Chanois. — Les compagnies de gauche s'arrêtèrent à la lisière Sud-Ouest du bois ; celles de droite, ayant atteint la crête qui domine le ruisseau de Marast, entre le bois du Chanois et le village d'Autrey-le-Vay, purent seules prendre part au combat qui allait s'engager.

2e combat du bois des Brosses. — Cependant les 6e et 7e compagnies du *30e* prussien ne s'étaient pas contentées de se retirer dans la partie Nord du bois des Brosses. Elles l'avaient complètement abandonné. Trois compagnies du *34e* (n°s 5, 7 et 8) eurent l'ordre de s'y établir, pour couvrir le flanc droit des 2 batteries Ulrich et Riemer, toujours placées à l'Ouest de Moimay. — Ces

---

(1) *Historique* du 73e mobiles, communiqué par les héritiers de M. le lieutenant-colonel de Raucourt de Mimeran.
(2) *Rapport* du commandant de l'artillerie de marine, Réserve du 18e corps. (Archives de la Guerre.)
(3) *Journal* du 18e corps.

3 compagnies vinrent tomber sur le flanc de la 1re du 9e bataillon de chasseurs, qui fut pour la seconde fois chassée du bois. De là, elles marchèrent sur Autrey. La 3e compagnie du 9e chasseurs, sortant d'Autrey, recueillit la 1re compagnie au Nord du village; à sa droite se plaça la 2e, dont la moitié était, depuis 11 heures du matin, sur la route de Moimay. Enfin la 4e compagnie se plaçait en réserve au Nord-Ouest d'Autrey, entre le ruisseau et la route. En même temps, les compagnies de droite du IIe bataillon du 19e mobiles, en particulier la 5e compagnie (capitaine Durand de Lançon, qui fut blessé mortellement), placées sur la rive droite du ruisseau d'Autrey, près du moulin, prenaient part au combat. A ce moment aussi, le commandant Libermann arrivait à Autrey, par la route d'Esprels, avec le IIIe bataillon du 19e mobiles, et portait 4 de ces compagnies (1) sur la ligne de feu, la 5e restant dans la grande rue. Le mouvement en avant, très énergiquement poussé, des 3 compagnies du *34e* prussien fut arrêté. — Elles se replièrent, laissant sur le terrain plusieurs morts et une vingtaine de blessés, dont un officier (lieutenant Scelmans) (3).

Peu après 3 heures, la 3e compagnie du 9e chasseurs occupait la pointe Sud du bois des Brosses. L'ennemi l'avait évacué complètement, et son artillerie, abandonnant sa position à l'Ouest de Moimay, repassait le Lauzun et se reportait à la lisière du bois du Grand-Fougeret.

« En effet, dit l'*Historique* du *34e* prussien, un détachement du *30e* (les 6e et 7e compagnies) avait dû abandonner

---

(1) Note du général Libermann. Le reste de ce bataillon tirait contre quelques éclaireurs prussiens vus à la lisière du bois du Chanois, mais il ne fut pas réellement engagé. (Note du capitaine de Montsaulnin.)

(2) Il y avait alors 5 compagnies n°s 2, 3, 4, 5 et 6. (*Lettres* d'un mobile du 19e bataillon, lieutenant Quillier, Sancerre 1871.)

(3) Général de Lacroisade. Les premiers blessés allemands furent relevés à 40 mètres d'Autrey. (Note du général Libermann.)

le bois des Brosses, et la position des batteries placées entre ce bois et Moimay devenait dangereuse. En conséquence, les 5ᵉ et 8ᵉ compagnies (1) furent envoyées dans le bois des Brosses. Elles le reprirent aux tirailleurs ennemis et purent même entrer dans le bois de Chanois. » Mais elles ne purent s'y maintenir longtemps et se retirèrent sur Moimay. « L'ennemi ne débouchait pas du bois des Brosses. Moimay était canonné violemment, mais pas encore attaqué. Une pause se produisit (2). »

La perte du bois des Brosses s'était accomplie, d'après le major Kunz, de la façon suivante. « Peu après l'entrée en ligne de la batterie légère, à l'Est du bois des Brosses, environ 60 tirailleurs français avaient pu prendre pied à la pointe Sud du bois, qui n'était pas gardée. Un feu violent, dirigé contre la batterie, avait fait abandonner 2 pièces, qu'on sauva à grand'peine. » Une vigoureuse contre-attaque des 6ᵉ et 7ᵉ compagnies du *30ᵉ* fit évacuer par les Français la pointe Sud du bois. La poursuite fut arrêtée à 500 mètres de la lisière par le feu des tirailleurs du IIᵉ bataillon du 19ᵉ mobiles, et les 2 compagnies du *30ᵉ* rentrèrent dans le bois des Brosses, où elles furent recueillies par 3 compagnies (5, 7 et 8) du *34ᵉ*, envoyées de Moimay à leur secours. Néanmoins le bois des Brosses fut complètement évacué avant 3 heures.

En même temps, les deux batteries de marine (Groussard et Laberge) venaient se placer sur la hauteur du cimetière, à la droite des 2 batteries de la division Pilatrie, et 18 obus de 12 étaient envoyés contre le village de Moimay (3). L'ennemi en commença l'évacuation.

---

(1) Le major Kunz dit 5ᵉ, 7ᵉ et 8ᵉ.
(2) *Historique* du 34ᵉ. — Le 9ᵉ bataillon de chasseurs avait perdu 2 officiers blessés (lieutenant Troller et sous-lieutenant Bâle), 15 hommes tués, 36 blessés ou disparus. (*Historique* et Grenest.)
(3) Par 3 pièces de la batterie Groussard. (*Rapport* du commandant Martinez.)

Déjà les 6ᵉ et 7ᵉ compagnies du *30ᵉ*, qui avaient pris part au premier combat du bois des Brosses, avaient repassé le Lauzun. Des 3 compagnies du *34ᵉ*, qui venaient d'échouer dans leur énergique tentative contre Autrey, on retrouve la 8ᵉ sur la rive Nord, la 7ᵉ au fond de la vallée, la 5ᵉ à l'abri dans le bas du village. La 2ᵉ, qui a été canonnée le matin vers Marast, est avec l'artillerie à la lisière du bois des Grands-Bois (1). Ce sont donc les troupes qui ont le plus souffert qui se sont retirées les premières.

Comme toujours, les écrivains allemands expliquent ce recul par un ordre mal compris. Les faits suffisent largement à expliquer ce mouvement rétrograde.

Il fut en tous cas très apparent et eut sur les événements ultérieurs une influence prépondérante.

C'est, en effet, à partir du moment où l'artillerie allemande a abandonné sa redoutable position à l'Ouest de Moimay, que le 20ᵉ corps commence à apparaître en avant du bois de Chailles. C'est à partir de là, aussi, que le 18ᵉ corps ébauche un mouvement offensif.

---

(1) D'après Kunz.

VI

Engagement du 20ᵉ Corps au Sud de Villersexel de 1 heure à 3 h. 30.

Mouvement de la brigade v. d. Goltz et occupation de Villersexel. — On a vu que la tête de la brigade v. d. Goltz (1) avait, par la route de Grange-d'Ancin à Villersexel, atteint la sortie Est des bois du Grand-Fougeret. Successivement elle avait détaché :

Du gros : les compagnies 2ᵉ, 3ᵉ/*34ᵉ* du capitaine Lœdemann, sur Marast.

De l'avant-garde : les compagnies 6ᵉ et 7ᵉ/*30ᵉ*, sur le bois des Brosses. En outre, les compagnies 1ʳᵉ, 2ᵉ/*30ᵉ*, arrivées vers 11 heures à la Forge, avaient bordé l'Oignon dans la direction de Moimay. Elles avaient été rappelées à la Forge dès la retraite de la batterie Herment.

« A midi, le lieutenant-colonel Nachtigall, commandant le *30ᵉ* prussien, eut l'ordre de se porter avec son régiment sur Villersexel. Le général de Treskow, commandant en ce point, allait donc disposer du *25ᵉ* prussien et de 9 compagnies du *30ᵉ* (2). »

Devant le 18ᵉ corps, sur la ligne Marast, Moimay, il

---

(1) Ordre de marche (avant-garde) : Iᵉʳ (*30ᵉ*), IIᵉ (*30ᵉ*); gros : F. (*30ᵉ*), 3 compagnies (la 12ᵉ est détachée); Iᵉʳ, IIᵉ, F. (*34ᵉ*).

(2) Major Kunz. La 12ᵉ compagnie étant détachée, les 6ᵉ et 7ᵉ étant au bois des Brosses, il lui restait 9 compagnies.

allait donc rester seulement 11 compagnies du *34ᵉ* et 2 du *30ᵉ* (nᵒˢ 6 et 7), avec 3 batteries.

Le mouvement du *30ᵉ* sur Villersexel s'exécuta vivement. Les 1ʳᵉ et 2ᵉ compagnies passèrent à la Forge et à l'Ecluse ; elles paraissent être restées dans le parc avec les deux autres (nᵒˢ 3 et 4) du premier bataillon (1). Les cinq autres (5ᵉ, 8ᵉ, 9ᵉ, 10ᵉ, 11ᵉ) semblent aussi être restées près du pont.

Quant au *25ᵉ* prussien, qui seul avait combattu, il continua à occuper les lisières Sud et Est de Villersexel. Dans la direction du Sud, il ne paraît pas avoir dépassé la Croix-Marmin (2). Au Sud-Est et à l'Est, il tenait les peupliers qui marquent la cote 311, entre les routes de Villers-la-Ville et du Grand-Magny, et la cote 313, au Sud de Notre-Dame de la Pitié (3).

En somme les 2 régiments étaient accolés, le *25ᵉ* à l'Est, le *30ᵉ* à l'Ouest.

L'arrivée de ce dernier régiment vers 1 heure (4) coïncida vraisemblablement avec la retraite définitive des Corses et la prise de possession complète de la ville par le *25ᵉ* prussien. Conformément à l'ordre qui lui prescrivait « éventuellement d'appuyer l'avant-garde du général Schmeling dans l'attaque de Villersexel », le général v. der Goltz lui avait envoyé la moitié de

---

(1) Kunz dit qu'elles étaient en soutien de la défense sur la lisière Sud à la sortie de la route allant à Rougemont.

(2) Les hommes étaient abrités derrière un talus près de la maison Requichot pendant la canonnade de la batterie Herment contre Villersexel.

(3) D'après Kunz, on aurait eu 1ʳᵉ/*25ᵉ* à la cote 313, avec le reste du Iᵉʳ bataillon (2ᵉ, 3ᵉ, 4ᵉ/*25ᵉ*) à la lisière de la ville. Les Fusiliers (3 compagnies, 9ᵉ, 10ᵉ, 12ᵉ/*25ᵉ*) aux débouchés des routes de Villers-la-Ville et du Grand-Magny. La 11ᵉ compagnie était détachée pour conduire les prisonniers. Le IIᵉ bataillon (3 compagnies, la 8ᵉ étant détachée à Moimay et pas encore rentrée) en réserve place du Marché, c'est-à-dire place Neuve.

(4) 1 h. 30 d'après Kunz.

ses forces, avant que le succès du *25ᵉ* fût complètement décidé. C'est à peu près le moment où, continuant le mouvement général vers l'Est, il faisait venir le gros du *34ᵉ* à Moimay, sous la protection de ses 2 flanc-gardes : 2ᵉ et 3ᵉ compagnies du *34ᵉ* vers Marast, 6ᵉ et 7ᵉ compagnies du *30ᵉ* vers le bois des Brosses, et de ses 3 batteries placées à l'Ouest de Moimay.

Tout semble indiquer que le général Werder est encore résolu à poursuivre sa marche vers Belfort. De son observatoire entre Oricourt et Aillevans, il a assisté aux événements : Villersexel est fortement occupé ; à l'Est d'Aillevans, le pont est tout prêt, et, entre Longevelle et Saint-Sulpice, un détachement de la IVᵉ division de réserve (*3ᵉ*, *4ᵉ* Thorn, bataillon Wehlau, *2ᵉ* escadron du *3ᵉ* ulans de réserve, sous le major v. Kayserling) est disposé pour protéger le passage sur la rive gauche de l'Oignon du gros des troupes du général de Schmeling.

C'est à ce moment, où l'on est sûr de pouvoir continuer vers l'Est, en toute sûreté, la marche ordonnée pour aller au secours du corps assiégeant Belfort, qu'est donné cet ordre si difficile à expliquer : le gros de la IVᵉ division de réserve est appelé sur Villersexel.

On est tenté de rechercher si le mouvement vers le Sud, ordonné à la IVᵉ division de réserve, ne se rattache pas aux faits suivants.

C'est vers 1 heure qu'éclata le combat du bois des Brosses, provoqué par le mouvement imprudent de la batterie Fischer (1). « De son observatoire à la cote 394, le général Werder ne voyait pas ce qui se passait près de Moimay, mais il était clair qu'il y avait de ce côté quelque chose de très sérieux... Continuer la marche à l'Est d'Aillevans ne menait pas à menacer le flanc des colonnes françaises, mais bien à défiler devant le

---

(1) Voir Opérations du 18ᵉ corps.

front d'un ennemi déployé et en forces supérieures... On devait s'estimer heureux si l'on empêchait l'ennemi de franchir l'Oignon, et de rendre ainsi impossible la liaison des troupes de Werder avec le corps de siège (1). » C'est à ce moment que fut envoyé au gros de la division badoise en marche sur Athesans l'ordre de rétrograder sur Arpenans et à la 1re brigade badoise celui de ne pas dépasser Lure. Mais, en ce qui concerne le gros de la IVe division de réserve « l'ordre qui lui avait été donné (sic) de marcher sur Villersexel répondait aux nouvelles dispositions du général en chef et fut maintenu (2) ».

Ainsi, l'appel sur Villersexel des 3 régiments de landwehr du général de Schmeling aurait été donné *avant* que les incidents du bois des Brosses eussent amené le général en chef allemand à modifier tout son plan.

On ne sait pas à qui attribuer l'initiative de cette mesure, et l'on ignore le but qu'on se proposait, d'autant plus complètement que c'était, paraît-il, pour y « cantonner » (sic) que le gros de la IVe division de réserve venait à Villersexel (3).

En effet, dit le major Kunz, « lorsque, vers 2 heures, le commandant en chef v. Werder arriva dans ce village, occupé par le *25e* et la plus grande partie du *30e*, il trouva tout le monde de fort bonne humeur à cause du succès et de la faiblesse des pertes éprouvées ». Il se rendit au château et, ayant causé avec les généraux de Schmeling et Treskow II, « il *approuva* la venue du gros de la IVe division de réserve à Villersexel (sic). Vers 2 h. 45, il repassait de sa personne le pont sur l'Oignon, lorsqu'il fut surpris d'entendre le bruit du canon et la

---

(1) Major Kunz.
(2) *Id.*
(3) Le général de Schmeling était vieux, fatigué et, de plus, souffrant ce jour-là. Le major von Kretschmann, très actif, dirigeait à peu près tout. (Major Kunz.)

fusillade dans la direction de Villers-la-Ville, où tout était tranquille auparavant. »

En effet le major v. Kretschmann, chef d'État-Major du général v. Schmeling, avait justement observé qu'on ne pouvait *cantonner* à Villersexel, sans avoir des avant-postes assez éloignés pour ne pas risquer d'être réveillé par des obus partis des hauteurs voisines. Peut-être sans ordre formel de son chef, et malgré l'avis déjà exprimé par le général de brigade v. Treskow II, sans d'ailleurs prévenir ce dernier, il aurait dit au colonel v. Loos du 25ᵉ que « l'intention du général v. Schmeling était d'envoyer son avant-garde sur Villers-la-Ville et, si possible, jusqu'à Villargent, d'y établir des avant-postes pour assurer la sécurité des troupes qui allaient cantonner à Villersexel (1) ».

« En conséquence, les 10ᵉ et 12ᵉ compagnies du 25ᵉ se portèrent vers le bois des Breuleux, la 3ᵉ, soutenue par la 4ᵉ, marcha au Nord du bois sur Villers-la-Ville. La 1ʳᵉ restait à la cote 313, la 2ᵉ au Sud-Est de ce point dans un pli de terrain, la 9ᵉ à la sortie Est de Villersexel ; le IIᵉ bataillon était massé sur la place du Marché (la place Neuve). Les 2 batteries lourdes devaient appuyer le mouvement et, vers 2 h. 30, la 2ᵉ lourde se porta à 900 mètres à l'Ouest de Villers-la-Ville. »

En outre, les 5ᵉ et 8ᵉ compagnies du *30ᵉ* avaient eu l'ordre de passer l'Oignon et de venir occuper les hauteurs de la rive gauche du Scey, qui dominent Villers-la-Ville ; mais peu après elles furent rappelées à leur corps (2). Plus tard le bataillon Ortelsburg et la 3ᵉ batterie légère de réserve participèrent à l'offensive vers Villers-la-Ville (3).

---

(1) Major Kunz.
(2) Cet ordre était le résultat d'une erreur, d'après le major Kunz.
(3) *Ibid.*

Déploiement du 20ᵉ corps au Sud et à l'Est de Villersexel. — On a vu que les premières dispositions du général Ségard étaient strictement défensives. Établi sur la ligne : bois de Chailles, petit bois au Nord de Petit-Magny, ayant son artillerie sur la rive gauche du ruisseau de Peute-Vue, soutenu en arrière de sa gauche par la 2ᵉ division massée au Sud de la ferme Rullet, le général Clinchant « espérait » qu'il serait attaqué (1). Contre toute attente, l'ennemi ne faisait pas mine de déboucher de Villersexel. L'infanterie, placée au bois de Chailles, n'avait personne à portée de son feu et recevait sans riposter les obus tirés de la hauteur à l'Ouest de Moimay (2). Tout se bornait à une canonnade, dans laquelle les 10 pièces de la 3ᵉ division, surtout celles du lieutenant Laffon de Ladébat, placées à gauche de la ligne, sur la hauteur 292 de l'Ouest, étaient fort éprouvées.

Un peu avant 1 heure était arrivée la moitié de la batterie Colson (14ᵉ du 8 de la réserve), par la grand'-route, amenant ses 3 pièces de 12 sans caisson. Elle s'était placée à droite de la route, à la cote 292 de l'Est (3).

On a vu qu'elle essaya de tirer contre l'escadron de ulans Wernsdorf, entre Villersexel et Villers-la-Ville. Après la disparition de ces cavaliers, elle envoya quelques obus aux batteries Otto et Glagau, à près de 3 500 mètres, au Nord-Ouest de Villersexel, et fut prise à partie, à 3,000 mètres, par la batterie Ulrich, toujours postée près de Moimay. Bientôt les batteries Otto et

---

(1) *Rapport* du 20ᵉ corps.
(2) Un seul obus tua 13 hommes du 47ᵉ. (Colonel Prévot.)
(3) Sur ce point les *Souvenirs* du général Chevals, du général Varaigne et du lieutenant Laffon de Ladébat concordent. Le major Ulrich signale cette batterie entre la Tuilerie et le Petit-Magny, à 3,000 *pas* de sa position près de Moimay. Ce serait juste la distance en *mètres*.

Glagau disparurent, entrant dans Villersexel, et la demi-batterie Colson, n'ayant que ses avant-trains et près de manquer de munitions, se retira (1).

Pendant quelque temps on n'eut affaire qu'à la batterie Ulrich, dont les coups longs venaient tomber dans la 2ᵉ division, massée à « 600 mètres en arrière des 10 pièces de 4 du général Ségard (2), » dans les mobiles des Vosges, placés derrière ces pièces, tout près d'elles, et dans le parc formé par l'artillerie du général Thornton, près de la route à la sortie des bois. On dut reporter les deux batteries de la 2ᵉ division en arrière, « sur une colline d'où on découvre tout le champ de bataille (3) », c'est-à-dire à la lisière Nord du bois Derrière-la-Côte, en arrière de l'infanterie massée près de la ferme Rullet.

Vers 2 heures arriva par la route de Cubrial la réserve d'artillerie du 20ᵉ corps (5), comprenant outre la seconde moitié de la batterie Colson, les 2 batteries de 12 (Blanchard (23/6) et Menessier (14/10).

Quant à la batterie de mitrailleuses de Tristan (4), qui ce jour-là marchait avec la 2ᵉ division, elle avait été

---

(1) Vers Melecey, dit le commandant de l'artillerie du 20ᵉ corps. Probablement par le sentier qui va du Petit-Magny à Abbenans, en passant à la cote 292.

(2) *Journal* du 25ᵉ bataillon chasseurs.

(3) *Journaux* de la 21ᵉ batterie du 6ᵉ et de la 19ᵉ du 12ᵉ (2ᵉ division). La 21/6 avait eu un cheval tué.

(4) Ces batteries, amenées par le colonel Chevals, avaient, au milieu de la descente à travers les bois de Chevrecy et de Rondey, et, on ne sait par qui, ni pourquoi, reçu contre-ordre, et avaient fait deux demi-tours sur cette route étroite et gelée. L'impression des officiers à leur arrivée sur le champ de bataille fut que la retraite commençait et qu'il s'agissait de la protéger, tant les bataillons des Vosges et les 2 batteries de 4, placés à la cote 292 de l'Ouest, paraissaient souffrir. (Note de M. le général de Lamothe.) Le même symptôme se retrouva peu après dans une conversation entre le général Thornton et le capitaine de Tristan, alors commandant la batterie de mitrailleuses. « Le général me dit que l'affaire allait mal, et que, si je n'avais pas d'ordres, je ferais bien

appelée auprès du général Clinchant, qui conservait son poste d'observation sur sa première ligne de tirailleurs, aux peupliers au Nord-Est du bois de Chailles. — Mais une fois là, on avait constaté que les mitrailleuses auraient été exposées au feu des batteries de Moimay, et trop loin d'elles pour pouvoir leur répondre. La batterie de Tristan reçut donc l'ordre de s'abriter dans le ravin de Peute-Vue (1). Elle devait plus tard, et par suite d'un malentendu, être envoyée sur les derrières, vers la Pâture.

Les 3 pièces de la batterie Colson furent d'abord dirigées vers la gauche, par le chemin du Petit-Magny à Autrey, puis au Nord, par le sentier qui traverse le bois de Chailles, « à l'entrée d'une clairière d'où l'on domine la plaine en avant de Villersexel (2) ». En chemin, elles reçurent contre-ordre. Les 2 batteries de 12, qui les suivaient, firent aussi demi-tour et vinrent se placer à la cote 292 de l'Est. Tout d'abord elles ne tirèrent pas, n'ayant pas d'objectif. Mais, lorsque vers 2 h. 30, la 2ᵉ batterie lourde (Otto) prussienne apparut, « à 900 mètres à l'Ouest de Villers-la-Ville », à l'angle Nord-Ouest du bois du Petit-Fougeret, les 2 batteries Blanchard et Menessier commencèrent à la canonner vivement, ainsi que la batterie Glagau, qui se démasqua vers la cote 311, au Sud-Est de Villersexel (3).

---

de me placer sur la hauteur de la Pâture, au débouché du bois de Chevrecy, pour protéger la retraite. » (Note de M. le colonel de Tristan.)

(1) Note du colonel de Tristan. Ainsi s'explique-t-on à la rigueur que les rapports allemands aient pu signaler la présence de mitrailleuses vers le bois de Chailles. Cependant la batterie de Tristan, seule de cette espèce, ne tira pas.

(2) *Rapport* du commandandant de l'artillerie de réserve du 20ᵉ corps.

(3) On tira 20 coups par pièce à 2,800 mètres. Les obus, tous fusants, n'éclatèrent pas en général. Néanmoins le but fut fort bien encadré. (Note de M. le général de Lamothe, alors sous-lieutenant à la batterie Blanchard.)

Quelque temps après, le général Clinchant, rassuré pour sa gauche par la présence du 18ᵉ corps, commença à faire passer de sa gauche à sa droite les troupes de sa 2ᵉ division.

Le 68ᵉ mobiles (Haut-Rhin) vint occuper le Petit-Magny, à la droite du 47ᵉ; puis le 3ᵉ zouaves, venant se placer vers la cote 292 de l'Est, « sa gauche à la route, sa droite au chemin d'Abbenans », détacha sur le Grand-Magny le 1ᵉʳ bataillon (Hagenbill) dont 2 compagnies (nᵒˢ 3 et 4, Robin et Espinadel) se déployèrent en tirailleurs au Nord du hameau « entre les 2 chemins qui vont à Villersexel ». Dans cette situation, ces zouaves se trouvaient à moins de 1,800 mètres des batteries allemandes de la cote 314, et perdirent 1 officier blessé (sous-lieutenant Colomer), 1 homme tué et 6 blessés (1). Le 68ᵉ mobiles, placé dans le hameau, eut quelques blessés. — Enfin, le 25ᵉ bataillon de chasseurs, arrivé aussi au Petit-Magny, détacha une compagnie (Altesse, 1ʳᵉ) vers le bois du Petit-Fougeret. Celle-ci n'y trouva personne, et vint échanger quelques coups de fusils avec les tirailleurs ennemis, qui occupaient alors Villers-la-Ville.

Un instant après (3 heures où 3 h. 15), on vit les 2 batteries Otto et Glagau abandonner leur position à la cote 314 à l'Est de Villersexel et à l'angle Nord-Ouest du bois du Petit-Fougeret, et le général Clinchant prescrivit au colonel Bernard du 3ᵉ zouaves d'envoyer une compagnie (2ᵉ du IIᵉ, lieutenant Ryckbusch) en soutien de la batterie Menessier, qui allait se placer au Nord-Est du Petit-Magny, puis de faire occuper le bois du Petit-Fougeret, pour donner la main aux troupes du général de Polignac, enfin de renforcer les 2 compagnies, qui étaient en tirailleurs au Nord du Petit-Magny, par une compagnie (5ᵉ, Bordier) (2).

---

(1) *Historique.*
(2) *Mémoire* Bernard.

Le IIᵉ bataillon (Heurteux) fut dirigé un peu à l'Est du Petit-Magny, pour y passer le ruisseau de Peute-Vue sur un « pont improvisé par le 68ᵉ mobiles », à l'abri des vues de Villersexel. Tandis que le colonel gagnait la ferme Chariez, près du bois du Petit-Fougeret, le IIᵉ bataillon, précédé de la 3ᵉ compagnie (Bissuel) (1) en tirailleurs, gagnait le bois et s'y installait sans résistance, vers 3 h. 30 (2) ».

Il détacha sur sa gauche, en travers du chemin du Grand-Magny, les 4ᵉ et 5ᵉ compagnies (Laguillier et Jamain) (3).

Ainsi qu'on le voit, à partir de 2 heures, les dispositions du 20ᵉ corps étaient devenues nettement offensives. — L'examen de ce qui se passait du côté de Villers-la-Ville et à Villersexel expliquera cette nouvelle attitude.

---

(1) Note de M. le commandant Bissuel.
(2) *Rapport* Bernard.
(3) Note de M. le commandant de Giovanni, alors lieutenant à la 4ᵉ compagnie.

VII

Marche de la division Polignac
et combat de Villers-la-Ville.

Mouvement de la 1ʳᵉ division du 20ᵉ corps. — A partir d'Abbenans, le général de Polignac avait ordonné à ses troupes de doubler la 3ᵉ division du 24ᵉ corps, et de continuer leur route sur Villargent à travers champs. De sa personne, le général parvint à 2 heures à Villargent (1) avec son escadron de cuirassiers. Les officiers chargés du logement étaient déjà arrivés et s'occupaient de cette opération. L'un d'eux, qui avait été envoyé à Bévenge, vint annoncer qu'un escadron de cavalerie prussienne débouchait de Villers-la-Ville. Puis le général connut la présence des 2 pièces de 4 de la batterie Derennes, qui avaient, ainsi qu'il a été dit, échappé aux ulans, et s'étaient retirées par la route de Villers-la-Ville. Une de ces pièces, mise en batterie sur la hauteur à l'Ouest de Villargent et gardée par une partie de l'escadron de cuirassiers, tira sur l'escadron ennemi et une ligne d'infanterie, qui se montraient vers Villers-la-Ville. Ces troupes s'arrêtèrent, et cette escarmouche à grande distance resta stationnaire pendant environ 1 heure. — Vers 3 heures, arrivaient à

---

(1) *Rapport* de la 1ʳᵉ division. (Archives de la Guerre.)

Villargent, venant de Saint-Ferjeux (1), le Ier bataillon du Var (6 compagnies), appartenant à la 3e division du 24e corps. Le général de Polignac en prit le commandement, et, l'attitude de l'ennemi paraissant plus timide, il dirigea 3 de ces compagnies sur Villers-la-Ville et 3 sur Bévenge, où l'ennemi avait des forces. — Peu après, la tête de colonne de la 1re division du 20e corps (brigade Logerot) arrivait à Villargent, mais sans artillerie (2). En tête marchait le 55e mobiles (Jura). Sur l'ordre du général de Polignac, une compagnie de francs-tireurs fut envoyée dans le bois du Petit-Fougeret, tandis que le 55e mobiles (Jura, 2 bataillons) marchait sur Villers-la-Ville, le IIe bataillon en tête, en colonne double par section des 2 côtés de la route (3). Peu après, ce IIe bataillon déployait 4 compagnies en tirailleurs, formant demi-cercle à l'Ouest du village. Le Ier bataillon était déployé en bataille en seconde ligne. Les 50e de marche et 11e mobiles restaient en réserve sur la droite observant Bévenge (4).

La fusillade devint très vive.

---

(1) D'après l'*Historique* du 89e. Le rapport du général de Polignac dit : « allant à Saint-Ferjeux », ce qui est peu vraisemblable.

Le *Journal* du cap. Pierre Pierre, commandant la 5e compagnie du Ier bataillon du 89e (Var), spécifie que le bataillon, arrivé vers 1 heure à Saint-Ferjeux, où il devait cantonner, en partit à 1 h. 30 à l'appel du général de Polignac pour Villargent, d'où le demi-bataillon de gauche alla à Bévenge. Les 3 autres compagnies prirent part à l'attaque de Villers-la-Ville. Vers 6 heures elles furent renvoyées par le général de Polignac, qui leur fit des remerciements et couchèrent à Vellechevreux, tandis que les 4 premières s'établissaient à Grange-la-Ville.

(2) Le général de Polignac avait, vers 3 h. 30, mis sa seconde pièce en batterie à côté de la première.

(3) Note de M. le marquis de Vaulchier, commandant le Ier bataillon. « Au moment où Villers-la-Ville fut enlevé, l'ennemi tenait encore Bévenge. Il se retira sans coup férir. »

(4) *Rapport* du général de Polignac.

Pendant ce temps, le général v. Werder était revenu à Villersexel, et, très mécontent de l'offensive entamée vers Villers-la-Ville, il aurait ordonné de rappeler les compagnies engagées de ce côté et refusé au général des Treskow les renforts que ce dernier lui demandait en raison de l'attitude nouvelle prise par les Français. Au contraire « il prescrivit personnellement au lieutenant colonel Nachtigall du *30ᵉ* de quitter Villersexel, pour aller à Moimay au secours du général v. d. Goltz, et reporta à la lisière du bois du Grand-Fougeret 2 batteries qui étaient sans ordres au pont sur l'Oignon (1) ».

On verra plus loin la conséquence de ces mesures en ce qui concerne la reprise de Villersexel. Mais, au dire des écrivains allemands, elles expliquent la facilité avec laquelle Villers-la-Ville put être occupé.

Il est certain que le *30ᵉ* d'infanterie évacua Villersexel en vertu d'un ordre, et avant l'attaque décisive des Français. Mais ce mouvement, destiné à rendre au général v. d. Goltz les troupes dont il s'était dessaisi, s'explique tout naturellement par l'effet du second combat du bois des Brosses et confirme la gravité de l'échec subi par les Allemands dans leur attaque sur Autrey (2). Non seulement l'insuccès des 3 compagnies lancées sur ce village détermina la retraite de l'artillerie allemande placée à l'Ouest de Moimay, et l'évacuation presque complète de ce village par le *34ᵉ*, mais la situation parut si grave au général v. der Goltz, auprès duquel se trouvait le chef d'État-Major, colonel von Leczinski, que le *30ᵉ* fut rappelé de Villersexel pour se reporter vers la Forge et Moimay. — Ainsi allait se trouver grandement facilité le débouché de la 3ᵉ divi-

---

(1) Major Kunz. Celles-ci venaient de la cote 311 et en étaient parties, soit sur ordre envoyé à 3 h. 30, soit après la lutte soutenue avec la réserve d'artillerie du 20ᵉ corps et qui prit fin à 3 h. 30.

(2) Voir Opérations du 18ᵉ corps.

sion du 20ᵉ corps dans le terrain au Nord du bois de Chailles, jusque-là efficacement battu de la hauteur de Moimay ; ainsi allait-on trouver une chance inespérée pour se rendre maître du parc et du château.

C'est donc vraisemblablement l'échec subi par la droite des Allemands qui provoqua le rappel du *30ᵉ* prussien. Quant à la retraite de leur gauche, elle s'explique tout naturellement aussi par les mouvements des Français et le déploiement de forces telles, que le *25ᵉ* prussien, avec ses deux batteries, était hors d'état d'y résister. — Aucun ordre n'est nécessaire pour justifier ce mouvement, et, dans l'état où en étaient les affaires, il est plus que douteux qu'il ait jamais été donné.

En effet, il y eut près de Villers-la-Ville un combat assez violent, dans lequel les troupes françaises, notamment les mobiles du Jura, remportèrent de haute lutte un brillant succès.

Tout d'abord, la batterie qui occupait la cote 311, à l'Est de Villersexel, dut abandonner sa position et se placer à la cote 313 au Nord-Ouest du bois des Breuleux, après avoir eu plusieurs roues brisées dans sa lutte contre les batteries Blanchard et Menessier (1).

Quant à la batterie postée à l'angle Nord-Ouest du bois du Petit-Fougeret, menacée au Sud par le mouvement, très vivement conduit, des zouaves du colonel Bernard, elle faillit être enlevée par le IIᵉ bataillon des mobiles du Jura qui entrait dans le bois vers l'Est (2). En même temps, le Iᵉʳ bataillon des mobiles du Jura atteignait Villers-la-Ville, traversait le village au pas de course, et engageait de la lisière Ouest une vive fusil-

---

(1) On retrouva ces roues sur le terrain, lorsque l'artillerie française vint dans la nuit sur l'emplacement des batteries ennemies. (*Souvenirs* du lieutenant Laffon de Ladébat. *Rapport* du commandant de l'artillerie de la 3ᵉ division du 20ᵉ corps.)

(2) Elle s'enfuit au galop vers Villersexel. (Témoins oculaires du pays. Note du commandant de Vaulchier.)

lade avec les compagnies prussiennes du 25e, qui occupaient le bois Breuleux (1)

A peu près à 4 heures, le général Clinchant avait personnellement dirigé la batterie Menessier à l'angle d'un verger, situé au Nord-Est du Petit-Magny (2), et celle-ci avait de nouveau repris la lutte avec la batterie allemande de la cote 313. — Vers le même moment, 4 pièces de l'artillerie de la division Polignac (3), seules arrivées, se plaçaient à la cote 314, au Sud de Villers-la-Ville, et tiraient sur la batterie prussienne, qui eut une pièce démontée.

Sur ces entrefaites, arrivait la 2e brigade de la 1re division du 20e corps (colonel Brissac), qui avait dépassé l'artillerie, obligée de suivre la route encombrée, et avait passé à travers champs à partir de Fallon (4). Des hauteurs à l'Ouest de Melecey, le colonel Brissac avait vu le combat de Villers-la-Ville, et s'était décidé à traverser les bois au Sud de Villargent, pour arriver plus vite, et cela de sa propre initiative (5). Avant 5 heures, la 2e brigade était déployée en bataille, à quelques centaines de mètres à l'Est du bois du Petit-Fougeret, dans lequel pénétrait le 1er bataillon de la Haute-Loire déployé en tirailleurs (6).

Enfin, à partir de 4 h. 30, l'offensive au Sud de Villersexel commençait à se manifester. — Le 25e prussien battit donc en retraite.

---

(1) Tous les morts prussiens y sont enterrés. Aucun dans le village, où il n'y eut que des Français, ce qui prouve bien que toute la résistance de l'ennemi fut concentrée au bois Breuleux.

Le 1er bataillon du 55e mobiles eut 3 tués et 5 blessés. (Note du marquis de Vaulchier.)

(2) L'endroit est reconnaissable à une haie.
(3) *Historique* des 13e et 14e batteries du 3e. Témoins oculaires du pays.
(4) *Rapport* du IIe bataillon du 67e (Haute-Loire).
(5) Les hommes ne pouvaient marcher qu'un à un. (*Ibid.*)
(6) *Historique* du 67e mobiles.

Tandis que son artillerie descendait de la cote 313, par un sentier presque à pic (1), qui rejoint la route de Villersexel à Saint-Sulpice, et se portait vers le pont de Villersexel, le 1ᵉʳ bataillon se repliait sur la cote 313, et de là vers le pont; les 3 compagnies de fusiliers (nᵒˢ 9, 10 et 12) se retiraient par le chemin qui, de la corne Nord du bois Breuleux, aboutit à l'hôpital de Villersexel. — Dans ce village restait sur la place Neuve le IIᵉ bataillon, et l'on verra plus loin que la 1ʳᵉ compagnie y rentrait, venant du Nord, peu avant que l'attaque se produisît contre la lisière Sud du village.

Sur les talons du 25ᵉ prussien, le 55ᵉ mobiles vint occuper le bois Breuleux, et s'arrêta derrière la crête, en restant déployé. A sa droite, le IIᵉ bataillon du 11ᵉ mobiles occupait Bévenge.

Les 4 pièces de l'artillerie divisionnaire, placées au Sud de Villers-là-Ville, purent, avant la nuit, envoyer quelques obus sur le pont même de Villersexel, au moment où le franchissaient les 2 batteries Otto et Glagau (2).

« Croyant le village déjà au pouvoir des Français, et n'ayant pas reçu d'ordres (3) » (sic), le général de Polignac arrêta ses troupes sur place, envoyant quelques reconnaissances qui se perdirent dans la nuit (4).

Les avant-postes furent fournis, à la droite par les mobiles du Jura (55ᵉ) et le 50ᵉ de marche, au centre par le 1ᵉʳ bataillon de la Haute-Loire (67ᵉ), à gauche par le

---

(1) Renseignements pris sur place.
(2) *Rapport* du commandant de l'artillerie de la 1ʳᵉ division. « On voyait les chevaux se cabrer à chaque obus. » (Renseignements d'un témoin oculaire, M. Joachim, agent-voyer à Villersexel.)
(3) *Rapport*.
(4) *Id*. De 7 heures à 11 heures, le 55ᵉ mobiles envoya 3 reconnaissances, fortes chacune de 2 officiers et 50 hommes. Elles rendirent compte du combat qui se livrait dans Villersexel. (Note du marquis de Vaulchier.)

IIIᵉ bataillon de la Haute-Loire, se reliant dans le bois du Petit-Fougeret à la 2ᵉ division du 20ᵉ corps (3ᵉ zouaves de marche (1).

Vers 11 heures du soir, la 2ᵉ brigade fut massée sur la route, entre Villers-la-Ville et Villargent (2). Le 55ᵉ mobiles cantonna à Villers-la-Ville. Une grand'-garde, formée des francs-tireurs alsaciens Keller (alors commandés par M. de Luppé), garda seule la route de Villersexel. — Mais, à Villers-la-Ville, on maintint la moitié des hommes sous les armes (3).

---

(1) *Historique* du 67ᵉ mobiles.
(2) *Ibid.* A partir de 6 heures du soir le bataillon du Var appartenant au 24ᵉ corps avait été renvoyé par le général de Polignac qui l'avait remercié de son concours. A minuit il était moitié à Villechevreux, moitié à Sécenans. (*Historique* du 89ᵉ mobiles.)
(3) *Historique* du 67ᵉ mobiles.

VIII

**Dernières opérations du 18ᵉ Corps
sur la rive droite. — Attaque de Moimay.
Occupation et perte de Marast.**

Pendant que se livrait le combat entre Autrey et le bois des Brosses, la situation à Esprels s'était notablement modifiée.

On a vu que, vers 3 heures, les 2 batteries de marine (1) étaient venues prendre part au combat, en se plaçant sur la hauteur du cimetière. On n'est pas fixé sur le rôle des 2 batteries de 4 (1ʳᵉ et 2ᵉ) des mobiles de l'Isère, faisant partie de la réserve. Elles ne paraissent pas avoir tiré. Il en fut de même de la batterie de mitrailleuses (23ᵉ/5ᵉ, cap. de Malet), qui resta à l'abri derrière le village, avec une section de montagne (2).

A 3 heures également, était arrivé à Esprels le 44ᵉ de marche, venant des environs de Chassey, où restait le 73ᵉ mobiles. Derrière le 44ᵉ arrivait la colonne Perrin (3),

---

(1) 34ᵉ Groussard, 35ᵉ Laberge.
(2) Note de M. le capitaine de Malet.
(3) De Fontenois-les-Montbozon à Esprels il y a environ 16 kilomètres. Parti vers 11 heures, le colonel Perrin dut arriver à Esprels vers 3 heures. En réalité un peu après. On en trouve la confirmation dans ce fait qu'il arriva au ruisseau de Peute-Vue vers 4 h. 30, ayant passé par Pont-sur-l'Oignon et couvert un peu moins de 5 kilomètres. On sait, d'après les souvenirs des témoins, qu'il marcha très vite. Sa colonne dut quitter Esprels vers 3 h. 30 au moment où les Allemands étaient repoussés d'Autrey.

qui fut arrêtée en arrière d'Esprels, tandis que son chef allait prendre les ordres du général Billot.

Le commandant du 18ᵉ corps venait depuis un moment de faire donner l'ordre au 42ᵉ de marche d'occuper Marast, où l'ennemi n'avait plus reparu depuis midi. Sans coup férir, 7 compagnies, 3 du Iᵉʳ bataillon et 4 du IIIᵉ, pénétraient alors dans la localité.

Tandis que 2 compagnies du IIIᵉ bataillon restaient, l'une à la corne orientale du bois de la Bouloye, l'autre sur le chemin de Marast aux Pateys, à l'est de ce bois, les 4 autres prenaient les emplacements suivants : 1 dans la partie Ouest de Marast, les 3 dernières sur les pentes à l'Ouest du village. Les 3 compagnies du Iᵉʳ bataillon occupèrent les lisières Nord et Est, garnissant les murs en pierres sèches hauts de 1 mètre environ qui les forment, et barricadant les issues au moyen de charrettes (1). Le 2ᵉ bataillon conservait 2 compagnies en soutien de l'artillerie, les 4 autres à l'Ouest d'Esprels, face à l'Ouest.

Tout à fait rassuré sur l'issue du combat et connaissant l'approche de sa 2ᵉ division, qui suivait la colonne légère, à moins de 4 kilomètres, le général Billot ordonna au colonel Perrin de se rendre à Villersexel, en passant par Pont-sur-l'Oignon. Puis il prescrivit au colonel Robert, commandant la 2ᵉ brigade de la 1ʳᵉ division, de s'emparer de Moimay. Une batterie de marine devait appuyer cette attaque, en se rapprochant d'Autrey-le-Vay.

Le colonel Robert ne disposait alors que du 44ᵉ de marche. De plus le 3ᵉ bataillon de ce régiment avait été désigné pour rester en soutien de l'artillerie. Enfin deux compagnies du 2ᵉ bataillon devaient être pendant la marche détachées vers Autrey. Il n'allait donc plus rester au colonel Achilli que 10 compagnies, pour attaquer la forte position de Moimay.

---

(1) Renseignements donnés par le général Soyer.

L'appui qu'il aurait pu recevoir d'autres troupes devait être nul.

En effet, après le violent combat entre Autrey et le bois des Brosses, le II⁰ bataillon du 19ᵉ mobiles s'était rassemblé en arrière du bois du Chanois ; le IIIᵉ faisait de même en arrière d'Autrey. Le 9ᵉ bataillon de chasseurs n'avait laissé qu'une compagnie à la corne Sud-Est du bois des Brosses, et avait repris ses positions à Autrey, dont il devait assurer la défense. Cette compagnie fut même rappelée à Autrey, d'après l'avis que donna personnellement le colonel Robert, qui, rencontrant le capitaine de Lacroisade près du bois des Brosses, lui dit qu'il se chargeait de prendre Moimay avec sa brigade (sic) (1). Enfin, la 35ᵉ batterie de marine (Laberge), arrivée tardivement vers Autrey, ne tira pas un seul coup de canon sur Moimay (2).

Néanmoins, 12 compagnies du 44ᵉ se mirent en marche par le flanc droit, se dirigeant résolument, à travers champs, sur le milieu de l'espace découvert qui sépare Autrey du bois des Brosses. Une fois au ruisseau, on détacha 2 compagnies sur la droite vers Autrey, les autres, à l'abri des vues dans le ravin, se formèrent alors en bataille l'une derrière l'autre, la compagnie de tête se déployant en tirailleurs, et la marche fut reprise vers le clocher de Moimay, en avant duquel on apercevait des tirailleurs ennemis.

Cette marche d'approche à travers champs, longue de plus de 2000 mètres, avait coïncidé avec une complète suspension du combat.

---

(1) *Mémoire* de M. le général de Lacroisade.
(2) *Rapport* du commandant Mazières. Cette inaction est attribuée au brouillard, à l'obscurité qui commençait, enfin à la cessation du feu. L'*Historique* du 19ᵉ mobiles dit : « Nos pièces n'avaient qu'à ouvrir le feu et l'ennemi, mitraillé, n'avait qu'à déguerpir de Moimay. Pour ménager probablement les maisons, on n'en fait point usage. »

Les Allemands en avaient profité pour organiser de nouveau la défense de Moimay avec des troupes intactes.

Les compagnies 1 et 4 du *34ᵉ* occupaient le mur crénelé, qui forme la lisière Ouest, et le mur bas du cimetière, sur la face Sud. En avant d'elles, sur la crête militaire de l'éperon de Moimay, battant le ravin profond qui le sépare de la corne Sud-Est du bois des Brosses, était une ligne de tirailleurs. En soutien de ces deux compagnies se trouvaient la 6ᵉ/*34ᵉ* compagnie et 1 peloton de la 12ᵉ/*34ᵉ*. L'entrée de la route, venant d'Autrey, était gardée par la 8ᵉ/*34ᵉ* compagnie, soutenue par la 5ᵉ du même régiment. En réserve, il y avait à Moimay la 8ᵉ/*34ᵉ* et 2 pelotons de la 12ᵉ/*34ᵉ*, et, en outre, 2 compagnies nᵒˢ 3 et 4 du bataillon de réserve de Graudenz. A cela pouvaient s'ajouter les 6ᵉ et 7ᵉ du *30ᵉ*, dans la partie basse du village, la 7ᵉ/*34ᵉ*, dans le chemin creux, qui va de Moimay sur la rive gauche, la 2ᵉ/*34ᵉ* un peu plus en arrière, près des Grands Bois, avec l'artillerie (1).

Les 2 batteries allemandes ne devaient prêter qu'un faible appui à la défense, mais celle-ci disposait de troupes d'un effectif double de celui de l'attaque (2).

Au moment où, un peu après 4 heures du soir (3), la tête de la colonne formée par les 10 compagnies du *44ᵉ* (4) apparaissait sur la crête entre Autrey et le bois des Brosses, elle fut saluée par « un coup de

---

(1) Major Kunz. Dans le *34ᵉ* régiment, la 3ᵉ compagnie était toujours au Sud de Grange-d'Ancin; près d'elle était la 11ᵉ au bois des Futayes; la 10ᵉ était détachée aux bagages.

(2) Les 14 compagnies allemandes comptaient environ 2,000 hommes contre 1,000 pour les 10 compagnies françaises.

(3) 30 minutes avant la nuit. (Commandant Granderye.)

(4) Iᵉʳ bataillon (Lantheaume), IIᵉ bataillon (de Carrère), moins les 5ᵉ et 6ᵉ compagnies envoyées à Autrey.

canon (1), qui détermina le colonel Achilli à changer sa formation, et à déployer son régiment « en avant et vers la gauche », ce qui plaça les 10 compagnies sur une seule ligne déployée face au Nord-Est. — Au fur et à mesure que les compagnies de queue se rapprochaient du bois des Brosses, elles subirent des pertes de plus en plus sérieuses (2). Néanmoins, la marche en avant, coupée de plusieurs arrêts, continua vers Moimay. La ligne déployée descendit dans le ravin, gravit les pentes opposées et, forçant les tirailleurs ennemis à abandonner la crête, en avant de Moimay, elle prit pied sur l'éperon qui supporte ce village.

Mais là, le feu des défenseurs du mur crénelé et du cimetière devint très meurtrier (3), et l'attaque subit un temps d'arrêt. Néanmoins la 2ᵉ compagnie du IIᵉ bataillon parvint à 50 mètres du mur crénelé; quelques hommes vinrent tomber à 20 mètres du cimetière. Tout ce que put faire ce brave régiment fut de se cramponner au sol. Au moment où la nuit tombait tout à fait, il tenait encore sur l'éperon de Moimay. Puis il se replia lentement et en bon ordre vers le bois des Brosses, et s'arrêta à la lisière, qui fait face à Moimay, laissant à 300 pas en avant la 2ᵉ compagnie du IIᵉ bataillon en grand'garde.

Peu après, une reconnaissance allemande était reçue à coups de fusil et forcée à la retraite (4). Dans cette

---

(1) « Le seul qu'on eût tiré contre le 44ᵉ, et qui éclata derrière moi. » (Commandant Granderye.)

(2) La gauche de la ligne était formée par la 2ᵉ compagnie du IIᵉ bataillon. Elle rasait le bois, où il n'y avait personne, les chasseurs s'étant repliés sur Autrey. (Note de M. le colonel de Roffignac.)

(3) « Le feu part de partout : les étages élevés, le clocher sont garnis de défenseurs. » (*Historique*, Grenest.)

(4) « Malgré les cris de « Kamerad » poussés par ces Allemands. On resta si près de l'ennemi, qu'on entendit parler dans les lignes

vigoureuse attaque le 44ᵉ avait perdu 9 officiers et 250 hommes (1), soit le 1/4 de l'effectif engagé.

L'attaque de Moimay fut le dernier épisode de la lutte sur cette partie du champ de bataille. Le 44ᵉ resta aux bois des Brosses, où le Iᵉʳ bataillon du 19ᵉ mobiles vint le rejoindre. Le IIᵉ bataillon de ce régiment, le 9ᵉ chasseurs conversèrent Autrey. Le 10 janvier, au lever du jour, le 44ᵉ devait reprendre la position d'où il était parti la veille pour l'attaque de Moimay, déployé en arrière de la crête qui descend du bois des Brosses vers l'Oignon. La 2ᵉ compagnie du IIᵉ bataillon, envoyée en avant, pénétra à 8 heures du matin dans le village de Moimay, sans rencontrer de résistance; l'ennemi l'avait évacué pendant la nuit. La reconnaissance poussa de là jusqu'à la Forge de Villersexel où elle cantonna (2).

Du côté de Marast, un fâcheux incident avait marqué la fin de la journée.

Vers 4 heures, l'amiral Penhoat, arrivé à Esprels avec le gros de sa division, avait été dirigé sur Villersexel à la suite de la colonne Perrin. — Puis était venue la division de cavalerie, moins son artillerie, restée vers Tressandans ; cette cavalerie fut disposée dans la Combe au Nord de la hauteur du cimetière d'Esprels, en avant de l'artillerie et en bataille, le 5ᵉ cuirassiers à droite, ayant à sa gauche le 5ᵉ dragons, puis 2 escadrons du 3ᵉ lanciers, tandis que le 2ᵉ hussards, à l'extrême gauche, se rapprochait du bois de la Bouloye (3). Il en était à 1 100 mètres, lorsque des obus tirés « des hauteurs à 1 100 mètres au Nord-Ouest de Marast » vinrent

---

et dire « ces c... de Français ». (Commandant Granderye.)

Les Allemands s'étaient fait précéder de brancardiers et ambulanciers. (Colonel de Roffignac.)

(1) *Journal* de la division. En comprenant les disparus.
(2) Note de M. le colonel de Roffignac.
(3) *Historique* du 2ᵉ hussards.

tomber dans ses rangs blessant 1 homme et 2 chevaux (1). La 34ᵉ batterie de marine riposta par 7 obus au feu de l'artillerie ennemie, qui venait de révéler sa présence (2). Mais l'obscurité interrompit des deux côtés la canonnade.

Voici ce qui s'était passé du côté ennemi.

Arrivée de la division badoise et reprise de Marast.

On se souvient que, vers 2 heures, les *2ᵉ* et *3ᵉ* brigades badoises étaient parvenues entre Mollans et Vy-les-Lure, quand l'ordre leur fut donné de faire demi-tour (3).

La *2ᵉ* brigade se dirigea sur Liévans, Arpenans et Aillevans, suivie de l'artillerie de corps.

Vers 3 h. 30 le général v. Glümer avait atteint Aillevans. De là, il envoya le IIᵉ bataillon du *3ᵉ* badois, la batterie Gœbel et 1 peloton de dragons à la garde du pont de Longevelle. Puis il continua sa marche vers Grange-d'Ancin.

Vers 4 h. 15, trois batteries (4ᵉ légère, 4ᵉ lourde, et 1ʳᵉ légère) se placèrent à la cote 292, au Nord-Ouest de Marast, et, semble-t-il, à droite de la route allant de ce point à Aillevans (4). On commença par tirer sur un peloton du 2ᵉ hussards, qui marchait d'Esprels sur Marast, et qui fut dispersé. Puis, on entama, à plus de 3 000 mètres et au crépuscule, une lutte, sans résultat, avec les pièces françaises établies à l'ouest d'Esprels (5). A la nuit, les batteries allèrent former le parc à la sortie Sud d'Aillevans.

Pendant cette canonnade, les compagnies 10 et 11 du

---

(1) *Historique* des batteries badoises.

(2) *Rapport* du commandant de l'artillerie de marine.

(3) D'après l'*Historique* du 5ᵉ badois, ce serait le général de Glümer qui aurait pris l'initiative de marcher au canon.

(4) La 4ᵉ lourde à l'Est de la route, la 4ᵉ légère à l'Ouest près de la lisière du bois Bataille, la 1ʳᵉ légère plus à l'Ouest encore. (*Historiques* de ces batteries.)

(5) Bien que la 4ᵉ batterie lourde n'ait eu qu'un cheval blessé, son *Historique* avoue que les hommes étaient assez ébranlés.

3ᵉ badois s'étaient placées à la tête du ravin formé par le ruisseau d'Autrey ; les 9ᵉ et 12ᵉ étaient au Nord du bois Bataille, couvrant le flanc droit, le 1ᵉʳ bataillon paraît être resté en soutien vers Grange-d'Ancin, avec le Iᵉʳ bataillon du 4ᵉ badois, le seul bataillon du régiment qui marchât ce jour là avec la 2ᵉ brigade (1).

Les heures indiquées pour la reprise de Marast varient, suivant les sources, entre 4 h. 30 et 8 heures.

La direction même attribuée à l'attaque est en outre différente d'après les témoignages.

D'après l'*Historique* du 3ᵉ badois, l'entreprise aurait été décidée à l'apparition de 2 colonnes, sortant d'Esprels, et que les batteries badoises auraient forcé à s'arrêter, et pendant la lutte entre ces batteries et celles des Français ; enfin en raison d'un danger qui paraissait menacer l'aile droite badoise à 4 h. 30.

Les colonnes arrêtées par le canon sont celles du 2ᵉ hussards, dont il a déjà été question. Pour qu'on les vît, il fallait qu'il ne fût pas encore cinq heures.

L'*Historique* du *3ᵉ* badois dit 4 h. 30, celui du 42ᵉ français dit « à la nuit tombante ». Le *Journal* du colonel Couston du 42ᵉ, celui du 18ᵉ corps, l'*Historique* du 2ᵉ hussards disent 8 heures. D'autre part, le rapport spécial du général Billot au général Bourbaki dit que la reprise de Marast s'accomplit pendant l'attaque de Moimay et au bruit des hourras que vous avez dû entendre. Le *Journal* de la 1ᵉʳ division dit « dans la soirée ».

On sait d'autre part par l'*Historique* du 42ᵉ que les fractions de ce régiment installées à Marast reçurent « une grêle d'obus ». Il faisait donc encore jour lorsque les batteries badoises prirent position.

« Les 9ᵉ et 12ᵉ compagnies, dit l'*Historique* du *3ᵉ* badois,

---

(1) Les IIᵉ et IIIᵉ (Fusiliers) étaient restés à Vesoul. (*Historique* du 4ᵉ badois.)

furent portées sur les hauteurs dominant Marast à l'Ouest et au Nord. Elles furent soutenues par les 1re et 2e; la 3e couvrit le flanc droit, dans la direction de Borey, la 4e resta en réserve. — Les hauteurs furent occupées sans grandes pertes. Le capitaine Hilpert, voyant (sic) de là la retraite des colonnes ennemies, ordonna l'attaque. Subitement, le feu des Français s'éteignit à Marast, et, lorsqu'après le passage du ruisseau, le village fut envahi par le Nord et par l'Ouest, on le trouva vide. — Les 10e et 11e compagnies entrèrent par le Nord-Est et furent remplacées en soutien de l'artillerie par le Ier bataillon du 4e badois. — Les fusiliers et le Ier bataillon du *3e* occupèrent Marast. A 9 heures ce dernier plaça des grand'gardes dans les directions de Vallerois et d'Esprels. Les fusiliers, rejoints par la batterie Kunz et 1 peloton de dragons occupèrent le village et cherchèrent à se procurer des vivres. »

« La journée semblait terminée, dit d'autre part le lieutenant-colonel Couston, commandant de 42e de marche, lorsqu'à 8 heures du soir (sic) une colonne prussienne, sortant du bois de la Genevraye, fond subitement sur la gauche de Marast. Une panique s'empare des compagnies de la terrasse, que le capitaine Ripert est impuissant à maintenir. Le capitaine Patey, officier aussi énergique que brave, juge avec raison qu'il ne pourra tenir dans Maras et l'évacue.

« Le lieutenant-colonel était à ce moment auprès du général en chef, visitant les divers postes du régiment pour la nuit. Il lui explique la situation et en rejette la responsabilité sur qui de droit. Il reçoit l'ordre de tout disposer pour réparer rapidement le mal.

« Il conduit le IIe bataillon, à 10 heures du soir, vers Marast, lui fait occuper les positions primitives, celles qui avaient précédé l'occupation du village, les seules qui pouvaient promettre et assurer au 42e la part du succès qu'il devait avoir dans cette mémorable bataille.

« A minuit, les Prussiens évacuaient Marast.

« A 1 heure du matin, le régiment occupait les positions suivantes : le Ier bataillon observait la route de Vesoul, le IIe sur Marast, le IIIe entre les deux (1). »

L'*Historique* du 42e de marche dit enfin que les 4 compagnies se retirèrent à la nuit tombante, devant des forces supérieures et ayant perdu 6 tués, 14 blessés et 13 disparus.

Ce qui paraît le plus vraisemblable, c'est que l'attaque de Marast par les 2 bataillons du 3e badois se dessina quand il faisait encore jour, c'est-à-dire vers 4 h. 30 ou 5 heures, qu'elle s'accomplit une heure après, vers 6 heures, et que la nouvelle en parvint à Esprels (3 kilomètres environ) avant 7 h. 30.

A ce moment, en effet, le général Billot adressait au général en chef un rapport sommaire en réponse à une demande de renseignements apportée par un officier d'ordonnance, M. Minangoy.

Cette pièce est très importante pour préciser la situation et l'état d'esprit où l'on se trouvait à la fin de la journée.

Le général Billot au général Bourbaki.

Esprels 9 janvier, 7 h. 30 soir.

Je trouve à mon logement, en descendant de cheval, M. Minangoy, attaché à votre État-Major.

Je m'empresse de vous rendre compte sommairement de ma situation.

Conformément à l'ordre de mouvement, dont je vous envoie ci-joint copie, la division Penhoat devait occuper Villersexel, la division Pilatrie devait occuper Esprels et Autrey et la division Bonnet devait rester en réserve et occuper Chassey et Bonnal, pendant que le général Brémond d'Ars couvrirait à Montbozon notre flanc gauche

---

(1) Pertes de la journée : 5 tués, 27 blessés, 3 prisonniers.

avec la cavalerie et le 49ᵉ de ligne. La division Pilatric est arrivée à Esprels vers 9 heures du matin, et, à 11 h. 30, quand je suis arrivé sur ce point, les villages d'Esprels et d'Autrey étaient occupés par nos troupes.

La canonnade s'entendait depuis environ une heure sur ma droite vers les Magny et Villers-la-Ville, devant le 20ᵉ corps; devant le 18ᵉ des colonnes prussiennes étaient signalées, au village de Marast et au village de Moimay, fortement occupés avec de l'artillerie.

J'ai fait garnir immédiatement de troupes les hauteurs qui dominent Marast et Esprels, et l'artillerie s'est mise en batterie en avant de ces villages.

Ces dispositions étaient à peine prises, que le bataillon de la division Pilatrie, établi à Autrey, était vivement attaqué par des colonnes évaluées à 5 ou 6000 hommes de la brigade Treskow.

Le bataillon de chasseurs, que j'avais fait renforcer par 12 compagnies de garde mobile, a fait bonne contenance et fortement aidé par l'artillerie de réserve, qui prit en écharpe les colonnes prussiennes, repoussa l'attaque.

Le colonel Robert, avec 4 bataillons, a été envoyé pour appuyer Autrey, et faire une reconnaissance offensive sur le village de Moimay.

Arrivée au but, la reconnaissance a été accueillie par une vive fusillade : le colonel Robert a lancé en avant en tirailleurs 2 bataillons, l'un à droite et l'autre à gauche du village.

Ces deux bataillons se sont avancés en bon ordre, mais, devant les barricades et l'artillerie, qui défendaient le village de Moimay et ont accueilli nos tirailleurs par un feu très nourri qui a arrêté leur élan; le colonel Robert arrive à propos pour reprendre l'attaque. Il vient prendre mes ordres, pour savoir s'il doit faire ouvrir le feu de l'artillerie sur le village et donner l'assaut.

Les affaires de nuit étant toujours la cause de beaucoup de désordre, je prescris au colonel Robert de laisser des grand'gardes sur les positions qu'il occupe devant Moimay, et de se borner à occuper fortement Autrey.

Pendant que le colonel Robert se portait vers Moimay une

colonne prussienne, poussant des hourahs que vous avez pu entendre, s'est portée sur le village de Marast, où le colonel Couston, du 42ᵉ de ligne, avait placé une grand'garde, au bas de la côte occupée par le reste de son régiment.

La grand'garde, qui comptait sur les compagnies établies en arrière sur les hauteurs, a été sur le point d'être entourée par les Prussiens, ces compagnies n'ayant pas tenu dans le bois et sans être attaquées.

Elle s'est retirée, en faisant le coup de feu, et a perdu un certain nombre d'hommes. Je me suis transporté sur la hauteur, que j'ai fait réoccuper immédiatement moi-même, comme la clef de la position.

J'ai 4 bataillons, sur les points où étaient le matin les Prussiens (*sic*).

J'espère que la nuit sera tranquille, mais je ne suis pas sans crainte sur mon flanc gauche, et je vais prendre des dispositions en conséquence.

L'amiral Penhoat a été retardé dans sa marche par les distributions; il est arrivé tard autour d'Esprels, et est arrivé seulement la nuit tombante devant Villersexel, comme me l'apprend M. .... (illisible), officier de mon État-Major, envoyé de sa part.

J'ignore s'il occupera aujourd'hui ce village. J'envoie de nouveau un officier auprès de lui. Je dois vous signaler les difficultés, que nous créent la marche des voitures et les distributions.

P.-S. — Je vais tout simplement tâcher d'assurer les vivres des hommes d'après les ordres que je recevrai de vous et les nouvelles que j'aurai de l'amiral. Je réglerai ce que nous pourrons faire ce matin sur votre départ.

Les témoignages très précis et concordants de MM. le général Soyer et le capitaine Sallon permettent d'affirmer que l'attaque vint de l'Ouest et qu'elle se produisit sur le flanc gauche des 3 compagies du IIIᵉ bataillon, restées hors du village.

La résultante de ces diverses versions paraît être la suivante.

Le village de Marast est bâti sur une pente très raide

descendant vers le Nord-Est; la lisière de ce côté n'a aucune vue, et est dominée à courte distance de la pointe Nord-Ouest du bois des Brosses. De la lisière Nord au moins à l'angle Nord-Ouest du village, on voit assez bien les prairies qui s'étendent vers la Grange-Marnot, mais pas le chemin qui passe en ce point, allant de Grange-d'Ancin à la Chaffrerie. Tout le terrain à l'Ouest est couvert, et l'on ne découvre au travers les arbres que le sommet du toit de la ferme isolée de la Chaffrerie. En ce point, il y avait depuis le matin un poste ennemi, et, lorsque l'occupation de Marast avait été décidée, une compagnie du IIIe bataillon du 42e était venue se placer sur le chemin de Marast aux Pateys, à la sortie du bois, près d'un bâtiment isolé, appelé la Bergerie. L'autre compagnie se trouvait à près d'un kilomètre de là, et hors d'état de voir ce qui allait se passer à la pointe Sud-Est du bois de la Bouloye, sur l'éperon qui domine Marast. Les 9e et 12e compagnies du *3e* badois gagnèrent sans être vues la Chaffrerie. Elles y furent rejointes par les 1re et 2e compagnies. Une fois la nuit tombée, on sut que le poste de la Bergerie se gardait mal (1). Attaqués à l'improviste et à l'arme blanche, les hommes de la compagnie du 42e furent pris ou tués sans avoir pu se défendre. Enfilant alors le chemin qui conduit des Pateys à Marast et qui est complètement sous bois jusqu'à l'entrée même du village, « sans tirer, mais en poussant de grands cris » (2), les 1re et 2e compagnies vinrent tomber dans le flanc gauche des 3 compagnies du 1er bataillon, qui étaient placées en dehors des maisons, face au Nord, le long

---

(1) « Les hommes faisaient le café dans la maison. Ils furent surpris ayant leurs fusils contre les murs. On entendit des cris épouvantables. » (Général Villien.)

(2) Pas un coup de fusil ne fut tiré. « Mon ordonnance a eu son képi enlevé sur sa tête par un soldat prussien. » (Capitaine Sallon.)

de petits murs. Celles-ci se débandèrent, laissant aux mains de l'ennemi 1 blessé et 3 prisonniers, seulement grâce à l'obscurité (1), et s'échappèrent le long de la route d'Esprels. Les 4 compagnies du III° bataillon, qui se trouvaient à l'Ouest du village, se retirèrent facilement dans la même direction. Après le premier moment de surprise passé, le ralliement se fit très vite : les 3 compagnies du Ier bataillon s'arrêtèrent à 300 mètres de Marast sur la première crête qui traverse la route d'Esprels, le III° bataillon, plus près encore, à la lisière du bois de la Bouloye (2). Pendant ce temps, la totalité du Ier bataillon et des Fusiliers du 3° badois était entrée dans Marast, les uns par la route de Grange-d'Ancin, les autres par le chemin de la Chaffrerie. Ils ne cherchèrent pas à déboucher de la localité, où on leur envoya un peu plus tard 1 peloton de dragons et la batterie Kunz.

Pendant qu'avait lieu la surprise de Marast, vers 6 heures semble-t-il, le lieutenant-colonel Couston, commandant le 42° de marche, était auprès du général commandant le 18° corps. Lorsque leur parvint assez tard la nouvelle de la perte de Marast, l'arrivée de la 3° division permettait de réparer cet incident. Parvenue à 5 heures à Chassey, la 2° brigade (3) avait détaché le 14° chasseurs vers les Pateys, puis le 53° de marche avait continué sur Esprels, qu'il avait atteint vers 7 heures, suivi de la Ire brigade. Le Ier bataillon du 53° se plaça au Nord d'Esprels, le II° dans le village restant sous les armes, le III° y fut cantonné. L'artillerie était en batterie dans les directions de Moimay et de Lure, sous la garde du Ier bataillon. La 1re brigade

---

(1) « On n'y voyait pas à 10 pas. » (Général Soyer.)
(2) Général Soyer, capitaine Sallon. *Historique* du 42°.
(3) Le 82° mobiles ne marchait pas avec la brigade. Il arrivait ce jour-là à Rougemont.

bivouaqua sur la route au Sud d'Esprels et se tint prête à marcher (1).

Le IIe bataillon du 42e de marche, devenant disponible, fut conduit vers Marast. Vers minuit on s'aperçut que le village était évacué, et le IIe bataillon y entra sans incident.

Toutes les troupes passèrent la nuit sur les emplacements atteints. Cependant, la réserve d'artillerie alla cantonner à Pont-sur-l'Oignon (2), et le 5e cuirassiers, après une marche de nuit, parvint à Villersexel vers 4 heures du matin (3).

Du côté allemand, la *3e* brigade, qui était restée massée sur la route vers Grange-d'Ancin, s'était, à 10 heures du soir, portée sur Oricourt, Aillevans, Longevelle et Villafans, où elle cantonna.

A la même heure, le Ier bataillon du *4e* badois quitta sa position à la lisière Sud du bois du Grand-Fougeret, près de Marast, et vint avec l'artillerie à Aillevans.

Le Ier bataillon du *3e* badois, le bataillon de Fusiliers du même régiment, la batterie Kunz et 1 peloton de dragons, après avoir évacué Marast, se retirèrent vers Longevelle, où le IIe bataillon devait rester jusqu'à 6 heures du matin.

La *1re* brigade était, comme on l'a vu, restée à Lure.

A 7 h. 15 du soir le général v. d. Goltz avait dicté à Grange-d'Ancin l'ordre suivant :

« Les troupes conservent les positions qu'elles ont conquises et victorieusement défendues. La *1re* brigade viendra demain 10, dès la première heure à Arpenans ; une brigade badoise occupe Oricourt et Openans. La

---

(1) *Historique* du 53e de marche.
(2) Colonel de Malet.
(3) *Souvenirs* du général Poulléau alors capitaine au 5e Cuirassiers.

3e brigade badoise est en réserve, à la croisée de la route de Lure à Aillevans avec le chemin d'Arpenans. La brigade Goltz occupe Aillevans. La division Schmeling franchira les 2 ponts de Longevelle et occupera Longevelle et Villafans et défendra les passages du Scey. La compagnie de pionniers établira une passerelle près de Goubenans-sur-l'Oignon. Les mouvements s'opéreront comme suit : la division badoise se maintiendra à Marast avec les 3 armes, et commencera le mouvement; elle sera suivie par la brigade Goltz, qui gardera Moimay, et réglera sa marche sur celle du général v. Glümer. La division Schmeling suivra la nouvelle route vers Longevelle, et tiendra Villersexel par 2 bataillons, de la cavalerie et la proportion d'artillerie convenable ».

A 2 heures du matin, le *34e* reçut l'ordre d'évacuer Moimay dans le plus grand silence. « Ceci fut exécuté, en laissant dans le village les blessés non transportables, sous la garde d'un médecin. Lorsqu'on arriva à Aillevans, on y trouva le convoi de la IVe division de réserve, et, pour lui donner le temps de faire sa retraite, il fallut encore faire occuper le bois du Grand-Fougeret par le IIe bataillon (1). »

La retraite du *30e*, placé à la lisière du bois de Fougeret et à la fabrique, commença, semble-t-il, vers 1 heure (2). A 5 h. 30 du matin, ce régiment atteignait Aillevans et y bivouaquait.

La brigade de cavalerie Willisen, qui avait passé une partie de la journée pied à terre, à l'Ouest d'Aillevans, vint à 10 heures du soir prendre des quartiers d'alerte à Montjustin, Borey et Autrey.

Considérations. — L'attitude du 18e corps, pendant toute cette journée, provoque quelques réflexions.

---

(1) *Historique* du *34e* prussien.
(2) *Historique* du *30e*.

L'ordre du général Bourbaki avait prescrit d'occuper, en fin de marche, Villersexel, Autrey-le-Vay, Esprels et le bois de Chassey. Mais le croquis joint à l'ordre indiquait, d'une part, que tout le 18ᵉ corps devait se trouver sur la rive droite de l'Oignon, et, de l'autre, que Moimay et Marast devaient être tenus, ce qui était forcé, si, comme le voulait, semble-t-il, le général en chef, la division Penhoat avait dû gagner Villersexel par la rive droite.

La détermination, prise par le général Billot, de diriger cette division par la *rive gauche* sur Villersexel, devait avoir sur l'ensemble des événements une influence prépondérante. Compris de cette façon, l'ordre du général en chef n'impliquait plus, dans sa lettre au moins, l'obligation d'occuper Moimay. Ainsi s'explique le peu d'efforts que l'on fit pour s'en rendre maître. Si l'animal Penhoat fut appelé sur Esprels, ce fut seulement lorsque l'on craignit de ne pouvoir tenir en ce point, ni à Autrey. Le renvoi de la colonne Perrin, puis du reste de la 2ᵉ division sur Pont-sur-l'Oignon et de là sur Villersexel, par la rive gauche, ôta toute possibilité de prendre avec des effectifs suffisants une offensive, qui aurait sans doute réussi et aurait singulièrement avancé les choses à Villersexel.

IX

Attaque de Villersexel.
4 h. 30 soir.

Occupation de Villersexel par les Allemands à 4 h. 30 soir. — Pendant la pointe, tentée par le *25e* prussien vers Villers-la-Ville, et qui avait abouti à l'échec relaté plus haut, la garde de Villersexel avait été assurée par les troupes suivantes : le IIe bataillon du *25e* (compagnies n°s 5, 6, 7 et 8) (1), place Neuve, gardant la route de Villers-la-Ville, celle de Magny et les haies au sud du village, à l'Est de la route de Cubrial.

Le Ier bataillon du *30e*, ayant 2 compagnies (n°s 1 et 2) à la Croix-Marmin, barrant la route de Cubrial, en partie abritées derrière le talus qui borde le chemin allant vers la mairie (2) ; la 3e compagnie au château, la 4e dans le parc.

Le reste du *30e*, comprenant les compagnies n°s 5 et 8 du IIe bataillon (la 6e et la 7e, après avoir pris part au premier combat des Brosses, étaient venues, la 6e à Moimay, la 7e à la Forge), et les compagnies n°s 9, 10 et 11 des Fusiliers (la 12e était détachée aux bagages), soit 5 compagnies, était en réserve au pont.

---

(1) La 8e était revenue de Moisnay.
(2) Renseignements pris sur place, près de la maison Requichot.

Lorsque les événements du second combat du bois des Brosses eurent déterminé le général V. Werder à envoyer au général V. d. Goltz, à Moimay, le *30ᵉ* d'infanterie, ce mouvement dut naturellement commencer par ces 5 compagnies, qui étaient alors seules disponibles. Les raisons qui les empêchèrent d'aller à leur destination vont permettre d'apprécier la version allemande, d'après laquelle Villersexel aurait été évacué par les Allemands, lorsque les Français y entrèrent.

L'échec subi par les 3 compagnies du *34ᵉ* prussien devant Autrey est fixé entre 3 heures et 3 h. 15 (1). L'abandon par l'artillerie prussienne de l'éperon de Moimay, le commencement d'évacuation de ce village par le 34ᵉ prussien sont la conséquence de la réoccupation par la compagnie du 9ᵉ Chasseurs de marche de la corne Sud-Est du bois des Brosses. Par suite, ils ne purent avoir lieu avant 3 h. 30. La demande de renfort du général v. d. Goltz ne peut être arrivée à Villersexel avant 3 h. 45. A ce moment-là, au plus tôt, les 5 compagnies du *30ᵉ*, placées près du pont, auraient pu partir pour Moimay. Mais, si les 4 autres avaient dû revenir de la lisière Sud de Villersexel et du château et se joindre à elles, avant leur départ, c'est au plus tôt vers 4 h. 15 que le *30ᵉ* aurait vraiment quitté Villersexel, c'est-à-dire au moment même où les Français y entraient.

Or, le major Kunz admet que c'est à 4 heures environ que le général v. Werder aurait ordonné au lieutenant-colonel Nachtigall, commandant le *30ᵉ*, de prendre ses 9 compagnies et de marcher sur Moimay. Cette constatation confirme les précédentes. Mais, ce qui va suivre va montrer que le départ du *30ᵉ* pour Moimay est encore postérieur à l'heure admise jusqu'ici.

En effet, le lieutenant-colonel Nachtigall « avait fait observer que sa retraite serait dangereuse si elle n'était

---

(1) Voir Opérations du 18ᵉ corps.

soutenue par le 25ᵉ... Le général v. Werder décida que les 2 compagnies, qui étaient dans le parc et le château (nᵒˢ 3 et 4) se replieraient de suite, mais que celles de la Croix-Marmin (nᵒˢ 1 et 2) attendraient d'être relevées par le 25ᵉ (1). Celles-ci étaient encore en position à 4 h. 30.

C'est vers ce moment qu'arrivait à la Croix-Marmin la 11ᵉ compagnie du 25ᵉ, revenant de la rive droite de l'Oignon, où elle avait été remettre les prisonniers faits le matin à la garde de la IVᵉ division de réserve.

D'autre part, le général v. Werder, après avoir quitté le lieutenant-colonel Nachtigall, avait repassé le pont de l'Oignon. Il y avait rencontré les 2 batteries Otto et Glagau, « errant sans ordres », et leur avait fait dire par le lieutenant-colonel Hartmann, « au cas où elles n'auraient pas d'autre mission, de se reporter à la sortie des bois du Grand-Fougeret, par la route de la Grange-d'Ancin, et d'y reprendre leur position du matin (2) ». Ces batteries y allèrent, et se heurtèrent à un convoi de 80 voitures, allant en sens inverse vers Villersexel, au carrefour situé au Nord du pont. Les 9 compagnies du *30ᵉ*, allant à Moimay, venaient se heurter au gros de la IVᵉ division de réserve (3 bataillons et demi) qui, « sur l'ordre du général v. Werder se portaient à Villersexel ».

« La situation était critique.

« Fort heureusement, le général v. Werder avait rencontré le général v. d. Goltz, et, ayant appris que tout allait bien à Moimay, il mit les 9 compagnies du *30ᵉ* à la dispostion du général V. Schmeling, leur fit rebrousser chemin, et le lieutenant-colonel Hartmann, de l'état-major général, les dirigea au Nord du pont sur l'Oignon.

« Ce demi-tour accrut encore le désordre ; aussi les

---

(1) Major Kunz.
2. *Ibid.*

9 compagnies furent-elles mises en réserve à la lisière Sud du bois du Grand-Fougeret. Puis, le général en chef s'occupa, de sa personne et de toute son énergie, à faire faire demi-tour au convoi et à le diriger vers le Nord.

« L'ordre fut alors donné au colonel v. Loos de tenir à tout prix à Villersexel.

« Il était alors 5 heures du soir » (1).

Il ne pouvait pas être plus tôt, en effet.

Puisque le général v. d. Goltz avait pu dire au général Werder qu'il n'avait plus besoin du *30°* « car tout allait bien à Moimay », c'est qu'il venait d'assister à l'attaque infructueuse du 44° de marche. Or celle-ci avait pris fin avec les dernières lueurs du jour, c'est-à-dire plutôt après qu'avant 4 h. 30 (2) et le général v. d. Goltz ne pouvait être présent à la sortie Sud-Est du bois du Grand-Fougeret et y annoncer la retraite du 44°, avant 5 heures.

Or, si, à cette heure, le *30°* pouvait encore être gêné dans son mouvement sur Moimay par la marche du gros de la IV° division de réserve sur Villersexel, c'est qu'il l'avait rencontrée au carrefour qui se trouve au débouché Nord du pont. S'il était parti à 4 heures de Villersexel pour Moimay, il y serait arrivé sans encombres, et aurait pris part à la défense. On ne le retrouverait pas, une heure après, à 200 pas des dernières maisons de Villersexel.

La vérité paraît donc être la suivante : L'ordre, donné au *30°* de se porter sur Moimay au secours du *34°*, est sûrement postérieur à 4 heures. — Il était en voie d'exécution lorsque, à 4 h. 30, les Français atteignirent la lisière Sud de Villersexel et entrèrent au château. — Il explique la facilité relative avec laquelle se fit l'attaque. Mais, au moment où celle-ci se produisit, c'est-à-dire à 4 h. 30, la

---

(1) Major Kunz.
(2) Le soleil se couchait ce jour-là à 4 h. 4.

situation et l'emplacement des Allemands étaient les suivants.

II⁰ bataillon du *25ᵉ* (4 compagnies), place Neuve, gardant les routes de Villers-la-Ville et de Magny, et garnissant les vergers qui couvrent la hauteur au Sud de Villersexel.

1ʳᵉ et 2ᵉ compagnies du *30ᵉ* à la Croix-Marmin, en travers de la route de Cubrial.

11ᵉ compagnie du *25ᵉ* (lieutenant Hertel), à droite et en arrière, occupant la mairie.

3ᵉ et 4ᵉ compagnies du *30ᵉ*, en train d'évacuer le château.

5ᵉ compagnie du *30ᵉ*, au pont.

Fusiliers du *25ᵉ* (3 compagnies, 9ᵉ 10ᵉ 12ᵉ), à l'Hôpital.

Iᵉʳ bataillon du *25ᵉ*, au pont.

Les deux batteries Otto et Glagau sont en train de passer le pont, sous les obus envoyés des environs de Villers-la-Ville.

Le général Bourbaki arrive sur le champ de bataille. — Vers onze heures du matin, le général Bourbaki était arrivé au château de Bournel, près de Cubrial. Il était à déjeuner (2) avec M. de Serres et les propriétaires, lorsqu'on entendit le canon vers Villersexel, puis, peu après, on connut l'engagement d'Esprels.

Le général en chef monta alors à cheval et se rendit d'abord à Pont-sur-l'Oignon. « De là, dit son ancien officier d'ordonnance, le marquis de Massa, les officiers de l'État-Major furent envoyés sur les deux rives, pour hâter la marche des colonnes vers le point d'attaque (*sic*). » Or il n'a pas été trouvé trace de l'action du général en chef sur les opérations du 18ᵉ corps. Quant au *24ᵉ*, on sait qu'il continua imperturbablement sa marche vers les cantonnements qui lui étaient assignés par l'ordre de

---

(1) Major Kunz.
(2) *Souvenirs* du marquis de Massa.

mouvement. Pourtant, il paraît certain que l'ordre lui fut envoyé de se porter sur Villersexel.

Vers 2 h. 30 environ, le général Bourbaki arriva par la route de Cubrial à Villersexel, et se plaça à la cote 292 de l'Ouest, près des batteries de la 3ᵉ division (1). Rejoint par le général Ségard, venant de l'angle Nord-Est du bois de Chailles, où restait le général Clinchant, le commandant en chef approuva les dispositions prises (2).

« Puis, se tournant vers son premier aide de camp, le colonel Leperche, il lui demanda si les ordres avaient été transmis au 24ᵉ corps pour prendre part à l'attaque. Le colonel répondit qu'il avait envoyé deux officiers dans ce but (sic). Eh bien, dit le général avec un peu d'impatience, envoyez-en un troisième (3). »

Il n'a pas été possible d'établir que l'ordre de marcher sur Villersexel soit parvenu au 24ᵉ corps, mais, ce qui demeure certain, c'est que, une fois sur le champ de bataille, le brillant soldat qu'était le général Bourbaki se retrouvait, avec son esprit d'offensive et son coup d'œil, dont il allait, peu après, donner une preuve remarquable.

Que ce soit sur son ordre, ou simplement avec son autorisation, l'attitude franchement offensive du 20ᵉ corps, signalée à partir de 2 heures du soir, allait en effet se continuer sans interruption sous les yeux du commandant en chef (4).

---

(1) *Rapport* du général Ségard.
(2) Note du général Ségard.
(3) Note de M. le commandant Hérissant, alors capitaine à l'État-Major du général Ségard.
Note de M. le général Ségard : « J'ai entendu le général Bourbaki demander au colonel Leperche si les ordres avaient été transmis au 24ᵉ corps. Le colonel Leperche lui répondit que deux officiers avaient été successivement envoyés. Je crois me rappeler que le général en chef lui dit avec vivacité, « il faut en envoyer un troisième ».
(4) On ne peut savoir si vraiment le 24ᵉ corps reçut l'ordre de se rabattre sur Villersexel. Une lettre du général Bourbaki, datée

De la cote 292, le général Bourbaki paraît s'être rendu sur la hauteur au Nord-Est du bois de Chailles. Il y retrouva le général Clinchant. Suivant une tradition locale, il se serait même porté par la route vers Villersexel, et aurait essuyé le feu des tirailleurs ennemis embusqués sur la crête, au Sud de la Croix-Marmin. En tous cas, il s'exposa de sa personne très réellement (1). Venu vers le Petit-Magny, il détermina l'emplacement que le général Clinchant fit occuper à la batterie Menessier, près et au Nord-Est de ce village.

« Quand il vit les pièces légères de l'ennemi se retirer sous nos projectiles de plus gros calibre, il me fit signe d'approcher. « Maintenant, me dit-il, allez dire au général Clinchant d'enlever çà à la baïonnette. C'est le moment de montrer que l'infanterie française sait encore charger (2). »

---

du château de Bournel, le soir du 9 janvier à 10 heures, adressée au général Bressolles, n'y fait aucune allusion. « Je regrette, dit seulement le général Bourbaki, que vous ne m'ayez envoyé personne dans la journée ou le soir pour me donner de vos nouvelles... » Une autre de minuit 30 s'exprime ainsi : Il est minuit passé ; je suis de plus en plus surpris de n'avoir pas vu un de vos officiers... On s'est battu toute la journée sur votre gauche et je ne crois pas avoir entendu votre canon. Les troupes, que vous avez laissées à Cabry, sont restées tranquillement cantonnées, lorsque tout le 20ᵉ corps était devant l'ennemi. Un des principes à la guerre et un des premiers devoirs de commandant de corps d'armée, c'est de soutenir les troupes voisines qui sont engagées... » Cela ne signifie pas, tant s'en faut, que le général Bressolles aurait désobéi à un ordre. Si celui-ci fut envoyé, il semble probable qu'il ne parvint pas, par la faute des officiers de l'État-Major de l'armée, qui ne surent pas trouver le commandant du 24ᵉ corps.

(1) Il était accompagné de M. de Serres, et, voyant ce dernier s'exposer plus qu'il n'était nécessaire, il le menaça, en plaisantant, de le mettre à l'ordre de l'armée.

(2) Marquis de Massa.

A quelle heure fut donnée l'ordre d'attaque ? D'après le marquis de Massa, ce serait, après la retraite des batteries ennemies pla-

C'était saisir avec un à propos remarquable le moment où la retraite des batteries de Moimay, d'une part, de celles placées à l'Est de Villersexel, de l'autre, allaient dégager le terrain, au Sud de ce village; jusque-

---

cées à l'Est de Villersexel, c'est-à-dire à 4 heures. D'après le général Ségard et le commandant Hérissant, ce serait dès 3 h. 30.

« J'étais, dit ce dernier, auprès du général commandant la troisième division du 20º corps, sur la route de Rougemont à Villersexel, en arrière du ruisseau de Peute-Vue, près de la cote 292, lorsque nous vîmes arriver vers 3 h. 30 le général Bourbaki avec son État-Major. Le général Thornton, commandant la 2ᵉ division, l'accompagnait, et aussi, je crois, le général Clinchant... Le général en chef mit pied à terre, observa avec sa lorgnette les positions ennemies, et dit au général Ségard : « Vous n'avez pas plus de 15,000 hommes devant vous (sic). Attaquez-moi cela. Ce devrait être déjà fait (sic). A votre âge, j'aurais marché là-dessus la canne à la main (sic). »

Le *Rapport* du général Ségard précise même une circonstance, qui ferait croire que l'ordre d'attaque fut bien donné *avant* la retraite des batteries prussiennes.

« Vers 3 h. 30, dit-il, le général Bourbaki me donna l'ordre de rappeler les bataillons qui étaient dans les bois, et de prononcer une attaque audacieuse contre Villersexel, pour en chasser l'ennemi. Le commandant de la 3ᵉ division partit pour exécuter cet ordre, accompagné de M. Cord, chef de bataillon du génie, commandant le génie de la 3ᵉ division. En arrivant sur la ligne des tirailleurs du 47ᵉ, le lieutenant-colonel Prévot fit connaître que les artilleurs *d'une batterie prussienne placée en face de sa droite* (par suite à la cote 311) avaient tendu un piège : les soldats ennemis, levaient en s'avançant leurs crosses en l'air, exprimant le désir de se rendre. Mais cette ruse n'eut aucun succès, car le lieutenant-colonel Prévot ordonna de tirer à longue portée sur les hommes et les chevaux des batteries, en portant des tirailleurs en marche en avant, ce qui obligea l'ennemi à se retirer. »

Néanmoins les termes de ce rapport permettent de croire que l'incident en question est antérieur à l'arrivée du général Ségard sur la ligne des tirailleurs. Par suite, on peut admettre que l'ordre définitif d'attaquer est postérieur à la retraite des batteries placées d'une part à Moimay, de l'autre à Villersexel, et en est la résultante. Il pourrait donc se placer entre 3 h. 30 et 4 heures.

là balayé par les obus, où la retraite de deux bataillons du 25ᵉ prussien, chassés de Villers-la-Ville et du bois Breuleux, le commencement d'évacuation de Moimay par le *34ᵉ* consacraient l'échec de l'ennemi. Enfin, mais sans qu'il put le savoir, le général en chef choisissait l'instant où le faux mouvement du *30ᵉ* dans Villersexel allait faciliter dans une certaine mesure l'attaque du village, et rendre critique la situation des Allemands.

L'ordre d'attaque paraît devoir se placer un peu avant 4 heures.

Le général Ségard transmit immédiatement à ses bataillons la décision du commandant en chef. On devait partir dans l'ordre où on se trouvait. — En conséquence, celui-ci se trouva être le suivant : en travers de la route de Cubrial : les 3 compagnies du bataillon du 78ᵉ rattachées au 47ᵉ, savoir la 3ᵉ sur la route même, les 1ʳᵉ et 2ᵉ à leur gauche, sortant de la corne Nord-Est du bois de Chailles (1). Derrière la 1ʳᵉ, sur la route, allaient marcher les 3 dernières du bataillon, en tête desquelles se trouvait le général Ségard en personne (2). Le bataillon de Séré, qui suivait par la route également, devait rester à hauteur de la corne Nord-Est du bois de Chailles, « à la disposition des généraux » (3).

Quant au bataillon Pothier, qui occupait le bois de Chailles, les 2ᵉ et 4ᵉ compagnies, placées à la droite, devaient obliquer à droite, pour se relier à la gauche du bataillon du 78ᵉ, la 3ᵉ, qui était au milieu de la lisière Nord, avait à pousser devant elle, la 1ʳᵉ protégerait la gauche, les 5ᵉ et 6ᵉ suivraient le mouvement (4).

Cette première ligne allait être appuyée par le IIᵉ batail-

---

(1) *Rapport* du capitaine Desfargues.
(2) Note du commandant Hérissant.
(3) Note du général Ségard.
(4) Note du commandant Lyautey, alors lieutenant commandant la 3ᵉ compagnie.

lon des Pyrénées-Orientales, tandis que les 2 bataillons des Vosges restaient avec l'artillerie à la cote 292. — Enfin, l'ordre avait été envoyé vers 3 heures au Ier bataillon des Pyrénées-Orientales de quitter Pont-sur-l'Oignon et de suivre le IIe bataillon du même régiment (1).

En réalité, 3 bataillons seulement allaient prendre part à l'attaque, deux en première ligne, celui du 78e et celui du 47e (Pothier), un en deuxième (IIe des Pyrénées-Orientales).

Ainsi qu'on le voit, la droite seule des troupes du général Ségard se trouvait sur la route de Cubrial. Tout le reste était à gauche de celle-ci, car la réserve appuya elle aussi de ce côté, en raison de la crainte, exprimée par le colonel Prévot, « de voir les Allemands passer l'Oignon en face du bois de Chailles (2) ». Or, on a vu par le dispositif des Allemands que leur droite ne dépassait pas la mairie vers l'Ouest, et que leur principale résistance se concentrait à la Croix-Marmin et dans les vergers au Nord-Est de ce point. Plus on obliquait vers l'Ouest et plus on se trouvait à l'abri de leur feu. Ceci expliquera que la marche de certaines fractions de la gauche française put être beaucoup plus rapide que celle des unités plus rapprochées de la route.

Sur la droite (Est) de cette dernière se trouvaient seulement les 3 compagnies (n°s 3, 5 et 6) du Ier bataillon (Hagenbill) du 3e zouaves de marche. Lorsque la ligne du général Ségard s'ébranla, ces 3e compagnies, avec lesquelles marchait le capitaine-adjudant-major Prévost (3), marchèrent à sa hauteur. Elle devaient venir border les vergers qui forment la lisière Sud de Villersexel, et, n'ayant pas d'ordre, s'y arrêtèrent. Nous les retrouverons plus tard au même emplacement.

---

(1) Par le capitaine de Mallet. (Note de cet officier.)
(2) *Rapport* Ségard.
(3) Note de M. le colonel Prévost.

Au moment où le général Ségard prenait ses dispositions, il rencontra près du pont du ruisseau de Peute-Vue le colonel Perrin, précédant sa colonne, et qui lui dit devoir aller à Villersexel (1). Ces troupes, les premières du 18e corps qui fussent arrivées, suivirent la route derrière la droite des tirailleurs du 78e de marche. En tête marchait le 1er bataillon du 52e. Il était suivi du IIIe, puis du 12e chasseurs de marche et de 2 batteries. — Le 1er bataillon du 52e devait se former « en colonne double à 60 mètres de distance », un peu avant d'arriver à la Croix-Marmin (2).

Dès que la droite du bataillon du 78e apparut sur la crête en avant du bois de Chailles, elle fut accueillie par un feu violent partant de la Croix-Marmin et des haies à l'Est de ce point (3). — Une légère hésitation s'étant produite, le général Clinchant chargea successivement le capitaine de Villeneuve de son État-Major, puis le lieutenant-colonel Varaigne d'enlever les 2 compagnies (1re et 2e) du bataillon Martin (du 78e rattaché au 47e). Celles-ci, obliquant un peu à gauche, prirent le pas de course, et parvinrent « jusqu'à 500 mètres du mur du parc », où elles s'abritèrent un instant derrière la haie qui s'étend entre la route de Cubrial et le chemin qui va au bois de Chailles (4). — Continuant droit devant eux, le colonel Varaigne et le capitaine de Villeneuve arrivèrent à la petite porte en bois qui s'ouvre dans le mur Sud de parc, le franchirent, et parvinrent seuls jus-

---

(1) *Rapport* du général Ségard. *Rapport* du colonel Perrin.
(2) *Rapport* Perrin. Le général Ségard vit ce bataillon arrêté près de la haie à l'Ouest de la Croix Marnim.
(3) « Les Allemands tiraient trop haut ; mais je pensai à part moi que le général Ségard, très brave, qui était resté à cheval en tête de son État-Major, n'arriverait pas jusqu'à Villersexel, car nous formions un groupe très en évidence. (Commandant Hérissant.)
(4) *Rapport* Defargues.

qu'au château, « où il n'y avait personne » (1). Quelques instants après, ils étaient rejoints par la 3ᵉ compagnie (Lyautey) du bataillon Pothier. Celle-ci, placée à la gauche de la ligne d'attaque, n'avait pas eu à souffrir du feu ennemi. Elle avait trouvé une brèche dans le mur du parc (2), à 200 mètres à l'Ouest de la petite porte par laquelle était passé le chef d'État-Major du 20ᵉ corps, et était arrivée par le potager dans la cour Sud du château (3). En même temps, arrivait par la petite porte Sud du parc le lieutenant Diéres-Montplaisir avec une partie de sa compagnie. Sur l'ordre du colonel Varaigne, le lieutenant Lyautey détacha 15 hommes et un sergent dans la maison du régisseur, près de la grille. La compagnie Desfargues monta au premier étage du château, et occupa les fenêtres du Nord, d'où l'on vit le rassemblement des troupes ennemies sur la rive droite de l'Oignon (4).

Le lieutenant Diéres-Montplaisir, le capitaine-adjudant-major de Garidel Thoron, le capitaine de Villeneuve, avec une vingtaine d'hommes, étaient au rez-de-chaussée, à droite du grand escalier central (5).

Quelques instants après, le lieutenant Hertel, commandant la 11ᵉ compagnie du 25ᵉ prussien, et qui se trouvait sur la place de l'Église, près de la mairie, s'étant

---

(1) *Souvenirs* du général Varaigne. Note du comte de Villeneuve.

Les 2 compagnies entrèrent bien par la petite porte dans le potager, mais, au lieu de se diriger droit vers le château, elles appuyèrent à droite dans le potager et près des écuries, et s'y arrêtèrent; de là elles revinrent vers la gauche. C'est ainsi qu'elles arrivèrent tardivement au château.

(2) Elle existe encore.

(3) Note du commandant Lyautey, alors lieutenant commandant la 3ᵉ compagnie du IIᵉ bataillon du 47ᵉ. Elle avait laissé 4 hommes à la brèche du mur.

(4) *Ibid.*

(5) Notes de MM. de Villeneuve et Dières-Montplaisir.

porté vers le château par l'entrée principale, se trouva nez à nez avec les hommes du 47e, qui occupaient la maison du régisseur. Quelques coups de feu furent échangés, à la suite desquels les Français se barricadèrent dans le château, tandis que la 11e compagnie prussienne se retirait vivement vers le pont (1).

Cependant l'attaque avait progressé de toutes parts.

Le général Ségard était arrivé de sa personne à la Croix-Marmin. Le bataillon Pothier se rassemblait près du mur Sud du parc. Le colonel Prévot, avec le bataillon du 78e, moins les 1re et 2e compagnies, marchait par la route qui mène au pont, et parvenait à l'angle Nord-Est du champ de foire. — Quant au Ier bataillon du 52e, parvenu à hauteur de la Croix-Marmin, il déployait sa 1re compagnie, qui, « mettant baïonnette au canon et sans tirer », pénétrait dans Villersexel par la place de la Mairie (2).

De la place Neuve, le IIe bataillon du 25e prussien s'était retiré vers le pont.

Il y avait été précédé par les 1re et 2e compagnies du 30e, qui avaient suivi la Grande-Rue, et par la 11e du 25e qui avait probablement suivi l'une des ruelles qui descendent vers la Rue du Moulin. — Leur mouvement s'était fait facilement. Il n'en avait pas été de même du IIe bataillon du 25e. La 6e compagnie et une partie de la 8e avaient été serrées de si près par la compagnie Espallac du 47e, lancé dans la Grande-Rue, qu'il avait fallu essayer un retour offensif à la baïonnette, où deux officiers étaient tombés (3). La retraite avait continué jusqu'au pont, où s'arrêtèrent les 6e et 8e compagnies.

---

(1) *Historique* du 25e. La note du commandant Lyautey dit qu'une fois dans la cour les Allemands demandèrent à se rendre.

(2) Conduite par deux habitants, marquis de Grammont et M. Joachin, agent-voyer. Elle passait entre la mairie et le presbytère, arrivait sur la place de l'Église et, par la grille, entrait dans le parc.

(3) Lieutenant Pütz de la 8e, tué ; capitaine Vahlkampf de la 6e blessé grièvement. (*Historique* du 25e prussien.)

Les 1re et 2e compagnies du bataillon du 78e, que nous avons laissées près de la petite porte percée dans le mur Sud du parc, s'étaient remises en marche, et, assez lentement, elles avaient gagné la place de l'Église, puis, de là, elles étaient entrées au château (1).

Enfin les 2 compagnies du Ier bataillon du 3e zouaves de marche, qui avaient accompagné l'attaque, étaient à la sortie Sud-Est de Villersexel sur la route du Petit-Magny (2).

De sa personne, le général Ségard, avec le IIIe bataillon des Pyrénées-Orientales (colonel Tascher), précédé par la compagnie Legendre, était venu se placer près de la haie qui se trouve entre le chemin du bois de Chailles et la Croix-Marmin (3). Là, il rencontra le colonel Varaigne, revenant du château, et qui lui assura que ce point était occupé. — De son côté, le lieutenant Legendre était arrivé sur la place de l'Église et s'était engagé dans la Grande-Rue-Haute. L'incertitude où l'on se trouva quelque temps de son sort fit maintenir hors du village le gros du 2e bataillon des Pyrénées-Orientales et 3 compagnies du 47e de marche (4).

Quant au Ier bataillon (Soulages) du 52e de marche, il était arrivé sur la place de l'Église et de là au château. Là, il rencontra le colonel Pothier du 47e, et, le général Perrin survenant, décida de laisser la possession du château aux compagnies de ce régiment qui l'occupaient (5). La 1re compagnie (Chapuis) fut placée dans les communs, au Sud du château, le reste du 1er bataillon

---

(1) *Rapport* Defargnes et Note du commandant Lyautey.
(2) Note de M. de Villeneuve. *Rapport* Defargues.
(3) *Rapport* Ségard. Toujours pour protéger la gauche qu'on croyait menacée.
(4) Du bataillon Pothier. *Rapport* Ségard.
(5) Un incident se produisit entre les deux chefs de bataillon se disputant la possession du château. (Note du général Quénot.)

du 52ᵉ vint se masser à 200 mètres au Sud du château, dans le parc (1).

En résumé, vers 5 heures, c'est-à-dire une fois la nuit complète, les emplacements des troupes françaises paraissent être les suivants :

Dans le château : la compagnie Lyautey (3ᵉ du IIᵉ du 47ᵉ), les 1ʳᵉ et 2ᵉ compagnies (Desfargues) du bataillon du 78ᵉ rattaché au 47ᵉ, avec un poste de 15 hommes à la maison du régisseur.

Dans les communs, à 50 mètres au Sud du château : la compagnie Chapuis (1ʳᵉ du Iᵉʳ du 52ᵉ). Le reste de ce bataillon massé dans le parc, à 200 mètres au Sud du château.

Dans la rue des Fossés : 1 compagnie (Espallac) du bataillon du 78ᵉ.

En arrière, à l'angle Nord-Est du champ de foire, se tient le lieutenant-colonel Prévot avec les compagnies 4ᵉ, 5ᵉ et 6ᵉ de ce bataillon.

Près du mur Sud du parc et peu après sur la place au Sud de la mairie : le bataillon Pothier du 47ᵉ, moins la compagnie Lyautey, qui est dans le château.

En arrière et à gauche, près du chemin qui mène au bois de Chailles : le IIᵉ bataillon des Pyrénées-Orientales (Tascher), moins la compagnie Legendre, qui se trouve dans la Grande-Rue-Haute.

Le bataillon Séré du 47ᵉ est resté en arrière vers le bois de Chailles. Les 2 bataillons des Vosges sont plus en arrière encore avec l'artillerie.

Toujours en dehors de Villersexel, entre les routes de Magny et de Villers-la-Ville, est le IIIᵉ bataillon du 52ᵉ, ayant derrière lui le 12ᵉ bataillon de chasseurs.

En somme, les forces qui sont réellement à l'intérieur du village sont minimes, une compagnie des Pyrénées-Orientales, une du 47ᵉ. Il n'y a personne dans la vaste

---

(1) *Rapport* du 52ᵉ.

région à l'Est de la rue des Fossés. — Personne n'observe la ruelle de la Colombière qui va être le théâtre d'importants événements.

Cette hésitation, après l'entrain dont avaient fait preuve les troupes au moment de l'attaque, sauva les Allemands d'un véritable désastre.

A ce moment, en effet, ainsi qu'on l'a vu plus haut, les 2 batteries Otto et Glagau se sont butées sur la route de Grange-d'Ancin à un convoi venant en sens inverse. Au Carrefour, se croisent, d'une part, le gros de la IV° division de réserve, venant par la route d'Aillevans, et le *30°*, sortant de Villersexel. Derrière lui se pressent le Ier bataillon et les Fusiliers du *25°*, l'arrière-garde, formée dans la rue des Fossés par le II° bataillon du *25°*, est serrée de près.

« La situation est critique (1). »

Un acte de vigueur pouvait seul sauver les Allemands. Il aurait sans doute échoué, si les Français avaient utilisé leur succès, et avaient réellement occupé la ville (2).

---

(1) Major Kunz.
(2) *Rapport* Perrin.

X

Offensive des Allemands dans Villersexel à partir de 5 h. 30.

Les premiers ordres du général Werder furent données sous une forme qui accrut encore le désordre.

Il prescrivit de tenir à tout prix Villersexel. En conséquence, le *30ᵉ*, qui commençait à s'écouler sur la route allant du Pont vers la Forge, fit demi-tour, si bien qu'au carrefour au Nord du pont vinrent s'entasser 3 colonnes convergentes.

Le général en chef n'était plus là, occupé qu'il était à faire faire demi-tour au convoi venant de Grange-d'Ancin, opération difficile sur cette route étroite et dans l'obscurité (1).

Peu à peu cependant, on parvint à se reconnaître. Le terrain fut dégagé par le *30ᵉ* qui sortit de la route, et vint se masser à la sortie du bois du Grand-Fougeret. Puis, le *25ᵉ* reçut l'ordre de faire demi-tour, et de reprendre la ville (2).

---

(1) Major Kunz.
(2) Quelques recoupements sont nécessaires pour préciser les heures.
« L'artillerie venant de Villersexel, allant vers Grange-d'Ancin se heurte à un convoi. »
Ces 2 batteries, parties de la cote 343 à 3 h. 30 (dit Kunz), en réalité un peu après, sont rencontrées « errant au Nord du pont » par le général Werder, revenant *après* avoir ordonné de rompre

Au moment où ce mouvement commença il devait être 5 h. 30 environ.

Aussitôt l'ordre reçu, la 5ᵉ compagnie du *25ᵉ* prussien se forma en colonne de sections dans la rue des Fossés et, recueillant au passage les portions des 6ᵉ et 8ᵉ compagnies qui se retiraient, elle se porta en avant, tambour battant, et sous la conduite de son chef, lieutenant v. Fransecky et du commandant du bataillon, capitaine Reiserwitz (1). Une fois à la croisée de la Grande-Rue avec celle qui forme le prolongement de la route de

---

le combat de Villers-la-Ville, et *après* qu'il a parlé au colonel Nachtigall pour le diriger sur Moimay au secours de von der Goltz, sérieusement menacé à ce moment. Le colonel Nachtigall a fait observer que sa retraite sera dangereuse, si elle n'est pas soutenue par le *25ᵉ*, et le général Werder prescrit d'abandonner le château et de laisser en position les compagnies de la lisière Sud à Croix-Marmin, jusqu'à l'arrivée du *25ᵉ*. Il est alors 4 heures. L'abandon du château a lieu peu après, la rencontre avec les 2 batteries au Nord du pont peut avoir lieu vers 4 h. 10. De là, le général Werder va à l'entrée de la route de Grange-d'Ancin dans le bois du Grand-Fougeret, et reçoit la nouvelle que tout va bien à *Moimay*. C'est donc *après* que l'attaque du 18ᵉ corps a échoué, c'est-à-dire une fois la nuit tombée. On peut donc admettre 5 heures comme le moment où le général Werder décida de réoccuper Villersexel. A ce moment, les 9 compagnies du *30ᵉ* rassemblées au Nord du pont se mettaient en marche vers Moimay. Elles reçoivent l'ordre de faire demi-tour et viennent se buter au pont contre le *25ᵉ* prussien, occupé à se rassembler. Il est alors cinq heures un quart, au moins.

D'autre part les Français ont atteint la sortie Sud de Villersexel vers 4 h. 45 au plus tôt. Une compagnie a poussé dans la rue des Fossés, et un violent combat s'est livré pendant quelques minutes avec le IIᵉ bataillon du *25ᵉ* effectuant sa retraite. Cela représente une bonne demi-heure, soit 5 h. 15.

Avant que le colonel von Loos ait pris son parti et donné ses ordres pour reprendre l'attaque, il doit être bien près de 5 h. 30. D'après le général Bernard, le redoublement de la fusillade coïncidant avec l'offensive allemande serait de 6 heures.

(1) *Historique* du *25ᵉ*. Ils avaient devant eux une compagnie du 47ᶜ qui se trouvait en haut de la pente qui va vers le pont.

Villers-la-Ville, c'est-à-dire au carrefour à l'Ouest de la place Neuve, le feu, venant de droite et de gauche, devint si violent qu'il fallut s'arrêter (1) et s'abriter derrière un mur et dans l'angle mort procuré par la pente qui allait vers le pont (2). « Tout à coup une masse sombre fond avec de grands cris sur la 5ᵉ compagnie. Un feu rapide exécuté malgré le désordre l'arrête. Quatre fois l'attaque des Français se renouvelle avec la plus grande bravoure, et est arrêtée à 20 ou 30 pas par des feux de salve. Enfin, la 8ᵉ compagnie passe en première ligne et remplace la 5ᶜ (3). » Pendant ce temps, les 6ᵉ et 7ᵉ compagnies soutiennent un combat à la baïonnette près de la place du Marché (la place Neuve) et « sont criblées de coups de feu partant des maisons et des soupiraux des caves (4) (sic) ».

Cette lutte acharnée et souvent livrée corps à corps paraît avoir été soutenue dans la rue des Fossés et sur la place Neuve par la 3ᵉ compagnie du bataillon du 78ᵉ. La compagnie Legendre des Pyrénées-Orientales y prit part par ses feux de flanc tirés de la Grande-Rue sous le passage voûté.

Tout ce que purent faire les Allemands fut d'atteindre le carrefour à hauteur de la place Neuve. Ils occupèrent face à l'Ouest le passage voûté et les maisons formant l'angle de la Grande-Rue-Haute et la route de Cubrial, ainsi que celles qui sont à l'angle de la Grande-Rue-Haute avec la rue des Fossés. — Puis ils barrèrent la route de Cubrial par une barricade dont le feu balaya la route jusqu'au delà de la Croix-Marmin. — Le carrefour,

---

(1) Le commandant du bataillon y fut tué.
(2) La pente est en effet très raide à cet endroit.
(3) Major Kunz et *Historique* du 25ᶜ.
(4) Les Allemands supposèrent qu'une partie d'entre ces coups de fusil provenaient de mobiles de la Corse qui avaient pu se cacher dans les caves lors de la prise de Villersexel à 11 heures du matin et y étaient restés pendant l'occupation.

qui devint ainsi le centre de la résistance, fut occupé par le II⁰ bataillon du 25ᵉ.

Tandis que le Iᵉʳ bataillon du 25ᵉ restait au pont, le bataillon de Fusiliers put, sans rencontrer personne, venir occuper la place Neuve, en passant par les rues à l'Est du village. La 12ᵉ compagnie paraît avoir occupé les dernières maisons sur la route de Villers-la-Ville, d'où elle lança des patrouilles dans les vergers au Sud. La 11ᵉ occupa l'hôtel de la Balance, au coin de la place Neuve et de la route de Magny.

De ce côté, on resta face à face et à petite distance. Le colonel Prévot, avec le bataillon du 78ᵉ, à l'angle Nord-Est du champ de foire, avait du monde sur la route de Cubrial, face à la barricade, et sur le chemin en arc de cercle qui mène au Sud de la place Neuve. — La fusillade continua sur place dans l'obscurité, mais par intervalles (1).

Un incident allait d'ailleurs caractériser l'attitude des combattants dans la partie Est de la ville.

On se souvient qu'au moment de l'attaque de Villersexel, le colonel Bernard du 3ᵉ zouaves se trouvait avec son IIᵉ bataillon (Heurteux) au bois du Petit-Fougeret.

Entendant, vers 6 heures, le redoublement de la fusillade à Villersexel, le colonel Bernard, laissant 3 compagnies dans le bois, partit avec les 2 autres par le chemin du Grand-Magny et se trouva à l'entrée de Villersexel

---

(1) Le commandant de Mallet, revenant de la gauche, où il avait été rappeler le Iᵉʳ bataillon des Pyrénées-Orientales, « trouva les abords du village encombrés de troupes qui ne faisaient pas mine d'y entrer » (sic). Cherchant le général Ségard, il tourna Villersexel par la droite, et, sur la route de Magny, tomba sur un parti allemand qui fit feu sur lui. Son cheval effrayé rentra dans le village par la ruelle. Il y retrouva des hommes du 47ᵉ, et, peu après, le général Ségard sur la place de l'Église. « Les hommes pleins de bonne volonté paraissaient désorientés… Ils étaient rasés ou abrités dans les ruelles ou dans les maisons. On ne savaient lesquelles étaient occupées par les Allemands, qui du reste ne paraissaient pas plus entreprenants. »

en haut d'une « forte rampe, bordée à droite par les maisons qui bordent la route de Villers-la-Ville, et à gauche par celles qui bordent le chemin de Magny. Cette rue débouchait sur une place situé à 80 mètres au Nord et appelée place Neuve » (1).

Une patrouille envoyée dans les « vergers de droite » fut enlevée par des Allemands qui y étaient embusqués, puis, après un temps d'arrêt assez long, pendant lequel la fusillade avait complètement cessé », le colonel Bernard, rejoint par une autre de ses compagnies (Espinadel), descendit la rampe presque jusqu'à la place, où il se trouva nez à nez avec les Allemands, arrêtés et ne tirant pas. Après quelques coups de feu, les 3 compagnies de zouaves remontèrent en haut de la rampe, à leur point de départ; les Allemands restèrent sur la place, puis, « après une courte fusillade contre une troupe venant sur la droite, et qui rentra dans la ville (2) », une nouvelle accalmie se produisit.

Pendant que le lieutenant-colonel Bernard ralliait ses 3 compagnies sur la route du Grand-Magny, une colonne française « venant de gauche » arriva. C'était le colonel Perrin avec le IIIe bataillon du 52e et le 12e bataillon de chasseurs, qui n'accepta pas l'offre de reprendre l'offensive par la route de Magny (3), et continua son chemin vers le plateau au Sud-Est de Villersexel, où il établit ses deux bataillons. Un moment après, arrivait au lieutenant-colonel Bernard, par l'intermédiaire du commandant Hagenbill, « l'ordre écrit » du commandant de la brigade, colonel Vivenot, de se replier vers le Grand-Magny. — C'est là que se retrouva tout le 2e zouaves de marche.

Cet épisode caractérise ce qui se passa à plusieurs

---

(1) *Mémoire* Bernard. C'est bien l'aspect de l'entrée à Villersexel de la route de Magny.
(2) *Rapport* Bernard (une patrouille de la 12e compagnie).
(3) *Idem.*

reprises pendant cette nuit. Arrivés très près les uns des autres, les deux partis restèrent arrêtés dans les angles des rues, sans prononcer nettement une offensive. La fusillade, souvent interrompue, ne reprenait que lorsqu'un des adversaires faisait, sur un point, un bond qui l'amenait au contact absolu de l'autre. — Personne n'était orienté sur la situation, et des deux côtés le mélange des unités, appartenant à des brigades, divisions, et même corps d'armée divers, paralysait absolument le commandement. Les acteurs de ce singulier drame n'en ont conservé aucune idée d'ensemble. Seuls leurs souvenirs personnels, limités étroitement sous le rapport de l'espace, absolument vagues sous celui du temps, peuvent fixer certains points, tout à fait défigurés dans les relations officielles.

Reprise du château par les Allemands. — Après avoir organisé l'occupation du château, le lieutenant-colonel Varaigne, chef d'État-Major du 20e corps, s'était, comme on l'a vu, dirigé vers le Sud, pour rejoindre son chef, lorsque, près de la petite porte du parc, il rencontra le général Ségard, qu'il mit au courant de la situation. Peu après, on entendit la fusillade vers la route de Cubrial, et dans le parc. En conséquence, le général Ségard, prenant avec lui le bataillon des Pyrénées-Orientales et 3 compagnies du bataillon Pothier se dirigea sur la place au Sud de la mairie, et y mena ses troupes. Lui-même se rendit sur la place de l'Église, et envoya par deux fois le commandant Cord, du Génie, reconnaître ce qui se passait au château. Accueilli par une violente fusillade, cet officier supérieur put rapporter les fusils d'ennemis tués dans la cour par les hommes qu'il avait avec lui. Peu après, le lieutenant Larouy du 47e, échappé du château, confirma la reprise de ce point par les Allemands.

Voici ce qui s'était passé.

Une fois le terrain dégagé au pont par le 25e d'infanterie, il fut ordonné à la IV° division de réserve de reprendre le parc et le château. Il lui restait à ce moment 3 bataillons : Wehlau, Osterode et Ortelsburg, et 2 compagnies du bataillon de Thorn.

Le bataillon Wehlau franchit le pont, et, tournant à droite, les 2 premières compagnies, n°s 5 et 6, furent lancées par la rue de la Doue, qui borde le canal, vers la petite grille qui forme l'angle Nord-Est du parc, près du moulin, au bas de la ruelle de la Colombière. — Elles pénétrèrent dans le parc, et, dépassant le talus couvert d'arbres et à pente très raide vers le Nord, qui borde le mur Est du parc, elles tentèrent de grimper la pente située au Nord du château, et qui forme terrasse descendant vers l'Oignon. — Un feu violent parti des fenêtres du premier étage les arrêta et les obligea à se coucher dans l'angle mort, au bas du talus, près de la grille.

Les 7° et 8° compagnies (1) du bataillon Wehlau avaient, à partir du pont, suivi la rue dite « du Moulin ». Celle-ci est d'abord parallèle à la rue de la Doue, puis elle se détourne vers le Sud-Ouest et, par une pente très raide, rendue ce jour-là glissante par la gelée, elle rejoint la rue de la Colombière, en face de la maison du régisseur. La partie en pente de la rue du Moulin était ainsi enfilée par le feu partant des fenêtres Est du château, de la maison du régisseur et d'un bout de terrain orienté presque Nord-Sud, entre le château et la maison du régisseur.

La tête de ces compagnies parvint jusque près de la rue de la Colombière. Mais, à ce moment, partit des fenêtres Est du château une fusillade si efficace, que les landwehriens tournèrent les talons, et se laissèrent dégringoler en bas du talus gelé, refluant ainsi en désordre dans la rue du Moulin.

Or, cette rue était alors suivie par le bataillon Osterode,

---

(1) Il avait 4 compagnies numérotées 5°, 6°, 7° et 8°.

expédié lui aussi vers le château. Mais la tête de ce bataillon, formée par la 2ᵉ compagnie, était déjà engagée dans la rue qui, de la rue du Moulin, rejoint directement la place de l'Église. Les fuyards des 7ᵉ et 8ᵉ compagnies du bataillon de Wehlau mirent celui d'Osterode dans une confusion complète. Toutefois, le major v. Wussow, avec environ un peloton de la 2ᵉ compagnie d'Osterode, continua son chemin, et arriva ainsi sur la place de l'Église, sans avoir rencontré personne (1).

A sa droite s'ouvrait la grille du château, nullement gardée. Très audacieusement, le major v. Wussow se lança de ce côté avec sa poignée d'hommes. Quelques coups de feu, tirés au hasard par le petit poste de la maison du régisseur, et dont toute l'attention était concentrée vers la rue de la Colombière et le talus terminant la rue du Moulin, ne l'arrêtèrent pas (2). Il arriva dans la cour Sud, trouva la grande porte ouverte, et pénétra dans le grand vestibule, d'où partent les deux escaliers d'honneur et de là, dans le grand salon (3).

Les quelques hommes qui se trouvaient au rez-de-chaussée, une vingtaine environ, avec les capitaines de Villeneuve et de Garridal et le lieutenant Dières-Montplaisir, se retrouvèrent dans le vestibule qui donne

---

(1) A ce moment, en effet, la compagnie Legendre, des Pyrénées-Orientales, était à l'autre bout de la Grande-Rue-Haute, vers le passage voûté.

(2) L'histoire ci-dessus a été racontée par de nombreux auteurs. Les recherches faites sur places permettent de préciser les lieux où se passa la bousculade, et de comprendre comment la tête de colonne du bataillon Osterode put continuer son chemin jusqu'à la grille du château.

(3) Le rapport du capitaine Desfargues dit que, prévenu de l'approche de l'ennemi, il sortit à la rencontre du major Wussow, ayant cru que celui-ci demandait à se rendre. Le commandant Lyautey dit la même chose pour l'incident Hertel, le même malentendu causera plus tard la mort du capitaine Brun. On a

sur la cour, au Sud de la salle à manger et du billard (1). Enfermés dans cet espace entouré de murs épais, ils devaient résister victorieusement, enfilant de leur feu les corridors qui débouchent, l'un dans le grand vestibule des escaliers d'honneur, l'autre au pied de l'escalier de service de l'aile orientale.

Le major v. Wussow n'était alors maître que du grand salon du rez-de-chaussée et du vestibule d'honneur. — Un officier envoyé à la recherche du bataillon Osterode, tomba près de la grille dans une patrouille française, probablement la première faite par le commandant Cord, et fut pris (2). Heureusement pour les Allemands, l'annonce de leur entrée au rez-de-chaussée avait déterminé parmi les défenseurs du 1er étage un moment de trouble. Dans la partie Ouest, le lieutenant Lyautey avait été blessé (3). Au milieu de la façade Nord et dans la partie Est, le capitaine Desfargues et le lieutenant Petit-Jean allaient de fenêtre en fenêtre, cherchant à entretenir le feu (4). Néanmoins, les deux compagnies, n°s 5 et 6 du bataillon Wehlau, que nous avons laissées

---

vu l'histoire de la batterie où l'on fait semblant de vouloir se rendre. Quelques jours plus tard à Sainte-Marie arrivera une affaire du même genre, connue par un témoin oculaire hautement qualifié. Il est impossible que tant de faits de même espèce, relatés par tant de témoins différents, n'aient aucun fondement. On peut tenir pour certain qu'il arriva plusieurs fois que des soldats allemands se trouvant en danger mirent la crosse en l'air, et que le feu fut ensuite repris. Il ne faut pas toujours en conclure à une ruse déloyale, car il put arriver que le premier acte de faiblesse fut réprimé par un chef énergique voulant continuer le combat. Ce n'en fut pas moins l'occasion de certaines méprises et de représailles.

(1) Note du comte de Villeneuve.
(2) *Journal des Services militaires*, n° 23, d'après Löhlein et Wengen.
(3) Note du commandant Lyautey.
(4) *Rapport* Desfargues.

au bas de la terrasse, purent se rapprocher du château. Le major v. Wussow et ses hommes, les ayant reconnus, leur ouvrirent les fenêtres du grand salon du rez-de-chaussée et une porte condamnée dont les marches manquaient. C'est par là qu'entrèrent ceux de Wehlau, aidés par leurs camarades d'Osterode, et se servant d'une vigne en espalier qui grimpait le long de la muraille.

Une fois renforcé, le major v. Wussow gravit le grand escalier, et entra dans le grand salon du 1er étage. Pris à dos, pendant qu'ils garnissaient les fenêtres, les défenseurs se rendirent. Quelques-uns s'enfuirent de chambre en chambre vers l'aile orientale et furent pris par petits groupes. — Certains gagnèrent le second étage. La plus grande partie de la compagnie Lyautey, se trouvant dans l'aile occidentale du premier, n'y fut pas inquiétée. Lorsqu'une troupe conduite par le lieutenant Förstmann, qui connaissait les lieux, voulut descendre l'escalier de service, elle fut arrêtée par le feu des hommes occupant le vestibule du rez-de-chaussée, sous les ordres du capitaine de Villeneuve.

Petit à petit, l'ordre s'était rétabli dans la rue du Moulin. Le bataillon Osterode gagna la grille et entra dans le salon du rez-de-chaussée par la terrasse. Il y fut suivi des compagnies n°s 7 et 8 du bataillon Wehlau. Cependant la 4e compagnie du bataillon Osterode paraît être entrée dans le parc, en franchissant le mur à hauteur de l'angle Nord-Est du château. De là, elle aurait pu, en enfonçant une porte, occuper le rez-de-chaussée de l'aile droite (1). Au rez-de-chaussée de l'aile Ouest, les Allemands firent aussi 24 prisonniers.

Ils se trouvèrent donc maîtres de tout le rez-de-chaussée, moins le vestibule et les couloirs tenus par le

---

(1) C'est douteux, car la maison du régisseur était occupée par les 15 hommes de la compagnie Lyautey, et bien proche de là.

capitaine de Villeneuve, et de toute la moitié orientale du premier étage (1).

Commencée vers 6 heures du soir, la conquête du château en était là vers 8 heures.

---

(1) Il faut remarquer que l'aile occidentale n'avait pas d'escalier de service.

XI

Combat dans Villersexel jusqu'à 10 heures du soir.

Une fois édifié sur la présence de l'ennemi au Château, le général Ségard, qui avait rassemblé sur la place au Sud de la Mairie le IIe bataillon des Pyrénées-Orientales et le bataillon Pothier, envoya la 6e compagnie des Pyrénées-Orientales sur la place de l'Église (1). Conduite par le commandant Tascher, cette compagnie vint rejoindre la 3e, arrêtée devant le passage voûté au bout de la Grande-Rue. A 3 reprises différentes, l'assaut, tenté par le commandant de Tascher fut repoussé (2). Craignant toujours d'être tourné par sa gauche, si l'ennemi débouchait du château par le Sud, le général Ségard renvoya le bataillon Tascher de ce côté. Cette troupe fut établie le long du mur Sud du parc, « jusqu'à la rivière », les 1re et 2e compagnies pénétrant seules dans le parc, vinrent occuper le bâtiment des celliers. Le Ier bataillon du 52e restant immobile aux écuries, et à 200 mètres au Sud, le bataillon Martin (du 78e rattaché au 47e), toujours arrêté à l'angle Nord-Est du champ de foire, et ne pouvant entrer par la route de Cubrial, il ne restait plus au général Ségard, à la Mairie, que 4 compagnies du bataillon Pothier du 47e.

---

(1) *Rapport* Tascher.
(2) *Rapport* Ségard.

Envoyé de nouveau en reconnaissance vers le château, le capitaine de cuirassiers Hérissant, attaché à l'État-Major du général Ségard, prit avec lui quelques hommes de la 1re compagnie du Ier bataillon du 52e, qui occupait les écuries (1) et marcha vers le château. — Il parvint jusqu'aux fenêtres du rez-de-chaussée, occupées par les hommes du capitaine de Villeneuve, et leur annonça du secours (2). Au retour, il fut grièvement blessé (3).

La compagnie Maillard du 47e, envoyée dans le parc par la grille, se heurtait, bientôt après, aux Allemands, sortant du château, et qui y rentrèrent après un vif engagement corps à corps (4), tandis que le parti français restait dans la cour comprise entre les deux grilles.

Dans la Grande-Rue-Haute, le commandant d'État-Major Clamorgan, avec quelques hommes du 47e, avait pu s'avancer tout près du passage voûté, jusqu'à un renfoncement qui en est à 10 mètres. Mais il n'avait pu aller plus loin. Avec l'aide des sapeurs de la compagnie Autixier, et sur l'ordre du général Ségard, il se mit en devoir d'incendier les maisons du côté Sud de la Grande-Rue-Haute occupées par les Allemands. Cette opération devait être longue et coûter de sérieuses pertes.

Les forces du général Ségard étaient absolument insuffisantes pour triompher de la résistance de l'ennemi.

Un incident sérieux allait d'ailleurs compliquer la situation.

Jusque vers 8 heures, les Allemands s'étaient trouvés répartis en 2 groupes, savoir 2 bataillons dans le château, 2 autres au carrefour et à la place Neuve. — Il ne semble pas y avoir eu de liaison entre eux, et, pourtant,

---

(1) Tandis que le reste du bataillon restait immobile au Sud du parc près du mur. (Note de M. le commandant Hérissant.)
(2) Note du comte de Villeneuve.
(3) Les deux cuisses traversées. *Rapport* Ségard.
(4) *Id.* et Wengen.

l'ennemi disposait de 3 ruelles, pour porter des fractions de sa réserve vers les maisons formant le côté Nord de la Grande-Rue.

Tout à coup, on s'aperçut que la maison formant l'angle de la Grande-Rue-Haute avec la rue de la Colombière, près du petit îlot de maisons qui se trouve à l'angle Nord-Ouest de la place de l'Église, était au pouvoir de l'ennemi (1).

Son feu balaya la place de l'Église, sur laquelle s'était tenu jusqu'alors le général Ségard.

Celui-ci, « n'ayant plus de réserves, demanda des renforts à l'amiral Penhoat, commandant la 2ᵉ division du 18ᵉ corps » (2).

On se souvient que le gros de cette division, après avoir passé l'Oignon, de la rive droite à la rive gauche, à Pont-sur-l'Oignon, s'était porté sur Villersexel par la route de Cubrial. — Il marchait dans l'ordre suivant :

92ᵉ de ligne.

IIᵉ bataillon du 52ᵉ (commandant de la Marcodie), avec le colonel Quénot.

77ᵉ mobiles (Maine-et-Loire).

En arrivant, vers 7 heures du soir, à la Croix-Marmin, l'amiral Penhoat y trouva le général Clinchant, qui avait établi son quartier général dans une maison isolée à l'Ouest de la Croix-Marmin, sur la route allant à la mairie (3).

---

(1) Cette maison s'appelait maison Gardet. On ne sait quelle fraction des Allemands s'y trouvait, et un historien, le major Kunz, qui d'ordinaire montre plus de clairvoyance et d'impartialité, n'a pas craint de dire que la maison était occupée par des Français, que la 2ᵉ compagnie du IIᵉ bataillon du 52ᵉ de marche attaqua et brûla « par erreur ». Les témoignages qu'on va lire feront justice de cette invention. Le plus important est celui du colonel Bauzillot, alors lieutenant à la compagnie Brun (2ᵉ compagnie du IIᵉ bataillon du 52ᵉ).

(2) *Rapport* Ségard.

(3) Maison Réguichot.

La marche avait été très rapide, la colonne s'était allongée. A ce moment, le combat dans le village n'était pas violent, et les issues étant encombrées par des fractions de la division Ségard, les troupes de l'Amiral Penhoat furent massées en réserve, partie sur le champ de foire, partie à l'Ouest, au Sud du mur du parc.

« On défit le campement et on fit griller de la viande » (1).

C'était, on s'en souvient, à cette division qu'incombait, d'après l'ordre de mouvement, la tâche d'occuper Villersexel. Néanmoins, un temps considérable devait s'écouler avant qu'elle prît part au combat.

Que se passa-t-il alors? C'est ce qu'il est difficile de savoir.

« Vers 7 heures, dit l'amiral Penhoat, le général Clinchant me prévint qu'en vertu d'ordres qu'il venait de recevoir, il était obligé de retirer ses troupes pour continuer sa marche vers la droite; il me pria de faire relever par un général de brigade et par des troupes de ma division les troupes du 20° corps, chargées de l'attaque de la ville (2). »

C'est, en effet, vers 7 heures que le sous-lieutenant de Villeneuve, officier d'ordonnance du général Borel, avait apporté au général Clinchant la lettre ci-dessous, qui, sauf un paragraphe spécial au 24° corps, était adressée aux divers corps d'armée (3).

---

(1) Note de M. le commandant Kauffeisen, alors lieutenant à la 6ᵉ compagnie du IIᵉ bataillon du 92ᵉ.

(2) *Rapport* de l'amiral Penhoat daté du 10 janvier.

(3) Voir opérations du 18° corps. La réponse du général Billot est datée de 7 h. 30. M. le sous-lieutenant de Villeneuve, porteur de l'expédition destinée au général Clinchant, arriva à Villersexel à la nuit tombée. (Note de M. le colonel de Villeneuve.) « Les balles pleuvaient sur le champ de foire. »

Bournel, 9 janvier 1871.

Le général Bourbaki au général Clinchant, commandant le 20ᵉ corps, et au général Bressolles, commandant le 24ᵉ corps, probablement aussi au général Billot, commandant le 18ᵉ corps.

Renseignez-moi immédiatement et par retour de l'officier porteur de cette lettre sur ce que vous avez fait dans la journée, la disposition actuelle de vos troupes, autant que possible sur la position, la force et les intentions de l'ennemi que vous avez devant vous. Aviez-vous toute votre artillerie, même celle de réserve, et vos parcs pour remplacer vos munitions de toutes sortes.

Prenez dans la nuit même toutes vos dispositions pour rallier toutes vos forces, toute votre artillerie et compléter votre approvisionnement en cartouches et en munitions d'artillerie. Disposez vos forces de manière à ce que, pouvant tenir tête à l'ennemi, vous ayez derrière vous des réserves; donnez en un mot toutes vos intructions pour pouvoir recommencer la lutte demain matin, 2 heures avant le jour. Vos troupes devront être sur pied et en position de combat. Je profite de cette occasion pour vous faire quelques recommandations générales.

Laissez vos convois en arrière de vous et assez loin pour ne pas être gêné dans vos mouvements, surtout si vous aviez un mouvement de retraite à faire, ce qui n'aura pas lieu, je l'espère. Mêmes mesures à prendre pour les parcs d'artillerie, qui doivent être cependant moins éloignés que les convois.

Donnez des ordres pour qu'on recueille le plus d'armes possible sur le champ de bataille, et pour que la gendarmerie soit sur les derrières, en avant des convois, pour arrêter les fuyards.

Employez vos compagnies du génie aux travaux de défense, si c'est nécessaire, et, en second lieu, à travailler sur les routes pour les rendre plus facilement praticables aux charrois.

Les divers corps de la 1ʳᵉ armée occupent à très peu de chose près les positions qui leur avaient été indiquées dans l'ordre de marche pour la journée du 9. Toutefois, un officier a été envoyé du 15ᵉ corps dans la journée, pour prescrire à la partie disponible de ce corps de se porter sur Bournois, de manière à pouvoir soutenir le 20ᵉ et le 24ᵉ corps, ou sur Arcolans, dans le cas où l'ennemi tâcherait de déborder notre droite. D'après les renseignements qui ont été recueillis, la 1ʳᵉ armée aurait eu devant elle aujourd'hui 35 à 40,000 hommes et 60 ou 70 pièces d'artillerie; d'après ces renseignements l'ennemi pourrait recevoir des renforts de 20 à 25,000 hommes, surtout sur la gauche, c'est-à-dire du côté d'Arcey. Sans pouvoir rien prescrire d'absolu dans ce moment, faute de données positives sur la situation des divers corps de la 1ʳᵉ armée et sur celle de l'ennemi, il est fort difficile dans ce moment de donner des instructions précises. Toutefois il y a lieu de prendre nos mesures pour que nous puissions reporter sur notre droite une partie de nos forces, et de nos réserves, et c'est vers ce but que doivent tendre en partie les instructions que les commandants de corps d'armée donneront pour la disposition de leurs troupes.

P. O. Le chef d'état-major général.
Signé : Borel.

P. S. pour le général Bressolles. — Je regrette que vous ne m'ayez envoyé personne, dans la journée et le soir, pour me donner de vos nouvelles : on me dit que vous avez une brigade à Cubry. Vous y avez dans tous le cas le 21ᵉ bataillon de chasseurs. Ralliez tout votre monde.

P. S. pour les généraux Clinchant et Bressolles. — Je serai demain matin du côté de Villersexel. Ayez soin de me tenir au courant de vos opérations dans la journée, en m'envoyant toutes les deux heures, et plus souvent si c'est nécessaire, un officier.

Le général Clinchant considéra-t-il ces vagues instructions comme l'ordre de retirer celles de ses troupes qui étaient engagées? On ne saurait le dire. Voici tout ce qu'il a été possible de savoir à ce sujet.

Tout d'abord, le commandant du 20ᵉ corps resta de sa personne à l'entrée de Villersexel, et devait y rester toute la nuit. Quant au général Ségard, nous le verrons jusqu'à minuit au feu sur la place de l'Église, et, peu de temps avant sa mort, il déclarait formellement ne pas avoir reçu l'ordre de se retirer avant la reprise du château. De fait, les deux bataillons du 47° et ceux des Pyrénées-Orientales restèrent aux prises avec l'ennemi jusqu'à ce moment.

Cependant, il est certain que ce fut sur un ordre émanant du commandant de sa brigade, colonel Vivenot, que le lieutenant-colonel Bernard avait été, vers 7 heures, rappelé (1) avec son régiment de zouaves vers les Magny. C'est également par ordre, que le bataillon de Séré, du 47° (2), fut envoyé bivouaquer au bois de Chailles. Enfin, aucune troupe du 20° corps ne fut appelée pour prendre part au combat dans les rues de Villersexel.

La conclusion semble être que l'amiral Penhoat fut bien réellement chargé de terminer le combat dans Villersexel, et que le général Clinchant ne laissa dans la localité que les seules de ses troupes qui étaient au contact de l'ennemi. — Il s'abstint de diriger personnellement le combat, et se fit tenir au courant des péripéties de la lutte par des officiers de son État-Major (3).

Mais, entre l'amiral Penhoat et le général Ségard, la question du commandement ne fut pas immédiatement réglée.

« Le général Clinchant, dit l'amiral, m'invita à faire attaquer par les troupes de ma division le château et la partie de la ville occupée par l'ennemi; à partir de ce moment, j'eus l'entière direction de l'attaque... »

D'autre part, le rapport du général Ségard s'exprime en ces termes (4). Le général Ségard « demanda des

---

(1) *Mémoire* du général Bernard.
(2) Note de M. le capitaine de Wignacourt.
(3) Commandant Clamorgan et lieutenant Massiau envoyés en reconnaissance.
(4) *Rapport* du général Ségard.

renforts à l'amiral Penhoat. Ce dernier officier général ne voulut point que le général Sagard se plaçât sous ses ordres, comme celui-ci le lui avait proposé...; mais il lui offrit gracieusement son précieux concours, en mettant à ses ordres un bataillon (le IIe) du brave 52e régiment de marche (1). »

En réalité, jusqu'à la reprise du château, le commandement allait se trouver divisé, et les efforts devaient rester longtemps isolés et sans concordance.

Bien que le IIe bataillon du 52e ne se soit pas trouvé en tête de colonne, c'est lui, semble-t-il, qui allait entrer le premier en action (2).

Partant de la place au Sud de la mairie, le IIe bataillon du 52e, précédé de la 2e compagnie (capitaine Brun, lieutenant Bauzillot), marcha vers la place de l'Église. La moitié de la compagnie, mise sous les ordres du lieutenant Bauzillot, vint, en rasant les maisons qui forment la face Ouest de la place, gagner la grille, et entra dans la première cour. Avec l'aide de la compagnie Maillard du 47e, qui s'y trouvait, elle garnit le mur bas surmonté d'une grille qui forme la clôture Ouest du parc sur une petite étendue, et engagea le feu avec les défenseurs des maisons à l'angle de la place et de la rue de la Colombière, ainsi qu'avec des Allemands, qui se trouvaient

---

(1) *Rapport* du général Ségard.

(2) Ceci peut s'expliquer par ce fait que le 52e se trouva lors de la halte à droite du 92e, ayant derrière lui le 77e mobiles, qui resta en réserve. (Note du général Quénot.) Envoyé d'abord le long de la route de Cubrial (colonel Bauzillot), il fut rappelé vers la gauche, et retrouva le général Ségard sur la place au Sud de la mairie. Pendant ce temps le capitaine Brun (2e compagnie du IIe du 52e), le lieutenant Bauzillot et le sergent-major étaient allés en reconnaissance par la route de Cubrial. Ils dépassèrent les compagnies du 47e, embusquées à l'angle Nord-Est du Champ de Foire, et dont les hommes tiraient par intervalles, et parvinrent jusqu'à la barricade. Les Allemands ne tiraient aussi que fort peu et sans rien voir. (Note du colonel Bauzillot.)

sur le talus couvert d'arbres au Nord-Est du château. Pendant ce temps (1), le capitaine Brun avait marché droit sur la maison d'angle, et était frappé à mort devant la porte que ses hommes enfoncèrent à coups de hache. Le lieutenant Bauzillot, prévenu par le commandant Clamorgan de l'État-Major du 20ᵉ corps, entra au rez-de-chaussée avec 2 hommes de sa compagnie. Les Allemands s'étant réfugiés au premier étage, il résolut d'incendier la maison, et l'ayant tournée par le passage qui la sépare de la construction voisine du côté de l'Est, il mit le feu à l'écurie en jetant par la fenêtre une boule de paille enflammée. Quelques Allemands (2) purent s'échapper en sautant des fenêtres face au Nord dans le jardin, et, de là, dans la ruelle qui descend vers la rue du Moulin. Une fraction de la 1ʳᵉ compagnie du Iᵉʳ bataillon du 52ᵉ (sous-lieutenant Saffrey) avait pris part à cette action en occupant l'îlot de maisons à l'angle Nord-Ouest de la place de l'église. Cet événement allait avoir une grande importance.

En effet, la 2ᵉ compagnie put occuper solidement les vergers qui dominent la rue de la Colombière et la ruelle qui descend de la place de l'Église vers la rue du Moulin. A sa droite, le sous-lieutenant Saffrey du 52ᵉ occupa la maison voisine de celle qui venait d'être incendiée (3), le IIᵉ bataillon put déboucher sur la place venant de derrière la mairie et s'abriter à l'angle que forme la Grande-Rue à l'Est de l'église. En même temps, la 1ʳᵉ compagnie allait renforcer les fractions du 47ᵉ, avec lesquels étaient restés quelques isolés du IIᵉ bataillon des Pyrénées-Orientales, qui faisaient face au passage voûté. Abritée dans un renfoncement de la rue sur le côté Nord (4), elle dominait

---

(1) Notes du capitaine Bauzillot, du général Quénot. *Rapport* du général Ségard. *Historique* du 52ᵉ.
(2) 5 ou 6 dirent les hommes du lieutenant Bauzillot.
(3) Colonel Bauzillot.
(4) *Historique* du 52ᵉ.

la pente très raide que forme la rue Basse, et allait se trouver à même d'attaquer la maison qui forme l'angle de la Grande-Rue avec la rue des Fossés.

Pendant ce temps, l'amiral Penhoat avait chargé le commandant Roche (1) du Ier bataillon du 92e d'attaquer directement le château (2). A la tête des 1re, 2e et 3e compagnies, le commandant Roche pénétra dans le parc par la grille, d'abord « sans éprouver de résistance ». Mais, « s'étant approché du château, devant lequel on voyait des silhouettes, qu'on prit d'abord pour des Français, on fut accueilli par une vive fusillade. Les 3 compagnies s'étendirent alors vers l'Ouest, et, « sans tirer un coup de fusil », s'élancèrent à l'attaque.

On verra plus loin ce qui se passa.

A la suite des 3 premières compagnies du bataillon Roche, les trois dernières était arrivées sur la place de l'Église. Tournant à droite, elles vinrent prendre part au combat qui se livrait devant le passage voûté. Elles étaient suivies de la section Vacquier de la 21e batterie du 13e, qui, après avoir vainement tenté de se mettre en batterie, revint sur le champ de foire rejoindre le reste de l'artillerie de l'amiral Penhoat (3).

Ainsi, entre 9 et 10 heures du soir, les Français ont fait dans le village des progrès sensibles. — Ils occupent toute la Grande-Rue-Haute par une partie du 47e, le IIe bataillon du 52e, 3 compagnies du Ier bataillon du 92e. Il y a dans le parc, outre le Ier bataillon du 52e, 2 compagnies du Ier bataillon du 92e et une compagnie (Maillard) du 47e.

Il en résultait que, se trouvant maîtres de toutes les maisons qui forment la face Nord de la Grande-Rue, les

---

(1) Il venait d'être nommé lieutenant-colonel au 7e mobiles.
(2) *Rapports* Penhoat, du 92e. *Historique* du 92e. Note du lieutenant-colonel Kauffeisen, alors lieutenant au 92e.
(3) *Rapport* du commandant de l'artillerie de la 3e division.

Français dominaient les 3 ruelles qui descendent vers la rue du Moulin, et allaient pouvoir arrêter les retours offensifs des Allemands.

Cependant, le II⁰ bataillon du *25⁰* prussien tenait toujours au carrefour et au passage voûté. Les dernières maisons de la Grande-Rue, sur la face Sud, étaient cependant en feu.

A peu près vers le même moment (9 heures soir), un habitant venait annoncer au général Ségard que l'ennemi recevait des renforts par la passerelle (1).

Cette information était vraisemblablement inexacte, à ce moment au moins, mais elle répondait trop à la préoccupation constante qu'on avait eue de garder sa gauche, pour qu'on n'en tînt pas compte.

Sous la conduite de l'instituteur de Villersexel (2), le capitaine du génie auxiliaire Autixier, avec la 5⁰ compagnie du I⁰ʳ bataillon du 92⁰, suivit par l'extérieur le mur Sud du parc, y entra par un fossé qui se trouve à quelques mètres du petit bras de l'Oignon, puis coupa la passerelle « sous le feu de l'ennemi (*sic*) » qui, selon toute apparence, se trouvait être un poste du *30⁰* d'infanterie établi à la Forge (3). Ce régiment paraît être resté simple spectateur du combat.

---

(1) *Rapport* Ségard.
(2) *Lettre* du capitaine Autixier. *Rapport* de l'amiral Penhoat.
(3) D'après Paulitzky (*Historique* du *30⁰*), à partir de 6 heures, le I⁰ʳ bataillon du *30⁰* était près du pont et au Nord; vers 7 heures les compagnies numéros 5⁰, 8⁰, 9⁰, 10⁰ et 11⁰ étaient à la Forge. Là se trouvait déjà la 6⁰ compagnie, la 7⁰ y arriva à 9 heures.

L'*Historique* du *30⁰* dit « tannerie », mais ce doit être une erreur.

XII

Reprise du château par les Français et conquête définitive de Villersexel à partir de 10 heures du soir.

Lorsque le général Werder connut la reprise du château par les bataillons Osterode et Wehlau, il crut le combat terminé. Quittant la sortie du bois du Grand-Fougeret, il s'était rendu à Grange-d'Ancin, où il avait donné à 7 h. 15 l'ordre qui a été cité plus haut (1).

Ainsi, l'armée de Werder devait, dans la journée du 10, exécuter une retraite directe vers le Nord, sous la protection de postes, occupant la ligne Marast, Moimay, Villersexel. Elle renonçait à empêcher les Français de prolonger leur marche vers Belfort. Si, comme on l'a dit si souvent, Werder avait eu, le 9, l'intention d'attaquer le flanc des Français, pour les empêcher de continuer leur mouvement à l'Est, il devait se contenter de l'avantage d'avoir retardé une partie de leurs forces.

« Le général v. Werder (dit le major Kunz) comptait, le 10, se porter le plus tôt possible sur une position d'où il pût résister à une attaque de l'ennemi, ou se porter sur Belfort, si l'ennemi n'avançait pas. Dans ce but, il envoya l'ordre au colonel Bayer, resté à Vesoul, de rappeler de Port-sur-Saône le major Paczinski, et, avec

---

(1) Voir ci-dessus Opérations du 18ᵉ corps.

toutes ses forces (2 bataillons badois, 6 compagnies de Landwehr, 2 compagnies de chasseurs de réserve, 2 escadrons et 2 batteries), de repartir le plus tôt possible pour les Belles-Baraques, pour, de là, reconnaître vers Esprels, et, en cas de sérieux engagement, d'y prendre part. Le major Paczinski devait se relier au général Werder par Borey.

« Puis le général Werder se rendit avec son État-Major à Aillevans.

« Les mouvements sur la ligne Marast-Moimay commencèrent dès la réception de l'ordre.

« A 9 h. 30, arriva à Aillevans un rapport du capitaine d'État-Major Ziégler, envoyé à Villersexel, annonçant que, de ce côté, le combat allait mal et avait pris une extension imprévue.

« Ce rapport devait être daté de 8 h. 30 ou 8 h. 45.

« Le major Grolmann fut alors envoyé à Villersexel, pour porter au général v. Schmeling l'ordre de rompre le combat, si c'était possible sans trop de désavantage (1). »

Tout ce qu'on peut conclure de ce témoignage, ainsi que de l'ordre daté de 7 h. 15, c'est, qu'une fois de plus dans cette journée, le général Werder avait méconnu la situation réelle.

La division v. Schmeling était alors beaucoup trop sérieusement engagée pour qu'une retraite fût possible sous la protection de 2 bataillons seulement. Si, comme il advint, elle devait rester au combat toute la nuit, les efforts désespérés qu'elle fit ne furent en rien soutenus par les autres troupes, en particulier par le 30e, qui, partie au pont et partie à la Forge, resta simple spectateur de la lutte. Éloigné du champ de bataille, le commandant en chef allemand ne fit plus sentir son action,

---

(1) Kunz.

et l'emploi des troupes fut plus décousu et plus incohérent qu'il ne l'avait encore été.

Le colonel v. Krane, commandant le 2ᵉ régiment combiné de Landwehr de la Prusse Orientale, arrivé de sa personne au château, y avait trouvé les 2 bataillons Wehlau et Osterode entassés en grande partie au rez-de-chaussée, et ne pouvant triompher de la résistance opiniâtre, opposée par les quelques hommes du 47ᵉ et du 78ᵉ, sous les ordres du capitaine de Villeneuve et du lieutenant Lyautey.

Les fractions qui avaient tenté de déboucher dans la cour avaient été si maltraitées par la fusillade ou l'arme blanche (1), que les landwehriens restaient dans le château, sans y allumer de lumières, car la moindre lueur attirait des volées de balles dans les fenêtres.

Le colonel v. Krane dépêcha un officier au général de Schmeling pour demander ses ordres, et celui-ci, apprenant que des partis français tenaient toujours dans le château, répondit : « So räuchert man sie hinaus » (2).

En revenant au château, et en transmettant cet ordre, 'officier ajouta : « qu'il serait grand temps, après avoir incendié le château, de se retirer, car la retraite était fortement menacée » (3).

Ce n'était point là une erreur, comme l'ont dit les historiens allemands. La conquête des maisons formant la partie Nord de la Grande-Rue-Haute rendait en effet les Français maîtres des rues qui descendent vers la rue du Moulin, et leur aurait permis d'intercepter les communications entre les défenseurs du château et les réserves placées au pont.

Quoi qu'il en soit, l'incendie fut allumé par les land-

---

(1) Voir ci-dessus. Rien qu'entre le château et la maison du régisseur (50 m.) on retrouva 34 cadavres allemands (marquis de Grammont).

(2) Exactement : Qu'on les enfume pour les faire sortir.

(3) Kunz et Wengen.

wehriens, au moyen de meubles entassés qu'on arrosa de pétrole.

A 10 heures du soir, les flammes commencèrent à jaillir d'une fenêtre du premier étage, située dans la partie centrale, mais à l'Ouest du milieu de la face Sud (1).

A ce moment, le colonel v. Krane, le major v. Wussow, le capitaine Czéjan, le lieutenant Förstmann étaient au premier étage, dans la partie Est. Mais ils ne pouvaient redescendre par l'escalier de service situé de ce côté, car les hommes du capitaine de Villeneuve en tenaient les premières marches sous leur feu (2). Bientôt d'ailleurs, le grand escalier allait être rendu inaccessible par l'incendie.

Que le feu ait été, ou non, allumé avec l'assentiment du colonel v. Krane, celui-ci allait en subir de sérieux risques, car, tandis qu'il était séparé du gros de sa troupe, celle-ci abandonnait le château.

Le bataillon Wehlau et les compagnies 2 et 3 du bataillon Osterode paraissent être sortis par les fenêtres du rez-de-chaussée, donnant vers le Nord. Une partie

---

(1) Le témoignage du marquis de Grammont, témoin oculaire, placé derrière un arbre, près des écuries, est formel sous le rapport de l'heure et du lieu où apparurent les flammes. C'était une lingerie au premier étage. Toutefois le capitaine Desfargues et le capitaine de Villeneuve affirment l'un et l'autre que l'incendie fut allumé dans le grand salon du rez-de-chaussée, au-dessous de la pièce où étaient enfermés les prisonniers. Le lieutenant Lyautey affirme aussi que le feu fut mis au rez-de-chaussée, vers le milieu du bâtiment central, puisque le grand escalier était plein de fumée. D'après lui, le feu aurait couvé assez longtemps. Il est certain que l'aile orientale fut seule épargnée, et que le but de l'incendie était de réduire les défenseurs réfugiés dans la partie ouest du premier étage lesquels ne pouvaient s'échapper que par l'escalier central. On doit donc croire que c'est de ce côté que le feu fut allumé.

(2) Là fut tué le lieutenant Förstmann.

d'entre eux resta quelque temps couchée dans la neige, à 100 mètres du château (1), mais bientôt tout le monde dégringola la terrasse, et, dans la conviction que le pont de pierres était au pouvoir des Français, les 6 compagnies franchirent l'Oignon droit devant elles. La glace se rompit sous leurs pas et plusieurs hommes se noyèrent.

Les 1re et 4e compagnies du bataillon Osterode avaient tenté de sortir du château par la cour du Sud. Là, elles tombèrent sur les 3 compagnies du Ier bataillon du 92e, amenées par le commandant Roche, et débouchant de la grille d'entrée, tandis que le commandant Clamorgan, avec quelques hommes du Ier bataillon du 52e, arrivait par le Sud (2).

A la suite d'une courte, mais violente mêlée, les landwehriens furent rejetés à coups de crosse et de baïonnette au bas de la terrasse, et franchirent l'Oignon, à la suite des six autres compagnies.

---

(1) Note du lieutenant Lyautey.

(2) Parmi les premiers entrés dans le château, on doit citer le commandant Clamorgan, qui y arriva par l'Est, avec les hommes du 52e qui occupaient les communs, et qui tua un ennemi d'un coup de revolver à bout portant. D'après le rapport de cet officier supérieur, le 92e arrivait à ce moment par l'Ouest. On avait couru vers le château, dès que la vue des flammes eût montré que l'ennemi allait évacuer le château, et les premiers arrivés tombèrent sur les landwehriens en pleine retraite. Le commandant Clamorgan tua de sa main un officier allemand. L'historien Kunz compte 1 officier disparu et 6 officiers tués ou blessés au bataillon Osterode, 4 officiers tués ou blessés au bataillon Wehlau. On fit 1 officier prisonnier, M. Karl Oeschlinger. Le cahier de renseignements de la délégation de Tours cite son interrogatoire. Cet officier dit avoir été commandant de place à Gray. On trouve encore comme prisonniers 1 médecin, Hacker et son aide, Jack, du 34e, 22 hommes et 2 sous-officiers du 25e, 7 hommes et 1 sous-officier de divers corps, 2 hommes badois, 1 homme du régiment de Landwehr n° 1, 3 hommes et 1 sous-officier du régiment de Landwehr n° 4.

Tandis que les deux bataillons Wehlau et Osterode se remettaient de leur désordre et se rassemblaient, près et au Nord du pont, les hommes du 92ᵉ et du 52ᵉ pénétraient au rez-de-chaussée et délivraient ceux du 47ᵉ, enfermés dans le château (1).

Combat autour du château. — Le colonel Krane, le major v. Wussow et quelques hommes de la 4ᵉ compagnie étaient enfermés au premier étage de l'aile orientale. L'incendie, qui avait été allumé dans la partie occidentale du bâtiment, se propageait lentement. La fusillade avait complètement cessé. Les 3 compagnies du Iᵉʳ bataillon du 92ᵉ, avec lesquelles se trouvait le commandant Roche, devaient ignorer que quelques Allemands étaient restés dans le château. En tout cas, elles ne s'occupaient que de faire face à un retour offensif, et le commandant Roche s'occupait à « placer un petit poste et des embuscades », lorsque, 25 à 30 minutes (2) après l'entrée dans le château, c'est-à-dire vers 10 h. 30, l'ennemi reparut et « passant par les deux avenues Est et Ouest, il envahit presque la cour (3) ». Selon toute probabilité, la 2ᵉ compagnie du Iᵉʳ bataillon du 92ᵉ avait alors 2 sections massées dans la cour, la troisième, portée en avant sur la terrasse, s'était trouvée nez à nez avec l'ennemi ; les 1ʳᵉ et 3ᵉ compagnies étaient « embusquées et à leur poste de combat » (*sic*), sans qu'on sache bien où, mais sûrement hors du château, qui brûlait alors, et probablement sur les 2 flancs, en arrière et au Sud,

---

(1) Le capitaine Defargues raconte que ses hommes descendirent le grand escalier, en criant hourrah pour tromper les Allemands, qu'ils croyaient trouver en bas. Il rencontra les hommes du 92ᵉ et du 52ᵉ. De là, il rejoignit le gros de son régiment. Le lieutenant Lyautey, sorti plus tard, ne rencontra d'abord personne. Il se posta au sud du château et prit part au combat suivant.

(2) *Rapport* du 92ᵉ.

(3) *Rapport* du 92ᵉ.

peut-être même sur la place de l'Église (1).

Quant au lieutenant Lyautey, après être sorti du château, il avait rallié son poste, enfermé depuis le début de l'affaire dans la maison du régisseur, et s'était placé dans le parc au Sud du château, en face (probablement) de l'aile Ouest.

Voici, du côté allemand, ce qui semble s'être passé. Une fois les 2 bataillons Osterode et Wehlau arrivés en désordre sur la rive droite de l'Oignon, un temps considérable se passa avant qu'on pût les rassembler et les réunir au bataillon Ortelsburg, resté près du pont. C'est probablement leur arrivée qui fit connaître au général Schmeling que les Français avaient repris le château (2).

Mais déjà le 1/2 bataillon de Thorn (1re et 3e compagnies), qui était au pont, avait reçu l'ordre d'aller renforcer le colonel Krane, que l'on croyait encore au château, mais incapable d'en achever la conquête (3).

Vers 10 h. 30, ces deux compagnies se dirigèrent sur le château, par la rue de la Colombière, qui monte obliquement depuis le moulin jusqu'à l'entrée principale. Mais, déjà, le IIe bataillon du 52e se trouvait maître des maisons à l'angle de la rue de la Colombière et de la place de l'Église. Assaillies par une violente fusillade à bout portant, les 2 compagnies de Thorn se replièrent, et, pour gagner le château, entrèrent par la porte du Moulin. Elles vinrent le long de l'Oignon jusqu'au bas de la terrasse, qu'elles escaladèrent, se divisant ensuite pour passer à l'Est et à l'Ouest du château.

Ce mouvement permit au colonel Krane et au major v. Wussow de s'échapper de l'aile orientale du château, et de passer par-dessus le mur Est, mais l'offensive alle-

---

(1) Le lieutenant Lyautey dit avoir rencontré un commandant (peut-être Roche) près de la grille.
(2) Kunz.
(3) Ainsi que l'avait dit l'officier qu'il avait envoyé au général von Schmeling.

mande n'alla pas plus loin. Attaquées à la baïonnette par 2 sections de la 2º compagnie du Ier bataillon du 92º, fusillées par les 1re et 3º compagnies et par la compagnie Lyautey, elles firent demi-tour et se replièrent jusqu'au pont (2). Le commandant Roche avait eu la cuisse traversée d'une balle tirée à bout portant.

En arrivant à l'Oignon, le colonel Krane reçut l'ordre de reprendre le château avec les 1re et 3º compagnies du bataillon de Thorn, et les bataillons Wehlau et Osterode, enfin reconstitués. — On y joignit la 4º compagnie du 25º (Ier bataillon).

Cette contre-attaque, signalée par divers témoignages français, n'eut aucun succès et paraît avoir été assez molle. Les 1re et 3º compagnies de Thorn se trouvèrent sous le feu du IIe bataillon du 52º, qui, descendant vers l'Oignon, menaçait leur flanc, et durent lui faire face. La 2º compagnie du 25º, envoyée à leur secours, fut arrêtée également (3). Vers le château, l'attaque fut facilement repoussée par les 3 compagnies du 92º (4). Finalement, mais à une heure qu'on ne saurait préciser, les 3 demi-bataillons de landwehr renoncèrent définitivement à la lutte, et repassèrent le pont de l'Oignon, à l'entrée duquel se tenait toujours le Ier bataillon du 25º.

Pendant ce temps, la lutte continuait dans la grande rue. Les 4º et 6º compagnies du Ier bataillon du 92º, conduites par le général Perrécault, attaquaient avec énergie

---

(1) Le lieutenant Kurrek, blessé, fut porté par un camarade par-dessus le mur. *Journal des Sciences militaires. Loc. cit.*

(2) *Rapport* du 92º et note du lieutenant Lyautey.

(3) *Historique* du 25º.

(4) *Ibid.* « Bien que le château fût déjà en flammes, on ne put chasser l'ennemi de la partie qu'il occupait. La garnison tirait constamment par les fenêtres en chantant la « Marseillaise », jusqu'à ce que l'incendie eût fait taire la voix des héroïques défenseurs. Ceux qui étaient dans la cave tinrent jusqu'à la fin du combat. » C'est fort peu vraisemblable.

et s'efforçaient, avec l'aide de la compagnie du génie de Tours, d'incendier les maisons occupées par l'ennemi, qui tenait toujours le passage voûté (1).

Vers minuit, l'amiral Penhoat prit définitivement la direction du combat, tandis que le général Ségard rappelait les fractions du 47°, encore engagées, et allait bivouaquer au bois de Chailles, où se trouvait déjà le bataillon Séré. Il y fut rejoint par le 2° bataillon des Pyrénées-Orientales, que le 1ᵉʳ bataillon du même régiment releva de son poste, au mur Sud du parc (2).

Dans l'Est de la ville, les fusiliers du 25° prussien n'avaient personne devant eux, depuis le départ du 3° zouaves, puis du 78°, car le IIIᵉ bataillon du 52° et le 12° bataillon de chasseurs restèrent hors de la ville et ne bougèrent pas.

Le poids de la lutte incombait à peu près uniquement alors au IIᵉ bataillon du 25°, dont la 8° compagnie défendait avec acharnement le passage voûté.

Pour en finir, l'amiral Penhoat fit appel (3) à son artillerie (3° batterie) (4), restée au Sud de Villersexel. La 3° section de la 21° batterie du 13° régiment (sous-lieutenant Claudet) vint se placer dans la Grande-Rue, et ouvrit le feu sur les maisons occupées par les Allemands (5). Puis, un peu plus tard, le 3° bataillon du 92°,

---

(1) Dans une de ces tentatives, conduite par le sous-lieutenant Mansau, 2 sapeurs du génie, 2 pompiers de la ville et 2 soldats sont tués et 3 autres sont blessés.

(2) *Historique* des Pyrénées-Orientales.

(3) Rapports du commandant de l'artillerie et de l'amiral.

(4) La 3ᵉ batterie (21ᵉ du 9ᵉ) rejoignit à 8 heures les 2 autres (21ᵉ du 2ᵉ) et (21ᵉ du 13ᵉ) au Sud de Villersexel. (*Rapport* du commandant de l'artillerie.)

(5) Dans un rapport établi après la guerre, le lieutenant Vaquier, commandant la 21ᵉ du 13ᵉ, dit que la section Claudet fut placée près de l'église et tira à mitraille à 150 mètres sur les Allemands qui arrivaient en nombre et les fit reculer, sans avoir un seul blessé.

ayant été dirigé vers le parc, il fut suivi par la 21ᵉ batterie du 2ᵉ (Brieure), qui, « n'ayant pas trouvé de position dans l'obscurité », envoya à 1 h. 30 sa 1ʳᵉ section (sous-lieutenant Escape) du côté de la grille (1). Une pièce, placée près de la maison du régisseur, au-dessus du mur bas qui domine la ruelle de la Colombière, tira dans la direction du pont. Ses obus incendièrent la maison qui forme l'angle de la rue des Fossés et la rue du Moulin (2).

Enfin, on parvint à tourner la maison qui forme l'angle Nord-Ouest de la rue des Fossés avec la Grande-Rue-Haute. Sous la conduite d'un habitant, M. Jouvenceau, qui fut blessé (3), le sous-lieutenant Maunau du 92ᵉ de ligne passa par la ruelle qui descend vers la rue Basse, et vint incendier une maison (4) au Sud du passage voûté. Cette vigoureuse initiative avait coûté 2 sapeurs du génie, 2 pompiers de la ville, 2 soldats tués et 3 autres blessés. Mais, cette fois, le carrefour, centre de la résistance de l'ennemi, était pris à revers.

A ce moment, les Allemands renoncèrent à la lutte. Le passage voûté une fois enlevé, une pièce fut placée pour enfiler la rue Basse par laquelle se produisaient les retours offensifs de la 2ᵉ compagnie du 25ᵉ prussien. Le 77ᵉ mobiles (Maine-et-Loire), arrivé sur la route de Magny, put déboucher facilement sur la place Neuve, que les fusiliers du 25ᵉ avaient évacuée. De là, il continua son chemin vers le pont par la rue de l'Hôpital. Quant au Iᵉʳ bataillon du 25ᵉ, il se retira par la rue des Fossés. Le IIᵉ bataillon et les fusiliers passèrent d'abord le pont et furent suivis par le IIᵉ, tandis que la 3ᵉ compa-

---

(1) Note du marquis de Grammont.
(2) On tira en tout 23 coups. *Rapport* du commandant de l'artillerie.
(3) *Rapport* de l'amiral Penhoat. Note de l'agent voyer Joachim. *Rapport* du 92ᵉ.
(4) Marquée sur le plan.

gnie tenait encore la barricade de la rive droite (1).

Ce passage se fit sous la fusillade et le canon (2).

Vers 2 heures du matin seulement, le IIe bataillon du 92e, qui n'avait pas été engagé, entra à son tour dans la Grande-Rue, franchit le passage voûté, et, « sans avoir rencontré de résistance » (3), parvint jusqu'au pont. A ce moment, le 77e mobiles (Maine-et-Loire) y arrivait (4) par les rues à l'Est.

---

(1) *Historique* du 25e.
(2) *Ibid.*
(3) Colonel Kauffeisen.
(4) Général Quenot.

XIII

Rôle du 24ᵉ Corps.

Malgré l'engagement qui se livrait sur sa gauche, le général Bressolles n'avait pas cru devoir se détourner de sa direction.

La 2ᵉ division continua son mouvement vers l'Est, et le général Comagny établit son quartier général à Courchaton, où s'installa aussi le Commandant du 24ᵉ corps.

Deux bataillons du 14ᵉ mobiles y cantonnèrent, le troisième (n° 1) étant en grand'garde à la Chapelle. Le 87ᵉ mobiles était à Courbenans, où arriva dans la nuit la 5ᵉ compagnie du IIᵉ bataillon (capitaine Jaumes), qui, détachée le 8 en grand'garde au Petit-Magny, avait eu l'occasion de se déployer dans le bois du Petit-Fougeret avec le 3ᵉ zouaves de la division Thornton (2ᵉ du 20ᵉ corps) et de faire le coup de feu. Toute la 1ʳᵉ brigade et l'artillerie étaient à Marvelise.

On a vu plus haut le rôle du 89ᵉ mobiles appartenant à la 3ᵉ division, qui, après le combat de Villers-la-Ville, vint s'établir à Vellechevreux avec la réserve d'artillerie (1). Le IVᵉ bataillon de la Loire paraît avoir aussi appuyé l'attaque contre Villers-la-Ville, mais sans avoir été engagé. A la nuit il couchait à Saint-Ferjeux. La 2ᵉ légion du Rhône, avec l'artillerie divisionnaire, était

---

(1) 3 compagnies du bataillon du Var étaient à Grange-la-Ville.

allée à Sécenans. Quant à la 1ʳᵉ légion du Rhône, bien que son *Historique* signale la participation de son IIIᵉ bataillon au combat dirigé par le général de Polignac, et même une perte de 15 tués ou blessés et 31 disparus, il n'a pas été trouvé trace de son rôle dans les rapports de ceux qui ont paru au combat de Villers-la-Ville (1). On a vu plus haut qu'une petite fraction des compagnies de grand'garde au Grand-Magny, pendant la nuit du 8 au 9, avait paru à Villersexel, au moment de la prise de ce point par les Allemands; mais c'est tout ce qu'il a été permis de vérifier, comme participation des mobilisés du Rhône aux engagements du 9 janvier.

Enfin, la 1ʳᵉ division du 24ᵉ corps avait achevé sa marche pour son compte, mais l'artillerie avait eu beaucoup de peine à arriver à Courchaton. On avait établi à Grammont le 15ᵉ bataillon de chasseurs, avec les bataillons du Haut-Rhin et de Tarn-et-Garonne; le 63ᵉ de marche était à Courchaton. Les avant-postes faisaient face au Sud-Est: les 3ᵉ et 6ᵉ compagnies de Tarn-et-Garonne, sur les hauteurs à l'Est de Grammont, le bataillon de Haute-Garonne, en entier, sur la route de Courchaton à Geney.

La réserve d'artillerie était à Géorfans et Vellechevreux. La cavalerie, cantonnée avec l'infanterie, n'avait joué aucun rôle, à l'exception d'un peloton du 7ᵉ régiment mixte, qui avait été envoyé vers Saulnot (2). L'*Historique* de ce corps ne donne pas de renseignements sur le résultat de cette reconnaissance. Ainsi qu'on va le voir la partie du détachement Bredow qui occupait ce point s'en était un peu éloignée dans la journée.

---

(1) Néanmoins le *Mémoire* du général Bernard, d'ailleurs occupé ailleurs, signale 3 compagnies de la 1ʳᵉ légion du Rhône comme ayant été quelque temps en soutien des 2 pièces de canon utilisées par le général de Polignac.

(2) Ce régiment cantonna à Sécenans, le 7ᵉ dragons de marche à Courchaton.

Détachement Bredow. — Vers midi, le détachement Bredow, dont le gros occupait Arcey et Desandans, prit les armes. Le Ier bataillon du *67*ᵉ, avec la batterie Grottke, fut poussé sur Gonvillars et Corcelles. De là, on aperçut des colonnes françaises à 1,500 mètres de distance. « La batterie les canonna et elles disparurent *(sic)* (1). » Le bataillon occupa Corcelles jusqu'à 8 heures du soir, et fut alors appelé sur Arcey.

Quant au IIᵉ bataillon, il devait, le 9, quitter Arcey, pour occuper Chavanne et Villers-sur-Saulnot. A la nouvelle de l'approche des Français, la batterie et 2 compagnies occupèrent la hauteur de Saulnot (2), une compagnie occupa Villers-sur-Saulnot. La 4ᵉ resta en réserve.

« L'ennemi ne dépassa pas Corcelles, seuls des cavaliers noirs *(sic)* vinrent reconnaître les positions. A la nuit, on prit des cantonnements d'alerte dans les deux localités (3).

---

(1) *Historique* du *67*ᵉ prussien. Aucune source française ne signale cet incident.
(2) Sans doute cote 442, au Sud.
(3) *Historique* du *67*ᵉ.

XIV

Opérations du 15ᵉ corps et de la division Cremer.

L'ordre général de mouvement avait prescrit que « la partie disponible du 15ᵉ corps occuperait les positions qui s'étendent le long de Fontaine à Belfort par Arcey, depuis la Guinguette jusqu'au village d'Onans ».

Cet ordre, fort peu clair, ne cadrait en rien avec les dispositions antérieures, en vertu desquelles des deux brigades disponibles, l'une, la 1re de la Ire division, avait été envoyée sur la rive gauche du Doubs à Anteuil, Glainans et Saint-Georges, en vue d'une marche vers Blamont. De plus, cet ordre devait subir de grands retards dans sa transmission.

Le général Martineau commença par répondre au général en chef qu'il allait « se rendre à Onans, mais qu'il ne pourrait y amener aucune troupe » (1). Toutefois, il adressa au commandant de l'artillerie de réserve, qui s'était mis en marche de Besançon pour Beaume-les-Dames, l'ordre « de marcher sur Clerval, Fontaines, Soye, direction Onans, où le général Bourbaki annonce un engagement pour aujourd'hui, et où se trouvent les troupes de la IIIe division ».

De fait, ce jour-là, la 18e/13e vint à Roche, la 16e/3^e

---

(1) Dépêche du général Martineau.

débarquée à Besançon, le 9 à 2 heures du matin, ne put atteindre Baume-les-Dames le jour même, et n'y arriva que le 10, à 3 heures du soir.

Puis, le capitaine d'État-Major Pendezec, envoyé de Besançon à Goudenans, y porta au général Peytavin l'ordre de se porter sur Onans. Celui-ci transmit l'ordre au général Martinez, commandant la 2ᵉ brigade de la Iʳᵉ division, et, à 2 heures du soir, celui-ci se mit en marche « pour occuper par sa droite Faimbe, son centre Onans et appuyer sa gauche à la forêt de Courchaton » (1).

Il emmenait le Iᵉʳ bataillon du 34ᵉ de marche, la moitié du 69ᵉ mobiles et la batterie de 4. — Le colonel Mesny, avec les IIᵉ et IIIᵉ bataillons du 54ᵉ de marche, se porta de Fontenelle sur Geney et le bois de Courchaton. Enfin le lieutenant-colonel Acloque, avec le Iᵉʳ bataillon du 27ᵉ de marche (2), la moitié du 69ᵉ mobiles et la batterie de montagne, marcha sur Faimbe (3).

La 2ᵉ colonne ne paraît pas avoir dépassé Geney (4); la 3ᵉ arriva à 8 h. 30 du soir à Faimbe, où elle s'établit. Quant à celle que dirigeait en personne le général Martinez, parvenue à « 5 minutes d'Onans », elle apprit par le maire de cette localité que « l'ennemi, en force de 8 à 10,000 hommes, occupait une hauteur, à 800 mètres tout au plus, dominant Onans, sur laquelle il avait braqué

---

(1) Une reconnaissance du 27ᵉ de marche, envoyée dès le matin sur Soye, avait recueilli le bruit de la présence de l'ennemi à Abbenans, Bournois, Accolans, Geney, Etrappe, etc. Or, à Bournois étaient des troupes du 24ᵉ corps.

(2) Les IIᵉ et IIIᵉ bataillons du 27ᵉ de marche arrivèrent à Clerval, venant à pied de Roulans. Ils furent cantonnés dans la forge. (*Historique*.)

(3) *Historique* des corps et *Rapport* du général Martinez.

(4) La marche fut des plus pénibles et très lente. *Rapport* du général Martinez. *Historiques* du 69ᵉ mobiles, de la 1ʳᵉ batterie de montagne du 14ᵉ d'artillerie, du 27ᵉ de marche, du 34ᵉ de marche. « Une des plus terribles étapes que nous ayons faites, » dit ce dernier.

contre le village 10 pièces de canon; qu'il existait des forces très considérables à toute petite distance, qu'en outre, il savait que 10,000 Prussiens occupaient Arcey ». Il était environ 8 heures du soir. « En présence de renseignements si sûrs (sic), dit le général Martinez, je me suis décidé à rétrograder sur Geney, où j'attendrai « vos ordres ». « Nous faisions notre installation, dit d'autre part le *Journal* du 69ᵉ mobiles, quand le général Martinez fit dire que nous étions tournés et que nous serions mitraillés et coupés le lendemain, et ordonna de revenir sur ses pas. Une heure après, vers 10 heures, nos grand'gardes nous annonçaient des ulans, que l'ennemi avait envoyés pour surveiller nos mouvements (1). »

Sur ce simple renseignement, les troupes rétrogradèrent sur Geney, où elles arrivèrent vers minuit.

En réalité, le détachement Bredow n'avait montré aucune disposition agressive. Le bataillon de fusiliers du *67ᵉ*, qui avait passé presque toute la nuit du 8 au 9 sous les armes, près d'Onans, s'était, dans la matinée, replié sur Désandans. Là encore, il devait passer la journée près des faisceaux. Le IIᵉ bataillon du même régiment fit de même près de Saulnot, à l'annonce de l'approche des Français; mais il n'aperçut que quelques cavaliers. Les troupes d'Arcey restèrent aussi en position; toutefois le Iᵉʳ bataillon du *67ᵉ*, avec la batterie Grottke, exécuta une reconnaissance vers Gonvillars et Corcelles. De ce point, il tira quelques coups de canon sur les colonnes du 24ᵉ corps. Sans avoir été inquiété, il se replia à 8 heures du soir sur Arcey (2).

Vers 11 heures du matin, lorsque le général en chef était monté à cheval, au château de Bournel, il avait

---

(1) La colonne fut suivie par une patrouille de cavalerie allemande, sur laquelle on fit feu. (*Rapport* Martinez. *Lettre* du général Peytavin.)

(2) *Historique* du 67ᵉ.

laissé au chef d'escadron Mieulet, son sous-chef d'État-Major, l'ordre de prescrire au général commandant le 15e corps d'envoyer une brigade ou une division sur Bournois, pour de là soutenir les 20e et 24e corps ou se reporter sur Geney.

Cette prescription fut donnée sous la forme suivante :

Bournel, 9 janvier 1871 (sans indic. d'heure).

L'affaire est engagée à Villersexel et à Esprels. Villersexel paraît être le nœud de la bataille; Si vous n'avez rien devant vous, ainsi que l'indiquent les renseignements, portez une brigade ou une division, si possibilité il y a, sur Bournois, d'où elle pourra appuyer à la fois le 20e et le 24e corps, ou bien se reporter par Accolans sur Geney, dans le cas où vous seriez menacé par la route d'Arcey.

P. O. Le chef d'escadron sous-chef d'État-Major.

Mieulet.

Lorsque parvint au général Peytavin l'ordre du général en chef, la brigade Martinez était déjà en marche, de sorte que le général Peytavin répondit qu'à moins d'ordres contraires, il se porterait le lendemain 10 sur Bournois avec le 6e bataillon de chasseurs de marche, le 16e de ligne, une partie du 33e de marche, 1 batterie de 4 et 1 de mitrailleuses, laissant à Fontaine le 32e mobiles (1).

---

(1) *Lettre* du général Peytavin. *Le général commandant la troisième division au général Bourbaki.*

Fontaine, 9 janvier.

J'ai l'honneur de vous rendre compte, en réponse à votre lettre de ce soir, que la brigade Martinez ayant été envoyée à Onans, par ordre du général en chef communiqué par le capitaine d'État-Major Pendezec, je n'ai pas cru devoir changer la position.

A moins d'ordres contraires, je partirai demain matin à 7 h. 30, avec le 6e bataillon de marche de chasseurs, le 16e de ligne, la portion du 33e de marche qui est avec moi, une batterie de 4e et une batterie de mitrailleuses.

Le général Martinez a avec lui le 34e de marche, le 69e mobiles, un bataillon du 27e de marche, une batterie de 4 et une batterie

En effet, le 16ᵉ de ligne débarqué à Clerval, le 9 à 2 heures du matin, s'était reposé jusqu'à 4 heures du soir dans l'usine (1). A cette heure, il fut dirigé sur Fontaine, où il cantonna. A 9 heures du matin était arrivé le 33ᵉ de marche (1 bataillon). Dans la soirée débarqua le 32ᵉ mobiles, dont le IIᵉ bataillon (Clermont-Ferrand) fut désigné pour servir d'escorte permanente à l'artillerie de réserve et resta à Clerval (2). A 7 h. 30, y étaient parvenus par voie de terre, venant de Roulans, les IIᵉ et IIIᵉ bataillons du 27ᵉ de marche. Enfin 2 escadrons du 6ᵉ hussards rejoignirent aussi à Fontaine (3).

La 3ᵉ division était ainsi complète avec ses 4 batteries (4).

La 1ʳᵉ brigade de la 1ʳᵉ division avait reçu, le 9, le IIIᵉ bataillon du 1ᵉʳ zouaves, qui avait été égaré en che-

---

de montagne. Il lui manque les 2 bataillons du 27ᵉ de marche qui étaient restés à Besançon.

Je laisserai des ordres à Fontaine pour que le 32ᵉ mobiles y reste en position, et je me tiendrai prêt, à Bournois, à me porter vers la droite de notre ligne de bataille, s'il y a lieu. Les 2 escadrons de hussards sont arrivés ce soir, n'ayant d'avoine que pour demain.

J'ai rendu compte au général Bourbaki, par le capitaine Derrieu, de l'État-Major général, qui m'a apporté l'ordre de mouvement, de la situation exacte de la division, de la fatigue des hommes par suite d'un long séjour en chemin de fer, du manque d'ambulance, de cacolets, de convoi, etc. Je lui ai fait connaître aussi l'emplacement du général Martinez.

Signé : PEYTAVIN.

(1) Un grand nombre d'hommes avaient les jambes enflées et ne pouvaient marcher. (*Historique*.)

(2) Les 2 autres bataillons vinrent à Fontaine.

(3) Ces 2 escadrons avaient débarqué à Besançon le 6, à 7 heures du soir, le 8 ils avaient été envoyés par la route à Baume-les-Dames, tandis que les 2 autres débarqués à Besançon le 8, à 7 heures du matin, cantonnaient aux Chaprais.

(4) 18ᵉ/7ᵉ, 18ᵉ/15ᵉ, 1 montagne du 14ᵉ, la 20ᵉ/7ᵉ (mitrailleuses) lui fut adjointe le 9 janvier.

min de fer, et qui, débarqué à Clerval, vint rejoindre le gros du régiment à Glainans. — Il s'intalla à Tournedoz.

Pendant ce temps, les batteries de la réserve débarquaient à Besançon et marchaient vers l'Est par la route. La 18e/13e vint à Roche, la 16e/3e, débarquée à 2 heures du matin, arrivait à 3 heures du soir à Baume-les-Dames, avec les 14e, 15e, et 18e du 19e régiment.

Quant à la cavalerie, le 1er cuirassiers de marche débarqua le 9, en 2 échelons, à Besançon et vint cantonner aux Chaprais et à Petit-Vaire. Tout le reste de la division, sauf le 6e hussards, dont il a été question, et l'escadron d'escorte du 1er chasseurs de marche, restèrent dans les trains, ainsi que toute la 2e division d'infanterie.

Sur toute la ligne la circulation était arrêtée.

Le colonel du 9e cuirassiers et le chef du génie du 15e corps télégraphiaient d'Orchamps « qu'en panne depuis 24 heures près de Dôle » ils n'avaient ni vivres ni fourrages et demandaient à débarquer. Le chef du génie se chargeait de faire des rampes. Aucune réponse n'était faite à cette proposition si naturelle.

Presque tout le rendement de la section Besançon à Clerval avait été occupé par des envois de subsistances. Le soir l'intendant Friant télégraphiait « qu'il y avait 100,000 rations à Clerval. Le service est assuré ».

On a vu que la brigade de réserve Pallu de la Barrière était arrivée vers 6 heures du soir à la ferme Rullet; elle ne fut pas engagée et bivouaqua dans les bois. La brigade de Boerio, arrivée vers 4 heures à Fallon, y passa la nuit.

Division Cremer. — Le 9 janvier Cremer commença son mouvement dans la direction de Gray. Le IIIe bataillon de mobiles de la Gironde se porta de Couternou à Oisilly, le 32e de marche alla d'Orgeux à Mirebeau, Chenge et Charmes, le 57e vint à Mirebeau, le 83e mobiles à Magny, Saint-Médard, le 86e à Tanay. L'artillerie était à Mirebeau.

La brigade Questel (2e de la 1re division) atteignit dans

la journée Rioz et la Malachère. Sa marche de flanc s'était faite sans incident, mais avec de grandes fatigues.

Enfin, dans la soirée, le général Bourbaki donna contre-ordre au sujet du mouvement vers Bournois et prescrivit de marcher sur Onans. Le général Martineau lui répondit en ces termes :

Général Martineau à général Bourbaki. (D. T.)

9 janvier 1871.

Suivant vos ordres, je me rendrai aujourd'hui à Onans, mais je ne pourrai amener aucune troupe.

La 2e division est toujours retenue aux environs de Dijon en raison de l'encombrement de la voie.

Quant à l'artillerie, c'est avec des peines inouies qu'elle est arrivée cette nuit à Baume-les-Dames et, en raison de l'état des routes, je doute qu'elle puisse dépasser Fontaine.

La 3e division n'est même pas au complet : le général Peytavin ne doit pas avoir plus de 7 à 8,000 hommes.

XV

Pertes et consommation de munitions d'artillerie.
Tactique des différentes armes.

Pertes et consommations de munitions d'artillerie.

20ᵉ CORPS.

3ᵉ *division* (Ségard).

État-Major. 1 officier (cap. Hérissant) blessé.

1ʳᵉ brigade (*Durochat*) : 47ᵉ *de marche.* Le rapport du colonel Prévost signale :

> Tués : 4 officiers (MM. commandant Pothier, capitaines Crespel et Desforges, sous-lieutenant de Lesquen); troupe, 28.
> Blessés : 2 officiers (MM. capitaines Martin et Espallac); troupe, 85.
> Disparus : troupe, 63.

Il faut y ajouter le lieutenant Lyautey, blessé à la tête et qui a conservé son poste. Le total est donc de

> 7 officiers, 176 hommes tués, blessés ou disparus.

La compagnie Lyautey eut à elle seule 20 morts; le 1/3 de son effectif était hors de combat.

Mobiles de la Corse. — Les *Historiques* signalent :

Ier bataillon : 9 officiers et 300 hommes tués, blessés ou prisonniers.

IIe (fort de 230 hommes seulement) : 1 officier tué, 4 officiers et 80 hommes prisonniers.

Au total : 14 officiers et 380 hommes tués, blessés ou prisonniers.

2e brigade : *Mobiles des Pyrénées-Orientales* :

Ier bataillon : néant.
IIe Bataillon :
Tués : troupe, 10.
Blessés : officiers, 2; troupe, 14.
Au total : officiers, 2; troupe, 24.

Mobiles des Vosges et de la Meurthe. — Le *Rapport* du colonel Muller signale :

Compagnie Antoine (3e/Ier) : 3 officiers blessés, 76 hommes blessés ou prisonniers.

Compagnie Jarry (4e/Ier) : 30 hommes blessés, tués ou prisonniers.

Compagnie Aubry : 1 officier, 25 hommes, tués, blessés ou prisonniers.

Reste du Régiment (*Historique* du Ier bataillon) : 1 tué, plusieurs (*sic*) blessés.

Soit : environ 4 officiers, 160 hommes.

Artillerie : Batteries Derennes et Herment : tués : 4 hommes, blessés : 2 officiers (capitaine Derennes, 7 coups de lance; lieutenant Laffon de Ladébat, éclat d'obus); 10 hommes.

Génie : Blessés; 2 hommes.

Francs-tireurs de Nice : 3 tués, 3 blessés.

Le total pour la 3e division du 20e corps est donc de : 30 officiers, 760 hommes environ.

En défalquant le nombre probable des prisonniers, évalué par les Allemands à 560, ce qui est exagéré, il reste, comme perte par le feu ou l'incendie, environ 23 officiers et 300 hommes, sur un effectif d'environ 6,000 hommes. — Soit une proportion de 5 0/0. — Les deux batteries ont tiré 758 coups dont 5 obus à balles.

2ᵉ division (**Thornton**).

1ʳᵉ brigade : 25ᵉ bataillon de chasseurs : néant.
              34ᵉ mobiles (Deux-Sèvres) : néant.
              IIᵉ bataillon mobiles de la Savoie : néant.

2ᵉ brigade : 3ᵉ zouaves de marche : tués, 3 hommes; blessés, 1 officier (sous-lieutenant Colomer), 22 hommes; disparus, 27.
              68ᵉ mobiles Haut-Rhin : blessés, 2 hommes.

Artillerie : néant.
Génie : néant.

Les deux batteries n'ont pas tiré.

Total pour la 2ᵉ division : 1 officier, 54 hommes hors de combat.

1ʳᵉ division du 20ᵉ corps (**Polignac**).

1ʳᵉ brigade : 50ᵉ de marche : néant.
              11ᵉ mobiles (Loire) : néant.
              55ᵉ mobiles (Jura) : Iᵉʳ bataillon, blessés, 1 officier, 3 hommes; IIᵉ bataillon, tué, 1 homme; blessés, 12. Total : 1 officier, 16 hommes.

2ᵉ brigade : 67ᵉ mobiles (Haute-Loire) : néant.
              24ᵉ mobiles (Haute-Garonne) : néant.
            IVᵉ bataillon de Saône-et-Loire : néant.

Artillerie : néant.
Génie : néant.

L'artillerie (4 pièces de la 13ᵉ batterie du 3ᵉ) a tiré environ 20 coups.

Total pour la 1ʳᵉ division : 1 officier, 16 hommes hors de combat.

Troupes non endivisionnées.

6ᵉ cuirassiers de marche : néant; 1 cheval tué.
2ᵉ lanciers de marche : 1 homme blessé, 1 cheval blessé.
7ᵉ chasseurs à cheval : néant.
Artillerie : batterie Colson (14/8) : néant.
        — Blanchard (14/10) : néant.
        — Menessier (23/6) : 1 blessé, 5 chevaux tués ou blessés.
        — de Tristan (mitrailleuses) : hommes, néant; 1 cheval tué.

Total pour les troupes non endivisionnées : 2 hommes hors de combat.

Total pour le 20ᵉ corps : 31 officiers, 832 hommes, tués, blessés ou prisonniers.

18ᵉ CORPS.

1ʳᵉ Division (Feillet-Pilatrie).

1ʳᵉ brigade : 9ᵉ bataillon de chasseurs : tués, 15 hommes ; blessés, 2 officiers (MM. Troller et Baille), 36 hommes.

42ᵉ de marche : tués, 5 hommes ; blessés, 27 ; prisonniers, 3.

19ᵉ mobiles (Cher) : (1) 1 officier (capitaine Durand de Lançon) mort. IIᵉ bataillon, 2ᵉ compagnie : 1 tué, 5 blessés ; 3ᵉ : 1 tué, 6 blessés ; 4ᵉ : 4 blessés ; 6ᵉ : 3 blessés ; IIᵉ bataillon : 5 blessés. — Total : 2 tués, 23 blessés.

2ᵉ brigade : 44ᵉ de marche : 9 officiers, 250 hommes tués ou blessés.

73ᵉ mobiles (Loire, Isère) : néant.

Artillerie (1) : 13ᵉ/13 (Girardin) : néant.

14ᵉ/12 (Falgue) : néant.

20ᵉ/7 (Villien) : néant.

La 20ᵉ batterie du 9ᵉ a tiré 338 coups, dont 6 obus à balles (mise à l'ordre du jour) ; la 13ᵉ/15, 495 coups ; la 14ᵉ/13, néant.

2ᵉ division (amiral du Penhoat).

1ʳᵉ brigade (Perrin) : 12ᵉ bataillon de chasseurs de marche : blessés : 1 officier (capitaine adjudant-major de Lagrange), 1 homme ; disparus : 3 hommes.

52ᵉ de marche : tués : 2 officiers (capitaines Brun et Rouerde) ; tués, 23 hommes ; blessés : 43 hommes.

77ᵉ mobiles : néant.

---

(1) D'après la situation du 1ᵉʳ au 10 janvier les pertes seraient : 20ᵉ/9, 19 hommes ; 13ᵉ/13, 18 hommes ; 14ᵉ/13, néant.

Ce sont probablement seulement des malades, car les rapports du commandant Alips et des capitaines ne citent pas de blessures par le feu.

2ᵉ brigade (Perreaux) : 92ᵉ de ligne : blessés, 2 officiers (commandant Roche, capitaine adjudant-major Aubron); tués, 11 hommes; blessés : 27 hommes; disparu : 1 homme; Régiment d'Afrique : néant.

Artillerie (1) : 21ᵉ/2 (Brienne) : néant.
21ᵉ/13 : 2 chevaux tués, a tiré 14 coups.
21ᵉ/9 : néant, a tiré 9 coups.

Génie : néant.

Total pour la 2ᵉ division : 5 officiers, 109 hommes.

3ᵉ division (Bonnet).

1ʳᵉ brigade (Goury) :   4ᵉ zouaves de marche : néant.
81ᵉ mobiles : néant.
2ᵉ brigade (Brémens) : 14ᵉ chasseurs : néant.
53ᵉ de marche : néant.
82ᵉ mobiles : néant.

Artillerie (2) : 21ᵉ/8 : néant; 22ᵉ/14 : néant; 20ᵉ/15 : néant.
Génie : néant.

Total pour la 3ᵉ division : néant.

Division de cavalerie.

5ᵉ cuirassiers de marche ⎫
5ᵉ dragons de marche   ⎬ néant.
3ᵉ lanciers de marche   ⎭
2ᵉ Hussards de marche : 1 homme blessé.

Total pour la division de cavalerie. 1 homme hors de combat.

Batteries à cheval (3) : 16ᵉ/19 : néant; 17ᵉ/19 : néant.

---

(1) D'après la situation du 1ᵉʳ au 10 janvier les pertes ont été pendant cette période : 22ᵉ/2 : 0; 21ᵉ/9 : 8 hommes; 21ᵉ/13 : 3 hommes.
Total pour la 1ʳᵉ division : 12 officiers, 361 hommes.
(2) D'après la brochure du colonel de Choulot.
(3) La situation du 1ᵉʳ au 10 janvier porte pour la 20ᵉ/15, 11 hommes perdus dans cette période.

Réserve d'artillerie (1).
    Mixte : 1ᵉʳ mobiles Isère : 18ᵉ Cⁱᵉ/2 T. A. : néant.
    Mixte : 2ᵉ mobiles Isère : 18ᵉ Cⁱᵉ *bis*/2 T. A. : néant.
    Mixte : 34ᵉ marine : 19ᵉ Cⁱᵉ/2 T. A. (Boussard) : inconnu, a tiré 25 coups.
    Mixte : 35ᵉ marine : 19ᵉ Cⁱᵉ *bis*/2 T. A. (Laberge), 1 officier blessé (capitaine Laberge), 18 hommes tués ou blessés, plusieurs chevaux (2).
    Montagne : 23ᵉ/15, 12ᵉ/6.

Total pour la réserve d'artillerie : 1 officier, 18 hommes hors de combat.

Total pour le 18ᵉ corps : 18 officiers, 489 hommes tués, blessés ou prisonniers.

24ᵉ corps. — Environ 20 hommes des mobilisés du Rhône et du bataillon du Var.

Total des pertes pour les Français : 49 officiers ; 1,341 hommes tués, blessés ou prisonniers.

ALLEMANDS.

D'après Kunz on trouve :

	Officiers	Hommes
Tués	10	96
Blessés	15	319
Disparus	1	138
	26	553

Détail : **Combat de Moimay-Marast.**

	TUÉS ET BLESSÉS.		DISPARUS.	
	Officiers.	Hommes.	Officiers.	Hommes.
30ᵉ	»	24	»	4
34ᵉ	2	57	»	4
Artillerie von der Goltz	3	10	»	»

(1) D'après la situation du 1ᵉʳ au 10 on aurait perdu pendant cette période : 16ᵉ/19ᵉ, 8 hommes ; 17ᵉ/19, 10 hommes. Ces batteries n'ont pas été engagées.

(2) Le *rapport* du commandant des 2 batteries de marine Mazières dit qu'on ne subit pas de pertes.

	TUÉS ET BLESSÉS.		DISPARUS.	
	Officiers.	Hommes.	Officiers.	Hommes.
Bataillon Grandeuz.................	»	4	»	1
4° régiment badois n° III..........	»	5	»	»
Artillerie badoise..................	»	1	»	»
Bataillon Ortelsburg...............	»	12	»	6
— Osterode................	6	75	1	31
			(sur 730 fusils	
Wehlau...........................	4	39	»	12
2 compagnies (1re et 3e) de Thorn...	1	29	»	3
25e................................	9	148	»	69
État-Major du 2e Landwehr Ost Preuss.	1	»	»	»
1er Ulans de réserve...............	»	2	»	»
3e................................	»	2	»	»
Artillerie de la IVe Division de Réserve.	»	8	»	»
Détachement sanitaire.............	»	10	»	»

Ces chiffres sont conformes aux *Historiques* où l'on trouve :

30e : tués, 3; blessés, 18; disparus, 4 (17 appartiennent aux 6e et 7e compagnies).
34e : 1 officier et 59 hommes tués ou blessés.
25e : 217 hommes dont 9 officiers; 66 disparus dont 58 prisonniers sans blessures.

Consommation en munitions d'artillerie :

Allemands.

Batterie I/G.......... 393 obus
1/G.......... 562 —
2/G.......... 165 — 8 schrapnels
Ire de la 4e division de réserve...... 381 obus
IIe/................................ » —
3e................................ 18 —
1re badoise...................... 25 —
4e badoise...................... 152 —
IVe badoise...................... 64 — (1).

---

(1) Les chiffres romains indiquent les batteries lourdes, les chiffres arabes les batteries légères.

« La consommation de la II⁰ batterie lourde de la 4⁰ division de réserve n'est pas connue. Elle doit être plutôt au-dessus qu'au-dessous de celle de la Iʳᵉ batterie, car la IIᵉ tira beaucoup. — Le total pour l'affaire de Villersexel peut être évalué en chiffres ronds à 2 200 obus ou schrapnels, dont 432 pour la 2ᵉ batterie lourde de la 4ᵉ division de réserve. »

Français.

Du côté français, les chiffres connus donnent un total de 1,639 coups de canon. — Il faut y ajouter la dépense faite par 3 batteries (Colson, Blanchard, Menessier) et la batterie Laberge, 34ᵉ de marine (1) de la réserve d'artillerie du 18ᵉ corps.

Le total des coups tirés par les Français paraît devoir être sensiblement égal à celui des canons allemands.

Du côté français on mit en action 8 ou 9 batteries. Du côté allemand 9 également.

Si l'on essayait de dégager, de la connaissance des pertes et de la consommation des munitions, une impression de ce combat, elle serait tout à fait contraire au tableau que l'on fait d'ordinaire de cette lutte décrite comme ayant comporté des deux côtés un acharnement extraordinaire. — Il y eut à la vérité sur quelques points des épisodes héroïques et des actes individuels de très grande bravoure. — Le vrai combat eut lieu au château et dans le parc. Mais il serait tout à fait inexact de se figurer une lutte pied à pied dans les rues, durant depuis cinq heures du soir jusqu'à 2 heures du matin. Dans cet

---

(1) Celle-ci est signalée par le rapport du chef d'escadron Mazières, commandant les 2 batteries de marine du 18ᵉ corps comme n'ayant pas tiré et n'ayant pas fait de perte. Le *Journal* de l'artillerie signalant 19 blessés dont le capitaine, on peut douter que cette batterie n'ait pas riposté.

espace resserré et à si courte distance, les pertes des parties eussent été effrayantes, et il n'en fut pas ainsi.

Le 25ᵉ prussien, au feu depuis 9 heures du matin le 9 jusqu'à 2 heures du matin le 10, perdit 217 hommes dont 9 officiers sur 2 400 hommes environ.

Les bataillons Osterode et Wehlau, qui ont occupé le château, perdirent le premier 6 officiers et 106 hommes sur 750 présents, le second 4 officiers et 51 hommes.

Le bataillon de Thorn, qui n'avait engagé que 2 compagnies nᵒˢ 1 et 3 (1), 1 officier et 32 hommes.

Cela fait en tout 417 hommes sur 4,280 engagés, soit moins de 1/10, proportion tout à fait normale pour l'ensemble d'une armée livrant une grande bataille, excessivement faible pour des troupes en première ligne.

Du côté français, le 47ᵉ de ligne avait perdu 8 officiers et 180 hommes dont 63 disparus ; à elle seule la compagnie Defargues qui avait occupé le château avait 32 hommes hors de combat. La compagnie Lyautey le tiers de son monde, dont 20 morts. Les mobiles des Pyrénées-Orientales perdaient 14 hommes.

Le 52ᵉ, 68 hommes dont 2 officiers.

Le 92ᵉ, 51 dont 2 officiers.

La compagnie du génie de Tours, 3 hommes.

C'est donc un total de : 324 hommes sur 8,000 en chiffres ronds. Mais en réalité il n'y eut d'engagé sérieusement dans le combat des rues que :

	Hommes.	Pertes.
La Compagnie Defargues du 47ᵉ............	110	32
Le Iᵉʳ bataillon et 1 partie du IIᵉ bataillon du 47ᵉ, moins la Cⁱᵉ Defargues............	1 000 environ	148
Le 2ᵉ bataillon des Pyrénées-Orientales......	800	14
Le Iᵉʳ et IIᵉ bataillons du 52ᵉ................	1 600	68
Le Iᵉʳ bataillon du 92ᵉ......................	800	51
La Compagnie du génie de Tours............	100	3
Soit.................................	4 410	324

(1) La 2ᵉ était avec les bagages, la 4ᵉ au pont d'Aillevans.

La proportion des pertes est donc de 7 à 8 p. 100, c'est-à-dire encore moins que les Allemands. Mais si l'on remarque que le 25ᵉ prit part à l'attaque de Villersexel dans la matinée, au combat de Villers-la-Ville, dans l'après-midi, on doit sensiblement diminuer le chiffre de ses pertes pour arriver à celles résultant du combat dans les rues de Villersexel après 5 heures du soir. Ces dernières ne doivent pas dépasser la moitié du total, soit 100 à 120 hommes.

Seuls les landwehriens du bataillon Osterode firent des pertes sérieuses : 112 hommes sur 750, et celles-ci ne peuvent résulter que du combat dans Villersexel même. — Il n'est pas téméraire de penser que la déroute subie au château, et surtout le passage de l'Oignon, au pied de la terrasse, y contribuèrent pour une forte part. — De ce côté, on avait un certain champ de tir et on pouvait se servir de ses armes.

Partout ailleurs, le combat fut peu meurtrier, et ne pouvait pas l'être, étant donnée la façon dont il fut conduit.

Dans cette quasi obscurité, on arrivait à bout portant jusqu'au détour d'une rue. Une fusillade violente éclatait alors, et instantanément le parti, qui se trouvait à découvert, se repliait jusqu'à un abri. Tantôt alors, on continuait à tirer au hasard et sans résultat, tantôt, les chefs faisaient cesser le feu. Mais après une semblable rencontre il se passait un temps très long avant qu'on se portât de nouveau en avant. — Le cas du bataillon de Fusiliers, qui, à partir de 9 heures du soir, n'eut plus personne devant lui, après la retraite des compagnies du 3ᵉ zouaves, puis du 47ᵉ, est typique sous ce rapport. — Pour forcer un obstacle, c'est le plus souvent à l'incendie qu'on eut recours, ou bien, et ce fut le cas du côté des Allemands, on mit le feu en se retirant.

On s'explique difficilement qu'étant donné le nombre considérable de troupes disponibles, restées hors de la localité, le commandement français n'ait pas fait tourner par les deux ailes cet obstacle, où il ne voulait pas engager beaucoup de monde. — La lutte eût été rapidement terminée, si une colonne avait atteint l'Oignon, en passant à l'Ouest du château, et si une autre, venant à l'Est de la ville, avait marché sur le pont.

Considérations tactiques. — *Action et emploi des différentes armes. Cavalerie.* — Du côté allemand, on trouve des pointes de cavalerie en avant des diverses colonnes, et, en outre, une reconnaissance effectuée de bonne heure sur Esprels par la direction de l'Ouest. — Cette dernière contribua à augmenter les inquiétudes des généraux du 18ᵉ corps pour leur flanc gauche. — La brigade de cavalerie Willissen suivit simplement la division badoise dans sa marche vers l'Est, puis vint avec elle à Aillevans, d'où, après 4 heures d'attente inutile, elle fut envoyée, à 8 h. 30 du soir, cantonner à Montjustin. — Elle n'avait servi à rien. — L'audacieuse pointe des escadrons d'ulans à l'Est de Villersexel, contre les mobiles en retraite, avait au contraire amené un succès brillant et procuré des prisonniers.

La cavalerie française ne joua qu'un rôle très effacé. — Les vedettes placées autour de Villersexel n'observaient que les abords immédiats de la localité, et furent retirées malencontreusement au début de l'engagement, de sorte que les passages à l'Ouest du parc restèrent sans surveillance. Le 2ᵉ lanciers de marche ne fit rien. Il en fut de même du 7ᵉ chasseurs, qui, d'ailleurs, n'était pas de service le 9 janvier. — Les escadrons divisionnaires du 6ᵉ cuirassiers de marche furent par contre activement employés. — Celui de la 1ʳᵉ division joua même un rôle intéressant, en recueillant, protégeant et employant les 2 pièces du lieutenant Alcan (batterie Derennes), entre Villers-la-Ville et Villargent. Quelques-unes de ses patrouilles se distinguèrent (1).

---

(1) *Ordre* du jour de la 1ʳᵉ division.

Au 18ᵉ corps, la division de cavalerie, qui aurait été si utile pour couvrir la gauche, resta empêtrée dans les colonnes, et, une fois sur le champ de bataille d'Esprels, fut employée, dans le mode archaïque, à boucher le vide existant au centre du front. La reconnaissance de 5 cavaliers, envoyée le matin vers Marast, avait essuyé des coups de feu, et, n'ayant en rien constaté la faiblesse du parti ennnemi (1 compagnie), qui occupait ce village, contribua à maintenir le commandement français dans l'erreur où il était, au sujet des forces qu'il avait devant lui.

Artillerie. — A peu près le même nombre de pièces fut engagé, de part et d'autre. — Le nombre des coups tirés fut sensiblement égal des 2 côtés. Le rôle de l'arme fut très divers et souvent important. — Il peut être étudié aux divers points de vue de la lutte d'artillerie, de l'action contre les troupes, de l'action contre les localités occupées.

Lutte d'artillerie. — D'une façon générale, celle-ci doit être considérée comme n'ayant pas donné de résultat. Cependant, on voit, à midi, la batterie Herment, placée à la corne Nord-Est du bois de Chailles, et prise en flanc par les 2 batteries de Moimay, forcée de se retirer.

Mais une fois sur le mamelon 292, les 10 pièces de 4 lutttent obstinément contre les deux batteries allemandes, bientôt renforcées d'une troisième, et, malgré leurs pertes (15 hommes et 1 officier), s'y maintiennent jusqu'à la fin du combat. — Le rappel des 2 batteries de la IVᵉ Division de Réserve, envoyées à l'Est de Villersexel, peut être attribué au tir des batteries de 12 du 20ᵉ corps, mais dans une mesure difficile à déterminer, car les mouvements des fractions des 1ʳᵉ et 2ᵉ divisions durent y contribuer. — Du côté du 18ᵉ corps, le résultat de la lutte d'artillerie fut nul, tant à cause de la distance que des accidents du terrain, qui rendaient le réglage difficile (1). Les pertes des batteries de la brigade v. d. Goltz (3 officiers et 10 hommes) et leur recul final furent la conséquence directe du combat d'infanterie dont la corne Sud-Est du bois des Brosses fut le théâtre.

On ne trouva pas l'occasion d'employer les 2 batteries de mitrailleuses.

Action contre les troupes. — Le tir des 2 batteries Otto et Glagau par-dessus Villersexel suffit à disperser le 2ᵉ bataillon corse, lorsqu'il se montra à découvert en colonne sur la route, au Nord du bois de Chailles. — De son côté, l'artillerie de la 1ʳᵉ division du 18ᵉ corps arrêta à elle seule le mouvement des 2 compagnies (2ᵉ et 4ᵉ du *30ᵉ*, cap. Lœdemann), allant, en colonne aussi, de Grange-d'Ancin sur Marast. D'autre part, le tir prolongé des batteries de Moimay contre les troupes du 20ᵉ corps rassemblées au Sud du bois de Chailles eut peu d'effet. Exceptionnellement il arriva qu'un seul obus mit plusieurs hommes à la fois hors de combat. Néanmoins, les troupes purent rester sous le feu, bien que peu ou pas abritées. — Contre les zouaves, déployés dans le terrain découvert à l'Ouest du Petit-Fougeret, l'effet du tir des batteries de la IVᵉ Division de réserve fut un peu plus considérable. Les 2 bataillons perdirent en toute la journée et toute la nuit 52 hommes et 1 officier.

Action contre les localités occupées. — Le tir des 2 batteries Otto et Glagau contre les maisons au Nord du pont de Villersexel contribua d'une façon réelle à déterminer l'évacuation par la défense de ce poste avancé.

Il se passa même à Marast un fait qui doit être considéré comme exceptionnel. C'est que le feu de l'artillerie de la division Pilatrie fit évacuer ce village par la compagnie de landwehr, qui s'y trouvait, sans que l'infanterie française ait tenté ou même fait mine d'attaquer.

---

(1) La batterie Villien, placée derrière une haie, ne fit aucune perte. (*Souvenirs* de M. le général Villien.)

L'offensive contre Moimay ne fut aucunement préparée par le canon, puisque la batterie Lavergne, qui seule eut des vues contre les murs occupés par les Allemands, ne tira pas de sa position à l'Ouest d'Autrey (1). Il en fut de même à Villersexel. Les obus français n'avaient atteint que l'église, et n'avaient eu aucune action, ni contre le mur du parc, ni contre la lisière occupée par l'ennemi.

Infanterie. — Le pont de Villersexel fut défendu pendant plus de 2 heures par moins de 250 hommes, auxquels étaint opposés 2 bataillons et 2 batteries. La conquête définitive du bourg, une fois que le Ier bataillon corse y fut arrivé, après 10 heures du matin, exigea l'entrée en ligne d'un bataillon de plus du côté de l'attaque, la découverte d'un passage permettant d'exécuter une surprise contre un flanc découvert, et encore 2 heures de combat. Avec quelques précautions, et un peu plus de monde, il est probable que les Allemands ne seraient pas entrés à Villersexel, tant est forte cette position contre une attaque venant du Nord.

Des autres actions offensives entreprises par les Allemands, celle du matin contre Marast fut arrêtée facilement; celle des 6e et 7e compagnies du *34e*, à la corne Sud-Est du bois des Brosses, n'eut d'autre but que de reprendre les deux pièces abandonnées, et ne fut pas poussée. Celle de 3 heures contre Autrey échoua. Il en fut de même de celle, dirigée par le *25e* à l'Est de Villersexel, et enfin du retour offensif exécuté par ce régiment dans la rue de Villersexel qui va au pont. Il ne put dépasser le carrefour à hauteur de l'église, ni la place Neuve. Ce fut aussi le cas des contre-attaques tentées pendant la nuit, soit vers le château, soit vers la Grande-Rue-Haute.

---

(1) Les dégâts causés par le canon à Moimay furent insignifiants. (Renseignements pris sur place.)

Seules les surprises réussirent. Marast fut repris, et le château tomba deux fois au pouvoir des Allemands, grâce à des attaques faites à revers.

Il s'en fallait de beaucoup, et sur ce point les témoins sont d'accord, que l'infanterie allemande montrât à cette période de la guerre la même vigueur dans ses attaques qu'au début de la campagne.

De la part des Français, l'offensive la plus brillante fut celle du 44°, à la fin de la journée, contre Moimay. Sans aucune préparation par le canon, sans l'appui d'aucune autre troupe, dix compagnies marchèrent en terrain découvert contre un adversaire de force double, abrité derrière des murs crénelés, et, parvenues à 25 mètres de l'obstacle, se maintinrent là jusqu'à la nuit. Les sacrifices faits, près du quart de l'effectif engagé, ne pouvaient qu'être stériles.

L'attaque de Villersexel fut entreprise, sans préparation non plus, entamée de fort loin, près d'un kilomètre, sans autres arrêts que ceux nécessités par le besoin de reprendre haleine, sans ensemble, et les soutiens restant trop éloignés. Elle aurait probablement échoué, sans le faux mouvement qui affaiblit momentanément la défense. Elle doit être considérée comme un coup de main d'une opportunité tout à fait remarquable, plutôt que comme une offensive régulière et méthodique. On n'en tira du reste pas tout le parti qu'on aurait pu, en négligeant de saisir en temps opportun les points essentiels, et en n'engageant à l'intérieur du bourg et du parc qu'un chiffre d'hommes tout à fait insuffisant. Seules, les compagnies de droite du bataillon Martin, et surtout celles que le chef d'État-Major Varaigne conduisit au château, saisirent avec à propos les points d'appui du château et du Carrefour. Laissées sans secours, elles succombèrent; et la regrettable hésitation, manifestée dans l'emploi des bataillons de seconde ligne, causa la perte des avantages obtenus, en sauvant les Allemands d'un désastre. Si, dès le premier moment, tout le bataillon Pothier, soutenu par le II⁰ des Pyrénées-Orientales, avait occupé le château et la terrasse, le I⁰ʳ du 52⁰, les maisons Nord de la rue Haute et le débouché des ruelles reliant par des rampes très fortes la partie basse du bourg avec la partie haute, la lutte aurait été rapidement terminée.

XVI

Bataille de Villersexel.
Considérations d'ensemble.

Depuis trente-sept années, la bataille de Villersexel a été étudiée bien des fois et a donné lieu à bien des discussions. Suivant qu'ils se plaçaient au point de vue purement tactique, ou qu'ils envisageaient les conséquences de cette affaire au point de vue de l'ensemble des opérations, les divers auteurs militaires ont déclaré victorieux, tantôt l'un, tantôt l'autre des deux généraux en présence. Un historien allemand contemporain, souvent cité ici, le major Kunz, exprimant une opinion intermédiaire, admet que « le combat de Villersexel appartient à la catégorie, nombreuse pendant la guerre de 1870-71, des affaires indécises au point de vue tactique (1), mais qu'il est incontestablement un succès pour les Allemands, parce que, le 9 janvier, les Français, qui voulaient délivrer Belfort et pouvaient écraser l'armée de Werder, et la couper de la place, n'ont atteint aucun de ces deux objectifs (2) ». « Les Allemands, eux, avaient pleinement obtenu *ce qu'ils voulaient* (sic) (3). N'ayant pas réussi, le 5 janvier, à se faire attaquer dans la position de flanc prise de propos délibéré à Vesoul, ... le général Werder vint, le 9, se jeter dans le flanc des colonnes ennemies.

---

(1) Page 146.
(2) Page 147.
(3) Pages 154 et 155.

Ce mouvement, prévu dans le mémorandum du colonel Leczinski, n'a rien d'étonnant. »

« A la vérité, le flanc du 24ᵉ corps fut seul menacé et l'on se trouva devant le front des 18ᵉ et 20ᵉ. Mais cela ne changea rien à l'effet que l'on avait espéré... (sic). Car l'offensive allemande fixa ces deux corps et les obligea à faire face au nord, tandis que leur direction de marche tendait vers Belfort, c'est-à-dire vers l'Est. »

Cette opinion, basée sur l'étude la plus récente et la plus documentée qui ait été faite du combat de Villersexel, au point de vue allemand, mérite d'être discutée, car elle soulève une question générale et applicable à un grand nombre de faits de guerre. Elle se résume ainsi :

L'on suppose à un général une intention, à son adversaire une autre, sinon opposée, au moins nette et gênante pour les projets du premier. Après le heurt de ces deux volontés, on constate quel est celui qui est resté maître d'exécuter la sienne. Celui-là est déclaré vainqueur.

Un tel raisonnement suppose la connaissance parfaite de ces deux volontés, au début tout au moins. Est-ce le cas ici? Nous allons en juger.

Il ne tient pas compte des variations qu'ont pu subir ces volontés au cours de la lutte. Celles-ci furent nombreuses chez l'un et chez l'autre adversaire.

Enfin, en admettant ces deux volontés connues et restées fermes depuis le 8 janvier au soir, jusqu'au 10 janvier au matin, il suppose gratuitement qu'à cette dernière date, Werder était plus près de son but que Bourbaki.

Tels sont les trois points qu'il est nécessaire d'élucider pour apprécier ce que fut le combat de Villersexel pris en lui-même.

Quel fut le projet du général Bourbaki, pour le 9 janvier? Le major Kunz (1) est bien forcé d'avouer qu'il

---

1) Page 147 et suivantes.

n'en sait rien, et nous serions dans la même ignorance si nous ne connaissions du général français que l'ordre de mouvement, donné par lui, et dans lequel il n'est question ni de l'ennemi ni de la conduite à tenir, si on le rencontre. Chaque corps d'armée a des objectifs purement géographiques à atteindre, et il ne sait ni pourquoi il y va, ni ce qu'il doit y faire, ni même par où il doit s'y rendre. On a vu, au cours de ce récit, quelles conséquences eût cette rédaction singulière, mais, en bonne justice, on ne saurait contester que le général Bourbaki était en droit de télégraphier au ministre que « son ordre de mouvement avait été exécuté... » (1). La définition donnée du « vainqueur » par l'auteur allemand s'appliquerait donc au général français, bien plus justement qu'à son adversaire, qui écrivait lui aussi : « les troupes occupent les positions qu'elles ont victorieusement défendues », mais qui les évacuait, ou les perdait quelques heures plus tard.

Mais une telle constatation ne saurait suffire, car il faut bien supposer qu'en voulant faire occuper Esprels, Autrey-le-Vay, Villersexel, le général Bourbaki avait une intention. Était-ce pour y attaquer l'ennemi? Il n'y était pas, lorsque l'ordre fut rédigé. Pensait-on qu'il y viendrait? Mais si le général français l'avait supposé, se serait-il arrêté au château de Bournel, et n'aurait-il pas été de sa personne avec ses premières troupes? Ce qu'on sait de ce vaillant et actif soldat suffit pour permettre d'affirmer qu'un jour de bataille prévue, il n'aurait pas attendu jusqu'à deux heures et demie du soir pour paraître au feu de sa personne. Tous les souvenirs des témoins de ces événements concourent à montrer que le général Bourbaki ne croyait pas rencontrer l'ennemi dans la marche vers le Nord-Est, prescrite pour le 9 janvier, et qu'il

---

(1) « Toutes les positions fixées par l'ordre de mouvement ont été atteintes... » Télégramme à M. de Freycinet, voir ci-dessus.

n'avait ni l'intention ni le désir de livrer une bataille ce jour-là.

Pourquoi allait-il à Villersexel ? Mais il l'a dit dans ses dépêches au ministre, aussi bien que dans de nombreuses conversations particulières : « pour faire évacuer Vesoul sans combat ». Il est donc venu se poster sur la ligne la plus directe entre cette ville et Belfort. C'est là ce qu'on appellera « la savante manœuvre », qui doit délivrer la place assiégée, toujours sans combat.

Sans doute, le général Bourbaki a eu l'espoir qu'on viendrait l'y attaquer, et, le 10 encore, on parlera autour de lui de « la bataille que l'ennemi doit absolument livrer s'il se rend compte de sa position ». Certes, un pareil calcul pèche par la base, et l'événement devait montrer que Werder n'avait pas besoin de Villersexel pour couvrir le blocus de Belfort. Mais, si l'on avait escompté une attaque de la part des Allemands, était-ce vers le Nord que l'armée française aurait fait face, en laissant le 18e corps, isolé sur la rive droite de l'Oignon, à la merci du choc de toutes les forces ennemies encore à Vesoul ? Non, certes, et, si les mesures prises pour la journée du 9 ne sont pas offensives, elles ne sauraient être considérées comme défensives. La conclusion qui s'impose est que le général Bourbaki ne comptait pas se battre le 9 janvier.

Quant à son adversaire, on a voulu absolument qu'il soit parti de Vesoul avec l'intention d'« attaquer » le flanc gauche des colonnes françaises. Tout d'abord, il n'y aurait guère réussi. Où était-il, en effet, ce flanc gauche, sinon à Esprels, et pouvait-on l'ignorer au quartier général allemand, quand, la veille encore, on avait vu de gros rassemblements vers Montbozon, et même plus à l'Ouest. Admettra-t-on qu'en dirigeant la brigade v. de Goltz sur Villersexel, Werder croyait y trouver le flanc gauche des Français ? Mais alors pourquoi ordonner à la division Schmeling de conserver son gros à Aillevans? Pourquoi diriger les 3 brigades badoises bien plus au Nord sur Athesans, où il n'y a aucune chance de rencontrer l'ennemi? Est-il possible de voir, dans ces dispositions, autre chose que l'intention d'exécuter une marche de flanc, devant l'armée française, de lui échapper, pour aller couvrir le siège de Belfort, et n'est-on pas justifié à émettre cette opinion d'apparence paradoxale : *ce qui caractérise la bataille de Villersexel, c'est que les deux adversaires étaient résolus à ne pas se battre.*

Et pourtant, on s'est battu, souvent même avec acharnement; on a trouvé le moyen de se tuer ou blesser environ 2,000 hommes. On a exécuté des attaques violentes, et, parfois, d'une superbe énergie, des défenses opiniâtres. Sur certains points, les troupes ont montré une ténacité remarquable, et, des deux côtés, elles ont subi courageusement des fatigues et des souffrances extrêmes.

Quelle part eut le commandement dans ces épreuves, comment se manifesta son action, c'est ce qu'il faut examiner, et ce qui montrera les extraordinaires variations des volontés en présence.

On a vu, par l'ordre de mouvement du général Werder, qu'il connaissait dès le 8 la présence des Français à Villersexel. Celle-ci était alors, on s'en souvient, le résultat de l'initiative personnelle du général Clinchant, de sorte que l'origine du combat se trouve, par suite, tout à fait étrangère aux résolutions du général Bourbaki.

Quoi qu'il en soit, l'avant-garde de la division Schmeling avait une mission particulière, mais nettement donnée. S'emparer de Villersexel, et y tenir, pendant que l'armée gagnerait dans l'Est. Le 25ᵉ prussien a la chance de ne trouver devant la ville que des troupes peu nombreuses et peu solides. Malgré l'énergie de son attaque, il met près de 4 heures, de 8 heures du matin à midi, à se rendre maître de la position.

Entre temps, on s'est aperçu que les Français avaient

du monde sur la rive droite de l'Oignon vers Esprels. On laisse donc en flanc-garde le 34ᵉ et 2 compagnies du 30ᵉ, puis, le dernier régiment continue son chemin vers l'Est. La division Schmeling est tout près de passer à Longevelle. Au Nord, les Badois poursuivent leur route vers Belfort.

Jusqu'ici, on le voit, rien de plus naturel, de plus facile à s'expliquer : c'est l'exécution de la marche prescrite, couverte par des flanc-gardes, devant le front de l'ennemi. Comme celui-ci n'attaque nulle part, on peut être certain, avant la nuit, de lui avoir échappé, après un succès brillant.

C'est juste le moment où Werder, ayant atteint son objectif, le perd complètement de vue, ramène toutes ses troupes vers le Sud, et se met en situation de subir, ce qu'il subit réellement, c'est-à-dire un véritable échec.

Jusqu'à près de deux heures, il reste sur la hauteur entre Oricourt et Aillevans, d'où il découvre tout le champ de bataille. « Il est extraordinairement content de ce qui se passe. Tout ce qu'il a désiré s'est réalisé (*sic*). Il voit les longues colonnes des Français se détourner de leur marche et se porter vers Villersexel (*sic*) (1). »

Tout d'abord, il a très mal vu. Personne, en effet, ne s'est encore « détourné » vers Villersexel. Les 3ᵉ et 2ᵉ divisions du 20ᵉ corps sont bien au Sud de la localité, mais parce qu'elles doivent aller aux Magny. La 1ʳᵉ, qui, plus tard, se rabattra par Villargent sur Villers-la-Ville, est loin d'avoir entamé ce mouvement, et, quant au 24ᵉ corps, il continue et continuera imperturbablement sa marche dans le Nord-Est. Mais enfin, si Werder crut voir, vers 1 heure du soir, les Français interrompre leur marche vers Belfort, ce dut être pour le général allemand un bonheur très inespéré, et c'est un singulier

---

(1) Major Kunz. Page 88.

abus des mots que d'attribuer aux dispositions prises le matin le but prémédité de retarder le mouvement des forces françaises vers la place assiégée. — En tous cas, si ces mesures avaient fait perdre une marche aux Français, c'était, pour les Allemands, l'occasion d'en profiter pour gagner au large, et non pas le moment de perdre aussi leur journée.

De fait, l'arrêt du mouvement des Allemands vers l'Est eut une toute autre cause.

Vers 1 heure du soir, un pur hasard détermine l'échauffourée du bois des Brosses, entre des forces minimes : une batterie et 2 compagnies allemandes, un peu plus de 2 compagnies françaises. C'en est assez pour que toute l'opération se transforme : les Badois sont rappelés vers le Sud, et, quant à la IVe division de réserve, si elle ne reçoit pas du général en chef l'ordre d'aller à Villersexel, celui-ci, un moment après, approuvera qu'elle y vienne pour y « cantonner » (1) (sic).

Cantonner à Villersexel la IVe division et le *30e* d'infanterie, alors que les Français sont au bois de Chailles, aux Magny et sur le ruisseau de Peute-Vue, que l'on entend leur canon (les 2 fameuses pièces Derennes) du côté de Villers-la-Ville, cela sans dépasser Villersexel, sans occuper les hauteurs du bois des Breuleux et de la côte 313, d'où l'on peut incendier la ville et ruiner le pont, tel serait l'extraordinaire projet, prêté à Werder par les écrivains, qui, pour le décharger de la responsabilité du grave échec subi par le *25e* prussien vers Villers-la-Ville, affirment que l'offensive fut entreprise de ce côté contrairement à la volonté du général en chef.

Il suffit de regarder la carte, ou mieux d'aller sur le terrain, pour constater que le mouvement du *25e* prussien avec 2 batteries à l'Est de Villersexel était naturel, judicieux et absolument nécessaire, si l'on voulait faire

---

(1) Major Kunz. Page 91.

cantonner des troupes dans cette ville. Si l'initiative en doit être attribuée au major v. Kretschmann, il aurait été le seul à se rendre compte de la situation et du terrain.

En tous cas, le 25ᵉ prussien, venant occuper le bois Breuleux, se heurte à des forces écrasantes. Devant lui le 55ᵉ mobiles, très bon et très solide régiment, soutenu par le reste de la division Polignac ; sur son flanc droit les zouaves du colonel Bernard. Ses deux batteries ne peuvent tenir sous le feu de l'artillerie de la réserve du 20ᵉ corps, dont une batterie est venue au Nord-Est du Petit-Magny. Grâce à l'utilisation judicieuse du terrain, le 25ᵉ prussien peut se retirer à temps et gagner le pont de Villersexel. Mais, quand il y arrive, la ville a été évacuée par le 30ᵉ, le gros de la IVᵉ Division est sur la rive droite, l'artillerie y exécute le passage de l'Oignon sous les obus, convois et troupes sont mêlés dans un indicible désordre, et, pour comble, la 3ᵉ division du 20ᵉ corps a atteint le château et la partie haute de la Ville.

Un désastre est imminent.

Pourquoi, en se retirant, le 25ᵉ ne trouva-t-il pas à Villersexel, tout au moins le 30ᵉ, gardant le château et la lisière Sud, et prêt à couvrir son passage ? Cela fut cette fois l'œuvre personnelle du général v. Werder. « Ayant visité les postes établis à la sortie Sud de Villersexel, il constata qu'aucune menace de la part des Français n'était apparente (sic), et il fit retirer les 2 compagnies qui occupaient le château pour les envoyer... à Moimay (1). »

Il est incontestable que, lors de l'attaque de Villersexel par les troupes du général Ségard, la résistance fut peu considérable, à la sortie Sud de la ville, nulle au château et dans le parc. Mais ainsi est prouvée l'extraor-

---

(1) Major Kunz.

dinaire répercussion qu'avait exercée l'échec subi à 3 h. 30 par les 3 compagnies du 34ᵉ, qui avaient tenté d'enlever Autrey-le-Vay. Non seulement, l'insuccès de cette attaque et la rentrée d'une seule compagnie du 9ᵉ bataillon de chasseurs au bois des Brosses avaient déterminé la retraite des 3 batteries Ulrich, Riemer, Fischer, au Nord du Lauzun, et le départ de Moimay de la plus grande partie, sinon de la totalité du 34ᵉ prussien, mais, avant même que le 44ᵉ de marche français eût commencé son attaque, la situation, sur la rive droite de l'Oignon avait paru au général Werder si grave, qu'il avait dégarni Villersexel, au moment même où, le terrain au Sud de cette localité n'étant plus battu par les batteries de Moimay, la division Ségard allait se porter à l'attaque.

De 3 h. 30 à 5 heures, la perte de Marast, du bois des Brosses, du Petit-Fougeret, du Breuleux, de la cote 313, la quasi évacuation de Moimay, l'entrée des Français à Villersexel et au château avaient consacré l'échec complet du général Werder, dans le combat inutile auquel il s'était imprudemment exposé.

Si les Allemands purent atténuer les conséquences des fâcheuses dispositions de leur chef, ce fut autant par le défaut de direction et d'ensemble des efforts adverses que grâce à la réelle énergie dont firent preuve certaines de leurs troupes. Ce fut en tous cas au prix de pertes cruelles. Mais le rôle du général Werder, pendant le combat de nuit, fut très effacé. A partir de 4 heures, on le retrouve sur la rive droite, puis à Grange-d'Ancin, puis à Aillevans, loin du champ de bataille. Son ordre de retraite, daté de 7 h. 30 du soir, dans lequel il est question « de conserver à Villersexel 2 bataillons, de la cavalerie et de l'artillerie, si le général de Schmeling le juge à propos », suffit à montrer à quel point le général en chef était mal renseigné sur la situation et se rendait peu compte des efforts qu'allaient devoir faire une grande partie de ses troupes, pour défendre quelques heures de plus une partie seulement de la localité.

Si la pensée du général v. Werder se modifia plusieurs fois au cours de la journée, celle du général Bourbaki subit des transformations qui la rendent encore plus difficile à suivre.

On connaît son ordre de mouvement du 8 janvier; il n'est remarquable que par ses lacunes.

Pas un mot sur l'ennemi, aucune indication sur le but du mouvement, sur la ligne des avant-postes à occuper. On ne sait de quel côté on devra faire face. Les zones de marche ne sont même pas délimitées. Toutes les erreurs, les indécisions, les incohérences qui vont marquer la marche et l'action des différentes troupes dans la journée du 9 janvier ont pour cause unique ce singulier document, qui pourra rester le modèle de ce qu'il ne faut pas faire.

Si, des défauts essentiels de la forme, on passe à l'étude du fond, on ne peut comprendre la pensée du rédacteur qu'en le supposant certain de ne pas rencontrer l'ennemi ce jour-là.

Le 18ᵉ corps doit occuper Villersexel, Autrey-le-Vay, Esprels, le bois de Chassey (sic).

Est-ce pour faire face au Nord, comme semble l'indiquer le croquis joint à l'ordre. Mais le front indiqué est orienté du Sud-Ouest au Nord-Est.

Est-ce pour faire face à l'Ouest, ou au Nord-Ouest, puisqu'on sait, à n'en pas douter, que l'ennemi est encore près de Vesoul (1). Mais ne voyait-on pas, sur la

---

(1) Le marquis Ph. de Massa, ancien officier d'ordonnance du général Bourbaki, a écrit que le général, étant allé le 8 vers Esprels, conclut de la présence de vedettes ennemies du côté de Vesoul qu'il serait le lendemain attaqué sur son flanc gauche. « Il dicta ses ordres en conséquence (sic). » Singulière conséquence que celle qui mène à déployer 3 corps d'armée face au

carte, qu'on ne pouvait tenir à Esprels ni à Autrey contre une attaque venant de la partie Ouest; et, si cette attaque doit être sérieuse, ne met-on pas délibérement le 18º corps, isolé sur la rive droite de l'Oignon, dans le cas d'être écrasé, sans qu'on puisse venir à son secours.

Le 20º doit venir aux Magny, Villargent et Villers-la-Ville; 3 misérables hameaux pour 30,000 hommes. Si la raison militaire devait l'emporter sur les nécessités du cantonnement, il faudrait s'incliner. Mais n'est-ce pas ce corps qui devrait tout naturellement être chargé de tenir Villersexel? Les événements l'y amèneront, mais, chose bizarre, ce singulier croquis indique Villersexel comme devant être occupé par le 20º corps, en contradiction, par suite, avec l'ordre qu'il a pour objet d'éclairer.

Quant aux dispositions prescrites au 24º corps et à la partie disponible du 15º, elles sont manifestement inspirées par la connaissance, où l'on est, de la présence de l'ennemi à Arcey, mais elles n'indiquent rien de ce qu'il faut faire pour se prémunir contre lui. Or, ou bien il n'y a à Arcey qu'un détachement, et point n'est besoin de lui opposer tout le 24º corps et une partie du 15º, ou c'est une force considérable.

Dans ce dernier cas, on va de gaieté de cœur se mettre entre celle-ci et l'armée qui vient de Vesoul, attendant que l'ennemi attaque à son heure, et sans profiter, par une offensive dans un sens ou dans l'autre, de sa situation intérieure.

C'est dans le vague le plus complet sur les intentions du général en chef que débutent les événements de la journée.

De très bonne heure, ils s'annoncent sérieux : l'attaque

Nord et même à l'Est (si on compte la partie disponible du 15º corps), pour résister à une attaque attendue du Nord-Ouest. (*Souvenirs et impressions*, p. 379.)

de l'ennemi contre Villersexel, dès 8 heures du matin, montre qu'il ne s'agira pas simplement, le 9 janvier, d'aller prendre les cantonnements prescrits par l'ordre de la veille.

Le général Bourbaki va-t-il, aux premiers coups de canon, venir juger la situation sur place, prescrire, ou d'attaquer Villersexel, ou de livrer une bataille défensive sur la rive gauche de l'Oignon? Toute son action, si l'on en juge par le témoignage d'un de ses anciens officiers d'ordonnance (1), se bornera « à installer provisoirement la réserve à Abbenans et Cubry »; cantonnements qui lui étaient d'ailleurs assignés. Puis il s'en va déjeuner au château de Bournel (2).

Cependant, vers 11 heures, à Esprels, dès 10 h. 30 au bois de Chailles, l'artillerie française a ouvert le feu. — Le général en chef monte à cheval, et, « par Cubrial, se rend à Pont-sur-l'Oignon (3) ». Là, il ne peut à peu près rien voir, ne trouve que peu de troupes, peut-être pas du tout, ne peut causer ni avec le général Billot, alors placé à la dernière maison d'Esprels, sur la route d'Autrey, ni avec le général Clinchant, alors près du ruisseau de Peute-Vue. — Mais, paraît-il, il envoie ses officiers d'ordonnance, « tour à tour sur les deux rives, pour hâter la marche des colonnes vers le front d'attaque » (sic) (4).

Si l'officier d'ordonnance a voulu dire par là que le général Bourbaki se proposa, une fois à Pont-sur-l'Oignon, vers midi ou 1 heure, de livrer une bataille offensive, les événements ont montré que ce projet resta alors à l'état de pure spéculation. Le 18e corps ne modifia pas son attitude, le 24e, le 15e restèrent aussi étrangers à la

---

(1) Marquis de Massa, page 380.
(2) Des fenêtres de la salle à manger on voit la fumée des coups de canon. (*Ibid.*)
(3) *Ibid.*
(4) Marquis de Massa, p. 382.

bataille que si elle ne s'était pas livrée. Quant au commandant du 20ᵉ corps, on a vu que ses premières dispositions étaient nettement défensives. Établi sur le ruisseau de Peute-Vue, avec, sur la rive droite, une avant-ligne occupant le bois de Chailles, il « attendait et espérait qu'il serait attaqué » par l'ennemi, débouchant de Villersexel et passant l'Oignon entre ce point et Autrey.

— L'immobilité du 18ᵉ corps explique les précautions qui furent prises tout d'abord pour couvrir la gauche du 20ᵉ, en particulier la position de rassemblement de la 2ᵉ division en échelon, en arrière et à gauche de la 3ᵉ

Mais, lorsque, vers 1 heure, le premier engagement du bois des Brosses eut révélé la présence et fait croire à une action sérieuse du 18ᵉ corps, le général Clinchant fit passer à sa droite la plus grande partie de la 2ᵉ division et, c'est de ce côté aussi, qu'il déploya sa réserve d'artillerie. Lorsque l'offensive des Allemands vers Villers-la-Ville se manifesta vers 2 heures, les ordres donnés au 68ᵉ mobiles et au 3ᵉ zouaves de venir occuper les hauteurs au Nord du Grand-Magny avaient pour but de boucher la trouée existant entre la 3ᵉ division et la 1ʳᵉ, qui allait marcher sur Villers-la-Ville. — C'était encore de la défensive, mais avec la possibilité de prendre l'offensive au premier signal.

Telle est la situation, au moment où, vers 2 h. 30, le général Bourbaki arrive à la cote 292 de l'Ouest. Contrairement à son attente, l'ennemi se trouve juste devant son front. La bataille, à laquelle il ne croyait pas pour ce jour-là, va se livrer dans des conditions très favorables. Au lieu d'être attaqué sur son flanc gauche, comme il pouvait et devait le craindre, il va être attaqué sur son front; la « savante manœuvre » a réussi, car les Allemands vont se trouver obligés de venir se heurter aux formidables positions qu'il occupe.

Pourtant, le mouvement vers Villers-la-Ville menace

de déborder sa droite. Le général Bourbaki sent et voit que l'ennemi peut encore lui échapper; il envoie donc presser la marche du 24ᵉ corps vers son objectif, Villechevreux et Courchaton. Mais il ne lui donne pas l'ordre de se rabattre vers Villersexel, ni de pousser vers le ruisseau du Scey. Ce qu'il veut encore est une bataille défensive, et c'est dans cette disposition qu'il reste jusqu'à 4 heures du soir.

Mais, à cette heure, la situation s'est modifiée : le mouvement de l'ennemi vers Villers-la-Ville s'est arrêté, puis transformé en retraite; de son observatoire au Nord-Est du bois de Chailles, le général Bourbaki a vu le combat livré entre Autrey et le bois des Brosses, la retraite de l'artillerie allemande, abandonnant Moimay. Non seulement l'ennemi ne l'attaquera point, mais il va battre en retraite. Autour de lui, il semble à tous qu'une attaque soit « la suite naturelle des opérations de la journée (1) »; les troupes ne demandent qu'à marcher.

Avec la vigueur et le coup d'œil dont il avait donné tant de preuves, l'intrépide soldat qu'était Bourbaki saisit le moment favorable et ordonne l'attaque. Sur son indication personnelle (2), la réserve d'artillerie, en réalité une seule batterie (3), doit soutenir cette offensive, en se portant en avant et venant prendre une excellente position à l'Est du Petit-Magny. Assurément cette marche de près de 1,500 mètres, dans le terrain découvert en avant du bois de Chailles, eût été désastreuse si les canons ennemis s'étaient reportés à Moimay, si la défense de la lisière Sud de la ville avait été solidement organisée, car la préparation par l'artillerie française avait été nulle. Mais, sans conteste, le mouvement

---

(1) Général Chevals.
(2) D'après le témoignage de M. de Massa, confirmé par celui du général Ségard.
(3) Blanchard.

offensif fut décidé par le général Bourbaki au seul moment favorable de la journée, avec une clairvoyance et un à propos auxquels on doit rendre hommage.

Mais à cela devait se borner, pour ce jour-là, le rôle du commandant en chef. Après qu'avec sa bravoure ordinaire il se fut exposé aux obus, en se montrant entre le bois de Chailles et Magny (1), après qu'il eut par quelques mots énergiques stimulé l'ardeur de ceux qui l'entendirent, il se retira du champ de bataille, satisfait d'avoir vu la division Ségard et le 52ᵉ de marche atteindre la lisière Sud de Villersexel. Pas un ordre n'est donné par lui : la réserve générale, qui relève de lui seul et qui est l'arme au pied près de la ferme de Rullet, reste sans instructions et finit par bivouaquer sur place. Le 24ᵉ corps s'installe paisiblement à ses cantonnements. Aucune mesure vraiment militaire n'est prescrite, ni pour la nuit, ni pour le lendemain.

Après avoir visité quelques blessés à la ferme Rullet, le général Bourbaki rentre au château de Bournel, et, au moment où le furieux combat de nuit est dans toute son intensité, il dicte cette curieuse dépêche au Ministre : « Toutes les positions indiquées par l'ordre de mouvement ont été atteintes. Villersexel, clé de la position, a été enlevé au cri de : Vive la France! »

Telles furent les volontés successives des généraux Werder et Bourbaki, telles furent leurs variations; assurément le général français pouvait seul se vanter d'avoir réalisé ce qu'il avait voulu (2).

---

(1) Il avait avec lui M. de Serres, et, le voyant s'exposer plus qu'il n'était nécessaire, il le menaça gaiement de le mettre à l'ordre de l'armée.

(2) Est-il vrai qu'on puisse imputer au général Bourbaki l'ordre si malencontreux qui aurait été donné au général Clinchant de laisser agir la division Penhoat dans Villersexel et de retirer toutes les troupes du 20ᵉ corps sur Magny? C'est fort douteux. Mais le silence du commandant en chef suffisait, avec les

Quant à la situation au lendemain matin elle montrera clairement qui des deux adversaires avait profité de la bataille.

Au jour, la IV⁰ division de réserve, de toutes les troupes allemandes la plus à l'Est, n'a pas dépassé Saint-Sulpice. Von der Goltz et les Badois sont entre Aillevans et Longevelle; la 1ʳᵉ brigade badoise, au lieu d'atteindre Athesans, est restée à Lure. A Vesoul est encore Bayer avec 3 bataillons, 3 batteries et 1 escadron (1); à Port-sur-Saône; Paczinski-Tenczin, avec 2 compagnies et un escadron (2).

Au contraire, le front des Français s'étend de l'Ouest à l'Est par Marast, Moimay, Villersexel, Bévenge jusqu'à Sécénans et Grange-le-Bourg. C'est-à-dire que, par sa droite, l'armée de Bourbaki se trouve de Belfort à 10 kilomètres plus près que n'en est Werder. Si elle veut s'y porter, elle ne trouvera devant elle que les forces minimes de Brédow, à Arcey, Désandans, Corcelles et Chavanne, et peut se couvrir facilement sur sa gauche contre les tentatives de Werder, affaibli par son échec de

---

habitudes de l'époque, pour impliquer l'obligation d'exécuter à la lettre les prescriptions de l'ordre de mouvement, tant que celui-ci n'était pas révoqué par de nouvelles mesures. C'est ainsi que le général Thornton rappellera impérativement son régiment de zouaves sur Magny, que l'amiral du Penhoat, une fois à Villersexel, voudra faire passer ses troupes en première ligne, et qu'une partie du désordre et du décousu signalés dans le combat de nuit peut être attribuée à ce mélange de troupes de divisions et même de corps différents. Néanmoins, le général Ségard reste au feu jusqu'à minuit, heure où il est relevé par la brigade Perreaux du 18ᵉ corps, et où le combat est à peu près terminé. Quant au général Clinchant, il restera toute la nuit sur ce champ de bataille, auquel son nom doit être indissolublement attaché.

(1) II⁰ et F./*112*, bataillon Cupen, 1ᵉʳ escadron, 4ᵉ hussards, réserve, batterie lourde de réserve du 7ᵉ corps. 2 batteries légères saxonnes de réserve.

(2) 2 compagnies chasseurs de réserves 1ᵉʳ escadron du 6ᵉ dragon, badois.

la veille. Si, au contraire, elle se porte droit au Nord, en se couvrant vers Arcey et Saulnot (et le 15⁰ corps est tout placé pour cela), Werder peut être définitivement coupé de Belfort et rejeté au loin vers les Vosges, tandis que Cremer le menacera sur sa gauche. — Malgré tant de lenteurs, de déboires, de misères, l'armée de l'Est est plus forte qu'elle ne l'a jamais été, grandie par son succès du 9 janvier, et dans la meilleure situation tactique et stratégique où elle ait été encore. — Comment tous ces avantages furent perdus, c'est ce que montrera la suite de ce récit, mais, pour avoir été perdus, il n'en ont pas moins existé, et la conclusion qu'on est en droit de tirer de cette étude est que le combat du 9 janvier 1871 fut une victoire française.

TABLE DES MATIÈRES

	PAGES
JOURNÉE DU 2 JANVIER	1
Opérations	15
Mouvements des Allemands	27
JOURNÉE DU 3 JANVIER	45
Opérations	60
Ordres pour le 4 janvier	71
Mouvements des Allemands	76
JOURNÉE DU 4 JANVIER	89
Opérations	93
Mouvements des Allemands	112
JOURNÉE DU 5 JANVIER	125
Opérations	127
Ordres pour le 6	151
Les opérations du côté allemand	159
JOURNÉE DU 6 JANVIER	177
Retraite de Werder	179
Mouvement des Français	186
Les opérations du côté allemand	203
JOURNÉE DU 7 JANVIER	229
Opérations	231
Les ordres pour le 8	251
Mouvements des Allemands	253
JOURNÉE DU 8 JANVIER	271
Opérations	273
Situation le 8 au soir	286
Ordres pour le 9	293
Situation des Allemands le 8 au soir	305

TABLE DES MATIÈRES

Journée du 9 janvier... 335

La bataille de Villersexel................................ 335
Description du terrain................................... 337
Premier combat de Villersexel............................. 346
Opérations du 18ᵉ corps dans la matinée......... 369
Marche des 20ᵉ et 24ᵉ corps dans la matinée.................. 387
Engagement du 18ᵉ corps de 1 heure à 3 h. 30 du soir. Combats du bois des Brosses............................... 395
Engagement du 20ᵉ corps au Sud de Villesexel. 1 heure à 3 h. 30. 402
Marche de la division Polignac et combat de Villers-la-Ville.. 412
Dernières opérations du 18ᵉ corps sur la rive droite. — Attaque de Moimay. Occupation et perte de Marast........... 419
Attaque de Villersexel. 4 h. 30 soir...................... 436
Offensive des Allemands dans Villersexel à partir de 5 h. 30.. 452
Combat dans Villersexel jusqu'à 10 heures du soir.......... 463
Reprise du château par les Français et conquête définitive de Villersexel à partir de 10 heures du soir.............. 474
Rôle du 24ᵉ corps... 485
Opérations du 15ᵉ corps et de la division Cremer... 488
Pertes et consommation de munitions d'artillerie. Tactique des différentes armes.................................... 495
Bataille de Villersexel. Considérations d'ensemble........... 511

Paris. — Imprimerie R. CHAPELOT et Cⁱᵉ, rue Christine, 2.

CARTES

I. 5 Janvier 1871. — Position vers 9 heures du matin. — Carte au 80.000ᵉ.

II. 5 Janvier 1871. — Positions vers 5 heures du soir. — Carte au 80.000ᵉ.

III. Positions dans la nuit du 6 au 7 Janvier. — Carte au 200.000ᵉ.

IV. Positions dans la nuit du 8 au 9 Janvier.   *Idem.*

Bataille de Villersexel :

V. Situation vers 9 h. 30 du matin. — Carte au 25.000ᵉ.
VI. Situation vers 11 h. 15 du matin.   *Idem.*
VII. Situation générale vers midi. — Carte au 50.000ᵉ.
VIII. Situation vers midi 15. — Carte au 25.000ᵉ.
IX. Situation vers 1 h. 30 du soir.   *Idem.*
X. Situation vers 3 h. 15 du soir.   *Idem.*
XI. Situation vers 4 h. 15 du soir.   *Idem.*
XII. Situation vers 6 h. 30 du soir.   *Idem.*

XIII. Plan de la ville de Villersexel.

XIV. Emplacements de troupes. — Villersexel. — Arcey.

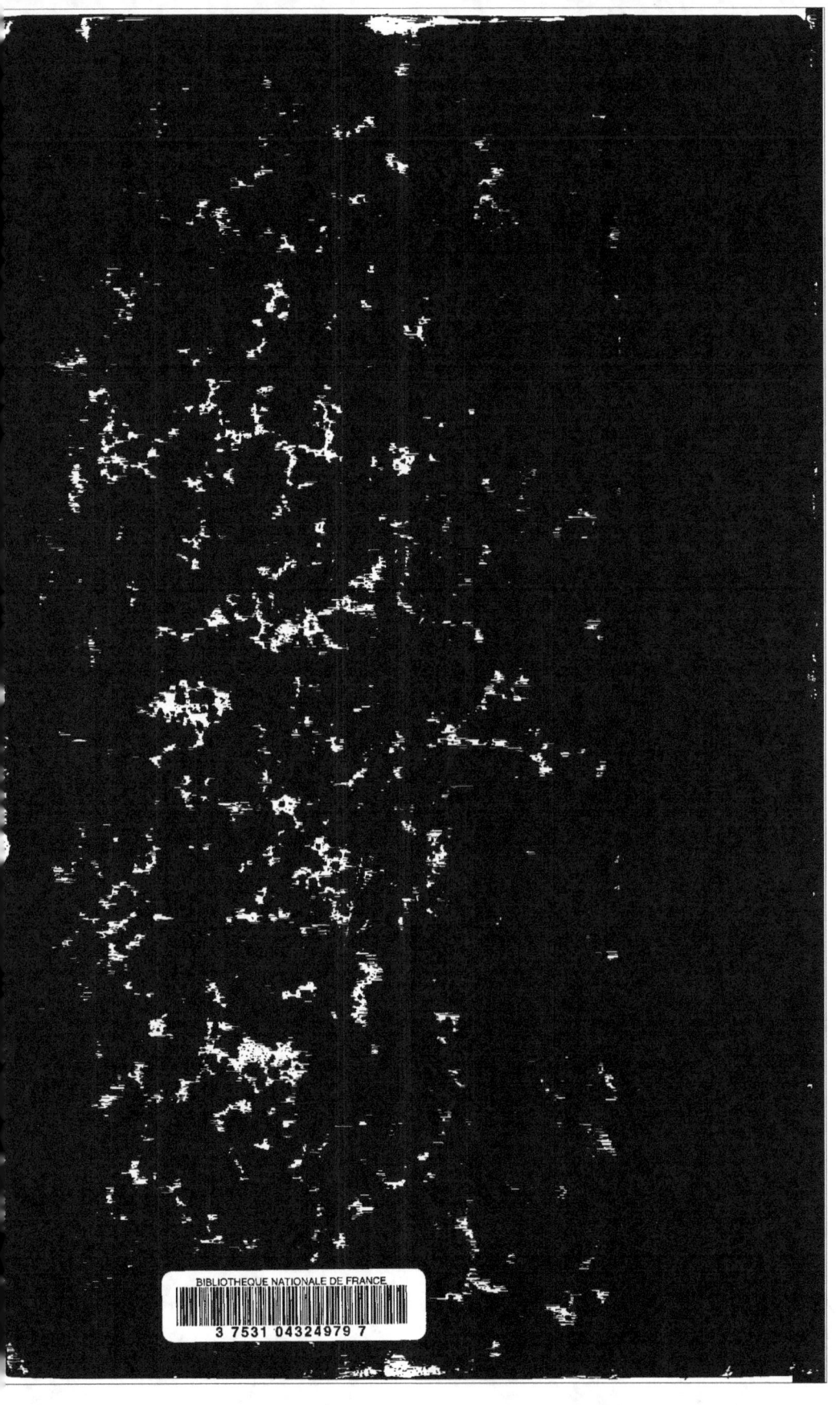

www.ingramcontent.com/pod-product-compliance
Lightning Source LLC
Chambersburg PA
CBHW070833230426
43667CB00011B/1777